中国木材资源安全论

杨红强 聂影 著

人民出版社

责任编辑:姜　玮

图书在版编目(CIP)数据

中国木材资源安全论/杨红强 聂影 著. -北京:人民出版社,2012.12

ISBN 978-7-01-011588-7

Ⅰ.①中…　Ⅱ.①杨…②聂…　Ⅲ.①木材工业-研究-中国　Ⅳ.①F426.88

中国版本图书馆 CIP 数据核字(2012)第 309265 号

中国木材资源安全论

ZHONGGUO MUCAI ZIYUAN ANQUAN LUN

杨红强　聂　影 著

人民出版社 出版发行

(100706　北京市东城区隆福寺街 99 号)

环球印刷(北京)有限公司印刷　新华书店经销

2012 年 12 月第 1 版　2012 年 12 月北京第 1 次印刷

开本:787 毫米×1092 毫米 1/16　印张:23.25

字数:495 千字

ISBN 978-7-01-011588-7　定价:58.00 元

邮购地址　100706　北京市东城区隆福寺街 99 号

人民东方图书销售中心　电话 (010)65250042　65289539

序

　　中国木材资源短缺是制约木材加工发展的关键要素之一。中国是木材生产大国,同时又是木材消费大国,木材资源安全已经成为国家安全的重要组成部分。中国森林资源的禀赋能力如何适应社会经济快速发展保障木材资源供给,同时在维护稳定的木材资源供给及消费的平衡中,如何合理有效地利用国内和国外两种资源,是一个必须深入研究的课题。我们应该认识到,中国木材资源短缺及由此引发的资源安全问题,在国内外已经成为敏感的经济与政治话题。

　　杨红强、聂影撰写的《中国木材资源安全论》从资源经济学与生态安全理论角度,论证了木材资源安全与木材加工产业安全、木材资源进口与林产品出口的贸易安全、生态安全之间的内在联系及逻辑关系;从国际木材资源利用政策变迁和贸易政策调整,从中国木材资源利用与贸易政策沿袭的研究中,探索并构建了中国木材资源安全的研究框架——RIET 模式;从中国林业产业与资源禀赋现状的分析中,论证了构建中国木材资源安全保障体系的指导思想及 RIET 理论、产业链理论、林业可持续发展理论等主要理论依据;从中央政府战略调控、行业协会战术定位、企业经营战略转型以及生态文化与环保理念角度,阐述了中国木材资源安全保障的对策建议。

　　资源安全问题在经济学理念上就等同于资源稀缺问题,这是人类社会发展的永恒主题。中国木材资源安全要以国家利益为最高准则,其根本目标就是要保障国家"人口、资源、环境"与社会经济协调发展,也就是说,一是要保障木材资源供给;二是要促进森林的可持续发展。《中国木材资源安全论》的研究成果,综合考虑了森林资源禀赋、林业产业安全、生态安全和木材资源进口及林产品出口的贸易安全等四个重要方面,是基于中国木材资源可持续利用及其促进经济增长的战略资源安全保障的探索。

　　《中国木材资源安全论》的研究成果,充分体现了传承与创新。20 世纪 80 年代到 90 年代中期,中国木材工业的著名学者王恺先生曾倡导在加大用材林资源培育的同时,还要加强木材资源的高效与节约利用。《中国木材资源安全论》的研究成果,对中国这样的木材资源进口大国来说具有现实意义,它充分地认识到资源短缺对木材加工产业安全的威胁、资源利用衍生的生态安全以及进口木材资源面临的日益突出的贸易安全。

　　20 世纪 90 年代以来，随着可持续发展思想和生态文明理念的广泛传播，中国木材资源安全问题越来越受到学术界、决策者的关注。因此，极有必要从系统的角度来认识和研究中国木材资源安全问题。《中国木材资源安全论》对于木材资源安全的历史和现状予以跟踪和评述，努力找寻影响木材资源安全的压力、状态和应对等基本因素。我真切地期盼该研究成果能为木材资源的开发、利用和管理，提供理论指导和科学的决策依据。

中国工程院院士　张齐生

2012 年 11 月于南京

目　录

表目录

图目录

第一章　绪　论

第一节　引　言

一、中国木材资源安全的研究背景

国民经济的健康稳定发展依赖于重要的战略性物资资源的安全保障,改革开放三十多年,中国确立了加工工业大国的国际地位,工业化进程对资源需求日益迫切,资源安全将在未来相当长时间成为制约中国经济稳定发展的重要问题。在当前经济全球化背景下,资源安全成为国家安全的重要组成部分,资源安全已经上升成为跨越国界的全球利益再分配的政治问题,保障国家重要战略资源安全,是影响一国社会经济可持续发展的重要基础。中国是木材生产大国,同时又是木材消费大国,中国森林资源的禀赋能力及社会经济的快速发展对于木材资源需求不断加大,维护稳定的木材资源供给及消费平衡,合理有效地利用国内和国际两种资源,对于建立安全的战略性资源保障体系,维护国民经济经济的可持续发展至关重要。

关于战略性资源安全的研究,国内外学者多视角并深层次地关注了石油、煤炭、粮食等物资的安全隐患及保障战略,对于中国木材资源安全问题的系统研究尚存在一定欠缺。中国木材资源短缺及其衍生的系统安全状况如何?人工林能否解决中国木材资源短缺?木材资源短缺对相关产业安全的影响如何?木材进口对于世界森林资源的生态安全是否造成影响?依赖进口对解决中国木材资源短缺是否安全可靠?这些问题在深层次是中国木材资源安全隐含的关联问题,也是当前及未来中国林业产业及林产品贸易可持续发展需要认真思考的重大课题。

中国木材资源短缺并引发资源安全问题在国内外已经成为敏感的经济与政治话题,"中国威胁世界森林资源"（US Environmental Investigation Agency,2005）[①]、"2031 年中国将耗尽全球森林"（Illegal-Logging. info,2006）[②]等舆论将中国木材资源短缺及进口木材可能将导致的极端后果归咎于"资源掠夺"的政治命题，国际非政府组织（Non-Government Organization/NGO）将中国对世界森林资源的利用冠以对全球生态安全的不负责任，中国木材资源安全面临着严重的国际压力。

中国木材资源短缺是一个较长时期以来的热门话题，1999 年中央政府启动"天然林保护工程"（Natural Forest Protection Programme/NFPP），中国政府对于森林生态的休养恢复作出了重要贡献，同时"天保工程"造成国内木材资源供给减少，中国经济发展利用国际木材资源的影响显得较为突出，从而引发国际间关于中国木材资源安全及其衍生问题的密切关注。中国木材资源消耗折合原木在 2010 年达 4.3 亿立方米，而国内最多能提供 2.5 亿立方米（国家林业局，2010）[③]，缺口 1.8 亿立方米主要通过进口来补给，资源进口占到消耗总量的 40% 以上，已超过 35% 的国际贸易安全平均警戒线，森林资源的稀缺性和经济社会发展对木材刚性需求的矛盾日益尖锐。2008 年 5 月在"中国木材安全与林产品贸易全球化"的国际研讨会上，与会专家高度关注中国木材资源安全战略问题的严重性，受到来自国际舆论和国内资源现实短缺的双重压力。木材资源安全问题与气候问题、产业安全、贸易安全等关联问题应该在国家战略层面得到密切关注。

木材资源供需平衡的解决只能通过国内供给和国际进口补给两种途径来解决。国内供给与自然禀赋基础、国家政策、技术水平紧密关联，而进口资源经常与国际经济政治问题联系在一起，特别在目前国际间密切关注气候变化问题的背景下，中国的木材资源进口已经成为影响全球环境的敏感问题。研究中国木材资源安全涉及关于中国资源基础的产出和国际环境的变化，以及在全球经济政治背景下探讨中国战略资源的安全保障。

中国木材资源安全问题在未来中长期社会经济发展中已受到国家重视，2011 年国务院通过的国家林业局《林业发展"十二五"规划》[④]指出："十二五"时期，以发展现代林业、建设生态文明、推动科学发展为主题，更加突出林业在应对气候变化、增强碳汇能力中的特殊作用。通过实施国土生态安全屏障战略、国家木材和粮油安全战略、固碳抵排战略、增绿惠民战略和繁荣生态文化战略等五大战略，不断开发林业的多种功能，构筑国土生态安全体系，保障林产品有效供给，提升应对气候变化能力，促进社会和谐进步，促进生态文明建设，满足经济社会发展对林业的多样化需求。《规划》明确将气候变化作为林业发展的重要内容，可以看出中国政府现代林业的生态文明建设是未来中国林业发展的方

---

① US Environment DB/OL Investigation Agency,2005. "The Last Frontier-illegal Logging in Papua and China's Massive Timber Theft". [DB/OL]. http://www. eia-international. org/files/reports93-1. pdf.

② Illegal-Logging. info,2006. "China Does not Menace Global Forest Resource at All". [DB/OL]. http://www. illegal-logging. info/item_single. php? item = news&item_id = 1642&approach_id = 1。

③ 参见国家林业局《2011 年中国林业发展报告》，中国林业出版社 2011 年版。

④ 参见《林业发展"十二五"规划出台》，《中国绿色时报》2011 年 10 月 10 日。

向,中国木材资源安全的突出问题需要得到有效解决。

二、中国木材资源安全的研究意义

改革开放外向型发展战略进一步确立了中国加工大国及贸易大国的地位,未来中国经济发展越来越受制于资源安全及技术进步等因素,战略性资源安全对于中国产业安全及经济安全影响深远。研究资源安全问题并在此基础上建立资源安全保障体系,对于国民经济健康可持续发展,维护稳定的国内国际资源利用环境,实现产业文明和生态文明具有重大的现实意义。

本书拟以木材资源为对象,从森林资源禀赋、木材产业安全、木材资源利用引发的生态安全及进口木材资源存在的贸易安全等方面剖析中国资源短缺的影响并揭示存在的问题。通过全面分析资源、产业、生态与贸易的关联问题,构建"资源—产业—生态—贸易"系统评价模式,在此基础上建立完善中国木材资源安全保障体系,以利国民经济的健康可持续发展。为国民经济战略调整的决策层面,提供制度设计及政策制定的辅助支撑。

本书具有以下重要现实意义。

1. 为政府宏观决策资源配置提供政策依据。中国国民经济的健康稳定发展依赖于重要的战略资源的可持续保障,本书综合运用资源经济学理论、生态安全理论、产业安全理论及贸易安全理论,系统分析中国木材资源短缺问题。结合木材资源短缺对国内相关产业的影响,分析基于资源短缺的产业安全及大量进口资源可能造成的生态安全问题,结合国际社会对战略性资源安全保障等出口限制政策的变化趋势,分析中国当前产业业态产品出口及资源进口面临的贸易安全问题,通过评价资源安全存在的问题,提供给政府宏观决策层面关于资源配置政策调整的理论支持。同时,期望能够为地方政府的产业调整及政策制定提供依据。

2. 推动木材资源安全保障体系的建立和完善。全社会应充分认识到木材资源安全是中国长期的战略问题,应积极推动木材资源的科学合理利用,促进木材产业循环经济的发展。目前,中国木材综合利用率约为60%,而发达国家已经达到80%以上,中国木材防腐比例仅占商品木材产量的1%,远远低于15%的世界平均水平[①]。循环经济基础的可持续林业是应对中国资源安全和整个林业产业安全的基本保障,本书在综合分析资源安全面临问题的基础上,建立保障木材资源安全的保障体系,对推动政府加快资源节约和综合利用发展规划的贯彻实施具有重要的参考价值。

3. 促进构建良性的政府间国际资源贸易政策。国际经济全球化意味着任何一国社会经济的发展离不开周边相关国家间的产业分工及资源配置,林业产业的发展与人类生存的森林可持续发展密切相关。当前世界主要森林资源及主要原木输出地以东南亚、俄

---

① 参见国务院办公厅转发国家发改委等部门《关于加快推进木材节约和代用工作的意见》(2005 年 12 月 25 日)。

罗斯、非洲、南美等国家和地区为代表,而此区域大多属于发展中国家,国际间批评中国破坏国际森林资源并导致环境恶化的舆论不断,试图持续廉价地获取他国木材资源已愈发受到资源出口国的抵制。本书期望在中国遵守国际环境公约的条件下,加强合理协调与来源国的目标政策,配合国际间打击非法采伐的政策监管,进一步优化中国木材资源国际贸易政策,以维护和谐共赢的国际发展环境。

4. 为建立多维木材安全保障制度提供思路。经过研究发现中国人工林政策对于缓解资源短缺确有贡献,但短期内仍不能根本解决长期的资源利用安全问题;依赖进口的政策取向是木材资源有效补偿的重要渠道,其中仅有部分单一性产品能够通过进口来解决,而整体木材资源的短缺,进口导向将会加重资源依赖及不安全;替代产品的应用存在行业局限,消费者追求自然环保的木质消费需求不足以完全通过替代产品来实现;节约代用的行业标准及激励机制远远未能实现其内在的政策导向作用。本研究在人工林政策、国际资源进口政策、木材利用替代政策、产业结构调整及木材节约代用政策等方面对建立健全中国木材资源安全多维保障制度具有实践指导意义。

5. 为其他战略资源的安全保障提供了新思维。本书构建的"资源禀赋、产业安全、生态安全及贸易安全"系统评价模式——RIET,对于中国这样一个资源进口大国来说具有现实意义。评价石油、煤炭及矿产等战略资源或能源的安全问题,除了要考虑本国资源禀赋条件,还应充分认识资源短缺对产业安全的威胁、资源利用衍生的生态安全以及进口资源面临日益突出的贸易安全。系统考虑 RIET 的综合影响,有助于从可持续发展的层面构建资源安全保障体系,从而为我国整体经济安全乃至国家安全奠定坚实基础。

第二节　国内外研究综述

一、相关问题的国际科研趋势

本著作设计的中国木材资源安全问题研究系统地考虑到资源禀赋问题、木材资源短缺导致的产业安全问题、木材资源利用产生的生态安全问题及木材资源进口面临的贸易安全问题等衍生领域。为准确把握资源安全问题的国际科研动态,同时又考虑到中国作为加工业大国及贸易大国的现实状况,研究首先以工业产业的最终产品即林产品的贸易与市场问题为突破口,考量此领域的国际研究成果及科研趋势,对把握中国木材资源安全问题的科学研究具有指导意义。

(一)研究数据来源与处理方法

国际间长期困惑于某一专业领域的学术评估如何能够取得业内的普遍接受,1953 年现代情报学家加菲尔德(Eugene Garfield,1925 -   )[①]提出的引文思想促成了 ISI(Institute

---

① 　Garfield, E. 1953. "Reading for Maximum Profit". The New York Times,December(12):22.

for Scientific Information Inc.)[①],并于 1961 年出版了 SCI(Science Citation Index)。SCI 由于选期刊科学,成为了国际公认的反映基础学科研究水准的代表性工具及文献统计源,并被作为衡量不同国家基础科学研究水平及其科技实力的重要指标。ISI 此后推出的 SSCI(Social Sciences Citation Index)及 A&HCI(Arts & Humanities Citation Index)拓展了社会及人文科学研究论文的数量统计及检索分析,考虑到国际最新的科技会议记录资料无法得到反映,ISI 又推出 ISTP(Index to Scientific & Technical Proceedings),即 CPCI-S(Conference Proceedings Citation Index-Science)及 CPCI-SSH(Conference Proceedings Citation Index-Social Science & Humanities)。至此,SCI,SSCI,A&HCI,ISTP 涵盖了来自自然科学、社会科学、艺术人文科学的最重要科研期刊及国际会议的研究成果,也为科研人员进行文献检索及学术追踪提供了便捷技术平台。

目前 ISI 的网络界面 Web of Science 作为全球领先的跨学科引文数据库,多数子数据库可追溯到 1975 年甚至更早,考虑到本研究课题涉及“资源—产业—生态—贸易”等系统问题,在此节仅以木材资源安全涉及的林产品贸易与市场的数据统计为代表,以 1975 年至 2010 年为区间,研究涉及本领域的最新的研究动态,对于后期全面把握木材资源安全问题的研究具有科学合理性。

本书分析数据来源为 ISI(Web of Knowledge)中的 SCI,SSCI,A&HCI,ISTP 等四大数据库,文献类型考虑到重要研究型论文及书评推介等因素。主要选取 Article,Book Review,Review,Discussion,Editorial Material,Proceedings Paper 等六个方面。

Thomson Reuters 为文献分析提供了 TDA(Thomson Data Analyzer)科技信息分析工具,TDA 提供了从数据清洗、比较矩阵、数据图谱到自动报告生成等一系列功能。并能够从科研作者、国家/地区、基金资助来源、科研单位、科研领域分布、机构合作情况等 11 个不同方面对科研数据进行分析。这极大地方便对繁杂科技文献的处理,从而对研究人员、研究机构、研究实力及研究动态等重要信息进行梳理,为研究决策提供重要指导。

(二)国际科研产出及发展趋势

考虑到木材资源安全问题的研究最终主要以产品流动性为代表,由于林产品贸易与市场问题密切关系到产业安全、生态安全及贸易安全等问题,首先以林产品贸易与市场的国际科研动态为突破口,结合 ISI 数据库分析此领域的主要科研趋势,以期对木材资源安全问题的研究寻求代表性研究基础,与此相关研究主要借助 ISI 数据库 TDA 进行数据挖掘和分析来进行。

在 Web of Science 文献数据库,以“TS =(forest products OR forest product)AND Document Type =(Article OR Book Review OR Discussion OR Editorial Material OR Proceedings Paper OR Review)”为检索式,设定检索区间“1975—2010”,共得到研究数据 6836 篇科研

---

① Scientific Information Inc. 1961. "Conference Proceedings Citation Index-Social Science & Humanities". [DB/OL]. http://apps. isiknowledge. com.

论文。再以依据"Topic = (trade or market or marketing or import or export)"精练检索,得到 1147 篇科研论文(数据更新时间:2011 年 2 月 19 日)[①]。

1. 历年相关科研成果概况

上述 1147 篇科研论文是 1975—2010 年发表的与林产品贸易与市场有关的文献,这些文献的总被引频次达到 7044 次,平均引用次数 6.14,最高被引用文献的 H 值(H 值指数以作者被引频次最多的论文集以及作者论文在其他研究人员发表的论文中的被引频次为基础,可用于衡量机构中的科学家个人或团体科学家的生产力和影响)为 33。其中文献类型中 Article(815 篇)、Proceedings Paper(281 篇)、Review(35 篇)、Editorial Material(9 篇)、Book Review(7 篇)呈现明显差别,原发科研论文是最主要研究成果。

1975—2010 年有关林产品贸易与市场的研究论文年度变化情况见图 1.1、图 1.2。

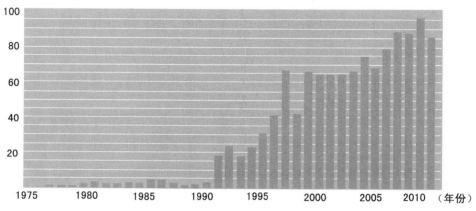

图 1.1　1975—2010 年每年相关出版论文数

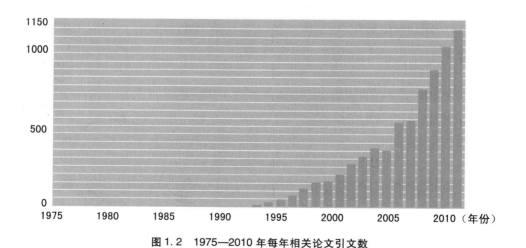

图 1.2　1975—2010 年每年相关论文引文数

① 杨红强、聂影:《林产品贸易与市场的国际科研趋势——基于 1975 ~ 2010 年研究数据》,《林业经济》2011 年第 4 期,第 70—75 页。

整体来看,1975—1990 年间,每年关于林产品贸易与市场问题的研究平均约为 2.1 篇,并没有成为学术热点问题,此阶段引文也极低可忽略。从 1990 年后关于林产品贸易与市场的研究论文明显出现增长,1991 年出版数 23 篇,2009 年达到 95 篇,引文数量也明显呈现增长趋势,2010 年此领域引文达到 1100 次。这两个指标都说明有关林产品贸易与市场的问题研究已经成为国际间林业方面的研究和关注的热点。

1147 篇关于林产品贸易与市场的相关研究成果主要分布在林学(554 篇)、材料科学(189 篇)、环境科学(137 篇)、生态学(102 篇)、经济与商业学(92 篇)、能源研究(32 篇)等领域,可以发现除了在林学研究范畴占绝对领先地位外,林产品贸易与市场的研究从单一的农林经济管理学科向外部发展,与环境、生态及资源学的结合成为主要研究趋势,林产品贸易与市场研究已明显呈现交叉学科的科研特点。

发表该领域前十位的主要学术刊物主要分布在《林业政策与经济》(FOREST POLICY AND ECONOMICS,36 篇)、《国际林业评论》(INTERNATIONAL FORESTRY REVIEW,26 篇)、《林产品期刊》(FOREST PRODUCTS JOURNAL,18 篇)、《林业生态与管理》(FOREST ECOLOGY AND MANAGEMENT,16 篇)、《经济植物学》(ECONOMIC BOTANY,14 篇)、《林业科学》(FOREST SCIENCE ,14 篇)、《加拿大林业研究评论》(CANADIAN JOURNAL OF FOREST RESEARCH-REVUE CANADIENNE DE RECHERCHE FORESTIERE,13 篇)、《生物质资源与生物能源》(BIOMASS & BIOENERGY,13 篇)、《生态经济学》(ECOLOGICAL ECONOMICS,9 篇)、《生态与科学》(ECOLOGY AND SOCIETY,9 篇)。上述刊物主要以美国、加拿大及欧洲出版发行为主,目前尚无中国出版物(英文期刊)进入 ISI 相关数据库系统。可以看出在刊物类型上社会科学类期刊虽居于主导地位,但与自然科学相关的材料学、生态学、环境类科研期刊的发文数量明显增加。

2. 相关科研成果的国家分布

通过对 1975—2010 年有关林产品贸易与市场的研究统计分析,不同国家的相关科技发展能力呈现明显差别。一方面可能与该国林业在国民经济中的地位有关,另一方面也应该与该国对相关科研领域的研发投入相关。

主要国家/地区相关科研论文产出情况(见表 1.1)说明,美国(185 篇)在相关问题的科学研究方面明显具有领先地位,以美国的科研研究为导向,加拿大(45 篇)、芬兰(24 篇)、巴西(21 篇)及德国(21 篇)等林业大国在林产品贸易与市场领域也逐步重视起来,中国(21 篇)的相关研究在国际科研期刊及会议中虽然绝对量远远落后于美加等国,但与其他国家的差距并不大,已跻身国际林产品贸易与市场研究重要国家行列。

表 1.1　1975—2010 年主要国家相关科研论文产出

国家/地区	论文数	百分比(%,共 500)
美国	185	37.00
加拿大	45	9.00

（续表）

国家/地区	论文数	百分比(%,共500)
芬兰	24	4.80
英国	23	4.60
巴西	21	4.20
德国	21	4.20
中国	21	4.20
南非	16	3.20
瑞典	16	3.20
澳大利亚	15	3.00

资料来源：Web of Knowledge。

3. 相关科研机构及经费来源

国内外林产品贸易与市场相关研究的科研机构主要分布在美国、加拿大及欧洲等国，具体为：美国俄勒冈州立大学（18篇）、美国林业服务（16篇）、美国威斯康辛大学（14篇）、美国奥本大学（11篇）、芬兰林业研究院（11篇）、加拿大英属哥伦比亚大学（10篇）、挪威生命科学大学（9篇）、美国德克萨斯农工大学（9篇）、中国科学院（8篇）。

通过研究国家之间的合作关系可以发现：1990年前，整体相关研究数量有限，各国机构间合作完成科研论文的情况较少，少数合作成果从作者来源关系上也仅限于二三个国家，本领域的国际交流明显不足；1991年开始，国际间相关研究数量明显上升，单个机构和一位作者的文章比例明显下降，跨国科研合作成为主要方式，合作组织从少数几个国家甚至扩展到接近十个国家的合作论文并不少见。特别值得注意的是，美国与加拿大、美国与新西兰、美国与巴西、美国与欧洲、欧洲内部、中国与欧美等的科研合作呈现多元化态势。林产品贸易由于其国际性特点，衍生的环境保护、生态安全、非法采伐、可持续管理等问题已非单一国家能够单独解决，国际交流与合作成为科研领域的重要决策机制。

从事相关领域的经费来源是完成科学研究的重要保障，上述科研成果经过分析，主要的基金支持单位分布如下：欧盟（6项）、美国福特基金（5项）、美国国家科学基金（5项）、美国农业部国家研究启动计划（USDA-NRI）（4项）、挪威环境署及哥本哈根大学（4项）、丹麦外交部（2项）、丹麦自然科学研究署（2项）、美国宇航局（2项）、中国国家自然科学基金（2项）。上述统计说明，以美国、欧盟为代表发达经济体对于来源于本国甚至外国的科研工作者提供了重要的科研经费支持，从部分成果的署名及致谢可以发现，某些重要的专项研究甚至能够获得多国基金之间的交叉赞助，对于重要的科研成果多个资助单位经常互享，对于科研工作者来说，努力争取国际基金资助成为了普遍现象。相比较而言，就本领域而言，中国的科研经费的短缺及资助不力严重制约其在国际学术上的科研产出。

4. 国际重要作者、引文及研究趋势

统计发现,1975—2010 年约有 1237 位作者发表了与林产品贸易与市场相关的科研论文,近十年林产品贸易与市场的研究呈现学科交叉的科研特点,通过统计重要成果的作者排名(见表 1.2),能够对国际间主要科研人员的工作进展及研究趋势作出判断。

表 1.2　近十年相关科研工作者研究领域与代表科研产出(按成果前十名排序)

作者	国别机构	研究领域	成果数	科研贡献(% ,共 500)
BUONGIORNO, J①	美国威斯康辛大学	林产品贸易政策 林业非法贸易	10	2.00
HANSEN, E②	美国俄勒冈州立大学	林产品市场组织 林业产业创新	9	1.80
TURNER, JA	新西兰林业研究院	林产品与生物能源 国际贸易与气候变化	8	1.60
SOLBERG, B③	挪威生命科技大学	林产品贸易与环境	7	1.40
GAN, JB④	美国德州农工大学	贸易可持续发展 贸易自由化与认证	6	1.20
ZHANG, DW⑤	美国奥本大学	林产品贸易 森林砍伐限额	6	1.20
KALLIO, AMI⑥	芬兰林业研究院	林产品市场与工业 生物多样性保护	5	1.00

①　Raunikar R, Buongiorno J, Turner JA, et al. 2010,"Global Outlook for Wood and Forests with the Bioenergy Demand Implied by Scenarios of the Intergovernmental Panel on Climate Change", *Forest Policy and Economics*, Vol. 12, No. 1, pp. 48 − 56.

②　Hansen E, Jusfln H, Knowles C. 2007,"Innovativeness in the Global Forest Products Industry: Exploring New Insights", *Canadian Journal of Forest Research-Revue Cananienne de Recherche Forestiere*, Vol. 37, No. 8, pp. 1324 − 1335.

③　Tromborg E, Sjolie H, Solberg B, et al. 2009,"Economic and Environmental Impacts of Transport Cost Changes on Timber and Forest Product Markets in Norway", *Scandinavian Journal of Forest Research*, Vol. 24, No. 4, pp. 354 − 366.

④　Gan JB, Ganguli S. 2003,"Effects of Global Trade liberalization on US Forest Products Industries and Trade: A Computable General Equilibrium Analysis", *Forest Products Journal*, Vol. 53, No. 4, pp. 329 − 335.

⑤　Zhang DW, Li YS. 2009,"Forest Endowment, Logging Restrictions, and China's Wood Products Trade", *China Economics Review*, Vol. 20, No. 1, pp. 46 − 53.

⑥　Hanninen R, Kallio AMI. 2007,"Economic Impacts on the Forest Sector of Increasing Forest Biodiversity Conservation in Finland", *Silva Fennica*. Vol. 41, No. 3, pp. 507 − 523.

（续表）

作者	国别机构	研究领域	成果数	科研贡献（%，共500）
OLSEN，CS①	丹麦皇家农业大学	非木质林产品药用林产品评估	5	1.00
LUNDMARK，R②	瑞典吕勒奥大学大学	林产品贸易与能源	4	0.80
KNOWLES C	美国俄勒冈州立大学	林产品市场与工业	4	0.00

资料来源：Web of Knowledge。

研究发现，涉及林产品贸易与市场的国际科研产出以美欧等国为代表，主要集中在大学及专业性科研机构，近十年的科研论文数量说明，国际前十位的主要科研作者约两年平均发表一篇高质量的论文，研究以林产品贸易与市场为基础，主要涉及林业经济政策、林业产业创新、生物能源、非法贸易、生物多样性保护、林产品与环境、林产品与生态等方面。

表1.3　近二十年重要研究成果的引文情况（按引文前十名排序）③

论文标题	发表期刊	时间	频次
北大西洋流域的区域氮预算与氮磷的变化研究——自然与人类的影响 Regional nitrogen budgets and riverine N&P fluxes for the drainages to the North Atlantic Ocean：Natural and human influences	BIOGEOCHEMISTRY	1996	590
关于热带森林退化危机的反思 Reflections on the tropical deforestation crisis	BIOLOGICALCONSERVATION	1999	135
煤炭燃烧——一种 N_2O（氧化亚氮）的排放源 Combustion of coal as a source of N_2O emission	FUEL PROCESSING TECHNOLOGY	1993	124
输入至美国东北部大流域的氮的去向研究 Where did all the nitrogen go? Fate of nitrogen inputs to large watersheds in the northeastern USA	BIOGEOCHEMISTRY	2002	94

①　Olsen CS. 2005,"Trade and Conservation of Himalayan Medicinal Plants：Nardostachys Grandiflora DC. and Neopicrorhiza Scrophulariiflora（Pennell）Hong", *Biological Conservation*, Vol. 125, No. 4, pp. 505 - 514.

②　Lundmark R. 2010,"European Trade in Forest Products and Fuels", *Journal of Forest Economics*, Vol. 16, No. 3, pp. 235 - 251.

③　Scientific Information Inc. 2011, "Conference Proceedings Citation Index-Social Science & Humanities". [DB/OL]. http://apps. isiknowledge.com.

论文标题	发表期刊	时间	频次
两类松林内水溶性碳水化合物与木质素降解物的成分和动力分析 Composition and dynamics of dissolved carbohydrates and lignin-degradation products in 2 coniferous forests	SOIL BIOLOGY & BIOCHEMISTRY	1994	90
大西洋西北部的多林分造林体制的生态与经济效益模拟 Alternative silvicultural regimes in the Pacific Northwest：Simulations of ecological and economic-effects	ECOLOGICAL APPLICATIONS	1995	78
关于热带森林采伐和发展的修正主义观点 A revisionist view of tropical deforestation and development	ENVIRONMENTAL CONSERVATION	1993	74
关于十几年森林固碳成本研究的评论 A review of forest carbon sequestration cost studies：A dozen years of research	CLIMATIC CHANGE	2004	63
模拟臭氧对森林生产力的影响：通过树叶、树冠和树干的相互作用 Simulating ozone effects on forest productivity：Interactions among leaf，canopy，and stand-level processes	ECOLOGICAL APPLICATIONS	1997	61
欧洲森林区域碳汇的演变：1950—1999 Temporal evolution of the European forest sector carbon sink from 1950 to 1999	GLOBAL CHANGE BIOLOGY	2003	58

资料来源：Web of Knowledge。

　　研究统计了近二十年与林产品贸易与市场有关的重要研究成果的引文频次（见表1.3），被引用较多的科研论文表现出新的趋势，由于林产品本质属性的关系，其流通与市场问题的研究已不局限在一般意义的商品范畴，其涉及社会经济、人文地理、气候变化、环境保护、生态利用等多个领域。特别近十年来，林产品贸易与非法贸易及砍伐问题、全球气候变化问题、资源能源安全问题、水资源及土地资源利用问题、生态安全保护问题、碳贸易及碳储存问题等方面的关联研究成为趋势，同时与区域可持续发展中的生态文明及生态正义等伦理道德问题联系密切。

　　（三）中国在相关领域的国际化研究水平

　　1975—2010年有关林产品贸易与市场的研究统计中，合计发表1147篇科研文献，其中以中国科研机构发表的合计21篇（见表1.4）。

表 1.4 中国主要科研机构的科研成果情况①

单位	作者	刊物	时间
中国科学院	He J	INTERNATIONAL FORESTRY REVIEW	2010, 12(1)
	Huber FK, Ineichen R, Yang YP, et al.	ECONOMIC BOTANY	2010,64(3)
	Cheng SK, Xu ZR, Su Y, et al.	ECOLOGICAL ECONOMICS	2010,69(7)
	Yang XF, Wilkes A, Yang YP, et al.	ECOLOGY AND SOCIETY	2009,14(2)
	Yang XF, He J, Li C, et al.	ECONOMIC BOTANY	2008,62(3)
	Xu JC, Ma ET, Tashi D, et al.	ECOLOGY AND SOCIETY	2005,10(2)
	Yin RS, Xu JT	FOREST POLICY AND ECONOMICS	2003,5(3)
北京林业大学	Hammett AL, Sun XF, Barany M	JOURNAL OF FORESTRY	2001,99(7)
	Sun XF, Wang LQ, Gu ZB	INTERNATIONAL FORESTRY REVIEW	2004,6(3—4)
	Liu HX, Luo YB, Liu H	BOTANICAL REVIEW	2010,76(2)
南京林业大学	Nie Y, Ji CY, Yang HQ	FOREST POLICY AND ECONOMICS	2010,12(3)
	Yang HQ Nie Y, Ji CY,	FOREST PRODUCTS JOURNAL	2010,60(5)
	Cao XZ, Hansen EN, Xu MQ, et al.	FOREST PRODUCTS JOURNAL	2004,54(11)
香港城市大学	Lang G, Chan CHW	JOURNAL OF CONTEMPORARY ASIA	2006,36(2)
	Vertinsky I, Zhou DS	INTERNATIONAL MARKETING REVIEW	2000,17(2—3)
浙江林业大学	Yin RS	FOREST SCIENCE	2006,52(4)
	Yao P	MARKETING SCIENCE INNOVATIONS AND ECONOMIC DEVELOPMENT	2009(6)
北京大学	Chen B, Chen GQ	ENERGY POLICY	2007,35(4)
中国农业大学 中国农科院	Liu JL, Zhang SG, Ye JZ, et al.	INTERNATIONAL FORESTRY REVIEW	2004,6(3—4)
中国林科院	Ruiz-Perez M, Belcher B, Achdiawan R, et al.	ECOLOGY AND SOCIETY	2004,9(2)
世界农林中心	Katsigris E, Bull GQ, White A, et al.	INTERNATIONAL FORESTRY REVIEW	2004,6(3—4)

---

① 杨红强、聂影:《林产品贸易与市场的国际科研趋势——基于 1975—2010 年研究数据》,《林业经济》2011 年第 4 期,第 70—75 页。

中国在林产品贸易与市场领域的研究机构主要分布为：中国科学院，北京林业大学、南京林业大学、香港城市大学以及浙江林业大学等单位，其他单位例如中国农业科学院、中国农业大学、中国林科院等机构也有少量的科研成果。从科研成果的发表时间来看，主要从2000年后相关成果才开始在国际发表，与国际上自1990年开始此类研究相比较，中国的研究滞后近十年。上述科研论文从时间来看其分布具有较强的稳定性，能够基本反映中国相关研究机构在此领域的科研实力。

林产品贸易与市场问题已经成为跨学科的国际性研究领域，虽然中国科研工作者在2000年后开始逐步在国际刊物发表成果，但在数量和质量方面与发达国家相比较，差距仍是全面的，当前中国在此领域的研究存在以下主要问题。

（1）专业性科研机构研究能力不足。虽然以中国科学院、北京林业大学、南京林业大学、浙江林业大学等机构有所科研贡献，但普遍的农林类大学及研究机构鲜有国际成果的发表，相反例如香港城市大学、北京大学等综合性院校及机构却认识到相关问题的重要性。建议教育管理部门要加大农林经济管理学科此类专业方向扶持力度和人才培养，以逐步解决学科发展不足的现实问题。

（2）与国际上著名科研机构的研究成果相比较，中国在林产品贸易与市场领域的研究深度尚存在较大差距，国内研究仍较偏重于传统农林业经济管理的学科定位，研究集中在市场机制的资源配置及产业化层面，对于交叉学科的研究明显不足，例如与林产品产出密切关联的水资源及土地资源的结合不足，而更深层次涉及气候问题、环境问题、生态问题、能源问题等研究则更少涉猎。

（3）中国机构的科研论文获得的科研资助明显不足。研究发现与发达国家的科研论文资助基金比较，中国相关成果获得科研经费支持明显不足，相反上述许多文章的资助经费甚至来自国际组织，这是制约科研水平的重要因素。科技投入与科技产出存在明确的正比关系，这是国际间被充分证明的共识。建议相关科技部门要加大此领域科研支出及基金资助力度，从而能够为科研人员提供较为有效的经费保障。

（4）中国研究机构与国际之间的合作交流明显不足。通过考察上述成果的作者之间科研关系可以发现，包括中国科学院等主流研究机构在内，中国科研工作普遍属于国内合作共同完成，虽然与国际机构有所合作，但明显组成结构单一且数量不足，一国科学研究的深度及能力与国际之间的合作交流关系密切，加强与国际同行之间的科技协作是加速提升科技进步的重要途径。

上述关于林产品贸易与市场问题的国际科研进展的追踪，目的是说明以最终产品流动为代表的木材资源安全问题在贸易领域的研究已经迅速拓展，其已与气候问题、环境问题、生态问题、能源问题等密切结合，木材资源安全的研究必须系统全面的考量到资源禀赋、产业安全、生态安全及贸易安全等问题。

二、本书的国内外文献综述

人类社会的进步与其对林业及林产品的利用历史悠久。在原始文明初期,林业除了提供自然果蔬等初级产品外,林产品利用几乎与能源历史同步进行,维系人类繁衍的用火文明成为了人类利用林产品的最早记录,能源历史经历了薪柴时代、煤炭时代和石油时代,以木材作为用火资源虽已退出能源应用,但薪柴时代无疑是能源阶段最漫长的过程。伴随着工业文明的进程,森林利用由单一木材产品向多用途产品及功能的综合利用成为了趋势。人类对林产品的开发利用进入了崭新的领域,林产品以木质林产品和非木质林产品两大类属性为优势:一方面作为重要战略资源已成为发达经济体工业进步的主要生产要素,另一方面以经济作物生产为代表仍维系着部分国家及区域的生存安全及经济增长。世界范围内几乎所有国家都有森林,林业发展与木材资源的深入应用与人类社会的进步密切相关。

与本书相关的国内外文献主要涉及以下几个方面:资源安全理论研究、林业产业安全问题研究及生态安全问题研究等。结合本书技术路线的设计框架,国内外文献拟从以下几个方面进行综述。

(一)关于资源安全理论的研究

国内外学者对资源安全及其理论的研究,多视角并深层次地关注了石油、土地、粮食等战略物资的资源安全问题,以下是关于资源安全应用研究的梳理与回顾。

1. 国外资源安全研究进展

研究资源安全是与人类利用能源的历史几乎同步进行的,资源利用的最早问题实际是人类取火的能源问题。人类利用能源的历史到目前为止大致经历了三个时代,即薪柴时代、煤炭时代和石油时代。以薪柴等作为主要能源这一过程最漫长。18 世纪中后期,世界能源消费结构转到以煤炭为主,一直持续到 20 世纪 60 年代。1859 年在宾夕法尼亚开采的第一口油井到第二次世界大战之后,世界能源版图被称之为"墨西哥湾时代",美国对石油的控制,促进了在世界政治经济格局中能源进入了石油时代。薪柴时代人类过多分割,资源利用多以本国或区域资源禀赋为基础,当时无从谈起资源安全。煤炭时代则由于以英国为代表,英国殖民性质垄断其需要的资源,殖民地工业落后,对资源的重视不够,也无严格的资源安全之说。

经济学家对资源安全的研究始于石油时代,以石油资源为对象,研究资源价格波动原因及预测最早可追溯到霍特林(Hotelling,1931)[1]可耗竭资源模型——霍特林法则[2]。

---

① Hotelling, H. 1931, "The Economics of Exhaustible Resources". *Journal of Political Economy*, Vol. 39, No. 2, pp. 137 − 175.

② 可耗竭资源理论(Hotelling,1931)模型被视为资源经济学的开山之作,但直到 1974 年索洛(Solow)引用这篇文章之后,Hotelling 的观点和模型才引起学术界重视。

可耗竭资源模型分析了在完全竞争和垄断两种条件下可耗竭资源的价格与产量的关系（当不考虑不可再生资源的生产开采成本时,资源价格将以相等于市场利率的增长率连续上升）。霍特林之后的研究者通过设定石油市场不同结构和参与石油市场的行为主体的不同行为,通过建立各类理论模型论证石油资源供求关系,并引进多种相关参数来分析油价波动的原因和未来趋势,代表性研究如 Cremer & Weitzman(1976)①、Gately(1983；1984)②③、Krugman(2000)④以及 Alhajji & Huettner(2000)⑤等,学术界关于以石油为代表的战略资源的安全问题研究成为了关系经济安全及国家安全的重大问题。

对资源安全的研究亦有持反对意见的学者,Houthakker(1983)⑥认为石油被发现时已是产成品,石油储备不过是在产的存货,Danieslsen & Selby(1980)⑦等则反对石油短缺的定义。石油短缺通常被认为是因为石油可耗竭性引起石油的长期不足,但他们认为是价格控制产生了石油短缺。Adelman(1993)⑧则反对可耗竭性,认为油价不是依据霍特林模型决定的。虽然上述学者不建议将资源利用与短缺安全问题联系在一起,但大多数经济学家还是认同把霍特林模型作为能源及资源安全研究的经典标准。

严格来说,国际间关于资源安全问题的提法并不久远,对资源安全概念的讨论尚存在不同学术观点,但是作为重要工业化进程的国家无不重视战略资源的可获得性,尚不认可资源安全概念的学者不得不承认资源短缺的现实,讨论全球短缺经济下资源的合理配置是现实并且迫切的,工业化进程中的国家的国民经济的发展严重受到资源短缺的约束,特别对于中国这样一个进入加工业大国的市场来说,研究资源安全更具有重要的现实意义。

2. 资源安全问题的应用研究

从 Adam Smith(1776)《国富论》到 Alfred Marshall(1890)《经济学原理》相当长的历

---

① Cremer,J. , M. L. Weitzman. 1976 ,"OPEC and the Monopoly Price of World Oil",*European Economic Review* , Vol. 8 , No. 2 , pp. 155 – 164.

② Gately,D. 1983 ," OPEC: Retrospective and Prospects 1972 – 1990 ",*European Economic Review* , Vol. 21 , No. 4 , pp. 313 – 331.

③ Gately,D. 1984 ,"A Ten-Year Retrospective on OPEC and the World Oil Market",*Journal of Economic Literature* , Vol. 22 , No 3 , pp. 1100 – 1114.

④ Krugman, P. 2000 , " The Energy Crisis Revisited". [DB/OL]. http://web. mit. edu/krugman/www/opec. html.

⑤ Alhajji, A. F. and D. Huettner. 2000 , "OPEC and World Crude Oil Markets from 1973 to 1994: Cartel, Oligopoly, or Competitive?" *The Energy Journal* , Vol. 21 , No. 3 , pp. 31 – 60.

⑥ Houthakker, H. S, 1983 , "Whatever Happened to the Energy Crisis?" *Energy Journal* , Vol. 4 , No. 2 , pp. 1 – 8.

⑦ Danielsen, A. L. and Selby E. B. 1980 , "World Oil Price Increases: Sources and Solutions", *Energy Journal* , Vol. 1 , No. 4 , pp. 59 – 74.

⑧ Adelman, M. A. 1993 , "The Economics of Petroleum Supply: Papers by M. A. Adelman, 1962 – 1993". MIT Press, Cambridge, MA.

史时期里,经济和政治成为了交错的统一体。政治经济学关心相互冲突的利益之间的集体选择过程以及由此带来的经济后果。Robert Gilpin(2004)认为,政治经济学研究由经济和政治相互作用所产生的各种问题,从政治经济学的角度看大量与利益分配相关的权力成为政治经济学研究不能够回避的现实问题①。

透过政治经济学考察问题的视角,现代安全类型的划分,是把军事、政治、外交等领域的安全问题作为传统安全问题,而把经济、信息、资源、跨国犯罪、恐怖主义等作为非传统安全问题。但是在整体相对和平的国际政治军事格局下,非传统安全问题成为了安全研究的重点及多发领域,很显然资源安全在传统分类大类上属于非传统安全的范畴。值得注意的是,传统安全问题与非传统安全问题在一定条件下可能会相互转换,特别是经济全球化背景下,涉及国家安全方面的经济问题,资源配置问题及跨国犯罪及恐怖主义等问题,已经不单一的界定在非传统安全领域,本书认为资源安全问题从政治经济学层面来看,已经上升到与国家安全密切联系的重要地位。

关于资源安全的应用研究有下述不同划分依据及标准(见表1.5)。整体来看,涉及战略性物资资源的安全问题牵连到一国或整个人类社会经济可持续发展的多个方面,资源安全问题已上升成为国家战略层面需要认真研究的课题。

表 1.5　资源安全类型

划分依据	安全类型	特征或说明
按区域划分	全球资源安全	全球尺度、或跨越国界
	国家资源安全	国家尺度的资源安全问题
	地方资源安全	国家内部的资源安全
按资源划分（中国"五行"学说）	"火":能源安全	主要是石油安全问题
	"水":水资源安全	水资源短缺和水污染
	"金":矿产资源安全	战略性矿产资源安全
	"土":土地耕地资源	粮食本身不是资源,作为水土资源的载体
	"木":木材资源	生物资源:本研究主要设为木材资源
按诱因划分	内生型资源安全	主要由国内因素造成
	外生型资源安全	主要由外部因素造成
	内外结合型资源安全	内外因素结合造成

资料来源:肖笃宁等:《论生态安全的基本概念和研究内容》,《应用生态学报》2002年第13期,第3页。

目前关于资源安全研究的划分,主要涉及以下几个研究领域。

---

① ［美］罗伯特·吉尔平:《国际关系政治经济学》,经济科学出版社1989年版。

首先,从国际政治和国际关系的角度研究资源安全相关的问题,其研究内容侧重于国际关系中的军事、政治安全等方面,关于涉及国际关系中的资源等非传统安全问题多属于附属政治服务范畴的性质。

其次,经济学界和金融界学者的研究,其重点是经济安全或金融安全问题形成的原因,以及预防经济和金融安全的主要应对措施等。尽管研究工作的重点不是资源本身,但都涉及资源安全并将其作为经济安全的一个组成部分。

最后,关于以资源环境领域为主体的研究,这是近年来资源安全研究的主要方向,主要分为两个方面,即能源安全和粮食安全问题,能源安全主要是石油问题,这是工业化欧美大国产业发展的战略问题,粮食安全则是发展中国家及落后国家的生存问题,虽然中国解决了温饱水平的生存问题,但并不意味着中国粮食安全问题可以忽视。

国际间在能源安全研究的基础上,近些年开始对水资源安全、生态安全、矿产资源安全等问题展开研究,资源安全的综合性研究工作有了一定的进展,特别以粮食安全研究为代表,侧重于粮食贸易与粮食安全、粮食储备的合理规模,对于资源安全概念界定,资源安全研究体系等问题,中国资源安全态势与战略等方面均出现了重要的基础性的研究成果。目前系统地研究木材资源安全问题则较少[①],而作为具有代表性的战略资源的木材资源安全问题涉及产业、生态及贸易等问题,在经济全球化背景下关注木材资源安全问题,并建立具有行业特色的资源安全保障体系,对于国民经济的可持续发展具有重要价值。

3. 关于资源安全的研究趋势

国内真正意义上关于资源安全的研究始于 20 世纪 90 年代,Who Will Feed China?(Lester R. Brown,1995)[②]关于“中国必将出现粮食短缺,进而造成世界性的粮食危机”引发了国内外关于中国粮食安全问题的深层次讨论。其实早在 20 世纪七八十年代,关于粮食安全问题已经出现了较多研究,但并未引领粮食安全研究的潮流,布朗的粮食安全论一定程度上成为了关于粮食安全与资源安全问题的研究引领者。在国际知名经济学家的排名中,布朗甚至并无地位,但由于布朗曾任职于美国农业部并担任国际农业政策顾问的背景,此后布朗创办了全球环境问题分析的世界观察研究所,率先提出环境可持续发展而闻名,《华盛顿邮报》誉其以“世界上最有影响的一位思想家”,印度《电讯报》称他为“环境运动的宗师”,布朗关于国际问题的批判很容易被国际观察家深入追踪,中国粮食安全问题由此成为了国内外的重大研究课题。布朗的中国粮食安全论在初期遭到国内的猛烈批判,也被与“中国威胁论”密切联系起来。虽然对于“粮食安全”的提法国内普遍以抵触的观点对待,但经济学家由此开始了粮食安全及资源安全问题研究,政府

---

① 参见中国经济信息网《木材安全战略应上升到国家层面》。［DB/OL］. http://www.cei.gov.cn。

② Lester R. Brown. 1995,“Who Will Feed China?”Norton,W. W. & Company,Inc.

关于资源安全的多项纲要性文件也对中国资源安全问题加大关注①②③。

国际间更早的关于粮食安全的问题研究中,Alberto Valdes(1981)④已经认识到粮食安全将是全球性问题,并界定了粮食安全是"缺粮国家或这些国家的某些地区或家庭逐年满足标准消费水平的能力"。由此,发展中国家的资源安全问题成为经济发展中重要的研究对象,Amartya Sen(1982)⑤、Robert W. Herdt(1984)⑥、Joachim Von Braun(1990)⑦等亦从宏观到微观多层次,从全球及整个国家的食物获取能力对于考察粮食安全的保障作出了重要的系统贡献。

中国关于资源安全问题的研究进一步推动了此领域的学术影响。关于资源安全的研究方向,重要战略资源的安全保障成为世界范围内的首要话题,其次是资源利用所导致的生态威胁,以及资源竞争及贸易摩擦等问题的研究。当前,在政治经济学领域考察资源安全并将其作为经济安全及国家安全的重要参考也是重要的研究方向。应该说,资源安全问题的研究在新一轮国际经济政治格局变动中具有重要的现实意义。

(二)关于资源与经济增长的研究

1. 关于资源导向型增长模式研究

马尔萨斯(Thomas Malthus,1766 - 1834)和李嘉图(David Ricardo,1772 - 1823)时代,经济学家对自然资源抱有异乎寻常的崇拜心理,自然资源是维系一个农业社会以及紧接着的工业化社会的持续增长是至关重要的基础⑧。普遍认可的一个最基本原理是:一国自然资源越丰裕,经济增长就越有保障⑨。在资源导向型的传统增长模式中,自然禀赋状况对于一个初级农业国向工业国过渡时期,在很大程度上影响着一国的经济发展基础和水平。

---

① 2003 年,国家粮食安全列入修改后的《中华人民共和国农业法》(第五章第 31 条)。

② 党的十六届三中全会通过《中共中央关于完善社会主义市场经济体制若干问题的决定》(2003 年 10 月 14 日中国共产党第十六届中央委员会第三次全体会议通过)明确了保障粮食安全的重大战略问题。

③ 国务院常务会议讨论并原则通过《国家粮食安全中长期规划纲要》。(依据国家发展和改革委员会 2008 年 11 月 13 日公布《国家粮食安全中长期规划纲要(2008—2020 年)》)

④ Alberto v. 1981,"Food Security for Development Countries". Westview press, Boulder, Colo.

⑤ Amartya Sen. 1982,"The Food Problem:Theory and Policy",*Third World Quarterly*,Vol. 4,No. 3,pp. 447 - 459.

⑥ Robert W. Herdt. 1984,"Differing Perspectives on the World Food Problem:Discussion",*American Journal of Agricultural Economics*,Vol. 66,No. 2,pp. 186 - 187.

⑦ Joachim von Braun. 1990,"Food Insecurity:Discussion",*American Journal of Agricultural Economics*,Vol. 72,No. 5,Proceedings Issue,pp. 1323 - 1324.

⑧ 徐康宁、邵军:《自然禀赋与经济增长:对"资源诅咒"命题的再检验》,《世界经济》2006 年第 11 期,第 38—40 页。

⑨ "人口论"的中心观点之一,就是人口增长超过自然资源增长可能导致很坏的结果。

Habakkuk(1962)①认为,自然资源的丰裕使美国获得了更高的生产率,并最终导致19世纪的繁荣。Wright(1990)分析了20世纪初期美国的制造业能够保持技术领先的背后原因,在对制成品的要素构成进行测算之后,发现美国制造业出口产品具有相当高的非再生自然资源密集度,并且这种密集度在大衰退前的半个世纪内一直呈现持续上升态势。David & Wright(1997)及De Ferrantietal(2002)等研究成果进一步表明,在19世纪到20世纪美国经济发展过程中,美国经济的进步得益于比其他国家更密集地开采并应用其矿产资源禀赋,美国工业化进程的进步与成功,很大程度上要归功于国家充分发挥了范围广大的资源条件。

经济增长理论研究中,到底什么要素是经济增长的决定条件,经济学研究中出现了不同的理论主张,哈罗德(Roy. Forbes. Harrod,1900－1978)、多马(Evsey David Domar,1914－1997)、索洛(Robert M. Solow,1924－)、库兹涅茨(Simon Smith Kuznets,1901－1985)以及丹尼森(Edward Fulton Denison,1915－)等经济学家都作出了探索性贡献,成为此领域的代表性人物。"哈罗德—多马"经济增长模型是以凯恩斯的有效需求理论为基础,考察一个国家在长时期内的国民收入和就业的稳定均衡增长所需条件的理论模型,哈罗德—多马经济增长理论被视为经济增长的经典模型,并奠定了现代经济增长理论的基本框架,在宏观经济学中对凯恩斯主义作出了重要补充和完善。其在凯恩斯收入决定论的基础,加入了经济增长的长期因素,研究了产出增长率、储蓄率与资本产出比三个变量之间的相互关系,认为资本积累是经济持续增长的决定性因素。哈罗德—多马的资本决定论是经济增长理论中统治最久、影响最大的流派,但对资本的过分崇拜也导致了人类在追求工业文明时忽视了自身的存在的资源基础。此后,索洛等人以新古典经济增长模型对资本决定论提出了挑战,其研究成果认为,短期内的经济增长率取决于技术进步率、资本增长率和人口增长率;长期来看,资本增长取决于资本折旧和新投入的资本量,随着资本存量增加,折旧额也会增加,但比率递减,从长期看将趋于零,人口增长虽能增加总产量,但长期内资本增长率往往小于劳动增长率,致使人均增长率会下降为负数,因此,一国经济增长中的决定性因素是技术进步。后来,丹尼森等人通过实证分析证实了索洛模型。

在以杰文斯(William Stanley Jevons,1835－1882)及门格尔(Carl Menger,1840－1921)等边际效用学派的理论中,也有关于自然资源问题的解释。其观点认为自然资源供给与一定时期的劳动力和资本有关:自然资源的储备若没有限量,自然资源成本在一定时期保持不变,则其成本不影响自然资源的使用程度;自然资源的储备若有限制,单位自然资源成本会随着自然资源利用的递增而递增,影响自然资源的使用。第二次世界大战以来,发展经济学对于解释发展中国家贫困及经济增长作出了积极贡献,代表性经济学家刘易斯(William Arthur Lewis,1915－1991)二元经济模型理论、纳克斯(Ragnar

---

① Habakkuk, H. 1962,"American and British Technology in the Nineteerth Century:the Search for Labour－Saving Inventions",Cambridge University Press.

Nurkse,1907 - 1959)贫困恶性循环理论、罗丹(Paul Rosenstein - Rodan,1902 - 1985)平衡增长理论及罗斯托(Walt Whitman Rostow,1916 -)经济成长阶段理论虽从不同视角研究发展中国家经济问题,但关于自然资源和经济增长的关系也多有论及,主要观点认为:不论任何地区,都会存在一种或多种自然资源,对国民总产值影响最显著;自然资源影响经济增长的程度有强有弱;分析经济增长时,可找出影响经济增长的"瓶颈"因素,即稀缺性资源或高成本开采的资源。

可以看出,实际在古典经济学与新古典经济学的经济增长模型中,资源禀赋都未被定义为经济增长的决定因素,甚至可以被替代。经典经济增长理论一般把"资源因素"演绎为单纯的"生产成本问题"并界定为经济增长模型的前提,经济增长被认为只是资本、技术、储蓄率、就业等要素的函数,资源能够相互替代或被"其他生产要素"所替代,以技术进步作为主导生产要素所产生的经济增长模式更是受到学界的重视。但在人类进入21世纪以来,环境及资源问题却变得越来越严重,技术进步并没有解决这些问题,这与经济增长理论长期忽视自然资源的作用密切相关。边际效用学派和发展经济学虽仍然未将资源因素作为经济增长决定因素,但其理论观点一定程度说明自然资源的丰裕程度会对经济增长有影响。

在自然资源支撑经济增长的研究中,还容易发现以下结论。首先,自然资源不仅影响经济增长的基础,还密切影响一国相关产业结构和布局。特别对于经济发展相对落后国家,一国的生产力越不发达,自然资源对其产业结构影响越大。对于发达国家而言,充分有效地利用本国资源并尽可能地利用不发达国家的廉价资源,成为经济增长的普遍规律。其次,自然资源的利用能促进技术进步,随着人们对劳动对象的利用由初加工向深加工方面深化,大大促进了技术的进步,改变了生产对自然资源的依赖程度。最后,自然资源丰裕度会影响社会劳动生产率,劳动生产率的变化取决于自然条件,一般说来,在其他条件相同、自然资源优劣不同的情况下,人们即使花费了等量劳动,劳动生产率也是不同的。许多资源丰裕的国家,其社会劳动生产率往往都比较高,能有利地促进其经济增长。[①] "30年前,印度尼西亚和尼日利亚两国都是以石油工业为支柱,有很接近的人均国民收入,如今印度尼西亚人均国民收入已然是尼日利亚4倍"(Joseph E. Stiglitz,2004)[②]。Gylfason & Thorvaldur(2001)[③]研究也发现,挪威因成功管理了丰富的自然资源而实现了经济繁荣。

关于经济增长对资源是否具有依赖性的研究无法摆脱一个观点,自然资源对经济增

---

① 马子红、胡宏斌:《自然资源与经济增长:理论评述》,《经济论坛》2006年第7期,第45—48页。

② 参考斯蒂格利茨:《资源禀赋再思考》,《财经》2004年9月1日。[DB/OL]. http://finance. sina. com. cn。

③ Gylfason,T. 2001,"Natural Resources,Ducation,and Economic Development",*European Economic Review*,Vol. 45,No. 4 - 6,pp. 847 - 859.

长即使不是决定因素,但其与经济增长存在正效应。从工业文明进入 21 世纪的生态文明以来,更加不能忽视自然资源是经济增长的物质基础和条件,人类赖以生存生活的物质资料,来源于对自然资源的开发和利用,自然资源是一切劳动资料和劳动对象的第一源泉,是自然界提供的生产前提和再生产前提,离开了自然资源,任何社会经济增长都是空话。

2. 关于"资源诅咒"命题的研究

也有经济学家的研究维护着另外的学术观点,即自然资源对经济增长具有负效应。20 世纪中晚期,一些国家尤其是矿产密集型国家,自然资源密集程度达到了史无前例的水平。但是几乎毫无例外,20 世纪 70 年代以来大多数自然资源丰裕的国家经济都出现了停滞。古典经济学对自然资源及其禀赋的讨论,进入 20 世纪后期重新回到现代经济学的研究视野中。然而研究得出的结论却和古典经济学得到相反的判断——"丰裕的自然资源不是经济增长的源泉反而是经济增长的包袱","资源诅咒"(Curse of Natural Resources)。代表研究以美国经济学家 Sachs & Warner(1995)的研究为主,他们考量了世界上 71 个国家 1970—1989 年自然资源状况与经济增长之间的关系,在以自然资源丰裕度、市场开放度、投资、经济制度等为主要变量,检验一国的经济增长与其所拥有的自然资源之间的相关性。其研究结论是:自然资源与经济增长之间确实存在相关性,却是一种负相关性,资源丰富的国家与地区,经济增长反而慢于自然资源稀缺的国家与地区。此文后期成为了"资源诅咒"研究的经典文献[①]。

Gelb(1988)[②],Auty(1990)[③]较早关注"资源诅咒"现象,并为后来的研究提供了假说检验的基础。Matsuyama(1992)[④]建立标准的经济模型对此问题进行研究,该模型考察了资源部门和制造业部门在经济增长中的作用,基本结论是经济结构中促使制造业向采掘业转变的力量降低了经济增长率,其原因就在于这种力量削弱了具有学习效应的相关制造业的健康成长。

"我们的国家十分富有,但人民却很贫困"(Gylfason,1999 - 2001)[⑤],这是俄罗斯前任总统普京的疑问。Gylfason & Zoega(2001)对 85 个国家 1965—1998 年的实证研究显示:

---

① Sachs & Warner(1995)研究论文作为美国国民经济研究局(NBER)工作论文发表。此后在原文研究基础上,在 *Journal of Development Economics* 和 *European Economic Review* 发表了若干相关论文,NBER 一文成为最早关于资源诅咒研究的经典性文献(详见:Sachs,J. ,A. Warner,1995,Natural Resource Abundance and Economic Growth,NBER Working Paper)。

② Gelb,A. 1988,"Windfall Gains:Blessing or Curse?"Oxford University Press.

③ Auty,R. 1990,"Resource-Based Industrialization:Sowing the Oil in Eight Developing Countries",Oxford University Press.

④ Matsuyama,K. 1992,"Agricultural Productivity,Comparative Advantage,and Economic Growth",*Journal of Economic Theory*,Vol. 58,No. 2,pp. 317 - 334.

⑤ Gylfason,T. ,T. Herbertsson,G. Zoega. 1999,"A Mixed Blessing:Natural Resources and Economic Growth",*Macroeconomic Dynamics*,Vol. 3,No. 2,pp. 204 - 225.

当产出比重随着自然资源的使用的增加而增长时,资本的需求下降导致较低的利率和较慢的增长;丰裕的自然资本最终可能挤出货币资本而阻碍经济增长,而且会通过减缓金融体系的发展速度而间接损害投资和储蓄。Hausmann & Rigobon(2002)[1]的研究则表明:自然资源依赖性越高的国家,其经济绩效往往越差。1980 年以来,高度依赖于石油或其他资源的国家,如沙特阿拉伯、尼日利亚、委内瑞拉和扎伊尔等,其经济都陷入了困境。

相反,一些资源贫乏的国家,如 17 世纪的荷兰,19 世纪的瑞士、日本以及第二次世界大战后的 NIE(新兴工业化经济体),却都表现出了强劲的增长态势。现实中出现了与Sachs & Warner 研究结论一致的"资源诅咒"命题的现象。20 世纪非洲(资源丰裕国)和瑞士、日本(资源缺乏国)迥然不同的经济发展结果,同样具有说服力的还有盛产石油的印度尼西亚、委内瑞拉等国与资源贫瘠的东亚新兴经济体(中国香港、中国台湾、韩国和新加坡)之间的经济差距。那些资源缺乏的经济体为摆脱资源束缚而主动放弃传统的增长模式,依靠技术创新和制度创新实现了更快的经济增长,而资源丰裕的经济体却陷入资源依赖型的增长陷阱,经济增长步履维艰甚至停滞不前。

Vincent(1997),Sachs & Warner(2001)[2],Stijns(2005)[3]等研究进一步证明,如果没有技术革新和制度创新,自然资源的丰裕与经济增长呈现的是负相关关系,即自然资源对许多国家的经济增长非但没有起到积极作用,反而成了经济发展过程中的陷阱。

为何自然资源丰裕的国家会出现经济停滞,对"资源诅咒"命题的理论解释也出现不同的观点。以 20 世纪 70 年代北海石油的发现却出现的经济不景气为例,"荷兰病"(Dutch Disease)模型成为了具有代表性质的理论解释。"荷兰病"是指一国特别是指中小国家经济的某一初级产品部门异常繁荣而导致其他部门的衰落的现象。20 世纪 50 年代,制成品出口国荷兰发现大量石油和天然气,政府大力发展石油及天然气产业,导致出口剧增,国际收支大量顺差并出现经济显现荣。但蓬勃发展的天然气产业却严重打击了荷兰的农业和其他工业部门,削弱了出口行业的国际竞争力。20 世纪 80 年代,荷兰遭受到通货膨胀上升、制成品出口下降、收入增长率降低、失业率增加的困扰,资源产业在"繁荣"时期价格膨胀是以牺牲其他行业为代价的现象,"荷兰病"引起了国际上的密切关注。"荷兰病"模型(W. M. Corden;J. Peter Neary,1982)假设一国经济起初处于充分就业状态,如果突然发现了某种自然资源或者自然资源的价格意外下降将导致两方面的后果:一是劳动和资本转向资源出口部门,则可贸易的制造业部门不得不花费更大的代价来吸引劳动力,制造业劳动力成本上升首先打击制造业的竞争力。同时,由于出口自然资源带来

---

① R. Hausmann, R. Rigobon. 2002, "Analternative Interpretation of the 'Resource Curse'", NBER Working Paper No. 9424.

② Jeffrey D. Sachs, Andrew M. Warner. 2001, "The Curse of Natural Resources", *European Economic Review* Vol. 45, No. 4 - 6, pp. 827 - 838.

③ Jean-Philippe Stijns. 2001, "Natural Resource Abundance and Economic Growth Revisited", *Resources Policy*, Vol. 30, No. 2, pp. 107 - 130.

外汇收入的增加使得本币升值,再次打击了制造业的出口竞争力。这被称为资源转移效应,在资源转移效应的影响下,制造业和服务业同时衰落下去。二是自然资源出口带来的收入增加会增加对制造业和不可贸易的部门的产品的需求。但这时对制造业产品的需求的增加却是通过进口国外同类价格相对更便宜的制成品来满足的(这对本国的制造业来说又是一个灾难)。不过,对不可贸易的部门的产品的需求增加无法通过进口来满足,我们会发现一段时间后本国的服务业会重新繁荣,这被称为支出效应。"荷兰病"适用于所有"享受"初级产品出口急剧增加的国家,对于资源丰裕国如何合理利用优势资源发展经济具有一定警示作用。

结构主义学派也较早关注到"资源诅咒"问题,贸易条件论(Prebisch,Singer,1950;Hirschman,1958)认为初级商品的出口国将不可避免地遭受贸易条件恶化的命运,并且这些初级产品基本上都是缺乏收入和需求价格弹性的,这将导致富有的工业化国家和贫穷的初级产品出口国之间差距越来越大。还有一些经济学家注意到国际初级产品市场价格的剧烈波动将给政府制造难题,出口商品价格的剧烈波动会导致政府财政收入大受影响并影响到一国的宏观经济政策(Nerske,1958;Levin,1960),他们还认为资源部门的发展不可能促进甚至有可能阻碍其他部门的发展,由于自然资源部门大多数掌握在跨国公司巨头手中,这就使得这些部门类似发达国家的"经济飞地",而且自然资源开采部门基本上不存在"前向联系"和"后相联系",这就使得自然资源部门的发展即使是一枝独秀但对其他部门却没有什么带动作用,这最终会拖累整个国民经济。关于解释"资源诅咒"的理论主张还有人力资本投资不足论(教育短缺)及产权寻租理论(腐败和内战)等主张,不再赘述。

关于自然资源到底有助于经济增长还是会带来"资源诅咒",在不同国家的不同发展阶段会出现不同甚至截然相反的现象,我们要说明的是,资源禀赋对经济增长未必是决定性因素,但不能忽视其对产业结构与布局、技术进步及劳动生产率的正相关,资源因素对经济增长的正效应作用更大。当然,资源诅咒命题也对如何合理利用资源提出警示,特别对于资源丰裕国如何合理利用优势资源发展经济,或者对于能够较容易获取资源而通过加工贸易实施出口导向战略的国家,资源的"过于丰裕"可能导致经济结构的严重滞后。

(三)木材资源与林业产业问题研究

具体到本书来说,需要对三十多年中国木材资源与相关产业进步及经济增长问题的前期研究进行梳理。中国林业产业经济增长的科学研究在国内近三十年不断得到重视,但主要还局限于木材资源与林业产业化问题、木材供需均衡问题及林产品贸易问题等方面。国内关注木材资源的研究始于资源供需平衡,于20世纪80年代中国木材流通转轨时期开始受到关注,建立系统结构来分析中国木材资源安全的专题研究尚属空白,国家林业局在2008年提出木材资源安全战略问题后,结合资源安全的中国木材供需问题研究则更显必要。本书就国内关于木材资源流通、贸易与产业发展的研究综述分三方面归纳如下。

1. 关于木材资源与林业产业化研究

国家林业局(原林业部)及其科研机构(中国林业科学研究院)较早关注到木材资源与林业产业化问题的研究,王恺、侯知正(1985—1997)[1]等人是此领域长期追踪研究的知名学者,在国内持续关注木材资源问题及其利用。其研究关注到长期以来中国供需矛盾相当尖锐,认为合理的木材工业产品结构是林业部门经济结构合理化的基础,可作为选择林业发展战略目标的重要内容,提出对木材工业产品结构调整是林业发展战略研究中的重大课题,并积极推动对速生杨木,小径材的综合利用,提出了充分合理利用中国木材资源的建议。王恺,林凤鸣(1996)[2]根据全国第四次(1989—1993年)森林资源清查结果,分析中国木材供给和需求,认为森林资源贫乏及结构性短缺长期将更加突出,并对资源节约型木材及木材产品消费进行呼吁。王恺等人倡导在加大用材林资源培育的同时,还要加强木材资源的高效利用、节约代用以及对木材产品奢侈消费的抑制,其研究结果预测到2010年中国木材及主要产品供需会基本达到平衡并实现木材自给。但目前看来中国木材资源短缺的问题并未得到改善,对于木材资源的节约代用等问题尚未得到切实重视。

中国社会科学院农村经济研究所也在资源利用方面作出了积极贡献,李周(1987)[3]研究了林区资源利用状况并提出评价林区或林业企业产业结构的主要方法,并就考核林区资源利用状况的指标体系设计进行改进提出自己的判断,他结合三十多年来的中国林业发展,提出林业产业发展及其政策目标——即在顺应中国工业化进程和整个产业结构变化趋势对林业发展的结构性要求的前提下,以资源配置效率作为基点,以比较优势作为依据,实现中国产业化林业的变化与发展。通过比较优势发展中国林业产业是中国林业经济基本认同的经济增长模式,通过林区资源基础合理发展中国林业产业,这对于中国林业进步在改革开放初期具有积极意义。

在高校科研团队中,南京林业大学在林业经济管理领域的研究具有突出特色,陈国梁、李忠正、周小萍(1992)[4]等人在20世纪90年代初亦关注到长期以来林业产业与木材资源面临的深刻问题,在其承担的林业部"八五"攻关项目中,设计了林业产业化进程中加快技术进步问题的研究,提出林业产业发展制浆造纸工业是加快中国林业改革、促进林业生产的一项重要战略决策。其研究主张以资源配置效率作为基点,以比较经济优势

---

① 王恺、侯知正:《我国木材工业产品结构变化的展望》,《绿色中国》1986年第3期,第1—7页。

② 王恺、林凤鸣:《面向21世纪,建立有中国特色的可持续发展的人造板工业体系》,《木材工业》1996年第1期,第1—5页。

③ 李周:《关于我国林业资金问题的思索》,《绿色中国》1987年第4期,第5—10页。

④ 陈国梁、李忠正、周小萍:《林业发展制浆造纸工业的战略研究》,《南京林业大学学报(自然科学版)》1992年第4期,第6—12页。

作为依据,力求获得最好的经济效益,此研究较早提出改变中国长期依赖进口木浆被动局面和促进造纸工业发展的可行性建议。林业部与南京林业大学"九五"攻关项目"中国木材流通论"课题研究中,蒋祖辉、陈国梁、聂影科研团队(1993—1998)研究了木材流通业外向型经济发展战略问题,提出战略模式要适应本国国情与林情,要适应本国木材流通业的发展与国民经济建设的需要,通过研究中国木材流通宏观调控问题,提出以林业部门为主导,调控木材商流过程和物流过程,建立了木材流通宏观调控系统的总体设计,此研究方案对于指导中国木材流通体制的建设,特别在政府层面加强宏观调控方面得到重视。聂影、任启芳等(1998)①后期结合木材流通宏观调控,提出木材工业—造纸工业可持续发展问题,结合中国造纸工业可持续发展系统的要素结构及功能,提出了中国造纸工业可持续发展系统工程的构想,对于中国林—浆—纸产业链的构造提供了有益的研究建议。

蒋祖辉、陈国梁、聂影主持的《中国木材流通宏观调控战略研究》课题研究团队(1993—2000)②关注到木材资源市场建设与两种资源市场的合理配置问题,在倡导重视宏观调控的前提下,结合中国木材资源禀赋状况,提出适当运用国际木材市场资源补给国内资源短缺的矛盾问题。为防范资源市场价格波动造成市场失灵等问题,对建设中国木材资源期货交易的可行性及制约条件问题进行了分析,在构建中国木材期货交易的研究中作出了基础性探索。时值中国市场化改革加速阶段,中国如何快速融于全球经济一体化进程是当时的现实背景,加入 WTO 后如何防范国际多边贸易体制带来的冲击,此课题组关注并系统研究了当时中国入世的挑战及机遇问题,结合中国林业产业结构存在的问题,系统研究了林业产业发展中以造纸业为代表的林业产业发展的选择标准及市场定位,并对应对国际环境变化带来的资源问题开展了富有成果的基础研究。

中国木材流通协会有关学者也从企业层面和行业协会的功能定位方面对中国木材资源的供需矛盾和流通问题进行了相关研究,朱光前(1997)③研究了中国木材资源市场供需和进口现状及发展趋势,认识到中国木材资源的长期供需矛盾,建议发展木结构房屋和铁路杨木枕木等以人工林为主要原料的木材制品,主张改变消费观念,促进人造板工业发展,改变长期对原木产品的消费需求。研究成果还建议调整人造板消费结构,扩大人造板在建筑方面的应用,以木材工业的发展促进林业的发展。朱光前等人还提出扩大非公有制人工林发展,通过引入市场竞争机制增加木材市场的生产供给,辅之以加大进口俄罗斯木材和新西兰木材,以弥补国产木材不足,此阶段的研究已经认识到进口木材资源可能带来的生态影响,研究建议适当减少热带阔叶木材进口,以保护全球生态

---

① 聂影、任启芳:《我国造纸工业可持续发展的系统分析》,《中华纸业》1998 年第 5 期,第 17—20 页。

② 蒋祖辉、陈国梁、聂影:《中国木材流通论》,中国林业出版社 1994 年版。

③ 朱光前:《建材市场供需形势及建材流通企业发展的几点意见》,《中国物资流通》1997 年第 4 期,第 15—17 页。

环境。

国家林业局产业司在中国林业产业快速发展的背景下,结合中国木材资源禀赋及林区经济的发展问题,对协调产业发展与林区经济增长也作出了积极探索。姚昌恬(1994)[①]在进行国有林区规划的研究工作中,注意到国有林区作为国家最大的木材生产基地,面临的资源丰裕与经济滞后的问题,虽然丰富的林区资源是中国林业经济发展的支柱,但林区产业落后并且林农林工生活困难,提出了结合资源基础合理发展林区经济人造板工业,通过优化配置林区木材资源及产业关系,促进林区经济发展及安置富余人员。

北京林业大学程宝栋、宋维明(2006)科研团队也在木材资源及产业安全方面进行了相关科学研究,《中国木材产业安全研究》[②]从产业发展的角度论述了木材产业基础存在的不安全因素。该研究认识到中国木材资源获取途径的有限性,木材产业发展存在的资源基础薄弱、布局分散、规模水平低等问题对于产业发展构成不利影响,系统地提出了改变中国木材产业安全的可行途径及政策建议。程宝栋、宋维明(2008)[③]还就关于中国进口资源面临的木材非法采伐及相关贸易进行讨论,对中国面临国际非法采伐压力的原因和中国木材进出口贸易与非法采伐的关系进行论述,为中国参与国际可持续林业及制定打击非法贸易政策提供了参考。

2. 关于中国木材供需模型预测研究

如何准确把握中国木材资源的供需缺口及发展趋势,20 世纪 90 年代在国内关于中国木材资源供需预测的计量研究成为了研究热点。王立群、陈建成(1990,1991)[④]选择木材供求预测经济计量模型,并以广西壮族自治区为具体的研究对象,验证此区域木材资源供需并对建立中国森林资源预警系统的必要性提出了建议,还结合国民经济及社会发展对木材需求日益增长的状况,建立了中国森林资源预警系统框架。此后王立群、李周(1992)[⑤]结合木材供需平衡对于确保国民经济协调发展的重要影响,提出以速生丰产林的发展来应对资源短缺的建议,该研究成果对确定速生丰产林建设规模提供了政策建议。

此阶段关于区域经济发展与资源禀赋的研究也有其他成果,对于省际资源流动及调控作出了政策参考。张彩虹、戴广翠(1996)[⑥]在对山东省森林资源和木材供需平衡状况进行系统分析的基础上,利用系统动力学方法建立了山东省森林资源与木材供需平衡模

① 姚昌恬:《加快林业产业化进程主动适应社会主义市场经济的需要》,《林业经济》1994 年第 4 期,第 15—18 页。

② 程宝栋、宋维明:《中国木材产业安全研究》,中国林业出版社 2006 年版。

③ 程宝栋、宋维明:《中国应对国际木材非法采伐问题的思考》,《国际贸易》2008 年第 3 期,第 50—53 页。

④ 王立群、陈建成:《关于建立我国森林资源预警系统的初步设想》,《林业经济》1991 年第 5 期,第 16—19 页。

⑤ 王立群、李周:《论我国速生丰产林建设的规模》,《林业经济》1991 年第 5 期,第 10—17 页。

⑥ 张彩虹:《山东省森林资源与木材供需平衡模型的建立与应用》,《自然资源学报》1996 年第 1 期,第 66—74 页。

型,通过对不同方案的政策仿真和结果分析,提出解决山东省木材供需矛盾的最佳途径,该研究对制定区域林业经济发展如何协调资源配置的问题提供了较为科学的理论依据。

定量化预测资源供需矛盾需要精度及深入。张智光等(1996)[1]运用系统工程原理与方法,提出了中国木材市场供需的综合预测法。在系统分析的基础上,研究将定量预测与定性分析、分类预测与整体预测相结合,进行多种预测模型的优化组合,并在预测过程中实行多重检验和多重反馈,并用该方法预测了2010年中国木材市场的供需状况。聂影、张智光、丁乃鹏(1998)[2]运用系统工程原理,研究了中国木材流通宏观调控政策仿真模型,并根据系统动力学和其他定量分析方法,建立了该系统的政策仿真模型,应用于中国木材流通宏观调控问题的政策研究。张智光、蔡志坚(1996)[3]在分析中国纸及纸品的消费结构问题时,建立中国纸产品需求的因果和序列外推组合预测数学模型,科学地预测未来的发展趋势。杨明辉、张智光(1998)[4]还建立木材供需预测系统动力学模型,客观分析了中国木材供需结构并提出国内生产与国际进口均衡发展的对策建议。此阶段的计量预测方法的综合和改进将中国木材资源供需问题的研究水平提高了一大步,也对当时国际间的系统动力学预测研究进行了有益改进,是木材供需问题预测研究的重要阶段。

刘璨、刘东生、肖斌(1996,1997)[5]在讨论森林资源价值的基础上,提出了森林资源价值偏好模型、森林资源优化模型及公平模型、林业持续发展利益协调模型,其研究借鉴国内外木材市场供需预测方法,提出采用线性差分方程进行木材需求预测,并根据利益最大化原则,采用倒算法建立相应模型,其木材供需预测对政策制定具有较好参考价值。

进入21世纪后,资源矛盾问题已经成为愈发严重的问题,此阶段的研究超越了一般意义关注缺口多少的层面,而在资源价格变动与市场整合方面研究资源短缺的因果问题。孙顶强、徐晋涛(2005)[6]利用1997年到2004年全国20个主要城市的红松原木价格和12个城市的杉原木价格数据,采用协整检验和格兰杰因果关系检验的方法测试中国木材市场在长期和短期的整合程度,结果表明在多种政策的作用下,中国木材市场存在

① 张智光、唐文彬:《中国木材市场供需系统的综合预测》,《林业科学》1996年第3期,第260—268页。

② 聂影、张智光、丁乃鹏:《我国木材流通宏观调控政策仿真研究》,《中国流通经济》1998年第4期,第11—14页。

③ 张智光、蔡志坚:《我国纸及纸板消费结构的问题、预测与对策》,《预测》1996年第2期,第24－28页。

④ 杨明辉、张智光:《木材供需预测的系统动力学模型》,《预测》1998年第8期,第15—19页。

⑤ 刘璨、刘东生、肖斌:《林业持续发展及其需求协调模型研究》,《林业经济》1996年第1期,第51—57页。

⑥ 孙顶强、徐晋涛:《从市场整合程度看中国木材市场效率》,《中国农村经济》2005年第6期,第37—45页。

长期的整合关系。孙顶强、尹润生(2006)①还研究了近年来世界林产品贸易格局,关注了诸如贸易争端、非法木材贸易、森林认证、区内加工增值及外来物种入侵对木材资源交易的影响。

资源进口成为了解决中国木材资源的重要手段,如何评价资源进口弹性及潜在的资源安全问题,是贸易安全必须考虑的重要问题。杨红强、聂影(2008)②通过利用差异化进口需求模型对中国历年原木进口需求进行了研究,实证数据研究表明,中国对从前五位原木进口国进口原木的数量富有弹性,对从俄罗斯、马来西亚、巴布亚新几内亚原木进口的变化很敏感。在其他条件不变的情况下,中国原木需求的增加会导致重要贸易伙伴原木出口的增加。中国国内原木市场需要警惕,本土原木在国内消费数量中增加幅度较小,国内加工企业对原木的需求增长主要通过进口来满足,原木进口的安全问题变得愈发严峻。

3. 关于中国林产品流通、贸易与市场的研究

中国鼓励林业产业的国内政策极大地推动了国内林业经济的发展,林业产业化生产的林产品是进入消费领域必须重视的问题,林产品流通、贸易与市场问题关系到林业产业的健康可持续发展。

中国林业科学研究院陆文明(1993)③研究了西非主要国家的木材工业和林产品贸易及政策,提出西非国家森林资源的相对丰富使得林业在其国民经济中占有一定的地位,中国应重视与之贸易的深入发展。研究发现西非国家中林产品出口是其外汇收入的主要来源,而木材工业特别是胶合板工业和深加工工业却非常落后,为了扩大林产品出口额,只能继续出口热带材原木和锯材,其研究提出中国进口西非木材的应采取的政策取向。陆文明(1995,1999)④详尽论述了 2000 年世界林业产业政策的发展趋势,其研究注意到继续实施林业可持续发展战略和林业管理体制向促进发挥多种效益和集约化经营的发展方向,并对进一步大力发展人工林的扶持政策提出建议。陆文明关于世界林业产业政策发展的研究较早系统论述森林可持续经营认证对于木材产品的影响和发展趋势,并介绍了国际森林认证机制及相关运行模式⑤,对于国内关注森林认证及贸易具有重要意义。

中国林业产业的发展取决于经济增长模式及可持续发展动力,利用资源发展经济与

---

① 孙顶强、尹润生:《全球林产品贸易格局变化及相关问题讨论》,《林业经济》2006 年第 5 期,第 74—80 页。

② 杨红强、聂影:《中国原木进口需求的来源地结构分析》,《国际贸易问题》2008 年第 6 期,第 51—56 页。

③ 陆文明:《西非主要国家的木材工业和林产品贸易及政策》,《世界林业研究》1993 年第 5 期,第 92—93 页。

④ 陆文明:《2000 年世界林业产业政策的发展趋势》,《世界林业研究》1995 年第 5 期,第 1—7 页。

⑤ 陆文明:《森林可持续经营的认证机制》,《世界林业研究》1999 年第 3 期,第 7—12 页。

节约资源发展循环产业并不矛盾,如何合理利用木材资源保障经济增长的可持续性显得尤为重要。张庆荣等(1996)[①]较早关注了资源危机、经济危困对林业经济的影响,研究了内蒙古自治区大兴安岭森林工业从 20 世纪 80 年代末期开始陷入经济危困和资源危机境地等问题。提出了解决"两危"振兴内蒙古林业经济的困难所在。黎云昆(1996—2003)通过研究加拿大木材供给及发展态势,分析了加拿大资源对世界木材市场的重要价值,结合环境与发展问题提出了实现可持续发展已经成为全世界紧迫而艰巨的任务。其研究呼吁社会关注环境污染和资源枯竭所造成的生存危机,并建议在可持续发展的原则指导下发展林产品贸易和积极推广森林认证。鲍甫成、熊满珍(2005)[②]在分析中国森林资源与木材供求状况基础上,结合木材需求趋势与供需缺口,就如何实现中国木材与林产品自给,达到供需平衡进行了研究。研究建议通过大力发展工业人工林、定向培育、高效利用木材、节约林木资源、扩大原料来源、开发利用生物质资源生产林产品,来综合实现中国木材与林产品供需平衡。熊满珍、鲍甫成等(2007)[③]《循环经济与木材工业可持续发展》还建议加快循环经济模式建设,通过论述循环经济对实现中国木材工业可持续发展影响,提供了发展木材工业循环经济的相关对策及政策建议。

林凤鸣(1999)[④]就中国木材资源和主要林产品生产、消费和贸易现状的研究,预测了到 2010 年林产品贸易的发展趋势。通过改革开放以来中国木材贸易政策分析,提出中国政府考虑到保护森林资源和改善生态环境的重要性,应该制定严格的限额采伐政策来保障资源利用的生态问题。聂影、苏世伟(2000,2001)[⑤]在此阶段的研究表明,在中国林业再生产过程中,加强政府宏观调控的同时应注重林业经济效益,在利用市场机制时不损害林业的生态效益、社会效益,从而促进林业经济效益、社会效益和生态效益的协调发展。提出了对于林业这一特殊行业,面对现代经济体系和中国林业工作中所面临的根本政策,正确处理林业再生产过程中政府和市场关系。聂影、杨红强(2006)[⑥]研究了"十一五"初期中国宏观政策调整对林产品贸易的影响,提出随着中国——东盟自由贸易区建设进程的加快,中国林产品进口重要来源地的东盟区域国家将成为中国林产品贸易合作

① 张庆荣、仇国钦、董立新、李美琴:《资源危机、经济危困对林业经济的影响》,《金融研究》1996 年第 2 期,第 63—65 页。

② 鲍甫成、熊满珍:《我国木材及林产品供需平衡研究》,《林产工业》2005 年第 4 期,第 3—5 页。

③ 熊满珍、鲍甫成、段新芳:《循环经济与木材工业可持续发展》,《木材工业》2005 年第 4 期,第 19—22 页。

④ 林凤鸣:《中国木材和主要林产品的生产、消费和贸易现状及其在 2010 年的发展趋势》,《林业科技通讯》1999 年第 6 期,第 3—6 页。

⑤ 聂影、苏世伟:《林业再生产过程中政府和市场关系的研究》,《发展研究》2000 年第 12 期,第 30—31 页。

⑥ 聂影、杨红强:《政策面调整下中国林产品对外贸易走势研究》,《林业经济问题》2006 年第 1 期,第 44—51 页。

的重要伙伴,研究并对"十一五"中国林产品贸易政策取向及外部环境变化做出合理判断,并对重视与东盟经济的长效合作与资源配置提供了对策建议。

关于中国木材资源和林产品贸易的战略问题关系到中国林业产业的长远发展,北京林业大学宋维明科研团队(2000)①研究了对中国木材国际贸易战略问题,提出木材贸易活动不能停留在简单地补充国内市场木材供给短缺方面,应当以现代国际贸易理论为基础把握木材国际贸易战略的立足点,通过有目标地扩大木材进口,促进林业直接参与国际资源的配置,获取国际分工利益。该研究还依据国际贸易中的比较优势理论,分析了中国木材产品比较优势以及木材产业现状,提出中国加入 WTO 以后提高木材产业国际竞争力的措施。宋维明、程宝栋(2004)②通过对中国建立在自然资源优势基础上的木材贸易模式的反思,提出了应当转换中国木材贸易的资源基础的观点,通过对中国木材产业参与国际贸易重要性的分析,指出其产业发展面临的资源矛盾以及建立在传统资源基础上的木材贸易存在的问题,以解决木材产业的资源矛盾为出发点,提出并分析了建立木材产业资源基础的三种途径。此阶段的研究一方面重视中国木材资源重视利用国际市场的要求,另一方面对中国林业产业建立在资源密集型的产业基础进行了分析,已经认识到中国林业产业具有的资源密集型的产业特色后期可能面临资源短缺对产业安全的潜在威胁。

中国林业产业化的进程与市场体系的不断完善在协同发展,对于林业产业的最终产成品是否具有国际竞争力,能否在国际市场占有一席之地并长效创造利润,这是关系中国长期推行的出口导向型外贸政策是否可持续的问题,研究中国林产品的国际竞争力是林产品贸易与资源安全的必须重视的问题。杨红强(2000)③研究了 1990—2000年中国十年木材产品贸易状况与竞争力问题。通过回顾木材产品(原木、锯材及人造板等)贸易情况,分析中国加入 WTO 抢抓发展机遇的对策。随着中国木材加工业大国的确立,中国林产品出口面临着愈来愈严重的国际贸易争端,包括林产品在内的出口产品受到国际市场反倾销反补贴的贸易摩擦正在成为常态,如何应对国际市场的贸易争端是林产品贸易的重要课题。杨红强、聂影(2007,2008)④⑤深入研究了中国木质林产品遭受的国际反倾销问题,该研究通过对中国林产品被反倾销调查和采取最终措施的实证研究,提出美、欧对华提起反倾销诉讼对他国具有示范效应,应注意除了发达国家外

---

① 宋维明:《对我国木材国际贸易战略的几点思考》,《林业经济》2000 年第 5 期,第 47—50 页。

② 宋维明、程宝栋:《关于中国木材贸易资源基础的思考》,《绿色中国》2004 年第 10 期,第 39—42 页。

③ 杨红强:《我国木材产品贸易状况与竞争力探析》,《林业经济》2000 年第 5 期,第 50—57 页。

④ 杨红强、聂影:《国外对华反倾销措施效果评价的实证研究》,《国际贸易问题》2007 年第 11 期,第 72—78 页。

⑤ 杨红强、聂影、付春丽:《美国对华木质林产品反倾销措施的影响研究:1995—2006 年实证数据》,《农业经济问题》2008 年第 2 期,第 49—53 页。

的发展中国家处于产品同质竞争可能加大对华"双反"调查。《美国对华木质林产品反倾销措施的影响研究》提出中国应积极谋求 WTO 剔除非市场经济地位，重视反倾销对称性并积极应诉，通过行业协调和调整林产品出口导向，促使林产品进出口内外均衡与结构合理。

1999 年中国开始实施"天然林保护工程"（Natural Forest Protection Program/NFPP），中国林业产业发展赖以生存在国内资源基础出现严重问题，木材资源如何获取，如何应对进口资源出口产品出现的贸易争端，已经成为林业产业继续发展面临的现实困境。刘爱民、李飞（2000）[1]在分析中国森林资源状况的基础上，从生产、流通、消费等方面系统地研究了中国木材供需状况，该研究关注到天然林保护工程的实施，提出除增加木材进口外，还应通过实施木材替代战略、积极培育森林资源来解决。缪东玲、党凤兰（2003）[2]对 WTO 多边贸易体制下木材贸易争端进行研究后发现，国际贸易争端最突出的特点是基本反映在美国和加拿大之间围绕反补贴和反倾销交替进行，该研究以 WTO 木材贸易争端变化的趋势及特点，指出中国将逐步面临人造板和家具出口的贸易争端，并对中国应对"双反"贸易摩擦提供了应对措施。刘园园（2006）对世界木材市场国际竞争研究发现，世界森林资源破坏严重，森林面积不断缩小，世界木材需求增长与全球森林资源的大幅度减少所引起的供需矛盾日益突出，中国木材贸易纠纷日益成为严重的政治问题。这将木材资源及产品贸易的争端问题上升到了一个新的高度，贸易争端与政治争端的交错将加剧中国资源矛盾及产业安全。

中国林业产业发展过程中除了资源约束经济发展外，林业企业改制和国家参与国际多变合作领域的贸易机制问题也在制度层面影响着产业进步。徐晋涛、陶然等（2004）[3]回顾了改革开放以来国有林业企业管理体制的演变，通过多任务委托代理模型探讨了这一演变过程中利润分成和采伐限额两个不相容的政府政策激励对国有林业企业经营者激励的影响，特别是信息不对称条件下其对木材采伐的影响，从而解释了国有林业企业普遍存在的超限额采伐的经济原因。其研究通过全国 28 个省森林资源普查的面板数据，验证了信息不对称将会导致超限额采伐和国有林资源增长率下降的假说。沈文星、杨红强（2005）[4]对自由贸易机制与中国林产品贸易参与国际配置的制度安排进行研究。就 WTO 自由贸易体制影响中国林产品贸易规模、产业结构等问题展开讨论，并就自由贸

---

①　刘爱民、李飞、廖俊国：《中国森林资源及木材供需平衡研究》，《资源科学》2000 年第 6 期，第 9—13 页。

②　缪东玲、党凤兰：《浅析 WTO 木材贸易争端及其借鉴意义》，《北京林业大学学报（社会科学版）》2003 年第 2 期，第 44—48 页。

③　徐晋涛、陶然、危结根：《信息不对称、分成契约与超限额采伐——中国国有森林资源变化的理论分析和实证考察》，《经济研究》2004 年第 10 期，第 37—46 页。

④　沈文星、杨红强：《自由贸易体制对中国林产品贸易可持续发展影响研究》，《绿色中国》2005 年第 24 期，第 47—49 页。

易与环境保护的博弈提供了中国林产品贸易可持续发展的制度安排及路径选择等重要问题。

国际范围区域性的资源流动深刻影响着中国木材资源供需及产业发展,国际层面资源丰裕国家的经济合作和贸易往来对中国资源获取有重要影响,国际范围的森林经营思想的变迁及发展动态亦可能对中国林业产业安全的资源基础造成冲击。田刚(2005)[①]《东北亚区域林业经贸合作研究》从区域结构分析了中国木材资源与俄罗斯的密切关联及合作前景,从资源获取及经济共赢层面分析了俄罗斯作为木材资源大国与中国作为加工业大国加强合作的必要性及可能性,为中国东北亚木材资源基础的获取提供了思路,该研究还从两国在技术、资金、劳动力资源、自然资源以及产业结构等方面的层次性、差异性和梯度性等问题,提出了中国和东亚等国双方合作的空间及可持续性。李剑泉、陆文明、李智勇等(2008)[②]从供给方面运用赫克谢尔—俄林模型,探讨了中俄木材双边贸易合作的资源禀赋要素,从需求角度分析了目前中国经济持续快速发展对双边贸易的拉动作用,同时探讨了中俄两国贸易政策变化和国际环保意识、森林认证、国际贸易壁垒及中国汇率变动等国际市场因素对中俄木材贸易合作的影响。高红电、聂影、杨红强(2008)[③]研究了中国原木的增长需求主要通过进口来满足,进口品种结构中针叶原木进口数量明显大于阔叶原木进口,建议要密切关注俄罗斯关税政策对针叶材出口的限制及不利影响。长期来看,针叶原木和阔叶原木的进口需求有增无减,原材料成本上升将会促使价格增长,其对于国内相关产业的影响将是长期的。依赖于国际市场少数主要来源国的资源供给对于中国资源安全和整个林业产业安全是不利的。宋艳艳(2005)《国内外木质林产品贸易的现状、发展趋势和政策分析》一文,研究了森林经营指导思想转变条件下,缓解森林资源短缺压力要以由木材生产为主转变为以生态建设为主的思路,为中国发展木材加工产业必须密切关注世界营林思想转变为永续及可持续利用木材资源的发展趋势。

三、国内外文献评价

结合上述分类综述,国内外关于林产品贸易科研趋势问题、资源禀赋与经济增长的关系问题及中国木材资源与林业产业进步问题的分析表明:以最终产品流动为代表的木材资源安全问题必须系统考量到资源禀赋、产业安全、生态安全及贸易安全等问题;资源禀赋即使对经济增长未必是决定性因素,但不能忽视其对产业结构与布局、技术进步及

---

① 田刚:《推进中俄林业经贸合作的战略构想与对策措施》,《俄罗斯中亚东欧市场》2005年第12期,第29—33页。

② 李剑泉、陆文明、李智勇等:《中国与俄罗斯木材贸易的影响因素分析》,《林业科技》2008年第4期,第55—58页。

③ 高红电、聂影、杨红强:《原木统计分类与中国进口品种结构分析》,《林业经济》2008年第5期,第53—57页。

劳动生产率的正相关,同时需要关注资源诅咒命题对合理利用资源的警示作用;具体到木材资源与林业经济增长问题,国内研究从资源与产业化、木材供需预测及林产品流通、贸易与市场方面的研究均涉及了资源短缺约束经济增长的现实问题。但可以看到,由于中国木材资源安全战略的构想提出相对较晚,上述研究用于系统解释木材资源安全的框架仍存在缺陷和不足。

其一,关于理论系统的完整性问题。解释木材资源利用与经济增长及林业产业化问题,资源安全思想充分运用于木材资源行业的研究还较少,将木材资源安全简单界定在非传统安全领域并不完全恰当,木材资源安全贯穿林业经济第一、第二、第三产业,资源基础不仅影响产业安全,同样影响生态安全和贸易安全,木材资源安全问题应该上升到政治经济学层面来系统考量,以传统资源经济理论来解释木材资源的系统问题有待调整和完善。

其二,资源禀赋基础是否决定比较优势问题。中国属于木材资源短缺国家,比较优势的理论基础是否在现实中完全符合国际贸易属性?"资源诅咒"命题对于中国木材资源安全的解释是否有效?中国保障木材资源安全是否可以通过大力发展人工林来解决?借助资源禀赋丰裕国的资源配置来发展中国木材加工产业是否可持续等问题未得到合理解释。

其三,"中国资源过度利用威胁世界森林"问题。中国利用国际进口资源发展加工产业,满足了出口增长和国内就业,资源进口也看似市场机制下帕累托"合理"配置的结果,国际市场廉价地消费着中国提供的优质产品,缘何"中国破坏世界森林资源"仍是国际舆论主流?上述研究并未从生态安全研究角度关注中国进口他国原木可能产生的生态足迹转移与生态承载力的关系。

其四,反思出口导向型贸易战略。中国在加工贸易的模式下承接了国际产业化的转移,确立了国际加工业大国的发展模式,通过进口国际资源出口产成品的"两头在外"发展思路实现了工业化进程并积累了充裕的国际储备,但长期推行的产业模式背负了"资源掠夺"的"中国威胁论"舆论,同时也承担了国际市场风险及国内劳动力福利底下的社会责任,中国木材资源安全问题与国家产业战略定位的关系并没有达到充分的论证。

第三节　研究思路与内容

一、研究思路

本书结合国内外研究趋势,在理论框架创新、评价指标系统设置、分类实证检验及安全保障体系构建等四方面来进行,科学合理的考虑到资源安全与产业发展、生态保护与贸易安全等问题,为系统考量资源安全及其衍生的相关问题提供借鉴研究模式。

本书在资源安全理论基础上,结合产业安全理论及贸易安全理论,着重考察木材资源安全必须关注的生态安全观、产业安全观和贸易安全观,为全方位地研究可再生资源构建科学合理理论体系。

研究着重于木材资源安全评价体系的构建,以资源禀赋为基础,提出"资源—产业—生态—贸易"(Resource-Industry-Ecology-Trade/RIET)的系统综合模式,为分析木材资源的利用及获取效率提供了多维的评价思路,也对于评价其他重要战略资源的安全体系提供可拓展的研究基础。

研究课题在分类实证资源禀赋条件下,阐述"产业安全—生态安全—贸易安全"三种安全关联问题,产业安全方面阐述了加工贸易的产业缺陷及产业战略调整思路,生态安全方面论证了中国资源利用方面可计量生态威胁及生态安全评价,贸易安全方面则展望了中国林产品出口面临的挑战及进口资源的存在的安全约束条件。

本书遵循"资源—产业—生态—贸易"(RIET)系统综合评价模式及逻辑思维框架,构建了科学合理的中国木材资源安全保障体系。该体系有助于其他战略资源安全的评价及预警机制的建立,对于从资源安全层面维护国民经济安全及国家战略安全提供重要的制度设计。

二、研究方法

1. 定性与定量分析相结合。通过定性标准和专家访谈等形式把握中国木材资源短缺的现实状况,综合利用多种关联理论来分析资源安全面临的理论意义及发展趋势。基于传统理论分析判定资源短缺的现实情况,将实证检验作为本书中的重要环节,通过对专业研究数据资料的整理分析,分类定量评价资源安全导致的产业安全、生态安全及贸易安全等关联问题。

2. 实证研究和规范研究相结合。本书将在收集大量统计资料的基础上,综合运用统计学、计量经济学及数学模拟模型,借助统计软件及计算系统,提高研究精确度和效率。综合运用资源经济学理论、产业经济学及国际贸易学理论、提供应对资源安全的策略及调整方案。

3. 静态与动态分析相结合。本书一方面从面板数据的静态分析探讨阶段性木材资源缺口及资源安全衍生的生态问题及贸易效应,另一方面充分考虑序列综合数据的动态影响结果,通过内生要素及外部条件变化的细致分析,科学合理论证资源安全静态表征及动态趋势,为建立资源安全保障体系提供合理标准及对策建议。

三、研究内容

本书的主要内容涉及以下四个主要方面。

1. 理论框架

系统归纳相关理论,构建框架性理论基础。(1)资源经济学理论。从古典自由市场理论到资源经济学理论均重视资源与经济增长的一般原理,结合二者内在关联来分析木材资源对国民经济的重要影响,其次从可耗竭性资源理论角度来分析可耗竭性资源与可再生资源的转换问题,针对"资源诅咒"的命题,探究技术进步对经济增长的贡献。(2)产业安全理论,结合传统产业安全理论沿袭,运用现代产业安全理论来分析构建结合国际竞争力与产业安全问题、国际资本技术转移与产业安全、产业安全与国家安全等的系统性原理。(3)生态安全理论。生态安全思想是人类文明的必然选择,资源利用隐含了对生态问题的影响,生态风险评价理论则作为本书评价生态安全重要基础,生态安全研究中不能够忽视生态安全的国家利益理论,即正确认识生态安全"外部性"问题。(4)贸易安全理论。资源及产品的跨国贸易存在国际规制的约束,在资源流动可能被赋予政治考量的情况下,涉及市场机制的惩戒和政治层面的监管即增加贸易安全的隐患,结合以贸易依存度等基本判断,分析贸易结构、贸易弹性、贸易摩擦及贸易监管等贸易安全的现实问题。

2. 评价模式

按照系统决策的原则,建立评价木材资源安全的 RIET(Resource-Industry-Ecology-Trade)综合评价模式。对于木材资源安全的研究,遵循产业安全理论、生态经济理论及国际贸易理论的基本规律,有机结合相关理论的内在联系,建立能够评价木材资源安全(资源—产业—生态—贸易)评价体系,以利从系统思想的视角全面研究中国木材资源安全的内在问题。

3. 实证研究

分类论证资源短缺对不同安全领域的影响。(1)产业安全,结合中国木材加工产业的国内条件评价,就生产要素条件、产业供需环境、产业结构与布局三个方面分析目前产业发展的国内环境,并就主要产业结构及布局具体分析产业安全存在的问题。结合产业发展的国际竞争能力及产业控制水平,进一步探讨产业安全及其发展的外部环境。(2)生态安全,中国对国际木材资源利用可能导致的生态问题,研究结合中国木材资源利用的国内生态问题以及资源进口对洲际及主要进口来源国的生态环境的影响,评价中国木材资源短缺是否造成资源利用的生态安全,具体分析中国木材资源利用的生态压力。(3)贸易安全,从"产品出口"与"原料进口"的现实贸易模式来分析木产品贸易安全问题,结合中国木材资源进口可能面临的贸易环境变化,评价进口资源的贸易安全,为从整体上保障战略资源安全提供政策依据。

4. 保障体系

中国木材资源的短缺在产业安全、生态安全及贸易安全等方面形成了内在关联的相互影响,建立科学合理的资源安全保障体系是关系国民经济健康稳定发展和生态文明建设的重要保障,结合 RIET 综合评价模式及实证研究获得的预警因素,建立相应安全保障体系。中国木材资源安全保障体系的完善需要政府从产业战略、生态政策、贸易规则方面给予配套支持,研究对中长期中国木材资源安全保障的建立提供了针对性政策建议。

四、技术路线

本书从研究背景、问题及理论、属类及实证、结论及讨论等四个方面设计了整体技术路线(见图1.3)。

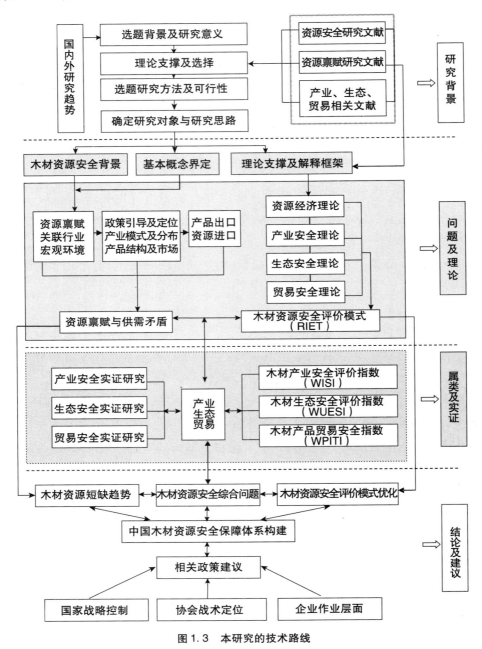

图 1.3 本研究的技术路线

第二章　木材资源内涵及界定

第一节　资源安全的内涵及分类

一、资源的经济属性与资源安全

《辞海》对资源的定义为"资财来源,一般指天然的财源",此解释笼统且意思不够明确,在经济学的思想中难以准确把握经济属性。《现代汉语词典》定义资源为"生产资料或生活资料的天然来源",已将涉及国民经济的要素特征涵盖在内,但不足以在政治经济学层面体现资源作为国家利益的政治含义。联合国环境规划署(United Nations Environment Programme/UNEP)将资源定义为"在一定时间和技术条件下,能够产生经济价值、提高人类当前和未来福利的自然环境因素的总称",此解释更多考量了维护全球环境保护的要求,对于国际资源流动及配置的成分尚存在缺陷。上述三种解释均可理解为对资源的狭义理解,在不同学科具有一定的合理性。从资源经济学①角度扩展资源的内涵,可以表达为:"各种自然因素及由其他成分组成的各种经济自然环境,以及人类社会形成并不断增长的人口、劳动力、知识、技术、文化、管理等。包括自然资源、经济资源和智力资源三个大部分",资源经济学的广义解释,在本书中具有一定的参考价值,特别对于自然资源(木材资源)的拓展及结合经济因素的考量应用是本书的基础。

对于安全(Security)的界定,《现代汉语词典》将其定义为"没有危险,不受威胁"的状态。西方社会的"安全"(Security)一词源于拉丁文"Securitas",意即从小心、不稳定和自制中解脱出来的状态,进而引申为脱离危险的安全状态。"安全意味着和平与对和平的维护,但是由于作为一种价值的安全,同时享有其他许多价值的方式和条件"②。阿诺德·沃尔弗斯(Arnold Wolfers)《冲突与合作》中指出:"安全从客观意义上讲,是指所拥

---

① 张帆:《环境与自然资源经济学》,上海人民出版社 1998 年版。
② [美]卡尔·多伊奇:《国际关系分析》,世界知识出版社 1992 年版。

有的价值不存在现实的威胁,从主观意义上是指不存在价值受到攻击的恐惧感",这种从安全二元性属性的理解得到较为广泛的认可(反对观点则否定二元性①)。虽然对安全的界定尚无统一认识,本书基于价值论判断,对于安全的概念定义为:不同行为主体,主观上在获得价值时能够判断客观存在的威胁性,并能够从威胁中得到解脱的动态的能力。

资源的经济属性决定其研究的方法及内容。劳动价值论中将资源的商品角度划分为使用价值与交换价值:使用价值是指产品的有效性或效用——能满足人的某种需要的属性,由物品物理、化学、生物等自然属性决定。交换价值则是表现出一种使用价值同另一种使用价值相交换的量的关系或比例。新古典经济学视使用价值为消费者剩余,而交换价值则表现为边际效用②。使用价值是在物品的消费中体现,交换价值体现为货币与商品在市场或潜在市场上相交换的关系,外在体现为商品的市场价格。

对于资源问题分析一般是从资源使用价值与交换价值展开。国内消费者更多关注资源的使用价值,国际供应者则看重资源的交换价值。传统资源经济学多从国内商业活动及市场使用价值实现角度研究资源合理使用。而可持续发展研究则更多关注国内资源对经济的支撑力以及资源开发过程中带来的环境问题、代内、代际公平等问题,进而讨论国家长期发展的资源约束。近年来中国资源安全研究有很多侧重于交换的实现问题,具体体现为如何利用国际市场获取资源,从而满足国民经济发展需要。研究木材资源的安全问题,目前国内更多的关注在资源禀赋基础较为紧缺的前提下,如何通过国际贸易通过国际市场获得木材资源,其实质属于交换价值的实现。

对于资源安全的描述可以追溯到马尔萨斯(Alfred Marshall,1842 – 1924)《人口原理》(1798),在分析人口增长的危害性后,Marshall 明确提出了人口增长导致资源(粮食)不安全的观点,即有名的"马尔萨斯陷阱"③。现代资源经济学定义资源安全主要从两个方面考虑:其一是从自身资源禀赋和生态条件来定义资源安全,它主要强调资源的基础和生态环境是否良好;其二是从资源对社会经济发展的保障程度来定义资源安全,即将资源安全理解为是指一个国家或地区为了保持社会经济的可持续发展,能够持续、稳定、及时和足量地获取所需自然资源的状态。

本书关于资源安全的研究,主要考察资源对经济发展和人民生活的保障程度,保障程度越高就越安全,反之即不安全。参照联合国粮农组织(Food and Agriculture Organization/FAO)对粮食安全的定义④,可将资源安全定义为:是指经济发展和人民生活所需的

---

① 子彬:《国家的选择与安全:全球化进程中国家安全观的演变与重构》,三联书店 2005 年版,第 8 页"安全是主体的利益不受来自外部和内部的破坏、威胁以及任何其他危害性影响的一种状态,其基本属性是客观性,即安全是客观的,不存在主观性,也不可能在具备客观性的同时又具备主观性,安全二元性即客观性与主观性的说法有违辩证唯物主义的基本观点安全具有理解安全"。

② [美]汤姆·泰坦伯格:《环境与自然资源经济学》,经济科学出版社 2003 年版。

③ [英]马尔萨斯:《人口原理》,商务印书馆 1992 年版。

④ 康晓光:《地球村时代的粮食供给策略》,天津人民出版社 1998 年版。

自然资源能持续、稳定和以合理的价格得到保障。其核心内容包括三个方面：一是充足的数量，二是稳定的供应，三是合理的价格，这三个要素的分析在粮食安全研究方面形成了较为广泛的认同，关于木材资源安全的研究也主要基于这三点最基本的考虑来进行。一个综合性的资源安全成本指标对于资源安全的状况可以做出客观的描述和评价，图2.1为结合资源经济属性的资源安全综合成本形成机制。

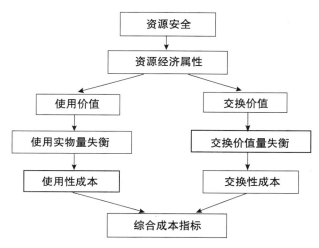

图2.1 资源安全综合成本形成机制

二、资源安全的内涵及特征

从经济学角度归纳资源安全问题产生的前提，一般可从以下三个方面来描述：(1)资源时空分布不均导致各国资源利用的先天差异和不确定性。(2)一国产品生产能力在短期内具有刚性，导致短期产量大幅上升的困难。(3)进出口价格波动和数量波动所导致的社会成本远高于私人成本。

由于资源时空分布不均，特定国家难以在一定时期内完全拥有本国发展所必需的所有资源，因此在国际市场上进行资源贸易是其必然选择。如果依赖于国际市场，需要大量的进口（$Q_5—Q_1$），当遇到国外政治、经济、自然因素的突变（战争、禁运、地震及其他自然灾害等造成供应中断）时，会使国际供给线陡升至 SL_1，而国内的生产能力又不能迅速提升，价格由 P_0 涨至 P_1，对国家经济、社会生活会造成很大冲击。如果问题严重到国外供应完全中断，国内生产能力不能够迅速升到 C 点形成新平衡，则在原有 Q_1 的产出条件下，价格会升到 P_2，严重危害国家安全。

资源安全在表现形式上可以体现为短期资源安全和中长期资源安全。在图2.2中，短期供给曲线在 Q_1 处垂直无弹性，安全防范措施就是在短期内可以动用推向市场的储备量，因此短期安全可从有效的供给来看。Hazilla & Koop(1986)研究了美国一些重要战略金属矿产在市场供应不足情况下对社会生产造成的单位成本。研究表明，短期供应不足会对生产造成较大混乱。

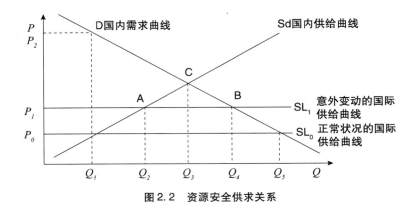

图2.2　资源安全供求关系

中长期资源安全影响因素较多。从理论上讲,国内需求曲线,国内、国际供给曲线都有可能发生移动,因此要更为全面和综合地考虑。指标选择上有价格、成本、租金率等,以往的研究依据不同的侧重点对指标各有偏好。Hotelling（1931）设定的完全竞争及无外部性由于与现实差距较大,Bamett & Morse（1963）定义资源使用的单位成本为:

$$UC_t = \frac{\alpha_t(L_t/L_b) + \beta_t(K_t K_b)}{Q_t/Q_b}$$

其中 UC_t 为时间 t 时的单位开采成本, Q_t 为固定价格下的净产出, L_t 和 K_t 为劳动成本和资本成本, Q_b , L_b , K_b 分别为产出、劳动、资本在其基数年的投入, α_t , β_t 分别为对应项权重。

由于该模型中无技术、人力资本进步,暗示资源随时间流逝其利用效率逐渐下降。这与现实中技术进步使利用率上升以及不断有新资源被发现不符。此后国内外的许多模型又做了一些修正,如图2.3所示。

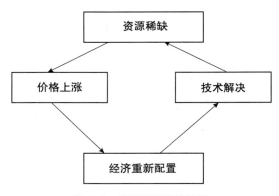

图2.3　资源利用建模思想

考虑资源安全的外部性、公共性、长期趋势、国家利益等需要,成本比价格更为重要。一般采用使用性成本和交换性成本的概念来对其量化,从而进一步量化资源安全的内在本质问题。

使用性成本即国际供给背景下的国内生产的动态综合成本(不司于传统资源经济学的使用者成本,本质上是一种机会成本)。使用实物量失衡程度可根据使用性成本的高低作为判断,使用性成本暗含的是在国内资本、劳动、技术的综合投入下,投入增长与生产增长的比率关系。一国资源使用性成本的高低直接反映了国内资源利用的综合素质,同时也是一国资源使用的长期安全水平高低的有效测度和物质基础。在构建上可将已有的资源经济学研究和资源利用现状评述纳入。

交换性成本可认为是与国际市场接轨及保障国内供应的质与量而投入的保障成本。比如战略储备、来源多样化的投入、在国外的勘探开发,甚至于因为消费者使用偏好改变而导致的波动(例如能源、粮食消费结构的改变)等。国内在这方面的研究,很多就是基于国家安全角度出发的。而生产成本研究则更多的是在可持续发展领域下开展起来的。

资源安全的内涵可以概括为:在国家或区域经济与社会发展的一定时期内,要求保障资源的持续、稳定、充分的供给,以达到与资源需求相对均衡的条件与状态。而这样的均衡不仅指市场体系的价格均衡,更体现在资源能够持续、稳定、及时、足量地满足国民经济和社会发展的需要。

从资源安全的角度考察,其特征表现为相对平衡性、阶段波动性、引导干预性。

相对平衡性是指在市场经济体制的完善和相关法律法规、政策的规范下,一定程度上能够保证资源持续和稳定供给,基本满足中国工业化进程的资源需求。然而这种平衡是相对的而非绝对的,是动态发展的而非静止不变的。

阶段波动性是指受国际、国内供给需求实时变化的影响,以及突发自然灾言、人为事故、政治事件的冲击导致供求偏离均衡,甚至造成较大程度的阶段性市场波动情况。

引导干预性是指一国或区域政府对于危及资源安全的事态或趋势,在市场难以调节的情况之下主动利用政策法规引导干预供求,使其回复到相对平衡状况,保证国民经济社会的稳定发展。

第二节　木材资源的界定

本书对于木材资源安全的研究,首先是基于国际政治与关系中附属政治服务范畴性质的非传统安全问题来对待资源安全,然后结合资源安全研究中关于经济安全与资源环境安全的关系的视角来界定木材资源的概念。虽然一般的理解关于资源安全属于非传统安全范畴,但在上章节我们谈到非传统安全和传统安全在政治经济范畴可能互相转换,这就赋予考量木材资源安全时必须考虑到政治及外交的传统安全因素。

一、木材与森林资源

(一)森林资源内涵

关于木材资源的来源基础——"森林资源"是值得注意的重要概念。FAO 给"森林"的定义为:地面树木高度不低于 5 米、林木覆盖率不低于 10% 的陆地。这种概念既包括了对森林本身的技术评价,也涉及森林生长条件的土地利用要求,森林不仅仅是砍伐后能利用的木材资源,还涉及国土领域的陆地问题。

森林资源①是"林地及其所生长的森林有机体的总称。林地、宜林地(包括采伐迹地、火烧迹地、林中空地及其他宜林地)和树种资源、木材积蓄量等的总称。表示一个国家或地区发展林业生产的条件和森林拥有量情况"。反映森林资源数量的指标主要有:林地、有林地面积,森林覆盖率,木材蓄积量,森林生长量等。

森林资源,包括森林、林木、林地以及依托森林、林木、林地生存的野生动物、植物和微生物。森林:包括乔木和竹林;林木:包括树木和竹子;林地:包括郁闭度 0.2 以上的乔木林地以及竹林地、灌木林地、疏林地、采伐迹地、火烧迹地、未成林造林地、苗圃地和县级以上人民政府规划的宜林地。为保障研究数据统计的统一完整性,本研究中把涉及竹材、竹子、竹林地等资源不作为研究对象考虑,同理,涉及依托森林资源生存的野生动植物及微生物资源,亦不作为研究对象。这样研究中关于森林资源的基础就主要界定在以乔木为基础的森林、林木及林地等。

(二)世界森林资源分布

1. 世界森林资源变化趋势

2000 年世界森林面积约为 36 亿公顷,占陆地面积 28%。此外还有大量零散分布的(5%—10% 的覆盖率)不低于 5 米的树木,或者有不低于 10% 的林木覆盖率,但却是矮小(高度低于 5 米)的灌木。此阶段统计预测的全世界森林及其他林地总面积估计在 45 亿—50 亿公顷之间,大约是陆地总面积的 40%。

2005 年世界森林资源评估(FRA 2005)中,汇集了 229 个国家和地区的森林面积数据,通过这些数据可以了解世界森林面积的变化,也对 2000 年森林资源数据做了一些修正。2005 年世界森林面积约为 39.5 亿公顷,占陆地面积的 30.3%。结合修正值评价,1990 年的评估结果(修正值)约 40.8 亿公顷,2000 年的修正值约 39.9 亿公顷。因此,2005 年世界森林面积与 1990 年相比约减少 1.3 亿公顷,与 2000 年相比约减少 0.4 亿公顷。2000—2005 年间,全世界有 731.7 万公顷的森林从地球上消失。

2010 年全球森林资源评估(FRA 2010)②出现了较为可喜的变化,统计数据表明,

---

① 江伟钰、陈方林:《资源环境法词典》,中国法制出版社 2005 年版。

② FAO. Global Forest Resource Assessment(FRA 2010).〔DB/OL〕. http://www.fao.org/forestry/fra/index.jsp,2010.

2010 年世界森林总面积略超过 40 亿公顷,占陆地总面积的 31%,人均森林面积为 0.6 公顷。5 个森林资源最丰富的国家(俄罗斯联邦、巴西、加拿大、美利坚合众国和中国)占森林总面积的一半以上。但是数据注意到世界已有 10 个国家或地区已经完全没有森林,另外 54 个国家的森林面积不到其国土总面积的 10%。

值得重视的是,近 20 年来,全球范围内森林采伐和自然损失速度十分严重,近十年来趋势有所放缓。20 世纪 90 年代,全球每年消失约 1600 万公顷的森林,过去 10 年来下降至每年约 1300 万公顷。在全球范围内,一些国家和地区的植树造林和森林自然扩展有效降低了森林面积的净损失。然而,大部分的森林损失仍继续发生在热带地区的国家和地区,热带森林的损失及破坏严重威胁人类生存环境。

2. 世界森林资源林种分布

对于木材资源的来源,世界森林可分为三大类型。

第一,热带森林。分布在赤道两侧拉美、非洲和亚洲,北端延伸到中国南部和墨西哥,南端到智利和阿根廷北部、马达加斯加和澳大利亚北部。其特定自然条件生产了高价值的热带硬木,如缅甸与泰国柚木、巴西与非洲的红木等都是名贵木材。从国家分布上看,热带森林(雨林和干燥林)大部分生长于发展中国家(约 2/3 热带雨林分布于拉丁美洲,其余 1/3 零散地生长在非洲和亚洲;约 3/4 热带干燥林分布在非洲),所以其采伐利用不当将直接影响到落后国家的经济可持续发展。

第二,温带森林。分布在欧洲中西部、北美东部和俄罗斯南部,南美西部、南非、澳大利亚和新西兰也有大面积温带森林。以针、阔叶混交林或以阔叶林为主,构成工业用材的基本来源。温带地区是世界人类主要活动区,因此温带森林的人工林与半人工林面积是温带森林的一大特色。温带森林主要分布于发达国家,由于其整体经济水平发展较好,加之人工育林及科技水平较好,温带森林的保护和经营较为稳定安全。

第三,以针叶林为主的北寒带森林。北寒带森林位于北半球,北达冻原地区,南至温带森林,世界四分之三的针叶林生长于这个区域。横跨阿拉斯加、加拿大、欧洲北部和俄罗斯北部近 2/3 领土。北寒带森林结构相似,树种丰富。欧洲北部和俄罗斯西北部,挪威云杉和苏格兰松占优势,在西伯利亚地区有西伯利亚松和西伯利亚冷杉等;北美地区北部主要为黑松、黑云杉、落叶杉等。除国际区域外,高山针叶林也属此类森林资源,如北美落基山脉、欧洲阿尔卑斯山脉、亚洲喜马拉雅山脉、南美安第斯山脉等由于海拔和纬度影响,木材资源呈现较为相似特点。

3. 世界森林资源区域分布

从全球森林资源区域分布的动态趋势来看,各大洲及主要资源分布国家呈现不同变化(见图 2.4)。

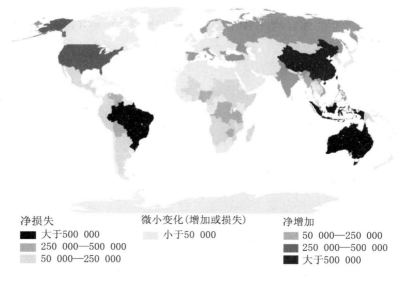

图 2.4　2005—2010 年世界各国森林面积净变化（公顷/年）

资料来源：联合国粮农组织发布的《2010 年全球森林资源评估》。

（1）亚洲和太平洋区域。此区域将近 1/3 的土地总面积被森林覆盖。2010 年全球森林资源评估（FRA 2010）估计，该区域森林面积为 7.4 亿公顷，约占全球森林面积的 18%。过去 20 年中，亚太地区的森林范围发生了显著变化。在 20 世纪 90 年代该区域每年森林净损失为 70 万公顷，而在过去 10 年中，森林面积每年平均增加了 140 万公顷。通过植树造林计划，主要是中国、印度和越南的造林项目，人工林面积也大大增加。过去 10 年中，除了南亚和大洋洲分区域外，生产性森林面积有所下降。整个区域的木材采伐规模也有所减少，主要因木质燃料采集减少所致。与全球总数相比，该区域森林产品初级生产的就业水平非常高。

（2）非洲区域。2010 年全球森林资源评估（FRA 2010）估计，非洲森林面积估计有近 6.75 亿公顷，约占全球森林总面积的 17%，占该地区土地总面积的 23%。1990—2010 年间，非洲报告称森林面积继续减少，但总体上该地区森林净损失的速度有所放缓，该区域森林净损失速度从 1990—2000 年 10 年间的每年 400 万公顷降低至 2000—2010 年的每年 340 万公顷。非洲的人工林面积原本有所增加，尤其是在西部和北部非洲。该区域大约 10% 的森林总面积属于原生林。非洲森林总面积的 14% 左右被指定用于生物多样性保护，指定用于生物多样性保护的森林面积显著增加，主要是因为中部和东部非洲的某些森林功能划定变化所致。但是应该注意到，由于该地区人口增长，木质燃料采伐量猛增，木材资源的初级利用严重影响该区域资源稳定。

（3）欧洲区域。2010 年全球森林资源评估（FRA 2010）估计，欧洲区域由 50 个国家组成，森林面积略超过 10 亿公顷，约占全球森林面积的 25%，欧洲森林覆盖率约为其土地总面积的 45%。在过去 10 年中，每年森林面积净增近 70 万公顷，而在 20 世纪 90 年代每年净增近 90 万公顷。森林面积的扩展是新森林营造和在原农业用地上森林自然扩展的结果。与其他区域相比,欧洲是整个 1990—2010 年间唯一森林面积净增加的区域。俄罗斯联邦占欧洲森林面积的 80%,2000 年以后森林面积略有减少。与全球趋势变化相比,过去 10 年中,人工林面积的增长速度也有所下降。与全球原生林面积比例(36%)相比,欧洲划为原生林的面积比例相对较高(26%)。在过去 20 年间,欧洲的木材采伐趋势有升有降,在 2008—2009 年,欧洲经济衰退导致对木材需求减少面使木材采伐量有所下降。森林产品初级生产的就业水平有所下降,而且预计在未来仍将维持这一趋势。

（4）拉丁美洲和加勒比区域。拉丁美洲和加勒比区域拥有丰富的森林资源,2010 年全球森林资源评估(FRA 2010)估计,2010 年森林覆盖率几乎达 49%,几乎一半的土地被森林覆盖。森林面积约为 8.91 亿公顷,约占世界森林面积的 22% 左右。在 2010 年,拉丁美洲和加勒比过去 20 年来,中美洲和南美洲的森林面积有所下降,主要是因为把林地改为农业用地而从事的森林砍伐所致。虽然总体上人工林面积相对较小,但在过去 10 年间以每年 3.2% 的速度增加。拉丁美洲和加勒比区域的原生林占森林总面积的 75%,占世界原生林面积的 57%。该地区约有 14% 的森林面积被指定用于生产功能。木材采伐量继续上升,其中一半以上为木质燃料采伐。

（5）近东区域(近东区域涉及三个地区:北非、中亚和西亚)。虽然近东约占世界陆地面积的 16%,但截至 2010 年仅包含世界森林面积的 3%。2010 年该区域森林总面积为 122 万公顷,占陆地面积的 6%。该区域包括 33 个国家和地区,其中 26 个国家为森林占国土面积不到 10% 的"低森林覆盖率国家"。在 20 世纪 90 年代,近东森林面积每年净损失为 51.8 万公顷;过去 10 年趋势转变,每年净增加 9 万公顷。过去 20 年来,该地区人工林面积增加了约 14%,主要是由于西亚和北部非洲这些面积扩展结果。近东的原生林占森林总面积的 14%,其中 80% 以上位于苏丹境内。

（6）北美洲区域。2010 年北美洲森林覆盖率为 34%,占全球森林面积的 17%。在 1990—2010 年间,北美洲的森林面积略有增加,人工林面积也有所上升,并且该区域森林生物量水平也呈现相对稳定并有上升的趋势。该地区约占全球原生林面积的 25%,但指定主要用于水土保护的森林面积比其他地区要少,因为这些地区的森林经营基本都纳入了国家和地方法律及其他森林管理准则中。在 2010 年,北美洲原生林面积占全球原生林总面积的 25%,占该区域森林总面积的 41%。在过去 10 年间,该区域原生林面积总体上略有增加。北美洲指定 15% 的森林用于生物多样性保护,而全球为 12%。与其他区域相比,木质燃料采伐占木材采伐量的比例很小(约 10%),其余的木材采伐为工业原木。过去 10 年美国和加拿大林业部门的就业人数呈下降趋势。

（7）中国森林资源概况。中国森林资源少,森林覆盖率低,地区差异很大。全国绝大部分森林资源集中分布于东北、西南等边远山区和台湾山地及东南丘陵,而广大的西北地区森林资源贫乏。1949 年新中国成立以来,先后共开展了七次全国森林资源清查。第七次全国森林资源清查(2004—2008年)[①]结果显示,全国森林面积19545.22万公顷,活立木总蓄积149.13亿立方米,森林蓄积137.21亿立方米,森林覆盖率20.36%,中国森林面积居俄罗斯、巴西、加拿大、美国之后,列世界第五位;森林蓄积量居巴西、俄罗斯、美国、加拿大、刚果民主共和国之后,列世界第六位;中国人工林保存面积6168.84万公顷,蓄积19.61亿立方米,人工林面积列世界第一位。

但是应该注意到,中国森林覆盖率只有世界平均水平30.3%的2/3,森林资源占土地总面积的比重在世界属于低等水平(见图2.5)。中国人均占有森林面积不到世界人均占有量0.62公顷的1/4,人均占有森林蓄积量仅相当于世界人均占有蓄积量68.54立方米的1/7。造林良种使用率仅为51%,与林业发达国家的80%相比,还有很大差距。除香港、澳门和台湾地区外,在中国现有森林中,中、幼龄林比重较大,面积占乔木林面积的67.25%,蓄积量占森林蓄积量的40.03%。从地域分布上看,我国东北的大、小兴安岭和长白山,西南的川西川南、云南大部、藏东南,东南、华南低山丘陵区,以及西北的秦岭、天山、阿尔泰山、祁连山、青海东南部等区域,森林资源分布相对集中;而地域辽阔的西北地区、内蒙古中西部、西藏大部,以及人口稠密、经济发达的华北、中原及长江、黄河中下游地区,森林资源分布较少。

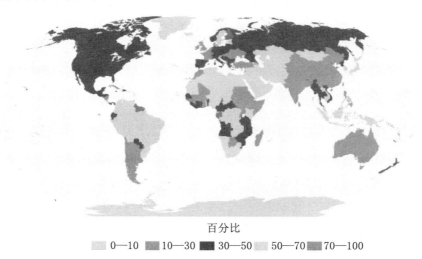

百分比

▨ 0—10 ▨ 10—30 ■ 30—50 ▨ 50—70 ▨ 70—100

图2.5 2010年世界各国森林占土地总面积比重(%)

资料来源:联合国粮农组织发布的《2010年全球森林资源评估》。

二、木材资源构成界定

木材[②]即由树木加工而成的材料。木材泛指用于工民建筑的木制材料,常被统分为软材和硬材。工程中所用的木材主要取自树木的树干部分。木材可分为针叶树材和阔

---

① 参见《第七次全国森林资源清查(2004—2008年)》.[DB/OL].http://www.forestry.gov.cn。
② 中国农业百科全书总编辑委员:《中国农业百科全书·林业卷》,农业出版社1986年版。

叶树材两大类。针叶树材如红松、落叶松、云杉、冷杉、杉木、柏木等。针叶树材因密度较小与材质较松软——俗称软材（Softwood），多用于建筑、桥梁、家具、造船、电柱、坑木、桩木等。阔叶树材如桦木、水曲柳、栎木、榉木、椴木、樟木、柚木、紫檀、酸枝、乌木等，大多数阔叶树材密度大材质坚硬——俗称硬材（Hardwood），用途如家具、室内装修、车辆、造船等。以上木材分类及用途可以看出，木材资源的开放利用应用到国民经济建设的多个方面，也涉及居民生活条件的基本要求和生活质量的改善，是国家经济发展的重要战略资源。

木材作为流通商品，按用途进行分类，可分为原条、原木、锯材和各种人造板四大类。按材质进行分类，可将针叶树和阔叶树加工用原木分为一、二、三等材；其锯材分为特等锯材、普通锯材（普通锯材又分为一、二、三等材）。

木材资源①主要分为原木资源、锯材资源与人造板资源等三大类。发达国家由于造纸工业应用木浆为主要原料，因此把纸浆及木浆也视为木材资源的组成部分，鉴于中国造纸工业快速发展及木浆造纸的发展趋势，本书中将造纸材纳入木材资源构成系统。根据木材资源应用生产链关系（图2.6），对于木材资源的分类则比中国有所细化，但仍未改变主要的木材资源分类标准。本研究中木材资源可分为原木资源、锯材资源与人造板资源和纸浆材资源等四大类。

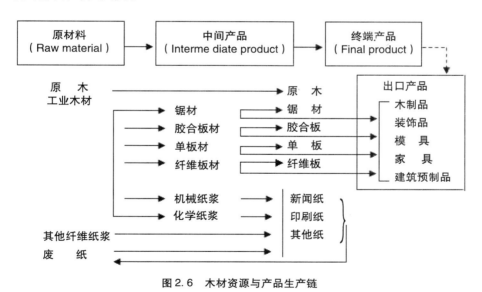

图2.6　木材资源与产品生产链

（一）原木资源

根据国际木材标准及中国产业分类标准，中国将原木主要分为直接用原木、特级原木和加工用原木。

---

①　李茂、刘世勤：《木材经销手册》，中国林业出版社1991年版。

直接用原木(GB142-95 直接用原木)主要为直接做支柱、支架的原木,例如采掘用的坑木、房建檩条、架线木杆等。其检尺长度按0.2m进级,检尺径级按2cm进级。

特级原木(GB/T4812-95 特级原木)用于高级建筑装修、装饰及特殊需要的优质原木,属于特级的树种主要有:红松、杉木、云杉、樟子松、水曲柳、核桃楸、樟木、楠木等。其检尺长度按规定为固定值,检尺径级按2cm进级。

加工用原木(GB/T15779-95;GB/T15106-94;GB11717-89 等)指适用于各种用途的针叶、阔叶树原木。

根据中国森林资源的分布特点,原木资源的生产主要分布在两大区域:一是东北、内蒙古和西南国有林区,另一区域是南方集体林区。

此章节先借助第六次森林资源清查(1999—2003)结果来反映中国原木(森林)资源情况,在后续章节将比较于第七次森林资源清查(2004—2008)来综合评价,以方便体现中国森林资源的动态变化。第六次森林资源清查结果显示:地域分布上,东北、西南地区黑龙江、吉林、内蒙古、四川、云南、西藏六省区的森林面积、蓄积分别占全国的51.4%和70%,而华北、西北地区的森林资源较少,尤其是新疆、青海两省区的森林覆盖率不足5%,其中新疆只有2.94%。

按林种划分,到2005年中国现有用材林面积7862.58万公顷,防护林面积5474.63万公顷,经济林面积2139.00万公顷,薪炭林面积303.44万公顷,特种用途林面积638.02万公顷。按林地权属划分,中国现有国有林面积7334.33万公顷,集体林面积9944.37万公顷。按林木权属划分,中国现有国有林7284.98万公顷,集体林6483.58万公顷,个体林3510.14万公顷。全国现有天然林面积11576.20万公顷,占有林地面积的68.49%;天然林蓄积量105.93亿立方米,占全国森林蓄积的87.56%。全国现有人工林面积5325.73万公顷,占有林地面积的31.51%;人工林蓄积量15.05亿立方米,约占全国森林资源蓄积的12.44%。

(二)锯材资源

按照国家木材标准,锯材主要分为针叶树锯材和阔叶树锯材两种。除此外,还设置了几种专用锯材,主要为:枕木、铁路货车锯材、在中期成锯材、罐道木、机台木。

针叶树锯材(GB/T153-95)指用于工业、农业、建筑及其他用途的针叶树普通锯材和特等锯材。针叶树锯材主要有红松、樟子松、落叶松、云杉、冷杉、铁杉、杉木、柏木、云南松、华山松、马尾松及其他针叶树种。针叶树锯材长度1—8米进级,自2米以上按0.2米进级计算。

阔叶树锯材(GB/T4817-95)指用于工业、农业、建筑及其他用途的阔叶树普通锯材和特等锯材。阔叶树锯材树种主要有柞木、麻木、榆木、杨木、椴木、桦木、泡桐、青冈、荷木、枫香等。阔叶树锯材长度16米进级,自2米以上按0.2米进级。

中国锯材资源的分布,东北、内蒙古林区以生产板、方材和枕木为主(现在枕木用量减少),包装箱为辅。其中小兴安岭锯材资源主要为大径级红松、云杉为主,大兴安岭以落叶松为主的小径级锯材。

西南及云南林区锯材为大径级云南松和冷杉为主。南方集体林区为小径级松杉为主的板、方材为主要产品。

（三）人造板资源

人造板（GB/T14074 - 2006；GB/T5849 - 2006；GB/T13010 - 2006）就是通过一定生产工艺对木材剩余物进行深层次加工后得到的产品。人造板是缓解木材供需矛盾的有效途径，人造板主要有胶合板、刨花板和纤维板。

胶合板即由多层薄板纵横交错排列并经胶合制成的材料。其中组成胶合板各层薄板是旋切的，称为单板。以单板、板、片为主的产品又分为普通胶合板，结构胶合板，功能胶合板和细木工板。一类胶合板为耐气候、耐沸水胶合板，由此及彼有耐久、耐高温，能蒸汽处理的优点；二类胶合板为耐水胶合板，能在冷水中浸渍和短时间热水浸渍；三类胶合板为耐潮胶合板，能在冷水中短时间浸渍，适于室内常温下使用。用于家具和一般建筑用途；四类胶合板为不耐潮胶合板，在室内常态下使用，一般用途胶合板用材有椴木、椴木、水曲柳、桦木、榆木、杨木等。

刨花板即将木材及其剩余物加工成刨花，经过一定量胶粘剂在固定压力及温度下制成的材料。以刨花为主的产品又分为单层结构刨花板，多层结构刨花板，渐变结构刨花板，定向结构板（Oriented Strand Board/OSB）。

纤维板是以植物纤维为主要原料，经过纤维分离，成型热压等工序而制成的材料。本书中纤维板以木纤维原料为对象。以纤维为主的产品按原料可分为：木质纤维板，非木质纤维板；按处理方式可分为：特硬质纤维板，普通硬质纤维板；按容重可分为：硬质纤维板（高密度纤维板），半硬质纤维板（中密度纤维板），软质纤维板（低密度纤维板）。

人造板按使用性能分类见表2.1。本书中人造板以胶合板、刨花板、纤维板为主。

表2.1　人造板按照性能分类

依性能分	依特性分	产品名称
结构人造板	定向结构材	胶合层积木（Glued Laminated Timber/Glulam） 单板层积材（Laminated-Veneer Lumber/LVL） 木（竹）条层积材（Parallel Strand Lumber/PSL） 重组木（Scrimber） 胶合板（Plywood） 定向结构大片板（Oriented Structural Board/OSB） 定向结构华夫板（Oriented Wafer Board/OWP） 细木工板（Laminated Wood Board）
	高密度板	木材层积塑料（Wood Laminated Veneer Plastics） 塑化胶合板（Plastics Faced Plywood） 高密度纤维板（High Density Fiberboard/HDF） 高密度刨花板（High Density Particleboard/HDP）

（续表）

依性能分	依特性分	产品名称
功能人造板	装饰 阻燃 抗虫 抗腐 抗静电 曲面	贴面人造板（Overlaid Wood Based Panels） 阻燃人造板（Fire-retardant Wood Based Panels） 抗虫人造板（Insect-prevention Wood Based Panels） 抗腐人造板（Corrosion-proof Wood Based Panels） 抗静电人造板（Antistatic Wood Based Panels） 曲面人造板（Surface Wood Based Panels）

参考来源：谭守侠、周定国：《木材工业手册》，中国林业出版社 2006 年版。

人造板资源主要是对木材生产"三剩物"进行综合利用加工而成的，目的在于提高木材综合利用率，近些年中国人造板资源广泛利用速生丰产林及秸秆材料，人造板产业发展迅速。人造板不仅成为了补给木材资源供需矛盾的重要来源，也成为了部分省区农民增收的重要经济支柱。

"十一五"期间，中国累计生产人造板 52585 万立方米，2010 年，中国人造板产量 15361 万立方米，创造了历史最高纪录，除新疆和西藏自治区外，全国其他省区都有人造板生产企业。近万家人造板生产企业主要分布在我国华东、中南地区，拥有产业工人 110 万。2010 年，产量超过 700 万立方米的 8 个省区共计生产人造板 11922 万立方米，占全国总产量的 77.6%。其中山东突破 3000 万立方米，江苏突破 2000 万立方米，广西、河北和河南分别超过 1000 万立方米。

（四）纸浆材资源

国家标准化管理委员会于 2009 年 5 月 1 日起开始实施项造纸工业国家标准，其中包括《涂布纸和纸板——涂布箱纸板》、《书写纸》等 7 项产品标准和《纸和纸板弯曲挺度的测定》等 25 项测试方法标准。

涉及纸浆材资源的主要基础来源于三个组成部分：木材资源、废纸及进口原料。

资源约束的造纸行业因原料基础决定企业议价能力，林纸一体化的产业链模式成为国家"十一五"轻工业发展的总体规划的改革方向。中国造纸原料属三足鼎立态势，据中国造纸协会测算，2010 年木浆使用量比重占原料总量 23%，非木浆比重占 15%，废纸浆比重占 62%。近年来木浆与废纸浆比重不断增加，非木浆原料所占比重不断下降。废纸已成为中国造纸工业发展的重要依赖资源，中国造纸业可持续发展的循环经济特征越来越显著。

2000 年，中国造纸工业消耗木材 900 万立方米左右，仅占全国木材产量的 3.3%、工业用材的 7.3%，2005 年造纸工业对木材的需求增长到 1900 万立方米左右，2010 年更达到 3600 万立方米以上。加快建设造纸林基地，缓解日益突出的木材供需矛盾是造纸行业发展的重点任务。

中国大量进口废纸和木浆，虽然缓解了原料短缺，但带来了原料对外依存度过大的问题。到 2010 年,以进口木浆及进口废纸折合的废纸浆占到原料总量的 45% ,过高的对外依存度使得造纸产业安全问题严重,加大国内纤维供给量是缓解原料压力、保障产业安全的重要措施。

国家发改委《全国林纸一体化工程建设"十五"及 2010 年专项规划》[①]的政策得到重视,通过具体实施"重点发展东南沿海地区,结合退田还湖、退耕还林,培育长江中下游有条件地区,大力调整黄淮海地区纸浆结构,配套建设东北地区造纸林基地,合理利用西南地区木竹资源",2010 年,中国营造速生丰产造纸林基地超过 550 万公顷,国产木浆比重达到 15% ,全国有十多家造纸企业实施了林纸一体化工程。

三、统计数据来源标准及技术处理

上述关于木材资源的分类主要从分布及来源来界定。中国木材资源保障应由国内供给和国际进口两方面来构成,还需要就进口统计的分类标准进行界定(见表 2.2)。

表 2.2　主要木材资源统计编码

项目	税则号
木片	44012100,44012200
原木	4403
针叶原木	44032000
热带阔叶原木	44034100,44034910,44034990,44039910,44039920,44039930
温带阔叶木	44039100,44039200,44039940,44039950,44039960,44039980,44039990
锯材	4407
针叶锯材	44071000
热带阔叶锯材	44072400,44072500,44072600,44072910,44072990,44079910
温带阔叶锯材	44079100,44079200,44079920,44079930,44079980,44079990
单板	4408
刨花板	4410
纤维板	4411
胶合板	4412
纸浆	47 项下

①　参见国家发展改革委员会《关于印发全国林纸一体化工程建设"十五"及 2010 年专项规划的通知》,2004 年 1 月。

中国木材资源安全论

（续表）

项目	税则号
木浆	从 4701 到 4705
纸及纸板	48 项下
木材产品	从 4401 到 4421
林产品	所有 44,47,48 项下

参考来源：姚昌恬：《WTO 与中国林业》，中国林业出版社 2002 年版。

按国际惯例，汇总与折算林产品规模的产量、净进口量、消耗量时，应将其统一按原木当量折算。目前中国还没有相关林产品统一的原木当量系数，结合中国产业生产的实际情况，国内在国际原木转换系数的基础上，将木材资源根据其所折合的一定原木系数的数量做参考（见表 2.3）。

表2.3　主要木材资源的原木当量系数[1]

木材资源	折算数量	折算原木
锯材	$1m^3$	1.43
胶合板	$1m^3$	2
纤维板	$1m^3$	1.8
刨花板	$1m^3$	1.6
木浆	1t	4.5
废纸	1t	4.05
纸和纸板	1t	3.6

关于不同产品的原木当量折合系数，国际间主要以热带雨林组织（International Tropical Timber Organization/ITTO）等机构的折算标准参考较多，但在具体执行时需要考虑原木胸径、原木质量、品种及生产环节的加工机械和加工管理水平等状况，应用中可参考其为基准结合专家意见适当调整（见表 2.4）。

表2.4　国际间木材资源折合原木当量参数[2]

HS 代码	描述	因子	来源	备注
4401	木屑	1.15	URS	此处指造纸原材料
4402	木炭	2	X	
4403	原木	1	ITTO/UCBD/FF	
4404	木制环材	2	X	

---

[1]　陈勇：《基于木材安全的中国林产品对外贸易依存度研究》，中国林科院博士论文，2008 年。

[2]　Zhu Chunquan，Rodney Taylor，Feng Guoqiang. 2004，"China's Wood Market，Trade and the Enviroment"，Science Press USA Inc. pp. 86—87.

52

HS 代码	描述	因子	来源	备注
4405	木粉	1	X	
4406	枕木	2	X	
4407	锯材	1.82	ITTO/UCBD/FF	
4408	单板	1.9	ITTO/UCBD/FF	
4409	模板材	1.9	FF/UCBD	
4410	刨花板	1.4	ECE/TIM/BULL/50/3	
4411	纤维板	1.8	ECE/TIM/BULL/50/3	
4412	胶合板	2.3	ITTO/UCBD/FF	
4413	密度板	2	X	
4414	相片框架	3	FF	
4415	装材	2	FF	
4416	木桶	2	FF	
4417	木制工具	3	V	
4418	细木工制品	3	FF	
4419	餐桌及厨房制品	2	X	已考虑竹筷的采伐
4420	装饰材料	3	FF	
4421	其他制品	3	FF	
94 项下	家具	2	X	HS：940161，940169，940330，940340,940350,940360 及部件

说明：1. ECE/TIM/BULL/50/3——粮农组织/联合国欧洲经济委员会出版的简报50/3；2. FF——地球之友组织报告"森林永久消失"（1993）；3. ITTO——国际热带木材组织年度综述；4. UCBD——欧洲阔叶材联合会年度进口综述；5. URS；6. x——假定因子。

注释：1. 木材蓄积乘以参数，用来估计圆木当量；2. 实际换算率会因原木胸径、原木质量、品种、加工机械和加工管理等；3. 参数没有考虑供应链中废料数量的变化；4. 参数没有考虑有助采伐的固定资产的价值变化及损失；5. 参数没有考虑采伐的经济及政策影响（例如经济水平或政府对森林监管等）。

第三节　研究木材资源安全的逻辑关系

一、木材资源安全的内在联系

　　木材资源安全是复杂的动态系统，木材资源安全不仅涉及一国木材资源生产水平，也涉及国家的生产力水平（国家整体经济水平、居民收入和消费水平等），亦与国家宏观经济政策（包括汇率和货币政策、财政和税收政策、外贸政策、木材加工产业政策等）、国际林业与木材政策等息息相关。

　　木材资源的利用和管理，涵盖了经济效益、社会效益及生态效益三方面，为了能够较全面地反映影响木材资源安全的影响环节，本书设定木材资源安全研究的范畴主要考虑到四个基本层次,即国际市场、国内市场、产业需求、家庭与个人需求。针对木材资源利用影响的综合效应,主要从资源产出安全、生态安全、产业安全和贸易安全等四个方面进行系统分析(见图2.7)。

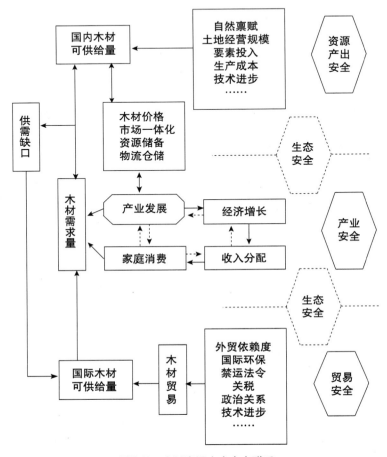

图2.7　木材资源安全内在联系

二、木材资源安全的影响因素

结合木材资源安全研究的内在联系,本书将资源产出、生态环境和自然灾害、市场机制、产业进步、家庭和消费者收入水平、国际资源环境及其他经济政策和制度等七大类因素设置为木材资源安全考察的主要对象。

(一)资源产出

木材资源产出是资源安全的基础,一般影响资源产出主要包括资源条件、土地制度、要素投入、生产成本和技术进步等五个方面。

1. 资源条件。自然资源,即提供森林生产的立地条件的数量和质量,这是木材产出的必备禀赋条件,不同的资源禀赋差异造成木材资源生产的质量和品种差异,也是反应资源产出安全水平的重要原因。假定植树造林及管护等技术水平一定,一国资源禀赋数量和质量的下降将造成资源产出的量的减少,自然资源状况是木材资源产出安全的重要基础。

2. 土地制度。土地制度变化,诸如目前的集体林权制度改革等政策制度,无疑是土地经营倾向营林的利好消息,林地经营规模的增加,对于资源产出是一种保障。同样在平原林地经营方面,利好的林业用地政策,会增加速生林业经营规模,造成单位劳动力林地产出增加,对产出是有利的。相反,土地面积的减少或林地经营规模的降低,会增加单位木材资源产量的成本,造成木材资源的产出不安全。

3. 要素投入。资本、劳动及技术等要素投入对森林经营和可持续发展至关重要,也决定了木材资源产出的水平和质量。一国在林业政策的倾斜及优惠,能够促进林农加强管护并生产较高质量的木材资源,政府在营林方面的技术投入和资本追加,无疑是促进资源产出的重要因素。在山区林场等地区,林农会因市场价格等因素的减少或增加劳动投入,这些要素投入的变动必然影响木材资源的产出安全。

4. 生产成本。生产要素的不适当运用或价格上涨,可能会导致木材生产成本的上升。当木材产出成本上升的幅度超过收益提高幅度时,林农缩减营林生产投入,从而会导致木材资源产出的不安全性增加。

5. 技术进步。技术创新和新技术的推广应用,是提高木材资源安全水平的重要因素。例如在发达国家的高效林业经营技术,保障了木材资源和生态效益的双赢局面,相反在落后地区的乱砍滥伐和技术水平低下,更容易造成资源减产。技术进步也包括对林农的技术培训等素质提高,林农科技文化素质落后,森林生产的单位投入边际效率下降,也会对木材资源产出安全带来不利影响。

（二）生态环境和自然灾害

对自然资源的过度利用和破坏会打破原有的森林生态平衡,从而对木材资源安全产生持久性的影响。森林资源受自然灾害的影响大,自然因素的变化同时也是造成木材资源产量变动的重要原因。

在生态脆弱区,一国资源的不合理利用对于本国和本区域造成生态环境压力的同时,也会对其他区域甚至全球生态带来灾难性影响。生态环境的考量已经不仅仅是本国或区域性问题,而是全球面临的问题。对于木材资源的进口国来说,在国际市场的买入原材料不仅仅是市场行为,可能面对着生态破坏的诉求。即使像对于中国这样一个木材资源进口加工贸易的国家,虽然提供给他国的是劳动密集型的优质产品,但面临着"生态倾销"的环境责难。一国利用森林资源,特别进口他国资源产品,生态安全的问题不能回避,生态安全存在于森林采伐、进口和国内生产的各个环节,这是整个木材资源安全面临的重大问题。

（三）市场机制

木材资源的利用必须考量到在市场经济中的定价问题。即使木材是森林的产出物,但在能够获得采伐限额和流通许可进入市场的前提下,木材资源和多数常规商品的性质已几乎无差别,它需要通过市场信号来反映供求规律,而市场化水平等因素都将会影响到一国木材资源安全的水平。主要包括的内容有以下方面。

1. 木材价格。木材价格反映资源市场的供求关系,一国资源市场价格的变动受到国内和国际供求规律的影响。如果市场价格变动剧烈,可能给生产者和消费者带来错误信号,资源数量也可能带来错误的引导,这种不完善的市场功能对木材资源安全是极其不利的。

2. 市场一体化程度。包括国内和国际两个方面,如果在国内由于区域封锁和市场分割,市场体系不健全必然影响资源的正常流通,导致局部地区可能出现资源安全问题。在国际层面,如果一国被排除于国际资源市场之外,无疑本国资源短缺不能通过国际市场补给,就会造成本国资源安全问题的出现。

3. 资源储备。资源储备状况也是调节供求及价格的重要保障,比较合理的资源储备可以通过期货市场机制来反映,但中国目前的木材期货不完善甚至未具备最基础功能,使得资源储备结构、库存布局等信息反映缺乏效率。如果市场储备体系的调节作用不能很好发挥,则会经常诱发短期木材资源安全。

4. 运输、仓储等设备的供给水平。流通环节的物流体系及技术水平状况,同样是木材资源安全需要考虑的影响因素,以木材资源这种大宗商品的物资流动来看,快捷低廉的流通渠道无疑能极大降低市场风险,相反,物流成本的过高及物流环节的繁冗将可能导致资源价格的非市场化。

（四）产业进步

资源最终流向生产环节,上游产业发展水平及对于原料的需求存在两种安全约束。一是资源紧张导致产业链的崩溃,反过来对于资源价格进行打压,这会对资源生产者造成极大伤害,导致生产要素逃脱本行业,造成现阶段资源供给紧张和资源数量安全。二是结构性矛盾,产业发展不能获得需要的资源,同样会造成生产停止或者转产,产业转移对于资源供应的安全需求减少同样会威胁到资源安全。

产业发展对资源的需求能够逆向调动资源价格,对于目前中国林业产业资源密集型的产业特点来说,产业发展越快,资源消耗越大,看似产业发展与资源需求是正向关联的。但是产业发展如果经过技术进步或产业升级,快速发展的产业对资源的消耗可能是反向的,这时丰裕的资源拥有也可能是不安全的,产业进步的程度和方向无疑会对资源安全的数量提出新的挑战。

（五）家庭和消费者收入水平

家庭和消费者收入低下,导致低收入阶层的产品需求得不到保障,这时可能尽管社会有足够的资源供给,但是对低收入群体来说,资源是不安全的。如果全社会收入水平不能满足消费木材资源生产出来的产品,对于产业的发展就会失去意义,产业同样会转移或者停产,对于资源的价格的挫伤必然会影响到后期资源的供应,社会消费力水平的低下对于资源安全是不利的。

当然,社会消费力水平不能脱离经济发展的实际水平而盲目消费,例如并不适宜提倡所有家庭在装饰装修时都采用木材产品,木制家具、木质地板、木质装修等高耗材的消费将会加剧资源的短缺,同时提供给市场的价格导致资源愈发稀缺,这时的高消费水平也是不利于资源安全的。

(六)国际资源环境

经济全球化的背景下,在国际范围配置资源是符合帕累托优化资源的经济思想的,但国际资源环境不仅仅是市场机制的单一作用,在战略资源的流动可能导致国家主导利益的变化时,其与政治及外交的结合就会将国际资源的利用环境复杂化。本书主要从全球木材资源的可获性、贸易监管及国际政治外交政策调整等因素来分析。

1. 全球资源可获性。仅仅从市场角度来看,资源流动将向有利的利润领域去配置,当国际市场由于自然环境和种植面积减少等因素导致资源可获得量减少时,资源价格必然会发生剧烈波动,对资源进口国的资源安全将造成不利影响。全球资源的可获性就需考量资源生产国自然环境、自然灾害、资源关联产业政策、资源贸易政策等因素。

2. 贸易监管。一国资源的供给程度不能满足需求时,过高的进口贸易依存度无疑会产生潜在资源不安全,但是进口资源面临的贸易监管可能导致资源流动受限。在国际环境保护协议的框架下,非法采伐和非法贸易将受到越来越严格的监管,在气候变化问题突出的背景下,森林资源的流动与碳贸易、森林认证等非关税壁垒结合在一起,贸易监管甚至成为国际资源进口最大的制度障碍。

3. 国际政治外交政策。除了环境保护及气候问题的压力导致的资源限制,国际间政治外交关系的政策调整同样影响资源安全。在多边贸易体制的环境中,国际贸易争端解决机制可以缓解贸易本身的违规违例问题,但如果由于战略资源涉及垄断利益集团或跨国政治联盟,外在的政治封锁及外交禁令将对进口国的资源来源进行限制。在当前全球政治利益重新调整的变动格局中,政治外交因素越来越成为影响资源安全的不确定因素。

(七)其他经济政策和制度

木材资源安全还受到来自国内外的其他多方面的经济政策和制度的影响,例如国内土地制度政策问题、退耕还林政策问题、"天保"工程政策问题、木材加工业出口退税政策问题、节材待用政策问题等等,在国际间诸如不同国家木材进出口政策、WTO 国际贸易多边谈判政策、国际碳关税政策等也将对资源安全提出挑战。

对于中国这样一个资源短缺的国家,森林经营管理基础上的资源产出是资源安全的基础,国内资源供应可以通过商品材和人工材来供应;森林资源的特性决定了保障木材资源安全的需要考虑到生态安全;木材产业安全对于资源利用和供给起到引导消费和生产的作用,产业安全是木材资源安全的表现形式;国际贸易安全是获得国际资源的重要保障,良好的国际政治环境和协作性的国际资源利用渠道是中国木材资源补给的重要保障。森林的特性决定了木材资源的产出和供应有别于其他商品,建立木材期货市场有助于资源安全的调节机制的完善。

对于木材这种特殊商品,不能完全依靠市场机制解决问题,政策因素(例如节材代木和科技进步)对于缓解木材资源的紧张有重要意义,除此之外,要考虑到木材资源安全的外部效应和公共品投入(例如生态林机制),对于木材资源的安全,在市场机制的基础上同时重视宏观政策调控在目前仍具有重要意义。

第四节 本章小结

本章从资源经济属性及资源安全的内涵、木材资源及木材资源的构成、木材资源安全研究的一般体系等三个方面界定了符合实际的资源、木材资源、资源安全的判定框架。

对于资源的性质界定,主要考察核心是充足的数量、稳定的供应及合理的价格,使得本研究对于后期木材资源的具体问题分析能够符合研究目标的设定。

木材资源的界定首先是将其看作是国际经济政治关系的产物,为方便统计核算,本研究将木材资源分为原木资源、锯材资源与人造板资源和纸浆材资源等四大类,此种分类并不代表所有的木材资源,但从研究主要木材资源安全的角度看仍具有科学性。

结合影响木材资源安全的关键因素,将资源产出、生态环境和自然灾害、市场机制、产业进步、家庭和消费者收入水平、国际资源环境及其他经济政策和制度等七大类因素进行了分析,以利为构建木材资源安全评价指标时提供全面思考。

第三章　木材资源安全研究的理论框架(上)

第二章在基本概念界定及木材资源安全一般考察逻辑的基础上,为木材资源安全的研究构建了基础性前提。针对木材资源的特殊属性,本章及下章将建立一个具有针对性指导意义的理论基础。本章先从木材资源的科学内涵及属性出发,首先以分析资源经济学理论和生态安全理论对资源安全问题研究的现实意义,下章将继续分析产业安全理论及贸易安全理论的指导意义。

第一节　资源经济学理论

一、资源经济学理论沿袭

资源是经济发展的基础,自然资源的稀缺性以及自然资源的分配和利用问题是资源经济理论研究的理论基石。资源经济学思想最早可以追溯到 17 世纪威廉·配第(William Petty,1623－1687)和 18 世纪托马斯·马尔萨斯(Thomas Robert Malthus,1766－1834),配第经济学名言"土地为财富之母,劳动为财富之父"奠定了人类对于资源追求的基本初衷,成为了资源价值论萌芽。

资源经济学的发展可以通过广义的资源稀缺性理论来解释,资源稀缺性理论即一定的范围内现有资源总量相对于经济发展对资源的总需求呈现出供不应求的情况。经济学稀缺性在大卫·休谟(Ddvid Hume,1711－1776)著作《人性论》(Hume,1736)中得到充分研究。约翰·康芒斯(John·R. Commons,1862－1945)指出:"稀缺性是经济学的普遍原则,以休谟的稀缺性为基础的经济学才可能把经济学、伦理学和法学结合起来"[①]。以后经济学家研究经济增长非常关注经济学与自然资源的关系,现代主流经济学理论中机会成本、生产

---

① ［美］康芒斯:《制度经济学》,商务印书馆 1997 年版。

可能性边界、收益递减规律都是基于稀缺性分析而得到的产物(余章宝,2007)①。

资源稀缺性有两种表现形式:一是物质性稀缺,也就是资源在绝对数量上面临需求增长的短缺,又称为绝对性稀缺;二是经济性稀缺,即资源可能在绝对数量上是可以满足人类需求的,但由于技术性因素导致经济发展对资源需求在一定的时间和空间范围无法得到满足,即时空的不均衡问题,此种稀缺是相对的,但是可以通过技术调整等措施得到解决,故称之为相对性稀缺(黄锡生、王江,2008)②。《人口原理》(Malthus,1798)首次明确提出人口类似于其他生物具有一种迅速繁殖的倾向,自然的不加调控的人口增长是令人恐惧的,这种盲目的不加节制的迅速增长趋势对自然资源(主要表现为土地及粮食)提出严重挑战,可能面临的资源匮乏将反向惩罚人类自己,马尔萨斯的人口原理思想对人类社会经济乃至人类自身的可持续发展敲响了警钟,是可持续发展理论的思想渊源。

资源经济学的发展可以分为三个发展阶段,第一阶段为古典自由市场理论阶段,第二阶段为强调政府管制和管理技术优化阶段,第三阶段为可持续发展理论与现代经济学(新制度经济学)。在人类由农业经济进入工业文明的时期,人类对于资源的索取显得文明了许多,一国资源不足的情况下,多边框架协议的市场规则对于解决区域资源稀缺或安全具有重要的作用,资源经济学在市场经济秩序的研究焦点是,政府对资源经济的管制与市场机制的自由配置形成了一个混合市场制度,如何协调市场与政府的行为,是资源安全理论框架的需要解释的问题。

二、古典自由市场的理论解释

进入工业化进程以来,人类对于自然资源的索取在文明中渗透着贪婪,导致的严峻问题就是资源稀缺型问题的日益突出。经济学思想研究问题的假设无不首先考虑到资源稀缺的共性。18世纪到20世纪以来,亚当·斯密(Adam Smith,1723－1790)、杰文斯(William Stanley Jevons,1835－1882)、李嘉图(David Ricardo,1772－1823)、马歇尔(Alfred Marshall,1842－1924)等经济学家均重视从自由市场的"资源稀缺"层面研究经济发展与自然资源的内在关系。

古典经济增长理论的显著特点是把资源作为经济增长的制约因素,早期经济学家普遍认同的重要观点就是把土地视为经济增长的一个限制条件。斯密认为古典自由市场资源相对稀缺性在商品市场价格中得到反映,经济发展停滞的根本原因在于相对稀缺资源的分配而非经济发展对自然资源的依靠。③李嘉图提出自然资源的相对稀缺表现在资源市场上价格的上升,相对性稀缺来自于自然有限的再生能力,杰文斯也指出不可再生

---

① 余章宝:《西方经济学理论的经验论哲学基础》,《哲学研究》2007年第4期,第121—126页。

② 黄锡生、王江:《自然资源物权制度的理论基础研究》,《河北法学》2008年第5期,第15—20页。

③ [英]亚当·斯密:《国富论》,华夏出版社2005年译本。

资源构成对经济增长的绝对稀缺性约束。[①]在出现政府干预的情况下,马歇尔指出市场失效和生产外部性条件下,市场价格难以反映耗竭性资源的相对稀缺,马歇尔对资源稀缺性理论作出很大贡献,他承认资源稀缺将导致产品价格升高,但马歇尔对这种稀缺构成经济增长的约束持否定态度。古典经济学对于资源与经济增长的结论虽然各有侧重,但一致的观点认为,自然资源的稀缺可以通过市场的价格机制得到解决。

"马尔萨斯陷阱"(《人口原理》,1798)认为人口增长导致资源(粮食)消费紧张,在较长时期内每单位资本的产出将呈现下降趋势。但马尔萨斯忽略了技术进步因素对资源稀缺的缓解作用,也未能将土地资源的区位差异考虑进来。李嘉图则指出,作为生产要素的土地、资本和劳动的边际报酬都是递减的,农业中的报酬递减趋势将会压制工业中的报酬递增趋势,经济增长速度将会放慢,直至进入人口、资本增长停滞和社会静止状态。[②]在《政治经济学及赋税原理》(1817)李嘉图又指出,对于土地等自然资源的边际报酬,可以通过科技进步、对外贸易等途径缓解这种资源危机,资源并不能构成对经济增长的不可逾越的绝对限制。这些观点在认同资源稀缺不可轻易解决的前提下,希望把经济增长的解决措施通过技术进步等现代文明手段来实现,在人口增长寻致资源紧张的工业化社会进程中具有积极的现实价值。

现代资源经济学角度来看,资源(特别是自然资源)与经济增长的关系可以理解为:一方面,资源对经济增长有重要的支撑作用,没有相应的资源保证,经济难以持续健康快速增长;另一方面,资源对经济增长也有重要的约束作用,许多资源的供给能力不是无限的,资源的承载能力反过来也要制约经济增长的速度、结构和方式。从这个角度来看,在古典经济学关于资源与经济增长的关系中,自由市场秩序条件下李嘉图的相对资源稀缺论对于马尔萨斯的绝对增长约束条件有所进步,虽然一定程度上认为资源对经济增长的约束作用是存在的,但可以通过国际贸易和科技进步在国际间进行优化配置,李嘉图的相对资源稀缺论无疑在当时具有进步意义。

三、资源经济学原理

20 世纪以来,资源经济学朝两个方向发展,一是资源学与经济学的跨学科结合,把自然资源当作一门经济学科系统来研究;二是继续从纯经济学角度研究自然资源的优化配置问题。对于资源经济学的发展作者梳理了两个方向的主要观点,借以对后续资源安全问题提供适当借鉴。

(1)资源学与经济学结合的理论主张

跨学科结合方面,20 世纪初,美国土地经济学奠基人伊利(R. T. Ely,1854 - 1943)同

---

① Barbier. E. B. 1989, "Economics, Natural-Resources Scarcity and Development Conventional and Alternative", London, Earth Scan.

② [英]大卫·李嘉图:《政治经济学及赋税原理》,华夏出版社 2005 年译本。

莫尔豪斯(E. W. Morehouse)合著《土地经济学》(Elements of Land Economies,1924)标志着资源经济学(土地经济学)的诞生,资源经济学的诞生及发展源于人类进步及其对资源(土地等)的不断利用进而导致的人地矛盾等现实问题。

资源经济学长时期认同马歇尔关于耗竭性资源的相对稀缺能通过较高的市场价格得到反映的判断。马歇尔资源相对稀缺研究具有一定的适用性,他认为在出现政府干预、市场失效和生产外部性情况下,市场价格难以反映耗竭性资源的相对稀缺。从马歇尔时代开始至20世纪60年代,自然资源的稀缺性和环境恶化问题并未受到政府和企业关注,同一时期拉姆齐(Ramsey,1927)的优化增长理论和哈罗德(Roy Forbes Harrod,1900－1978)对耗竭资源经济学的研究,他们的研究观点基本与马歇尔思想一致。马歇尔否认绝对资源稀缺约束经济增长的可能性并认为经济上有用的自然资源的相对稀缺都能通过市场价格得到反映的观点在20世纪60年代之前一直占有统治地位。此后《耗竭性资源经济学》(H. Hotelling,1931)、《世界资源与工业》(E. W. Zimmerman,1933)、《土地经济学》(R. T. Ely, G. S. Wehrwein,1940)等著作继承了马歇尔命题。

20世纪60年代以后,巴尼特(J. Barneet)和莫尔斯(Chandler Morse)关于环境资源稀缺性理论认为只有作为经济过程原材料和能源供应者这一功能的资源才具有稀缺性[1],其观点对传统经济理论关于自然资源的定义局限于有经济价值的作为生产直接输入的那些资源的观点进行了拓展。

传统资源稀缺性理论认为资源对经济增长构成约束,资源稀缺性理论又可分为资源绝对稀缺性观点和资源相对稀缺性观点。资源绝对稀缺性观点告诫我们在达到可获取自然资源存量极限时,自然资源存量被充分利用,边际费用增加,如果人类在资源替代方面无所作为,社会经济发展就会在没有任何调整机会下突然停滞[2];资源相对稀缺性观点认为,资源质量仅有下降的相对稀缺,当资源被消耗时,质量下降,稀缺性就上升,单位生产边际成本提高,当价格变化能够反映资源相对稀缺性时,经济系统自动寻求替代资源[3],即不断上升的相对成本会刺激技术进步,经济增长可能面临特定资源存量出现暂时的不断增加的相对性稀缺时,但其不会导致对经济增长的绝对约束。

(2)纯粹经济学资源配置思想

纯粹经济学方面,资源经济研究领域在纯粹经济学方面以自然资源优化配置为基础,主要可以分为两种流派,其一为政府管制干预资源分配,其二为自由市场经济的新制度经济学。

政府管制资源方面,庇古(Arthur Cecil Pigou,1877－1959)在《福利经济学》(Pigou,

---

① Barnett. J. Harold, Morse Chandler. 1963,"Scarcity and Economics Growth, the Economics of Natural Resource Availability",Baltimore：Johns Hopkins University.

② Morton Paglin. 1961,"Malthus and Landerdale：the Anti-Ricardian Tradition", New York：Augustus M. Kelley.

③ Herman E. Daly. 1977,"Steady-State Economics", San Francisco, Freeman.

1920)中提出了使用"庇古税"方案解决政府管制自然资源供求的重要理论。庇古的理论观点继承发展了马歇尔"外部性"问题,以后的经济学家在此基础上继续按照"外部因素内在化"原理,在理论与政策上强调运用价格机制等措施在政府层面使社会损失纳入私人厂商的生产成本,通过把把外在因素变为内在的模式,保护自然资源以维护生态平衡。比较著名的凯恩斯(John Maynard Keynes,1883－1946)国民收入决定理论与"有效需求不足"理论等倡导管制,提供了由政府直接干预公共自然资源的生产与供求以满足经济增长。此后萨缪尔森(Paul Samuelson,1915－2009)以价格机制理论对公共品(自然资源)的供求做了系统研究,萨缪尔森认为,外部性是非效率的,指企业或个人向市场外其他人强加的成本或利益,当向市场之外的第三者强加的是利益的时候,即称为"外部经济性",当向市场外的其他人强加的是成本时,则称之"外部不经济性"。在代表论文《公共支出纯理论》(Paul Samuelson,1954)①萨缪尔森建立了资源在公共品与私人品之间最佳配置达到社会福利最大化的一般均衡模型,佐证了外部性在社会福利方面的应用价值。上述观点都在支持政府管制与价格措施方面为政府对于资源稀缺的解决提供了有力的理论支撑。

自由市场新制度经济学方面,支持自由学派的观点提出了与"庇古税"相对立的主张,代表学者以支持亚当·斯密自由市场机制配置自然资源的罗纳尔德·科斯(Ronald H. Coase,1910－　)为代表,《社会成本问题》(Coase,1960)②一文提出的"科斯定理"——"假定市场交易成本为零,能够明确产权初始界定清晰,社会资源的配置可通过市场交易达到最优",科斯建议采取"市场交易—企业内部组织—政府管理"三种不同的产权制度安排方式来进行自然资源的有效配置。道格拉斯·诺斯(Douglass C. North,1920－　)用新制度经济学分析方法从正外部性方面扩展了科斯理论,对自然资源经济学得研究进行了重要贡献,其观点提出必须在制度上做出安排和确定所有权,产权的界定在于是否提供了激励机制,高效率的组织是经济增长的关键因素。此后德姆塞茨(Harold Demsetz,1930－　)、奥斯特罗姆(Elinor Ostrom,1933－　)、威廉姆森(Oliver Williamson,1932－　)、张五常(Steven Cheung,1935－　)、杨小凯(1948—2004)等进一步推动新制度经济学在公共资源方面研究。新制度经济学对于产权、交易成本与资源配置方面作出了贡献,制度内生的经济发展理论为自由市场经济的资源配置提供了有效的解决方案。

(3)资源经济学思想的启示

资源经济学的发展与经济学发展的历史规律相一致,先是市场与政府分离(自由经济学派)后又走向两者的紧密结合(政府管制资源配置)。科斯定理(Coase,1960)确立后,普遍的研究观点多支持"明确单一的产权足以矫正外部性方面的市场失灵"(Demsetz,1967;Cheung,1970;Aranson,1982;Breye,1982)。但是另一种"交易成本过高将限制

---

① P. A. Samuelson. 1954, "The Pure Theory of Public Expenditures", *Review of Economics and Statistics*, Vol. 36, No. 4, pp. 387－396.

② [英]R. H. 科斯:《社会成本问题》,上海三联书店、上海人民出版社1994年版。

市场的形成"观点则认为,通过政府管制的"庇古税"等措施在某些方面比科斯理论更具有优势和可操作性(Brock,1975;Schwarts,1979;Shavell,1984)。两种不同的资源经济思想在一定程度上是明显对立的。

本书认为:明确产权的自由市场经济对于自然资源优化配置在长期来看是有效的,但付出的代价是资源的恶化"先污染后破坏,先破坏后治理"是不值得提倡的因为被破坏的林木资源,需要长时间才能恢复原貌。利用政府管制宏观调控手段来配置资源虽然可能影响市场机制的充分发挥,但在不否定市场经济的基础上,寻求政府管制与市场机制对接的混合市场制度更为有效。[①]一种可行的简单思路是在市场经济的前提下实行自由贸易,在国际间进行资源的合理配置,以使资源在各个国家合理分布,同时有必要建立反对非法贸易、提倡可持续经营的长期营林思想,即政府管制的资源配置思想需要得到多国协调的国际公约和规则通过认可。

四、可耗竭性资源理论

20 世纪 60 年代,发达国家工业经济迅猛发展,工业化的环境污染日益严重,环境污染和自然资源的日趋紧张对传统资源稀缺性理论提出了挑战,现代资源稀缺性理论应运而生。现代资源稀缺性理论认为资源的稀缺是绝对与相对的统一,当环境质量恶化呈现一种质的不可逆性时,资源就表现为绝对的资源稀缺[②][③]。

20 世纪 70 年代以来,联合国在多次会议中探讨了人类面临的环境问题,呼吁全社会关注经济发展与资源的可持续利用问题。1972 年联合国人类环境会议——《联合国人类环境会议宣言》,呼吁世界各国政府和人民共同努力来维护和改善人类环境。1974 年墨西哥会议首次提出了从战略上协调经济发展与环境的关系。此后 1980 年"人口、资源、环境和发展"会议将"环境经济"列为联合国环境规划署 1981 年《环境状况报告》的第一项主题。作为环境科学的重要分支,资源与环境经济学的快速发展是时代的需要,其逐步成为独立学科并受到普遍重视。

联合国真正认识到资源安全始于罗马俱乐部米都斯等专家提交的《增长的极限》(Meadows,1971)这份研究报告,该报告利用系统动力学方法为工具,将全球性问题归结为世界人口、粮食供应、工业增长、环境污染、不可再生资源五大方面。为避免世界经济发生倒退,研究报告提出限制增长的"经济零增长"模式(见图 3.1)。此报告上交专家会议后引发了极大关注,国际社会逐步认同并呼吁人类应密切关注资源尤其是可耗竭性资源的利用和保护问题。

---

① [美]丹尼尔·史普博:《管制与市场》,上海三联书店、上海人民出版社 1999 年版。

② Talbot Page. 1977, "Conversation and Economic Efficiency: An Approach to Materials Policy", Baltimore: Hopkins University Press.

③ Partha Dasgupta. 1982, "The Control of Resources", Oxford: Basil Blackwell.

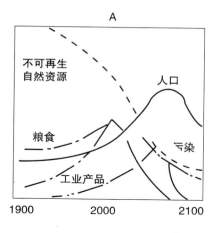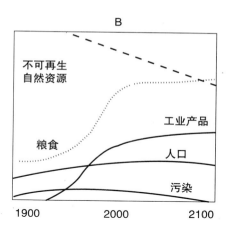

图3.1　麻省理工学院世界资源利用与污染模型

注释:1. 计算机模拟,按当前经济增长的变化曲线。

2. 计算机模拟,"经济零增长"政策下的变化曲线。

早在19世纪约翰·斯图亚特·穆勒(John Stuart Mill,1806-1873)就提出过增长极限的分析,穆勒在《政治经济学原理》(Mill,1848)著作中,批判了马尔萨斯的绝对稀缺论,但反对无止境地开发自然资源,他关注到自然资源存在极限,认为自然环境、人口和财富应保持在一个静止稳定的水平,而且这一水平要远离自然资源的极限。可耗竭性资源利用理论在本书中具有重要价值。

根据自然资源固有特征,将一国资源划分为可耗竭性资源和非耗竭性资源,可耗竭性资源又可划分为再生性资源和不可再生性资源两大类,自然界的另一些资源在目前的社会生产和技术条件下,不会在利用过程中导致明显的消耗,即非耗竭性资源,非耗竭性资源又可分为恒定性资源和非恒定性资源(见图3.2)。

詹姆士·斯文尼(James L. Sweeney,1992)[1]按资源调整时间过程,将资源分为消耗品资源、可再生资源和可耗竭性资源。图3.2将再生性资源归类在可耗竭性资源,需要说明的是,对于非再生性资源,其存量逐渐减少为零的过程即可视为耗竭[2];而对于可再生性资源,例如森林资源,虽然其具备可再生能力,但人类经济活动的无节制利用,如果利用速度超过了再生恢复速度,此利用过程也可被视为耗竭。可耗竭性资源具有稀缺性和不可再生性的显著特点,也具有了可再生能力被无节制的不合理利用所消耗的可能。可再生和不可再生的可耗竭资源的总量和结构约束了经济发展的规模和模式选择。比如对于森林资源来说,其可再生能力和存量决定着林业产业的经济增长。

① James L. Sweeney. 1992,"Economic Theory of Depletable Resources:An Introduction",[DB/OL]. http://www. stanford. edu.

② 刘江宜、余瑞祥:《不可再生资源耗竭性分析及对可持续发展的意义》,《科技进步与对策》2003年第10期,第48页。

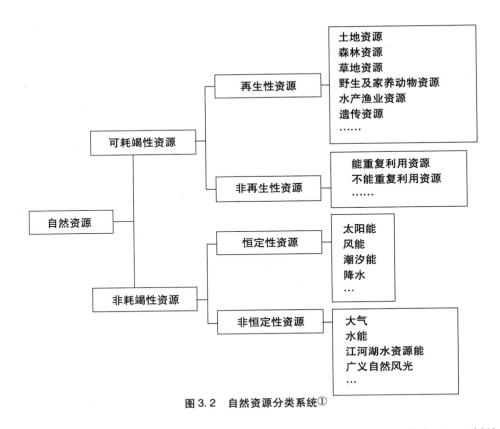

图 3.2　自然资源分类系统①

从资源的特点来看,自然资源是作为系统存在的,各种资源相互依存、相互制约,构成完整的资源生态系统;自然资源的特征表现为稀缺性,虽然物质、空间和运动是无限的,但在一定的时空范围内,就人类与资源的关系而言,则是有限的。地球上蕴藏着丰富资源,终究是一个有限的量。资源的稀缺性还表现在资源分布的不均匀性,造成地区性资源短缺;资源分布体现在地域性差异,资源分布不均匀性具有地域明显性,不同类型的自然资源的地域分布规律有很大差别,同一种资源的分布也有很强的地域性和不均衡性;一般来说自然资源的开发、保护和管理属于各国自己的主权,资源利用和流动,一个国家和地区对自然资源开发利用所造成的后果往往超出一个国家的国界范围而影响世界其他地区,一个国家资源政策和贸易价格往往会产生世界性的连锁反应,一国的资源安全可能诱发全球性的政治纠纷及社会动荡。

在理解资源与经济增长的关系方面,本书认同"资源对经济增长有重要的支撑作用,没有资源保证的经济难以持续增长;另一方面资源对经济增长也具有约束作用,资源供给能力和资源承载能力会制约经济增长的速度、结构和方式"。可耗竭性资源理论为我们提供了资源与经济增长关系的一般原理。

可耗竭性资源对于经济增长的理论主要可以通过以下两个方面来论述。

---

① 　李永军:《国土资源调查方法》,地图出版社 2003 年版。

（1）可耗竭性资源悲观论与乐观论

可耗竭性资源与经济增长的研究的根本目的在于，通过可耗竭资源对于经济发展的约束，寻求经济增长的模式，达到经济环境间的一种动态平衡。对于可耗竭性资源的研究有两类主要观点：经济发展悲观论经济发展乐观论。

经济发展悲观论以资源数量考察为起点，资源的利用和与其效用观点，创始于 19 世纪 70 年代的奥地利学派（Austrian School）是"边际革命"（Marginal Cost）影响最大的学派。以卡尔·门格尔（Carl Menger，1840－1921）为奠基人，其后弗里德里希·冯·维塞尔（Friedrich Von Wisse，1851－1926）和欧根·冯·庞巴维克（Eugen Von Bohnbawek，1851－1914）在 20 世纪三四十年代，奥地利学派建立了以边际效用论为核心的经济理论。奥地利学派把同人类欲望有关财货的稀少性视为为资源的经济性质和价值性质的渊源。"价值只有在货源或储量不足以满足消费的欲望时才开始出现，一切能免费获得或无限供给的物品都没有价值"，"一切物品都有用途，但并不意味着一切物品都有价值"[①]，奥地利学派把资源存量和需求量等"数量关系"放在首位。在考察价值尺度或主观价值量时，形成了边际效用量决定财货价值的规律物品的价值是由它的边际效用量来决定，边际效用量又取决于需求和供应的关系。奥地利学派理论体系中值得借鉴观点在于把时间因素引进边际效用论，提出了与"经济行为原则"（现存和六来均衡满足的标准规律），这与目前可持续发展的思想是相吻合的。

奥地利学派后，资源与经济研究的方向开始关注资源数量的变化对经济的制约。美国学者福雷斯特（J. W. Forrester）及梅多斯（Meadows，1972）用系统动态模型模拟研究并结合多年历史数据，其主张停止人口和工业投资的增长，以达到"增长为零"的"全球性均衡"[②]。梅多斯"反增长论"相对于无视经济发展的环境影响的理论，即是把自然资源看作单纯索取对象来讲是一种进步。但是我们不能忽视的是，即使工业生产低效"零增长"，未必代表着资源的消耗不会停止，低效增长的污染物会带来累积性上升，动态平衡经济的目标在低效的零增长下更不可能实现。

经济发展乐观论与悲观论者相反，认为经济发展不会使资源枯竭。康（H. kahn）考察了人类在一万年间经济发展与资源利用的变迁，认为环境资源极限可能会暂时地阻碍经济增长，但长期看这一负效应可借助于技术进步来避免。新技术会促使新资源不断投入使用，而环境污染和资源浪费也可通过"污染消除技术"的政策得到有效控制[③]。列昂惕夫（Wassily Leontief，1905－1999）在通过改变经济增长方式来实现环境资源与经济的协调思想比悲观论者有巨大进步。列昂惕夫运用投入产出模型，将世界 50 个地区的 45 产业（50×45 Model）的经济环境关系做了实证研究，结果表明在现有增长模式条件下，人

---

① ［奥］欧根·冯·庞巴维克：《资本实证论》，商务印书馆 1981 年版。

② Meadows，Dennia L. et. al. 1972，"The Limits to Growth"，New York：Universe Book.

③ Kahn H. 1979，"World Economic Development"，Boulder Colorado：Westview Press.

类可以通过改变环境经济政策的手段来转移经济增长方式,他对于长效经济增长持有乐观的态度。

20世纪70年代后,相对于罗马俱乐部悲观的经济增长论调,乐观论把自然资源引入到新古典增长理论框架中,在资源稀缺或不断耗竭条件下的经济增长问题取得了一定的进步。索洛(Robert Solow,1974)将可耗竭资源引入最优模型[①],指出当自然资源与劳动—资本品之间的替代弹性不小于1时,最优增长结论会改变,只要资本是可再生的,资源的耗竭是允许的。斯蒂格利茨(Joseph E. Stiglitz,1974)通过扩展索洛生产函数,将自然资源纳入生产函数中,形成"Solow-Stiglitz"生产函数[②],研究认为至少有三种经济力量可以抵消自然资源的消耗所引起的负效应:即技术变化、人力资本对自然资源的替代和规模报酬。斯蒂格利茨提出只要保持正的技术进步率,总产出就不会下降。经济发展乐观论者的观点认为通过技术进步手段维护经济持续增长的内生机制,将研究开发(R & D)与内生经济增长结合是可耗竭资源与经济增长研究在现代资源经济学的重要分支。

(2)技术进步与资源内生论

科斯达德(D. Kolstad,2000)[③]统计了1974—1998年有关可耗竭资源文献,表3.1描述了资源经济学在20世纪70年代主要成就。

表3.1 20世纪每5年被引用主要可耗竭资源文献

年份	作者	文献
1974—1978	索罗	资源经济学或经济资源学
	佘雷尔瑟;毕晓普	自然资源政策中的共同财产理念
	索罗	跨代平衡与可耗竭性资源
1979—1983	平狄克	不确定性与可耗竭性资源
	龙格	公共财产的外在性: 传统土地文献中的隔离、保证和资源耗竭
	斯雷德	自然资源商品价格的趋势——时域分析
1984—1988	布伦南;施瓦滋	自然资源投资的评估
	索罗	自然资源的跨代配置
	雷甘纳姆;斯托基	寡头垄断之外的自然资源公共财产 ——动态博弈中承诺期间的重要性

---

① Solow, R. M. 1974, "Intergenerational Equity and Exhaustible Resources", *Review of Economic Studies*, Vol. 41, No. 1, pp. 29 - 45.

② Stiglitz, J. 1974, "Growth with Exhaustible Natural Resources", *Review of Economic Studies*, Vol. 41, No. 1, pp. 123 - 152.

③ D. Kolstad. 2000, "Energy and Depletable Resources: Economics and Policy, 1973 - 1998", *Journal of Environmental Economics and Management*, Vol. 39, No. 3, pp. 282 - 305.

（续表）

年份	作者	文　献
1989—1993	哈特威克	国民经济核算与经济贬值
	阿德尔曼	矿物的耗竭：以石油为例
	莫莉塞特	关于平流层臭氧耗竭政策回应的评估
1994—1998	阿歇姆	国民生产净值的可持续利用
	托蔓	经济学与可持续性——选择与强制之间的权衡
	洛佩兹	生产要素之环境因素——经济增长与贸易自由化的绩效

参考资料：D. Kolstad（2000）。

索洛（Solow,1974）之后,资源约束的经济增长理论取得新的进展。达斯古普塔、希尔与斯蒂格利茨（Dasgupta,Heal,Stiglitz,1974－1981）[1]考虑技术变动的不确定性后得到结论：可耗竭性资源的初始存量越少,则技术变动的不确定性会导致越快的初始消耗率。巴莫尔（Barmol,1986）[2]也指出,自然资源是有限的并将随人类经济活动的增长逐渐减少,但技术进步将提高这些资源的经济贡献,因而自然资源的经济存量将不断增长。技术进步学者的研究普遍持有相对技术乐观主义态度,在一定技术条件下,即使自然资源存量有限,人口增长率为正,人均消费（产出）持续增长仍然是可能的。但是索洛、斯蒂格利茨、巴莫等研究都是假定技术进步是外生给定的,这引起了广泛争论。20 世纪80 年代以后,基于内生经济增长理论将技术进步内生化,可耗竭性资源对经济增长的约束显得更加乐观。

内生经济增长研究中,罗布逊（Robson J. D. ,1980）将不可再生资源纳入伍兹瓦（Uzawa H. ,1965）模型分析,高山晟（Takayama,1980）强调非竞争性的技术进步作为增长的引擎,他们分析了经济增长社会最优解。索库（Schou,1995）、Scholz 和Ziemes（1996）通过把不可再生资源引入生产函数,建立以研发（R&D）为基础的内生增长模型,强调了由于不完全竞争性引致的市场失灵。以罗莫（David Romer,1990）、卢卡斯（Robert Lucas,1988）为代表的研究摆脱了新古典模型中长期人均增长率被外生技术进步率的限制,使得分析长期经济增长成为可能。

对于技术进步内生化的研究,格里莫（Andre Grimaud,2001）[3]也作出了重要贡献,他在包含自然资源和资本两变量的经济增长模型中,增加了第三个变量——知识积累,用内生增长模型描述了可耗竭性资源与知识的关系,进一步将技术进步通过知识积累等形

---

①　Dasgupta, P. , Heal G. , Stiglitz J. 1981 ,"The Taxation of Exhaustible Resources",NBER Working Paper No. 436.

②　Barmol, W. J. 1986 ," On the Possibility of Continuing Expansion of Expansion of Finite Resources",*Kyklos*, Vol. 39 , No. 2 , pp. 167－179.

③　Andre Grimaud. 2001 , " Natural Resources, Knowledge and Efficiency：Beyond the Hotelling Rule?" IDEIWorking Paper.

式来反映,也给我们提供了知识积累对技术进步的作用,技术内在化由此更加全面。斯马尔德斯(Sjak Smulders,2004)[1]在重新检验资源稀缺性和经济增长时发现,不可再生资源的耗竭性会限制经济增长,但其另一个结论再次印证了技术进步(通过 R&D 投入)的重要性,他的研究结论表明当人力资本投入与资源替代性足够大时,经济增长是可以超越稀缺限制而不断增长的。

格里莫与卢克(Andre Grimaud,Luc Rouge,2003)[2]的研究关注了不可再生资源污染对增长模型的影响,发现消费者以家庭心理贴现率为代表的提高会导致资源开采率的下降,同时在内生模型中加入管理者环境政策——减少税收,也不能改变这种结果。

盖坦、理查德与哈肯(Beatriz Gaitan,Richard S. J. Tol,Hakan Yetkiner,2004)[3]研究了不可再生资源的最优耗竭问题,结论表明:当不可再生资源对生产是必不可少时,其资源价格是恒定的;当资本收益率大于资本耗竭率,且不可再生资源在生产中是不重要的投入时,其资源价格是上涨的。投入要素的替代弹性在决定长期不可再生资源价格的变化时起了很关键的作用。

第二节　生态安全理论

传统经济学以需求无限和资源稀缺(资源经济学认为任何资源都可采用技术进步或其他资源替代)为两个"规范假定",以追求经济稳定增长为目标,经济增长中面临着资源日益紧张的现实矛盾,资源安全在一定意义上成为经济安全的前提基础。在人类逐步认识到可耗竭资源难以充分满足经济增长需要时,生态经济学对生态系统和经济系统之间关系的可持续发展的思想逐步得到认同。生态经济学将经济系统视为生态系统的一个子系统,其思想认为在有限而非增长的生态系统中,经济继续增长最终会导致整体系统的不能承受,其增长的机会成本也会非常之高。世界自然基金会(World Wide Fund for Nature/WWF)数据表明:过去 30 年地球自然生态系统质量下降了 33%[4],同期人类经济活动的地球生态足迹增加了 50%[5],已经超过了生物圈的再生速度。人类经济活动要注

---

① Sjak Smulders. 2004, "Non-renewable Resources and Economic Growth: Comparing the Classics to New Models of Endogenous Technology and Growth", Lecture Prepared for 2004 EAERE-FEEM-VIU Summer School.

② Andre Grimaud & Luc Rouge. 2003, "Polluting Non-Renewable Resources, Innovation and Growth: Welfare and Environmental Policy", *Resource and Energy Economics*, Vol. 27, No. 2, pp. 109 – 129.

③ Beatriz Gaitan, Richard S. J. Tol, Hakan Yetkiner. 2004, "The Hotelling's Rule Revisited in a Dynamic General Equilibrium Model", Fourth Annual Conference on Global Economic Analysis.

④ World Wildlife Fund. 2003, UNEP, Living Planet Report 2000, Gland. Switzerland: WWF International.

⑤ 张志强:《地球难以承载人类重负——生命行星报告 2004 解读》,《地球科学进展》2005 年第 20 卷第 4 期,第 378—383 页。

意改变追求数量或规模增长,在生态质量改进上提高人类福利,关注生态安全是研究资源约束与经济增长协调机制的重要视角。

生态安全(Ecological Security)也有称环境安全(Environmental Security),生态安全已经演变成为自然科学与社会科学的交叉学科①。美国国际应用系统分析研究所(International Institute for Applied Systems Analysis/IIASA,1989)对生态安全定义:即人的生活、健康、安乐、基本权利、生活保障来源、必要资源、社会秩序和人类适应环境变化的能力等方面不受威胁的状态,包括自然生态安全、经济生态安全和社会生态安全,以一个复合人工生态安全系统为整体表现形式。狭义生态安全是指自然和半自然生态系统安全,即生态系统完整性和健康的整体水平反映②。生态安全包括生态风险和生态健康两方面(见图3.3)。本书涉及资源稀缺及约束问题,人类经济增长的过程必然带来生态系统的不稳定,引入生态安全理论是考量资源安全的重要基础。

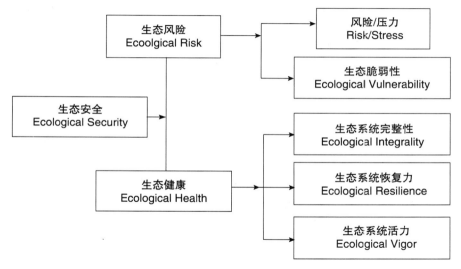

图3.3 生态安全基本构成要素

一、生态安全的研究对象及内容

生态安全的科学研究需要解决以下问题。第一,需要研究对象具有特定性和针对性,一般关注可能发生生态不安全的在生态脆弱区;第二,生态安全评价标准具有相对性和发展性,不同国家不同阶段的评价标准可以有所差异;第三,生态安全的科学研究要体现人类活动的能动性,要在解决人类经济增长中有相应针对性,需要研究如何建立生态

① 曲格平:《关注生态安全之一:生态环境问题已经成为国家安全的热门话题》,《环境保护》2002年第5期,第1—4页。
② 肖笃宁、陈文波、郭福良:《论生态安全的基本概念和研究内容》,《应用生态学报》2002年第13卷第3期,第354—358页。

安全保障体系等问题(肖笃宁等,2002)。作为科学研究来说,生态安全问题研究与人类经济活动的不同发展阶段及不同国别区域有一定差别,可能对于资源丰富且生态稳定的国家,其在一定时期的生态环境是安全的,但对于另一类资源匮乏且生态状况已经明显恶化的国家来说,其不加控制的资源掠夺可能导致环境破坏,其生态安全必然会成为制约经济增长的严重问题。

(1)生态安全的研究范畴

生态安全的考量需要参考以下方面的相关问题(见图3.4)。

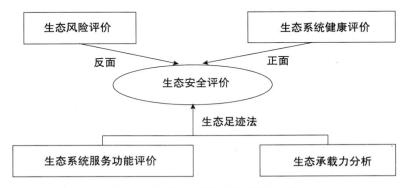

图3.4 生态安全评价相关领域与方法

首先,生态安全源于生态风险,美国环保局(U. S Environmental Protection Agency/USEPA)编制的《生态风险评价大纲》(USEPA,1992)密切关注生态风险问题,生态风险评价(Ecological Risk Assessment,ERA)是生态系统受胁迫因素影响后,对不利的生态后果进行可能科学评估的重要因素(李国旗,1998)。

其次,生态安全的重要标志是健康的生态系统,生态系统的健康评价也与生态安全评价紧密联系,通过对生态系统的健康评价,是生态安全的整体评价重要因素。可操作的生态系统健康(Costanza R,1992)[1]提出后,在生态学、生物学及资源经济学等领域迅速得到应用推广,目前对所有的生态系统类型进行健康评价几乎成为了可能。

最后,生态系统服务功能评价及生态承载力也是生态安全评价需要参考的两个领域,生态系统服务功能是生态系统在生态过程中所形成的维持人类赖以生存自然环境条件与效用[2],生态系统服务功能是自然生态系统的属性;生态承载力是自然体系自我调节能力的客观反映,在生态过程中资源被利用时,生态承载力是资源合理利用和生态环境良性循环条件下,系统可持续承载的人口数量、经济强度和社会总量的能力(邓波等,2003)。通过生态系统服务功能及生态承载力评价,可以将生态安全评价建立在人类社

---

① Costanza R. 1992,"Toward an Operational Definition of Health. Costanza R,eds. Ecosystem Health:New Goals for Environmental Management",Washington DC:Island Press.

② Daily GC,1997,"Nature's Services:Societal Dependence on Natural Ecosystems",Washington DC:Island Press.

会经济经济活动的基础上,这使得生态安全问题的研究与人类的文明进步密切联系起来。

人类经济活动与生态安全问题日益密切,需要注意的是,生态安全的成因和危害对象存在不一致性,某独立的个人、工厂、国家,其能够在开发利用自然资源和随意排放废弃物的经济活动中受益,但其经济活动造成环境污染和生态破坏,破坏的生产者与受害者常常是不一致的。生态安全的影响会超越一国及一利益集团,把少数国家及利益集团造成的环境损害转嫁给其他区域及全社会,以少数人的利益损害多数人的利益的生态安全问题,即生态安全的"外部性"或"公共性"是普遍存在的(余谋昌,2004)。对于中国这种资源短缺且经济快速发展的经济体,其经济发展以生态安全之间的关联愈发紧密,要关注到中国的经济增长可能导致的生态安全问题,当此种生态安全超越国界时就可能会面临着越来越多的不利的国际舆论和国际环保制度限制。

(2)生态安全的研究内容及评价模型

生态安全的科学研究内容涉及自然科学与社会科学等领域,目前较为统一的认识是,生态安全研究内容主要包括以下五个方面:生态系统健康诊断、生态系统服务功能、区域生态安全、生态安全预警、生态安全维护和管理。结合五个具体的研究内容,生态安全的规范研究流程可表述如下(见图3.5)。

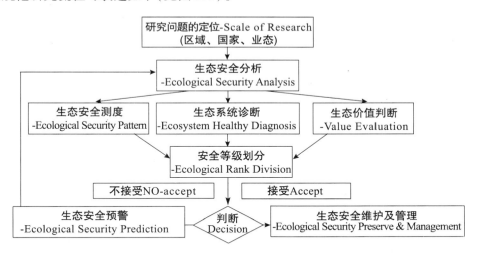

图3.5 生态安全研究流程

结合生态安全的研究内容,国际间关于生态安全评价指标体系是参考联合国开发计划署(United Nations Development Programme/UNDP)建立的"压力—状态—响应"(Pressure—State—Response/P—S—R)框架模型方法。欧洲环境署(European Environmental Bureau/EEB)则在 P—S—R 基础上增加了"驱动力"(Driving Force)指标构成 D—P—S—R 概念框架模型(见图3.6),目前作为建立生态安全评价体系的重要基础。近些年中国学者分析研究生态评价指标体系方案基础上,结合 D—P—S—R 扩展模型也做了进一步研究(左伟等,2002)。D—P—S—R 扩展模型对于研究木材资源的生态压力具有一定借鉴意义。

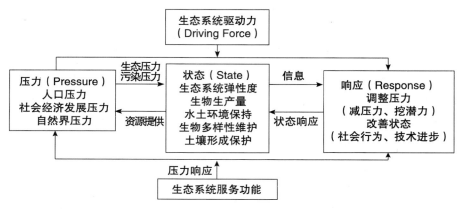

图 3.6　D—P—S—R 框架模型

进入 21 世纪后,中国经济发展对生态影响不断扩大,国内生态安全评价研究也得到重视,针对不同研究对象的评价指标体系,主要研究领域有农业生态安全、湿地生态安全、土地资源生态安全、水资源生态安全、城市生态安全、旅游地生态安全等方面(见表3.2),这些指标体系的研究主要还是从结合"压力—状态—响应"(P—S—R)框架来描述的(张向晖等,2005)。从林业经济角度的木材资源利用对生态安全的评价,特别对于木材资源涉及进口贸易的国际生态安全评价,从现有文献的检索来看则鲜有成果,这也是本研究借助生态安全分析木材资源安全的一个主要侧重点。

表 3.2　按主要研究对象分类的生态安全评价指标体系

研究对象	作者	指标体系	研究内容
农业	吴国庆 (2001)	资源生态环境压力 (人口、土地水资源压力等) 资源生态环境质量 (资源质量、生态质量) 资源生态环境保护整治及建设能力(投入能力、科技能力)	区域农业生态安全及其评价
土地资源	刘勇等 (2004)	土地经济生态安全系统 (资源数量、资源质量) 土地经济生态安全系统 (经济投入数量、经济产出质量) 土地社会生态安全系统 (承载指数、整治能力指数)	区域土地资源生态安全评价
湿地	张峥 (1999)	多样性、代表性 稀有性、自然性 稳定性和人类威胁	湿地生态安全评价

研究对象	作者	指标体系	研究内容
水资源	何焰等 (2004)	状态系统指标、 压力系统指标 响应系统指标	水环境生态安全预警评价
城市生态安全	谢花林 (2004)	资源环境压力 资源环境状态 人文环境响应	城市生态安全评价指标体系
旅游生态安全	董雪旺 (2004)	生态环境压力 生态环境质量 生态环境保护整治及建设能力	风景名胜区生态安全评价研究

资料来源:根据相关研究整理。

二、生态系统风险评价流程

评价生态安全的重要基础是生态风险评价,一切影响生态安全的现实问题可能带来的生态风险问题都值得关注,对于从"早发现早预防早诊治"角度来看生态安全问题,生态系统风险评价是最值得关注的基础问题。

生态风险评价又称生态系统健康与环境风险评价理论,是生态安全研究的重要分支。生态风险是指特定生态系统中所发生的非期望事件的概率和后果,其具有不确定性、危害性与客观性。《生态风险评价大纲》(USEPA,1992)出台后,诸多发达国家,如加拿大、英国、澳大利亚、荷兰等国在90年代中期即开展生态风险评价的研究工作[1]。生态风险评价始于20世纪80年代,生态风险评价包含危害评价、暴露评价、受体分析和风险表征四个部分。

安全与风险互为反函数。风险是评价对象偏离期望值的受胁迫程度,或事件发生的不确定性,其计算值为概率与可能损失结果的乘积。安全是指评价对象在期望值状态的保障程度,或防止不确定事件发生的可靠性(肖笃宁等,2002)[2]。

《生态风险评价大纲》基本确定了生态风险评价的理论框架,此后美国环保局(USE-PA)《生态风险评价指南》(Guidelines for ERA)(USEPA,1998)进一步明确了生态风险评价工作框架。该指南提出生态风险评价的"三步走"模式,即问题形成、风险分析和风险表征,其具体框架见图3.7[3]。

---

① Power M, Mrcarty L S. 2002, "Trends in the Development of Ecological Risk Assessment and Management Frameworks", *Human and Ecological Risk Assessment*, Vol. 8, No. 1, pp. 7 - 18.

② 肖笃宁、陈文波、郭福良:《论生态安全的基本概念和研究内容》,《应用生态学报》2002年第13卷第3期,第354—358页。

③ US EPA. 1998, "Guidelines for Ecological Risk Assessment", FRL - 6011 - 2.

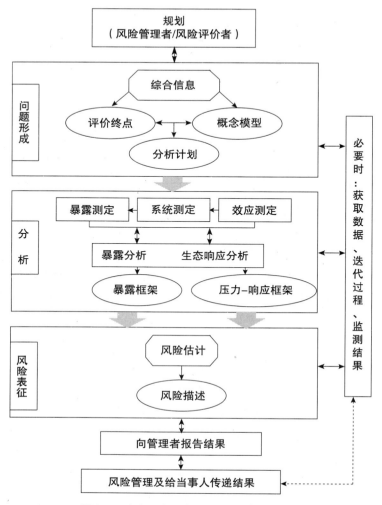

图 3.7　生态风险评价流程（US EPA,1998）

在生态风险评价中,问题形成是生态风险评价首要阶段,即通过建立风险评价目标,确定问题,制定分析数据和表征风险的计划,问题形成是整个评价的依托。分析阶段是数据技术研究阶段,通过归纳生态暴露以及压力与生态效应的关系,分析暴露表征和生态效应表征的基本内容。风险表征是生态风险评价的最后阶段,其目标是使用分析阶段的结果,估计在问题形成阶段中分析计划里所确认的评价终点面临风险,并解释风险评估,最后报告结果,风险表征主要给出明确的信息,供风险管理人员做出环境决策。①

在本书中,我们很重视目前木材资源利用中的生态系统健康与环境风险评价,我们将参考生态风险评价理论,特别是木材利用对生态系统健康造成的胁迫状态,以期能够较全面地反映中国木材资源安全的生态问题。

①　殷浩文:《生态风险评价》,华东理工大学出版社 2001 年版。

三、生态安全国家利益理论

生态安全研究中很重要的一个视角是生态安全的国家利益理论。传统的国际政治理论赋予安全的威胁主要来自军事性质,冷战格局曾一度使得生态环境的安全威胁无暇顾及。在人类进入相对稳定的和平发展时期,超越军事安全的非传统安全问题(诸如能源安全、资源安全、生态安全等)日益成为国家利益的主要争夺领域,目前全球生态危机使得生态环境与政治密切联系,生态安全的政治化倾向日趋明显,国家安全内涵随之发生重要变化,日益恶化的环境改变了各国政府对生态环境战略价值的认识。生态安全超越一国及一利益集团,少数国家的环境损害可能转嫁给其他区域及全社会,生态安全的"外部性"或"公共性"(余谋昌,2004)①等问题愈发促使不同国家关注自身环境利益,生态安全成为了国家利益的重要分支。

由于资源和能源大量依赖国际市场,国外重要和敏感的资源流向可能会引发国际冲突,从而影响国家安全。冷战后,美国国家安全政策目标逐渐演变为包括环境安全、经济安全和军事安全在内的多重目标,包括资源安全、能源安全、环境安全、生物安全等诸多方面。赤道国家大规模砍伐热带雨林,会对全球气候和生态环境造成不利影响,同时损害了单一国家国家利益和公众健康。当然也存在以保护环境安全为名,干涉他国内政的生态安全政治化问题。

生态安全国家利益理论较多关注以下几个现实问题。

首先,发展中国家经济增长导致的区域性工业污染和全球性生态破坏问题。发达国家生态政党和环境非政府组织倾向于把环境安全问题国际化或"全球性",其思想是,发展中国家的人口膨胀和借助于资源耗费与生态环境代价的经济高速增长正在构成对发展中国家自身和对包括发达国家在内的国际社会的环境威胁。发达国家"环境"安全更多受到来自发展中国家的经济发展及发展威胁。《重新界定国家安全》(Lester R. Brown,1977)首先从一般意义描述了环境与国家安全的关系,"谁来养活中国"(Lester R. Brown,1994)则更加明确的对发展中国家"生态威胁论"提出批评。以中国为代表的发展中国家阵营从此后成为了发达国家利益受损的源头,发展中国家生态环境问题持续被西方发达国家及非政府组织批评指责。

其次,极权主义和制度失败等低发展中国家社会动荡带来生态环境毁坏问题。生态安全国家利益理论的另一个观点认为:政治稳定的快速发展中国家对"环境"安全的影响属于"发展威胁",而极权主义和制度失败的低发展中国家对"环境"安全的影响属于"不发展威胁"。对于此类低发展中国家,由于其政治变动频繁,在相对较差自然环境条件下,某些国家执政者可能在任职内凭借权利掠夺式分配资源,这种功利性的"杀鸡取卵

---

① 余谋昌:《论生态安全的概念及其主要特点》,《清华大学学报(哲学社会科学版)》2004 年第 2 期,第29—35 页。

式"的资源开发模式导致的是"低劣生态环境——失败经济政治制度——社会动荡与战乱——生态环境进一步恶化"的恶性循环①。极权主义和制度失败等低层次发展中国家的环境问题虽然是地区性生态安全,对发达国家的环境威胁是间接性,但其结果可能被归咎于类似中国等发展较快国家工业进步的成就,如果类似国家地处关键资源或生态敏感区域,其环境威胁可能是区域性甚至全球性的,生态安全国家利益理论在一定程度上的责任分配就可能显得不公平。

最后,发达国家产业与技术转移产生的"环境威胁输出"问题。目前的世界发达国家并没有负责任的提供给一个全球性的社会与环境相协调的可持续发展模式,发达国家目前物质富裕和良好生态环境的结合实际是不公正历史进程和不平等现实经济政治秩序的结果。欧美发达国家国家自20世纪80年代以来生态环境的改善在一定程度上是基于其污染性产业与技术向世界发展中国家与地区的转移,西方发达国家在某种程度上是依靠向发展中国家和低水平发展国家的"环境威胁输出"实现其"生态"安全的,发达国家"生态殖民主义"②带给其国家利益分配的优越性及对发展中国家的指责是目前国家利益理论需要关注的重要课题(郇庆治等,2004)③。

在生态环境问题的主张上,发达国家主张效率,而发展中国家强调公平。发达国家在已经完成的工业化收益中应对资源过度消耗导致今天全球生态问题承担主要责任,希望发展中国家承担森林衰退和减少温室气体排放义务,但发展中国家担心减排对经济增长的负影响,并对发达国家在资金援助和技术转移上的承诺持怀疑态度④。在经济利益分配中,发达国家以可持续发展为环保技术开拓市场,并在科技发展和产业更新中保持领先,发展中国家面临债务、贫困、不平等贸易等多方面压力,解决环境问题任务十分艰巨(王小民,2006)⑤。发展中国家解决基本生活需要,消除贫困要比环境保护更加具有紧迫性,生态安全国家利益说无疑尚存在诸多不公平现象。

第三节　本章小结

本章研究了资源经济学理论与生态安全理论,简要小结如下。

---

①　Douglas Anglin. 1990, "The Greening of International Relations", International Journal, XLV Winter 1989.

②　陶锡良:《略论当代国际关系中的环境殖民主义》,《国际关系学院学报》1996年第3期,第7—10页。

③　郇庆治、李萍:《国际环境安全:现实困境与理论思考》,《现代国际关系》2004年第2期,第17—22页。

④　David Stuligross. 1999, "The Political Economy Environmental Regulation in India", Pacific Affairs, Vol. 72, No. 3, pp. 392-406.

⑤　王小民:《全球环境问题:南北分歧与实质》,《理论月刊》2006年第9期,第147—150页。

一、资源经济学理论评价

从古典自由市场理论到强调政府管制思想,从技术进步与资源内生理论到可持续发展理,关于资源约束经济增长的规律,可以通过政府管制的低效率来得到段时间的解决,也可以通过市场机制的模式来实现,从可耗竭性资源理论的悲观论到乐观论,技术进步是重要的解决措施。

从经济学角度分析,技术进步在经济增长和资源约束的协调中起到不可替代作用。将经济与资源协调发展理解为具有资本产出、生产、消费等不变的稳定增长关系,由于客观存在的资源的有限性,经济与资源的协调能通过提高可耗竭性资源生产率的技术创新来达到(J. Tinbergen,1989)[①]。如果资本或者可再生资源能代替可耗竭性资源,则技术进步就不是经济环境协调的必要条件。但要求替代关系的条件应满足两个前提,即资本与有限的可耗竭性资源的替代必须是完全的;可再生环境资源在自然产生能力与人类使用间取得物理性平衡(人口不再增长)。但在现实生活中,人口不是常数且不断增长,上述条件并不能满足。为维持经济增长的稳定(人均收入、消费和工业产出等不变),生态技术进步是不可或缺的,没有生态技术进步就不可能有经济的可持续发展。

二、生态安全理论评价

生态安全理论的研究体现人类活动的能动性,评价生态安全涉及四个重要条件,即生态风险评价、生态系统健康评价、生态系统服务功能评价及生态承载力,经济增长要结合生态安全评价建立生态安全保障体系。生态安全评价指标体系在基础研究上通过 D—P—S—R 扩展模型(Driving Force—Pressure—State—Response/D—P—S—R)设置了一般生态评价指标体系,此扩展模型对于研究木材资源的生态安全问题具有一定现实意义。

生态风险评价是生态安全研究的重要基础,目前已经有很多国家开展生态风险评价工作。生态风险评价包含危害评价、暴露评价、受体分析和风险表征四个部分。我们对于木材资源利用的生态安全评价将参考生态风险评价模型,结合中国现实木材资源利用对生态系统健康造成的胁迫状态,通过"问题形成、风险分析和风险表征"三步走模式来研究中国木材资源安全的生态问题。

生态安全研究中不能够忽视生态安全的国家利益理论,既要面对生态安全"外部性"的现实问题,认识到现阶段类似中国等发展中国家的经济增长面对国际社会的环境舆论压力威胁,又要认识到在国际资源配置中可能被裹挟入敏感资源地区"掠夺式开发"的资源依赖陷阱,更需要认识到发达国家产业技术转移携带的"环境威胁输出"问题,避免在新技术产业引进中陷入发达国家的"生态殖民"。

---

① Tinbergen J. 1989,"The Economy Doesn't Need More People",*Economics Statistics*,Vol. 74,No. 2,pp. 617 – 620.

第四章　木材资源安全研究的理论框架(下)

第三章分析了木材资源安全的资源经济学理论和生态安全理论,如果说资源经济和生态属性属于森林最本质基础,那么在森林生态价值已经被考量并且纳入资源流通和利用环节的今天,市场机制对于资源的优化配置是否可能在政治层面受到限制,资源在产业发展及国际贸易中存在的竞争与保护问题,也将关系到木材资源是否能够真正实现可持续利用,本章将通过产业安全理论和贸易安全理论评价木材资源利用的市场反应机制,以期将木材资源安全研究的理论基础考虑得更为全面。

第一节　产业安全理论

资源的最终利用要落脚到产业层面,资源安全必定与产业安全问题密切关联,特别对于资源高消耗的加工产业,资源短缺必定会成为产业安全的潜在威胁,而产业发展本身是否安全,也反过来会影响到资源的使用效率及安全状况,产业安全对于资源安全的评价具有现实意义。改革开放三十多年的重要成果之一,就是形成了中国加工产业大国的国际地位,产业经济的发展与国民经济利益的内在关联不断加深,中国加工业产业安全问题的研究成为学术及政策层面的重要课题。

国内外近年来关于产业安全的研究不断深入,作为考量产业安全的理论体系,不乏可参考的较为典型的合理理论体系(李孟刚,2006)①,产业安全理论概括了几种常用的思想,形成了较为全面的理论框架(见图4.1)。本书中部分参考了一般产业安全理论体系的主要分类,但由于中国产业安全的问题出现相对较晚,本书的理论分析将其划分为历史沿袭及其在中国的应用两个方面,这样的逻辑安排符合中国产业进步的现实状况,即整体产业的发展由幼稚保护阶段不断发展而进入国际化竞争阶段,这符合历史唯物史学观的要求,也方便区别考察产业发展的不同阶段。

---

① 李孟刚:《产业安全理论研究》,经济科学出版社2006年版。

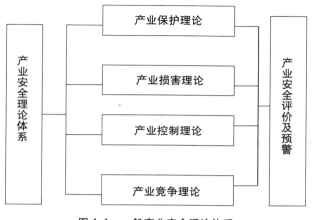

图 4.1 一般产业安全理论体系

一、传统产业安全理论沿袭

(一)重商学派的产业安全观

产业安全问题是农业社会不断发展进入工业化进程中出现的历史现象。15 世纪到 17 世纪西欧封建制度向资本主义过渡时期①,产业安全(Industry Security)问题就露出端倪,基于商业资本家利益的重商主义就从保护的角度限制进口获取货币积累,"重商主义是一种由国家政权施行的实际措施体系,但同时也是一种理论"②。早期重商学说重要经济学家代表威廉·斯塔福德(William Starford,1554 - 1612)是最早提倡保护关税的手段限制贸易、保护产业的代表人物。晚期重商主义托马斯·孟(Thomas Mun,1571 - 1641)沿袭保护观点,"政府对国内工业的保护是正当的和必要的"③。托马斯·孟的思想超越一般重商学说范围,通过保护国内产业而增加财富积累,从贸易角度讨论国内产业保护,其思想一般被认为是维护产业安全思想的萌芽。

(二)李斯特的产业安全观

18 世纪中期,在产业安全的初期,达芬南(D. Avenant,1697)就指出"国家政策支持的重点就应是国内工业",詹姆斯·斯图亚特(James Steuart,1712 - 1778)更是极力呼吁政府要有所作为:"使用外来商品民族的国家政权,应当努力教导本国人民自给自足"(Steuart,1767)④。工业化进程中工业资本家的代言人亚当·斯密(Adam Smith,1723 - 1790)用自由市场经济思想很快代替了重商学说,但对于当时大多数经济落后国家,贸易

---

① Edward McNall Burns, Robert E. Lerner, Standish Meacham. 1984, "Western Civilizations, Their History and Their Culture", 10 Edition, Norton(New York).

② [苏]卢森贝:《政治经济学史》,生活·读书·新知三联书店 1959 年版。

③ [英]马斯·孟著:《英国得自对外贸易的财富》,商务印书馆 1978 年版。

④ [法]詹姆斯·斯图亚特:《政治经济学原理研究》,生活·读书·新知三联书店 1959 年版。

保护产业的理论还在继续发展完善。

18世纪末19世纪初是德国社会经济和政治发生剧烈变动的时期,德国资本主义工商业从一开始就面临着英法等发达资本主义国家优势工业的强烈竞争,为了使德国工业尽快成长并能够同其他发达国家相抗衡,德国产业资产阶级强烈要求政府在国际贸易中实行关税保护制度。弗里德里希·李斯特(Friedrich List,1789－1846)在自己的重要经济学著作《政治经济学的国民体系》中,强烈要求政府从民族立场出发来理解政治经济学。实际上李斯特并非严格意义的保护思想,他宣扬资产阶级民主自由,实行自由贸易,期望国内统一市场的早日形成,统一世界联盟和市场尚早时,他从国民利益角度选择了维护德国的产业保护论。"一国不幸在工业上、商业上还远远落后于别国,即使具有发展工商业的精神与物质手段,也应首先加强自己的力量,然后才能使它具备条件与比较先进国家进行自由竞争"①。李斯特特别强调实行关税保护不应妨碍国内工业的发展,他把德国资本主义工业化和德国工业产品占领国内市场,作为实行关税保护制度的目标,而关税制度是在国际范围内实现自由贸易的一种手段,而不是目的。

(三)美国建国初期的产业安全观

19世纪美国在工业化进程中,同样也在产业保护领域做过尝试。美国独立初期国内在发展新兴工业问题上存在不同意见。约翰·亚当斯(John Adams,1735－1826)、詹姆斯·麦迪逊(James Madison,1751－1836)、本杰明·富兰克林(Benjamin Franklin,1706－1790)与托马斯·杰斐逊(Thomas Jefferson,1743－1826)等认为美国发展工业没有必要,主张按照比较优势致力于发展农业,用农产品同国外工业品相交换②。但乔治·华盛顿(George Washington,1732－1799)、亚历山大·汉密尔顿(Alexander Hamilton,1757－1804)等则主张美国除发展农业以外,有必要大力发展新兴工业,应该对工业施加保护并促使其发展。两种主张中后者占有显著的优势地位。汉密尔顿代表工业资本家的利益,提出《关于制造业的报告》,阐述保护制造业的必要性,反映美国工厂主为防止外来竞争,加速资本主义发展,敦促国家在市场和劳动力方面提供保障的要求。"不仅是国家富裕,而且国家的独立与安全,在物质上都与制造业的繁荣密切相关"③。美国新兴工业的顺利成长及竞争优势,与汉密尔顿贸易政策密切相关。

19世纪中期的亨利·查尔斯·凯里(Carey Henry Charles,1793－1879)是美国这一时期的代表人物。独立战争以后,南北矛盾开始尖锐,在关税问题上南北存在不同意见,北部资本家要求联邦政府采取保护本国工业生产发展的政策,联邦政府于1824年、1828年和1832年多次颁布保护关税条例,限制英国廉价工业品输入美国,以保护本国工业生

---

① [德]弗里德里希·李斯特:《政治经济学的国民体系》,商务印书馆1961年版。

② 夏炎德:《欧关经济史》,上海三联书店1991年版。

③ Frederic S. Pearson,Simon Payaslian. 1999,"International Political Economy:Conflict and Cooperation in the Global System",The Mcgraw-Hill Companies, Inc.

产的发展。保护关税损害了南部奴隶主的利益,他们要求的是自由贸易准则,这样的话南部奴隶主能从国外购买廉价的工业品以满足自己的消费需要。凯里认为城乡和工农业之间和谐的破坏来自英国,他主张实行国家关税保护主义,防止英国工业品竞争,积极发展本国的工业。

（四）发展经济学的产业安全观

20 世纪第二次世界大战后形成的发展经济学是研究一国经济如何从不发达形态演进到发达形态的重要学科分支,发展经济学的主题是期望发展本国经济,维护国家经济安全,避免发展中国家陷入依附发达国家状态。此阶段产业安全理论也有了进一步发展。威廉·阿瑟·刘易斯(William Arthur Lewis,1915－1991)属于较早关注发展经济问题并提出"二元经济"的发展不均衡问题的经济学家,其代表作《经济增长理论》(Lewis,1955)提到"如果让外国人垄断蕴藏着矿产的土地或者最好的土地,那么当地人民就无法取代它们"①,他注意到发达国家对落后国家的资源控制极可能产生的产业控制。拉美发展经济学家劳尔·普雷维什(Raul Prebisch)"中心—外围"理论是其经济思想的核心,技术进步缓慢成了国际经济关系的"中心—外围"的重要根源,普雷维什理论认为当时体系的构成和运行主要是以满足工业中心国的需要和利益为原则,外围国家在此体系中处于从属地位。"中心—外围"体系在结构运行向心性,造成发展中国家初级产品贸易条件的不断恶化。普雷维什在其著作《拉丁美洲的经济发展及其主要问题》(Prebisch,1950)、《欠发达国家的贸易政策》(Prebisch,1959)提出了拉丁美洲国家摆脱外围地位的出路在于发展工业化。普雷维什关注到多数发展中国家市场很小,难以获得规模经济效益,他提出必须实行发展中国家的经济一体化。通过区域性经济合作,减轻外围国家对中心国家的经济依附,其区域经济合作思想在一定程度上是发展中国家自由贸易区域协定的先导研究。此后,保罗·巴兰(Paul Alexander Baran,1910－1964)"经济剩余"理论也指出:"不发达国家的发展违反发达国家的统治利益,通过为工业化国家提供许多重要原料,落后世界应该作为发达国家必需的物质供应地,美国的统治阶级极为反对所谓'原料国的工业化'的存在"②。其他发展中国家代表人物如埃及发展经济学家萨米尔·阿明(Samir Amin,1931－)提出发达国家向欠发达国家的资本输出正是外围国家贫困与欠发达的根本原因,要改变不平等交换造成的"资本积累不平衡"③,改变欠发达的外围资本积累受制于中心的依附结构,发展中国家要加快工业化进程,减少对国际市场依赖。战后发展经济学家的理论在"中心—外围"体系的基础上主张独立国民产业的发展,这些以民族经济发展为基础的思想,为产业安全提供了深厚的理论基石。

---

① ［英］阿瑟·刘易斯:《经济增长理论》,商务印书馆 1983 年版。
② ［美］保罗·巴兰:《增长的政治经济学》,每月评论出版社 1957 年版。
③ ［埃］萨米尔·阿明:《不平等发展——论外国资本主义的社会形态》,商务印书馆 1990 年版。

思考人类工业化以来的产业保护理论演变(见表4.1),我们认为并不能把产业保护和产业安全等同起来。首先,产业保护和产业安全是统一范畴下的过程与归属,对二者关系简要描述,应是在特殊时期的国民利益条件下,产业保护是手段,产业安全是目的,产业保护不应成为静态的贸易保护论的独有特点,产业保护是在自由贸易交易中面临威胁的被迫之举,保护应该是以积极态度为出发点和积极效果为目的的。

表4.1　产业保护与产业安全理论的历史沿袭

时代		代表人物	主要思想
资本主义萌芽时期	早期重商主义	威廉·斯塔福德	限制贸易保护产业
	晚期重商主义	托马斯·孟	保护国内产业积累财富积累
自由资本主义时期	18世纪中期	达芬南 詹姆斯·斯图亚特	国家政策支持的重点是国内工业 政府要关心民众自给自足
	18世纪末19世纪初	弗里德里希·李斯特	国民利益产业保护论
	19世纪初中期	亚历山大·汉密尔顿	国家安全依赖于独立的工业发展
		亨利·查尔斯·凯里	关税保护积极发展本国工业
发展经济学阶段	19世纪初中期	阿瑟·刘易斯	二元经济发展不均问题
		劳尔·普雷维什	技术进步缓慢造成"中心—外围"格局
		保罗·巴兰	发达国家希望发展中国家维持其原料供应国地位
		萨米尔·阿明	发展中国家要加快工业化进程,改变受制于中心国依附结构

资料来源:根据参考文献整理。

其次,从产业保护的长远总体目标来说,产业保护和产业安全都必须以是否最终促进贸易自由化作为检验的标准。从这个意义上来说,产业保护是积极的,这也符合李斯特长远竞争的自由思想。

最后,从世界发展史来看,产业安全并非产业保护的必然结果,发展与保护同样重要。产业安全问题原因很多,微观层面可能源于企业技术创新不足及产业要素的约束等;中观层面涉及产业结构不合理,也可能由于产业组织不健全;宏观层面则可能是国家政策扶持力度存在制度障碍,或者可能出现的外部资本垄断威胁因素等。一定程度上说,产业安全的关键是产业发展而非产业保护,产业发展的关键在于科技进步及制度创新。

二、现代产业安全理论应用

现代产业安全理论已经超越其产业安全时期的幼稚产业保护论,而是将产业安全问题放在了国际经济一体化的大背景中来研究。随着经济全球化的不断深入,发达国家和发展中国家均存在不同意义的产业安全问题，发达国家在加工产业转移向发展中国家及区域后，其具有优势的科技产业带来的高利润及低就业问题日益突出，在国际金融危机中出现的"占领华尔街"事件就说明美欧等高端产业的发展未必能够满足国民经济的整体安全，其产业安全问题与国内政治矛盾经常纠葛在一起，是深层次的经济安全的范畴。而对于类似中国等发展中国家来说，中低端层次的产业安全问题仍然值得重视，一方面加工大国的工业品需要国际市场的消费，另一方面发达大国对于其出口产品的利润控制及进口限制不断加剧，产业安全问题就上升为发展中国家承接发达国家工业转移后，如何保障整体产业体系的稳健发展问题，而不安全的产业体系则影响整体国民经济是否健康可持续发展。

现代产业安全理论基本建立在国际贸易及产业经济学等学科基础上，其基本思路是以制造业为重点，主要围绕三条途径开展应用研究：一是考察产业国际竞争力；二是考察国际资本技术转移对产业安全的影响；三是产业安全与国家安全的研究。

（一）产业国际竞争力与产业安全

产业国际竞争力研究以波特（Michael Porter）[①]的"五力分析模型"（Five Forces Model）为基础，其主要观点认为，如果一国产业面临国外更高生产率的竞争对手，那么其产业发展与安全将受到威胁。跨国公司直接投资对产业安全研究以阿明（Samir Amin，1931－　）及"联合国跨国公司中心"（United Nations Centre on Transnational Corporations / UNCTC）学者为代表人物，其观点是，发达国家在将落后的发展中国家变为自己附庸的时候，跨国公司也正忙于将这些国家中的经济或产业变成自己的产业附庸。

国际竞争力是一国特定产业在国际市场的生产率，国际竞争力能较好评价一国产业安全（Porter，1979）。国际竞争力评价分为宏观（如国际竞争力）、中观（国家地区竞争力和产业竞争力）以及微观（如企业竞争力）三个层次。由于国家竞争力最终取决于产业竞争力，而产业竞争优势取决于下面四个要素：第一，生产条件，包括人力资源、自然资源、知识资源、资本资源、基础设施等；第二，需求条件，如果某产品国内需求大于海外市场，则在国内具有国际竞争优势，如果本国消费者更偏好于国外产品，本国产业应及时调整结构，否则将丧失竞争优势；第三，相关支撑产业，主导产业（上游产业）和支撑产业（下游产业）存在着协同关系；第四，企业战略、结构与竞争。波特认为市场营销和生产效率是检验产业国际竞争的关键标准。

产业国际竞争力对于中国此类加工大国尤为重要，中国改革开放三十多年一直处于加工业大国地位，中国工业产品对国际市场的依赖日趋严重，产品竞争力已经由初期的低劳动成本比较优势逐步转化为具备竞争力的中端竞争产品，但此种工业进步也带来了国际市场的抵制行为，发达大国认为中国工业产品的大量市场占有严重威胁其国内产业

---

① Porter, M. 1979, "How competitive forces shape strategy", *Harvard Business Review*, Vol. 57, No. 2, pp. 137 － 145.

工人的就业机会,以反倾销和反补贴为名的产业惩罚及限制严重威胁了中国产业国际竞争力。

(二)国际资本技术转移与产业安全

现代产业安全问题与发达国家产业转移与技术转移问题密切联系,特别是发达国家对发展中国家的技术和产业转移,直接影响着发展中国家的产业安全。

小岛清(Kiyoshi Kojima)较早关注了发达国家向发展中国家输出产业和技术问题,提出了"逆贸易导向型对外投资"——发达国家向国外输出的技术和产业是在国内处于劣势的产业技术。美国在1965年就提议建立"太平洋自由贸易区"倡议以实现其技术输出思路,美国输出的技术在本国处于劣势。早在20世纪30年代另一位日本经济学家赤松要(Kaname Akamastu)就提出了"雁行发展模式",60年代赤松要补充了小岛清观点,提出发达国家劳动密集型产业和技术落后工业的单位劳动成本上升,促使其竞争力丧失,为实现国内产业结构升级,输出这些技术和产业就成为了必然。

20世纪80年代以来,以不完全竞争和规模经济为前提的战略性贸易政策理论(Trade Policy)突破了自由贸易学说,强调政府适度干预贸易对于本国企业和产业发展的作用,其思路主要有两大体系:利润转移理论和外部经济理论。

利润转移理论[①]从国际竞争战略的角度分析政府干预的作用,强调通过国内市场保护使本国厂商获得规模优势,进而扩大在国内外市场份额。该理论认为:对于规模经济强的产业,对本国市场的保护可使本国厂商在国内市场的地位相对稳定并获得规模优势,由此降低生产边际成本,同时使外国厂商因确保市场销售量而导致边际成本上升,从产量到边际成本的不断循环调整过程,是进口保护成为促进出口的重要机制(Krugman,1984)。

外部经济理论[②]包括收益性外部经济和技术性外部经济。前者是厂商从同一产业或相关产业厂商的集聚中获得市场规模效应(包括获得便利而低价的原材料、中间产品、技术工人、专业化服务等);后者是指通过同一产业或相关产业中其他厂商的技术外溢获得技术和知识。两者都能使厂商提高生产率和降低成本。外部经济理论认为政府应该给予一些类似于新兴高科技产业等投资风险大、且可能投资厂商不能独享投资收益的产业扶持优惠;对于具有战略地位又处于发展初期并且规模较小的产业,政府也可以通过保护和扶持的贸易政策,提高其市场规模效应和厂商收益性外部经济,从而促进这些产业较快地增强国际竞争力。

发达国家产业与技术转移问题一定意义上促进了承接国的产业与技术进步,虽然其

---

① Husson W. 2007, "Economic Security for All: How to End Poverty in the United States", [DB/OL] http://www. inlet1 org/esp/chapiii1htm - 45k.

② Akamatsu K. 1962, "A Hiastorical Pattern of Economic Growth in Developing Countries", *The Developing Econmies*, Vol. 1, No. 1, pp. 3 - 25.

转移的产业及技术在本国处于劣势,但不可否认在区域经济的发展中还是"促进"了承接国的工业化进程。但不能忽视的是,发展中国家的自身制度创新及技术更新会使得其在一个较高水平上开展新一轮工业竞争,在全球经济加工产业已经形成固有格局时,发展中国家最终可能仍是产业及技术转移的受益方,此种格局的形成及利润分配加大了发达国家战略恐慌,反过来对发展中国家进行限制就成为威胁产业安全的重要因素。

(三)产业安全与国家安全

并非仅仅发展中国家在承接技术及产业转移方面面临产业安全的压力,美国从20世纪70年代也关注外国在美国的投资带来的产业安全问题。John N. Ellison, Jeffery W. Frumkin & Timothy W. Stanley[①] 对美国市场并购进行研究,建议政府加强对国外企业并购美国企业的监管。其研究结论指出,如果一个企业因并购受外国资本控制,该企业又具有相当的市场支配力,这将对美国的产业安全构成威胁;产业安全的维护方面,John N. Ellison 等通过对美国原材料产业、战略资源产业等制造业分析,发现美国现有工作不能完全适应技术进步的要求,产业发展陷入恶性循环。但是他们并不赞成采用提高关税和限制进口数量的直接保护措施来保护产业,解决产业安全问题,John N. Ellison 主张提高产业国际竞争力。

1996 年俄罗斯"国家经济安全战略"和"国家安全基本构想"力求通过保障国家经济安全来保证俄罗斯经济在世界上的独立性。俄经济学家 B.K. 先恰戈夫在《经济安全——生产、财政、银行》分析论证了实体经济安全对整体经济安全至关重要。在俄罗斯,国民经济出现两极模式,即以出口为导向的部门,主要是能源和原材料部门;以内需为导向的部门,多数是竞争能力低下的产业部门。两部门为获取资金、经营管理条件竞争加剧。分析得出的结论是俄罗斯产业状况很差,呈现出不安全的产业格局,直接导致国家安全受到威胁,研究表明国家强有力的产业保护政策对于国家安全至关重要[②]。

与美国及俄罗斯等国主要通过经济政策引导产业发展不同,日本经济计划在产业发展过程中作用较大。针对经济安全属性强的重点产业,如钢铁、能源、汽车、造船和航空工业等,日本均出台过切实有效的计划指导其发展,使日本战后迅速承接国际产业转移,保证了重点产业与国民经济安全。

越来越多的国家把产业安全与国家安全密切联系在一起,产业安全的发展影响着一国政治战略和国民利益,关注产业安全的发展成为本研究在资源利用和保护的一个侧重点,从产业安全角度考察资源安全的研究至关重要。

---

① Ellison John N. , Frumkin, Jeffrey W. , Stanley Timothy W. 1998 , "Mobilizing U. S. Industry: A Vanishing Option for National Security? Boulder: Westview Press.

② [俄]B. K. 先恰戈夫:《经济安全——生产、财政、银行》,中国税务出版社 2003 年版。

三、产业安全理论在中国实践

（一）中国产业结构演变进程

现代产业安全的含义,一种是某产业生产过程安全性和事故防范,这种理解把产业安全等同于生产安全,属于工业技术层面,在本书中不作为重点。另一种产业安全的解释是在国际贸易理论框架下探讨的,即在开放经济体系中,一国家或地区特定产业如何在国际竞争中保持独立的产业地位和竞争优势。产业安全的研究更多应用了国际贸易和产业经济学的一般理论。

国际经验证明,贸易保护和亏损补贴等封闭式保护难以扭转产业衰退局面,工业化完成后,欧美等发达国家钢铁和汽车工业逐渐向外转移,渐呈衰退趋势,严重威胁经济安全,各国均出台相应政策以保护本国产业。经验证明,鼓励对外贸易和跨国并购等开放式保护避免了过度衰退。

对于产业安全的研究,首先必须把握中国产业整体发展水平与阶段。产业结构的优化升级是经济持续增长的重要保证,而经济的不断发展反过来又要求对产业结构进行相应的调整。改革开放以来,中国产业结构发生巨大变化。从中国产业结构调整的演变历程分析中国产业结构的发展现状,是考量产业安全的重要基础。三次产业增加值在国内生产总值中所占比重和就业人数在三次产业中的分布是衡量产业结构调整的重要标准。根据配第—克拉克定理(Petty – Clark's Law)和库兹涅茨人均收入影响理论(Theory on Per Capita Income Determinism),经济发展使 GDP 和人均 GDP 不断提高,生产的部门结构和劳动力在各个部门的分布也是不断变化的,其一般规律为,第一产业在总产值和劳动力所占的比重先上升后下降,而第二产业的比重较为稳定,相反,第三产业的这两个比重则都处于不断上升的趋势。

从中国三次产业占 GDP 比重(见表 4.2)分析,1980 年,中国第一产业生产总值占 GDP 比重为 30.2%,随着经济发展,该比重呈不断下降趋势,到 2005 年,该比重降到 12.1%,2010 年,该比重更是下降到 10%;同阶段相比,第二产业生产总值在 GDP 中所占的比值变化不太明显,一直维持在 45% 左右;相反以服务业为主的第三产业近些年来发展的比较迅速,从 1980 年的 21.6% 上升到 2005 年近 40.5%,2010 年上升达到近 47%。从就业人数在三大产业的分布比例分析可知,1980 年到 2005 年,第一产业中人口比重尽管目前仍然占主导因素,但比例已经由 1980 年的 68.7% 降为 2005 年的 44.8%,2010 年仅占就业人数 36.7%;第二产业就业人数比重有所上升,2005 年比 1980 年只波动上升了 7.6 个百分点,2010 年达到 28.7%;相比较而言,随着服务业的发展与壮大,第三产业的就业人数比重这些年一直处于一个较为稳定的上升阶段,1980 年仅为 13.1%,2005 年比重达到 31%,2010 年达到近 35%。中国三次产业的发展与库兹涅茨人均收入影响理论一般规律较为吻合,第一产业总产值和劳动力所占比重不断下降,第二产业比重较为稳定,第三产业两个比重都呈现快速上升的趋势。

表4.2　三次产业占国民经济比重

年份	三次产业占 GDP 比重			三次产业就业人口分布		
	第一产业	第二产业	第三产业	第一产业	第二产业	第三产业
1978	28.2	47.9	23.9	70.5	17.3	12.2
1980	30.2	48.2	21.6	68.7	18.2	13.1
1985	28.4	42.9	28.7	62.4	20.8	16.8
1990	27.1	41.3	31.5	60.1	21.4	18.5
1995	19.9	47.2	32.9	52.2	23.0	24.8
2000	15.1	45.9	39.0	50.0	22.5	27.5
2001	14.4	45.2	40.5	50.0	21.4	27.7
2002	13.7	44.8	41.5	50.0	21.4	28.6
2003	12.8	46.0	41.2	49.1	21.6	29.3
2004	13.4	46.2	40.4	46.9	22.5	30.6
2005	12.1	47.4	40.5	44.8	23.8	31.4
2006	11.1	47.9	40.9	42.6	25.2	32.2
2007	10.8	47.3	41.9	40.8	26.8	32.2
2008	10.7	47.4	41.8	39.6	27.2	33.2
2009	10.3	46.3	43.4	38.1	27.8	34.1
2010	10.1	46.8	43.1	36.7	28.7	34.6

资料来源:国家统计局历年《中国统计年鉴》。

综上所述,随着中国经济体制改革和经济不断增长,产业演变基本符合产业结构调整规律,即第一产业逐渐从改革初的主要地位逐渐退居末位,但由于中国人口基数过大,尽管农业就业人口比重逐年下降,却仍然占据主导地位;第二产业占 GDP 的比重虽然有所波动,但相对而言比较稳定;相反,第三产业的发展势头良好,尤其是1990年以来,不仅就业人口比例超过了第二产业,而且占 GDP 的比重也逐渐逼近第二产业。根据钱纳里(H. Chenery,1989)[①]工业化阶段理论,中国目前的产业结构可基本判断应该处于工业化中期阶段,中国工业化的发展阶段所面临的产业安全问题值得严重关注。

(二)中国产业安全研究进展

国内对产业安全从经济学领域来说基本归纳于四种观点(何维达等,2006)。第一,产业控制力学说,其核心都是强调本国资本对本国产业的控制力,此类观点认为商直接投资对一国国家产业安全的控制构成了对国家经济的威胁[②]。因此演化出技术及产权自主学说,该理论认为一国对某一产业的调整和发展,在拥有技术及知识自主权或控制权时,则该产业是安全的。在产业控制力研究中,还有一种观点认为,产业安全是一国资本

---

① 钱纳里:《工业化和经济增长的比较研究》,上海三联书店1989年版。
② 张碧琼:《国际资本扩张与经济安全》,《中国经贸导刊》2003年第6期,第30—31页。

对影响国计民生的国内重要经济部门及生产要素掌握控制权[①]。第二,产业竞争力说,从产业竞争力的角度来理解产业安全,一国产业在开放竞争中如果能够保持竞争力,具备抵御影响产业发展的不利因素,保持产业部门的均衡协调发展就属于产业安全[②]。第三,产业发展说,产业安全从动、静态两个角度研究,一国拥有对国家安全的产业和战略性产业的控制力及此类产业在国际的发展力。控制力是对产业安全的静态描述,发展力是对产业安全的动态刻画[③]。第四,产业权益说,从国民利益的角度,国民是产业安全的权益主体,在国内有明确的排他性经济主权。外国国民要在东道国内取得产业权益,需要得到东道国国民作出权益转让的许可。其观点倡导保证国民的产业权益得到[④]。

中国关于产业安全衡量标准的研究,有两个研究成果值得借鉴。一是国务院发展研究中心设计的制造业安全模型体系,此安全体系包括四个模块,即生产设备模块、管理水平模块、制造业研发水平模块和市场模块,主要从企业微观竞争力研究制造业抵抗由国际市场变化带来的风险能力。二是"中国入世后行业安全与政府规制研究"课题组提出的行业安全指标体系,其主要由产业世界市场份额、产业国内市场份额、产业集中度、相对市场绩效指数、产业国内竞争度、产业进口对外依存度、产业出口对外依存度、产业资本对外依存度、产业技术对外依存度、外资市场控制率、外资品牌拥有率、外资股权控制率、外资技术控制率、外资经营决策权控制率、某个重要企业受外资控制情况、受控制企业外资国别集中度等 16 个指标组成,它从产业国际竞争力、对外依存和产业控制力三个方面分析一国产业的安全状况(李泳等,2006)。

关于中国产业安全研究进展,大体可以概括为三个方面。

一是外资控制威胁论,当前国内产业安全指标体系的研究侧重于测度外资危及到中国产业安全,但也存在一定问题,例如,用行业对外依存度测度行业安全存在模糊性,行业对外依存度高并不能直接说明行业的安全性低,相反行业的对外依存度低同样也不能直接说明产业的安全性高。

二是静态竞争力评价论,大多数研究从中国产业的规模、结构及技术竞争力等方面进行比较,但在全球化发展过程中,一国某一行业融入世界市场程度越高,行业安全稳定性也越高;二是行业的安全性不能仅从静态评价标准来衡量(竞争力、对外依存度和外资控制力),还应从动态进行企业实力和发展潜力的对比,以及产业长远发展的环境也成为了产业安全程度的重要评价标准。

三是产业安全的研究前提模糊化,当前研究行业安全的重点多为关注产业在外资影响下遭受风险程度,仅仅探讨了全球化趋势及国际产业转移问题,而对于产业发展的资

① 王允贵:《产业安全问题与政策建议》,《开放导报》1997 年第 1 期,第 27—32 页。

② 景玉琴:《产业安全概念探析》,《当代经济研究》2004 年第 3 期,第 29—31 页。

③ 李连成、张玉波:《FDI 对中国产业安全的影响和对策探讨》,《新东方》2001 年第 6 期,第 21—25 页。

④ 赵世洪:《国民产业安全概念初探》,《经济改革与发展》1998 年第 3 期,第 15—18 页。

源基础问题、市场供需问题、国际贸易争端问题等则研究较少。本书关于木材资源安全问题的研究,期望从资源缺口对产业要素的影响方面探讨产业安全评价,同时参考上述其他评价依据。

(三)中国产业安全评价指标体系

一国产业是否进入了非安全状态或危机状态,需要通过建立产业状态的动态评价监测体系来测定,但描述一国产业安全状态是十分困难的。正如《美国制造》[①]所言:"必须脚踏实地地从车间、实验室、董事会的会议以及教室中了解实际发生了什么事情","研究结束后得到一大堆具体的、多样化的有时甚至是矛盾的数据,这些数据中可能描绘了一个有普遍性的结论有赖于明智的判断,不存在一种算法,输入一大堆多元化的数据,通过观察结果、国际比较、统计分析和案例研究等等,就可输出表征国家经济总体效果的一个数值来","我们更愿像一个陪审团那样工作,评价这些数据,通过估量和讨论,最后得到一个裁决"(Guy Sorman,2006)。从这个意义上,产业安全问题研究,有待于组成较大规模的专家团队,深入到产业领域的各个方面,调查和研究产业领域内各项工作的具体情况,而不能采取少数专家闭门造车的工作方式(李旻暾,2004)[②]。

产业安全的评价指标体系的构建成为重要的研究课题。中国商务部产业损害调查局研究项目《加入世贸组织六年来中国产业安全状况评估》研究中,初步确立了较为完善的产业安全评价指标体系,即重点关注产业控制力、产业竞争力、产业成长性和产业发展环境 4 个要素,17 个子要素,31 个评估指标(见表 4.3)。

表 4.3　中国产业安全状况评估指标体系

评估要素	评估子要素	评价指标	指标算法
产业控制力	市场控制力	内资企业市场占有率	内资国内销售收入总额/整个产业国内销售收入总额
	技术控制力	内资企业专利占比	内资专利拥有量/该产业所有企业拥有的专利总量
	品牌控制力	国内技术依存度	(1—产业技术引进费用/产业科技总投入)
	股权控制力	自主品牌占有率	内资知名品牌数/全行业内外资企业全国知名品牌数
	对外依存度	内资企业权益比重	行业内资企业权益/行业企业权益总额
		FDI 依存度	本行业外商直接投资额度/本行业固定资产投资总额
		进口依存度	本行业进口总额/本行业销售总额
		出口依存度	本行业出口交货值/当年本行业销售产值总额

---

① 〔法〕居伊·索尔曼著:《美国制造》,中央编译出版社 2006 年版。
② 李旻暾:《产业安全预警系统应用研究》,福州大学博士论文,2004 年。

（续表）

评估要素	评估子要素	评价指标	指标算法
产业竞争力	绩效竞争力	产值利润率	（该行业企业利润总额/该行业工业总产值）×100%
		行业亏损面	报告期该行业亏损企业数/行业企业总数
		行业销售率	行业销售收入/行业工业总产值
	规模竞争力	国内市场占全球比重	行业国内市场销售收入/全球该行业市场销售收入
	结构竞争力	行业市场集中度	大中型企业销售收入总和/本行业全部企业销售收入总和
	技术竞争力	行业研发占比	国内该行业研发投入总额/该行业销售收入总额
		行业技术专利占比	国内该行业拥有的有效技术专利数量/全球该行业拥有的有效技术专利总数
	市场竞争力	贸易竞争力指数	（出口额—进口额）/（出口额＋进口额）
产业成长性	市场规模成长性	销售收入增长率	［（国内该行业企业销售收入总额/上年国内该行业企业销售收入总额）－1］×100%
	要素投入成长性	资产总额增长率	［（国内该行业企业资产总额/上年国内该行业企业资产总额）－1］×100%
		就业人数增长率	［（国内该行业企业从业人员总量/上年国内该行业企业从业人员总量）－1］×100%
		研发费用增长率	［（国内该行业企业研发费用总额/上年国内该行业企业研发费用总量）－1］×100%
产业发展环境	国际竞争与规制环境	国际市场竞争环境	（1－国外对华反倾销立案数占全球新立案数比重）
			（1－国外对华反补贴案件占全球新立案数的比重）
			国外贸易壁垒给国内本行业造成的损失
		国际组织规制环境	国际新规则不利于国内该行业的生存与发展
	国内规制与政策调节环境	产业政策环境	中国政府政策有利于国内本行业的生存与发展
		政府监管能力	与产业安全相关的制度建设的完备程度
			政府执行与产业安全相关的制度的能力
		产业内部自律性	政府监管效果和效率
		能源及资源约束	本行业相关行业组织的组织协调能力
			企业对于政府政策的响应程度

（续表）

评估要素	评估子要素	评价指标	指标算法
产业发展环境	资源与生态环境	生态环境约束	资源能源约束,约束程度如何
			矿产资源约束,约束程度如何
		主要下游产业环境	本行业生产经营的污染程度
			本行业企业的污染控制和处理能力
	关联产业环境	主要上游产业环境	主要下游产业增长率及利润率
			主要上游产业增长率及利润率
		主要支持性产业环境	主要支持性产业增长率及利润率
	不确定性环境	突发事件	突发事件给行业带来的现实及潜在损失

参考来源:中国商务部产业损害调查局《加入世贸组织六年来中国产业安全状况评估》,2008 年研究项目。

　　上面设置的 31 个评价指标中,大致划分为两大类,即定量指标(23 个)和定性指标(8 个)。对于定量指标,需要根据指标设立的数据获得,对于定性指标,则要求就指标评价征求专家主观认识进行绝对评分,主观评价具有较大的模糊性,通行的做法采用模糊数学方法来求得比较准确的定性指标特征值。

　　对于"产业控制力"要素,一般认为属于产业安全测度中最核心指标,反映了外商直接投资是否对中国的行业安全构成了实质性的威胁,该指标主要看内资经济所占份额及垄断程度,以及对中国国内市场的控制程度。其中"市场控制力"、"技术控制力"和"股权控制力"三个子要素均是产业安全最核心指标。对于对外依存度,主要参考本产业产品受到外商投资的影响,以及产业产品进出口所占本行业国内生产总值的比重。一般这一组要素指标权重定为 30%。

　　对于"产业竞争力"要素,涉及产业绩效竞争力、规模竞争力、结构竞争力、技术竞争力、市场竞争力等五个子要素。产业竞争力一般按照当年数据对照测算,可视为在当年产业的发展结构及规模能力,从静态来看当年的优势可能在未来不足以成为优势,此要素比重可适当降低,一般这一组要素指标权重定为 20%。

　　对于"产业成长性"要素,主要涉及规模成长性和要素投入成长性。一般来说,其可能不足以直接决定产业的安全状态,它对产业安全的影响是间接的,是可以潜移默化的。尽管它不直接表现为市场安全,但它可以影响安全的强弱。产业成长性相比产业控制力指标来说比重要低一些,专家建议将权重定为 20%。

　　对于"产业发展环境"要素,主要涉及国际竞争与规制环境、国内规制与政策调节环境、资源与生态环境、关联产业环境、不确定性环境等五个子要素。结合其具体评价指标来看,产业发展环境要素对于产业外部应对能力影响较大,特别在具体年份(例如金融危机环境)特殊政策(例如俄罗斯禁止原木出口政策等),其可能对于产业安全是致命威胁,一般将权重定为30%。

借鉴国内①及国际经验②,设置各指标的安全状态预警范围分为四个层次,按照产业指标安全状态,分为"安全、基本安全、不安全、危机",相应安全等级为 ABCD,并给四种状态不同范围[0,20]、[20,50]、[50,80]、[80,100],分数越大,危险越小(见表4.4)。

表4.4 产业安全指标预警范围

指标	安全状态			
	安全	基本安全	不安全	危机
产业控制力	70 以上	50—70	20—50	20 以下
产业竞争力	80—100	50—80	20—50	20—0
产业成长性	80—100	50—80	20—50	20—0
产业发展环境	70 以上	50—70	20—50	20 以下

注:阈值上下限确定受到行业内部因素和外部因素多方面的影响,通常以50%作为分界线,因为50%分界线是判断行业部门是外资企业主导还是内资企业主导的标准。

上述关于中国产业安全状况评估指标体系在本书中将作为参考,同时结合中国木材加工产业发展特征,通过建立更具针对性的指标体系来监测木材加工产业安全。

第二节 贸易安全理论

冷战后,"把贸易作为一国安全的首要因素的时机已经到来"(Well Marshell,1993)。贸易安全是美国克林顿政府开始重点应用的措施,即通过放弃自由放任政策,以促进出口作为美国对外政策首要安全措施。1993年美国《国家出口战略》把开拓海外市场提高到国家安全的战略地位,其中以贸易安全为外贸政策的主要目标来保障国家安全战略的实施,利用关税和非关税壁垒保护国内市场,通过区域贸易机制扩大既得利益。

2011年11月亚太经合组织(APEC)第19次领导人非正式会议在美国夏威夷举行,在"后金融危机时代","实现"自我救赎"和"拯救世界"是美国自诩的"两大重任",《泛太平洋战略经济伙伴关系协定》(Trans-Pacific Partnership/TPP)将是美国打造跨太平洋贸易战略合作的主要内容。2011年泛太平洋伙伴关系协定有十二个成员经济体,分别是新加坡、文莱、智利、新西兰、美国、澳大利亚、秘鲁、马来西亚、越南、日本、加拿大和墨西哥,随着成员经济体的不断增加,TPP将形成约八亿人口的市场,约占全球经济四成,规模比27个成员国的欧盟还要强大。TPP正成为美国在 WTO 之外推动自由贸易的新途径,TPP

---

① 李泳、王爱玲:《中国重点行业安全评价指标体系研究》,《财经研究》2006年第10期,第48—59页。

② [俄]B. K. 先恰戈夫:《经济安全——生产、财政、银行》,中国税务出版社2003年版。

"战略合作"将更有助于美国推行有利于自己的贸易标准。贸易安全在21世纪成为了全球关注的重要战略。

一国参与国际分工和贸易,在自由市场经济条件下,可能由于贸易结构的变动和商品价格对世界的影响,造成外在的贸易争端压力或者自身贸易出口的受限,从而对本国产品生产和出口带来相应的不安全。研究贸易安全主要从以下几个方面来描述:外贸依存度问题、外贸结构问题、贸易价格弹性问题、贸易救济机制问题等。

一、贸易依存度问题

(一)传统外贸依存度缺陷与修正

传统外贸依存度即一国对外贸易总额占国内生产总值(GDP)的比值,用于衡量该国经济对国际市场依赖程度的高低。外贸依存度作为经济指标用于判断一个国家的经济对国外市场的依赖程度,也可以判断对外贸易在本国经济中的地位和作用。

中国外贸依存度严重居高,直接影响贸易安全。刘国光(2001)在中国入世前期就提出"不可一味追求过高的外贸依存度,要适当降低中国的外贸依存度"。沈骥如(2004)也呼吁"中国外贸依存度超过60%,非降不可"。正确认识外贸依存度对于贸易安全研究具有重要意义。

持相反意见的观点认为中国外贸依存度并不像传统方法计算的虚高。隆国强(2000)认为,如果考虑不同国家GDP构成差异,就商品贸易占商品GDP比例来看,中国的外贸依存度低于世界上主要的大国经济,如美国、德国等。吴念鲁(2002)认为,对于中国加工贸易的来料加工,既算统计上进口方面,也算出口方面,有不少属于重复计算,中国外贸依存度并非很高。薛荣久(2003)对外贸依存度提出质疑,对外贸易中的出口贸易与进口贸易是不同商品或生产要素的交换,在贸易额上存在重叠性,如把重叠性的贸易额与整个国民生产总值或国内生产总值相比,势必夸大对外贸易所占的比重。

修正传统外贸依存度核算的内在缺陷,关键是在于对外贸依存度指标的分子、分母数值含义的统一。传统外贸依存度分母(GDP)是一国在一定时期内生产的全部最终产品按市场价值计算的总和,而分子(外贸总额)则是一国一定时期内的进出口总值。当一国来料加工占其外贸比例很高时,原材料和零部件在进口和出口时存在重复计算,真正对该国经济起作用的是出口产品上的增加值。因此用出口产品在本国产生的增加值与本国的国内生产总值之比,即"出口增加值依存度"[①]比传统的外贸依存度更合理。对于进口也可以采用进口增加值依存度,"数值等于进口产品中由外国生产的增加值除以本国的国内生产总值"(郭羽诞,2004)。

沈利生(2003,2005)在投入—产出表(见表4.5)基础上提出了一个从整个国民经济系统来考虑的开放经济外贸依存度核算标准。通过界定一个"经济活动总量"的指标,表

---

① 郭羽诞:《外贸依存度指标存在内在缺陷》,《解放日报》2004年11月6日。

达了外贸依存度的关系式。

$$外贸依存度 = \frac{外贸总额}{经济活动总量}$$

其中, 外贸经济总量 = 总产出 X + 进口 M。

此核算方法的优势在于衡量一国"有进有出"的贸易对于经济总体的影响时, 其经济总量包含了进出口总额本身, 避免了一国外贸依存度大于 100 的可能, 能够较为理想的反映一国外贸对整体经济的依赖程度。

表 4.5　开放经济的投入产出表

	部门	中间使用	最终使用				进口	总产出
		$1,2,\dots n$	消费	资本形成	出口	合计		
国产品中间投入	$1,2,\dots n$	X^D	C^D	IN^D	EX^D	Y^D		X
进口品中间投入	$1,2,\dots n$	X^M	C^M	IN^M	EX^M	Y^M	M	
增加值	GDP							
总投入	X							

按照"经济活动总量"为基础核算的中国外贸依存度 2002 年仅是 8.5%, 甚至低于美国、日本同等水平的 9.7%、9.8%, 中国外贸依存度并非一般意义的虚高。

其他关于外贸依存度核算中的汇率问题, 用购买力平价汇率(PPP)把外贸总额和本国 GDP 换算成同一种货币所计算外贸依存度, 用于国际比较尚具有一定意义, 但在衡量一国经济对外贸的依赖程度就显得苍白。因为无论是出口或进口, 都要以当时现行汇率结算。用 1 美元外汇进口的货物, 按现行汇率计算应值 6.27 元人民币, 不会因为购买力平价汇率是现行汇率的 3 倍而自动贬值; 同样要通过出口货物换取 1 美元外汇, 就必须拿出价值 6.27 元, 无论出口本国产品还是进口国外产品, 都是在现行汇率下对本国经济产生的实在影响, 通过外贸依存度判断外贸对本国经济的影响程度, 采用现行汇率比购买力平价汇率更具有参考性。

确定外贸依存度的适度水平, 目前尚无国际统一标准, 基于名义外贸依存度的简单国际比较的相对判定标准被作为最基本的比较参考, 按照传统外贸依存度的国际比较来看, 2007 年中国外贸依存度为 69% 的水平已经远远高于美国(22.4%)、日本(24.9%)等发达国家。外贸依存度的不同解释对于理解中国贸易安全具有重要参考价值。传统外贸依存度的比较明显的缺陷还在于这种名义外贸依存度由于各国 GDP 构成差异导致各国外贸依存度在横向比较中存在很多问题。

对于外贸依存度的判定, 重要基础是我国 GDP 统计和构成, 中国是世界较少采用产出法计算 GDP 的国家, 但中国服务业发展相对滞后(按照 2008 年标准美国第三产业占 GDP 比重 74%, 日本为 67%, 中国为 40%, 第三产业的相对落后使得外贸依存度被高估)

及其增加值统计不完全(见表4.6),GDP统计未能较好反映整体经济水平,同时工业增加值也主要考虑的是一定规模以上的企业,小规模企业的统计几乎很少,还有就农村产业结构分工统计的遗漏及农村二元经济结构特征的农民自产自销商品价格被低估,甚至未作为统计对象,整体都造成对中国GDP的低估。

表4.6 历年第三产业增加值占GDP比重

年份	GDP(亿元)	第三产业增加值(亿元)	第三产业增加值占GDP比重(%)	批零贸易和餐饮业增加值(亿元)	批零贸易和餐饮业增加值占GDP比重(%)
1980	4545.6	982.0	21.6	193.8	4.2
1981	4891.6	1076.6	22.0	231.1	4.7
1982	5323.4	1163.0	22.1	198.6	3.7
1983	5962.7	1338.1	22.7	231.4	3.9
1984	7208.1	1786.3	25.1	412.4	5.7
1985	9016	2585.0	28.9	878.4	9.7
1986	10275.2	2993.8	29.4	943.2	9.2
1987	12058.6	3574.0	29.9	1159.3	9.6
1988	15042.8	4590.3	30.7	1618	10.8
1989	16992.3	5448.4	32.2	1687	9.9
1990	18667.8	5888.4	31.8	1419.7	7.6
1991	21781.5	7337.1	33.9	2087	9.6
1992	26923.5	9357.4	35	2735	10.2
1993	35333.9	11915.7	33.9	3198.7	9.1
1994	48197.9	16179.8	33.8	4338.4	9
1995	60793.7	19978.5	33	5467.7	9
1996	71176.6	23326.2	33	6379.2	9
1997	78973	27165.4	34.4	7314.1	9.3
1998	84402.3	30580.5	36.5	8084.8	9.6
1999	89677.1	34095.3	38	8788.6	9.8
2000	99214.6	38714.0	39.3	9629.7	9.7
2001	109655.2	44361.6	40.7	10787.4	9.8
2002	120332.7	49898.9	41.7	11950.9	9.9
2003	135822.8	56004.7	41.4	13480	9.9
2004	159878.3	64561.3	40.7	15249.8	9.5
2005	184739.1	74919.3	39.7	17727.9	9.6
2006	216314.4	88554.9	39.2	19991.4	9.4
2007	265810.3	111351.9	39.1	22567.5	9.5

年份	GDP （亿元）	第三产业增加值（亿元）	第三产业增加值占GDP比重（%）	批零贸易和餐饮业增加值（亿元）	批零贸易和餐饮业增加值占GDP比重（%）
2008	314045.4	131340.0	40.1	26182.3	9.6
2009	340902.8	148038.0	43.3	28984.5	8.5
2010	401202.0	178038.0	44.4	31107.1	7.3

资料来源：国家统计局历年《中国统计年鉴》。

（二）中国外贸依存度被高估的宏观因素分析

1. 人民币汇率问题。名义外贸依存度核算进出口额以美元计算，GDP数值是按本币汇率换算，汇率变动严重影响外贸依存度变动。人民币汇率在20世纪80年代以来不断贬值，出口增长及GDP换算美元导致出口依存度大幅度上升。1994年中国汇率并轨后，人民币贬值将近50%，出口增长和外汇折算导致依存度快速上升。2005年7月，人民币汇率形成机制实行有管理的浮动汇率制，人民币升值明显对外贸依存度起到改善作用。

2. WTO的自由贸易体制。中国2001年加入WTO后，关税和非关税壁垒不断降低，随着多边自由贸易进程加快，经济全球化趋势下的国际贸易的增长速度明显快于世界经济增长速度，中国适应世界经济潮流，1980年至2007年间，进出口贸易额的平均增长速度比GDP平均增速高出8.5个百分点，同时中国对外贸易与实际GDP相对增长速度远远高于世界平均水平，共同导致外贸依存度高于世界平均水平。

3. 第三产业发展被低估。配第·克拉克定理（Colin Clark,1940）表明：人均收入水平提高对劳动力的影响，首先将劳动力由第一产业向第二产业转移；当人均收入水平进一步提高时，劳动力便由第二产业向第三产业转移。克拉克根据劳动力在三次产业中的比重变化，将工业化划分成5个阶段（见表4.7）。中国第三产业的发展虽然与发达国家有差距，但由于整体服务业增加值不完全，无法统计入GDP，按照2007年国家统计标准应属于第四阶段，而在GDP统计中难以全面衡量，而第二产业的工业化进程则主要依赖进出口贸易的贡献，外贸依存度由于工业产品的出口而上升，服务业GDP统计的不完整，进一步促成外贸依存度的高估。

表4.7 克拉克劳动力产业分布

阶段	人均GDP （按1982年美元计算）	三大产业劳动力分布（%）		
		第一产业	第二产业	第三产业
1	357	80.5	9.6	9.9
2	746	63.3	17.0	19.7
3	1529	46.1	26.8	27.1
4	2548	31.4	36.0	32.6
5	5096	17.0	45.6	37.4

4. 贸易导向战略实施。改革开放确立的出口导向型外贸政策,极大程度刺激了外贸优惠政策的实施,典型的政策激励例如出口退税政策、地方政府出口补贴、出口创汇开发区政策等。在进口刺激方面,资本品进口税收优惠政策、进口设备税收抵扣政策、"两免三减半"(外商投资企业可享受从获利年度起两年免征、三年减半征收企业所得税)政策、开发区外资使用优惠政策等。进出双向激励政策,导致外贸依存度增长。

5. 加工贸易产业因素。20世纪90年代中期发达国家由工业经济向知识经济转型中,中国承接了国际资本和产业转移,大量外资推动了中国加工贸易发展。"两头在外、大进大出"贸易格局促成了中国进出口额快速上升。中国加入WTO以来,2000—2010年中国外贸出口的投资主体中,外资企业进出额比重超过了进出口总额的60%。外资带动的加工贸易属于劳动密集型加工组装产业,其低附加值和低产业关联带动效应,出口统计未剔除进口器件和零部件的重复计算,跨国公司投资进口设备等双重统计等因素都极大高估进出口贸易额。

西蒙·库兹涅茨(Simon Smith Kuznets,1999)研究认为一国外贸依存度与国家经济规模成负相关关系,工业化是产业结构变动最迅速时期,演进阶段通过产业结构变动过程来表现,按照农业、工业、服务业三大产业划分,工业化发展有8个阶段(见表4.8)[①]。

表4.8　库兹涅茨国内生产总值产业分布

阶　段	人均国内生产总值 (按1982年美元计算)	三大产业分布(%)		
		农　　业	工　　业	服　务　业
1	264	53.6	18.5	27.9
2	421	44.6	22.4	33.0
3	703	37.9	24.6	37.5
4	1126	32.3	29.4	28.3
5	1835	22.5	35.2	42.3
6	2752	17.4	39.5	43.1
7	4407	11.8	52.9	35.3
8	7043	9.2	50.2	40.6

资料来源:西蒙·库兹涅茨:《各国的经济增长》,商务印书馆1999年版。

6. 国内需求的效果效应。钱纳里(H. Chenery,1989)多国模型增长模式,将人均收入变动的发展过程划分为6个时期3个阶段(见表4.9)[②],一个大国人均GDP达到1000美元时,居民消费占GDP的比重大约为64%。中国统计年鉴数据表明2007年中国居民消费仅占GDP的50%,比世界平均水平低近15个百分点,中国内需市场呈现小国模式。

①　西蒙·库兹涅茨:《各国的经济增长——产值和生产结构》,商务印书馆1999年版。
②　钱纳里:《工业化和经济增长的比较研究》,上海三联书店1989年版。

90 年代中期以来,依靠规模经济生产价格不低的消费品,中国国内消费市场无法支持这些产业发展,依赖扩大出口来弥补内需不足的缺陷成为了主流,规模经济产业的出口依存度不断提高。相比美国相对成熟的国内市场,其国内需求旺盛能够消费其规模产业产品,其外贸依存度相对较低成为了可能。按照钱纳里多国模型工业发展阶段论,2007 年全国人均 GDP 水平 2560 美元标准,2010 年达到 4500 美元,整体中国工业化已经进入中期水平,而随着金融危机过渡的产业结构调整及人均 GDP 水平的提高,中国经济有望进一步提升,从而进入工业化后期的发展水平。

表 4.9　钱纳里工业发展阶段

时期	人均 GDP 变动范围 （按 1982 年美元计算）	发展阶段	
1	364—728	初级产品阶段	
2	728—1456	工业化阶段	初　期
3	1456—2912		中　期
4	2912—5460		后　期
5	5460—8736	发达经济阶段	
6	8736—13104		

资料来源:钱纳里:《工业化和经济增长的比较研究》,上海三联书店 1989 年版。

　　上述因素影响着中国对外贸易依存度在一定程度上的高估,考量中国贸易安全,必须正确认识外贸依存度的真实水平能够全面把握整体的贸易国际依赖水平。

二、贸易结构问题

(一)贸易结构的分类

　　外贸结构构成外贸要素的比例关系及内在联系,包括外贸活动主体、客体以及主客体之间的比例关系[①]。主要表现为外贸主体结构、外贸商品结构、外贸区域结构、外贸方式结构和外贸模式结构等。总体一国产业结构决定其贸易结构,贸易结构又会促进产业结构合理调整。国际比较利益下的国际分工和国际贸易能促进产业结构不断优化,对外贸易的迅速增长和外贸依存度的不断提高,容易导致外贸摩擦加剧从而对产业结构及产业安全造成负面影响。

　　外贸主体结构对贸易安全的研究有重要影响,不同外贸经营主体,特别是内资外资的比例关系对于一国外贸发展的产业控制权和可持续发展具有决定性影响。外贸商品结构可以反映一国经济技术发展水平及产业结构和资源状况,一般来说,商品结构中工业制成

---

　　① 　潘永源:《经济开放度外贸贡献度与外贸依存度的辩异》,《对外经贸实务》2003 年第 2 期,第8—9 页。

品比例与一国经济技术发展水平和产业结构成正比。外贸区域结构则表达一国出口产品的国际区域分布结构,一定时期一国与世界各国及地区的贸易联系程度,同时也可以表达对各国贸易依赖程度,一国产品的区域结构与发达市场体系的联系程度能够反映其外贸水平的开放程度和竞争能力。外贸方式结构是一国同别国或地区进行货物交易时所采用的各种具体做法(诸如一般贸易、加工贸易与补偿贸易等),一国外贸方式所占比重不同也体现了该国国际分工的地位。外贸模式以产业间贸易和产业内贸易为代表,产业间贸易以比较优势或要素禀赋的差异为基础,产业内贸易则以水平分工为基础,一国对贸易模式的选择主要取决于其工业化进程的发展水平和规模经济发展程度。

基于贸易安全研究的视角,本文主要从贸易商品结构对经济的影响来分析可能由于贸易结构的不合理所带来的贸易不安全问题。

（二）贸易商品结构与贸易安全

对外贸易和经济增长关系是贸易理论研究的焦点,传统贸易理论框架下,贸易促进经济增长主要是通过提高资本密集产品的相对价格来实现(Stiglitz,1970;Smith,1984)。新贸易增长理论认为贸易收益除了静态收益之外,更重要在于动态收益,动态收益来自于贸易所导致的研发增加、专业化程度提高以及市场扩大等(Romer,1990;Grossman,Helpman,1990),并最终表现为经济的长期增长,贸易动态效应最终会放大贸易的总效应。

目前国内关于贸易对经济促进效应的研究主要是贸易总量与经济增长的关系,少有就贸易品分类的贸易结构对经济的影响。蓝庆新(2001)设计了一个新的贸易结构指标,用以分析贸易结构如何由初级产品出口升级为工业制成品出口,以及贸易结构变化与经济增长变化的关系。

根据出口品附加值高低将其分为初级产品和工业制成品。贸易结构变化度量主要体现在贸易额变化,贸易商品结构变化的度量表达式:

$$X_1 = \Sigma (K_t^i - K_{t-1}^i)\Delta y^i/y \tag{4.1.1}$$

式中 K_t^i 为第 t 年第 i 种产品出口额占总出口额比例,即 y^i/y。将出口分为初级产品和工业制成品两大部分,初级产品国际竞争力较差且附加值较低,工业制成品附加值较高且有较强国际竞争力。考察贸易结构转型就是产品出口从低附加值产品向高附加值产品转型。$\Delta y^i/y$ 为第 i 种产品年出口份额的变化率,X_1 可以获得观察期某部门增长率下贸易结构的变化,这种对商品贸易结构的考察能够获得出口贸易商品附加值变动的规律。

上述考察商品结构变化的模式对于产业部门同样有参考价值,易得产业结构变化的度量表达式:

$$X_2 = \Sigma (K_t^I - K_{t-1}^I)\Delta y^I/y \tag{4.1.2}$$

式中 I 代表产业部门,即第一、二、三产业,y^I 代表第 I 产业产值,y 代表国内生产总值,t 代表年份,K_t^I 表示第 t 年第 I 产业产值占国内生产总值的比例,即 y^I/y,X_2 可以考察期内不同产业结构的出口变动。

结合索罗(R. M. Solow,1956)总量生产函数[1],构造模型生产函数为 $Q = F(K,L,T)$,假设规模收益不变,式中 Q、K、L 分别为 GDP、资本总投入和劳动总投入,T 为时间。假定既定资本和劳动组合的技术进步可以提高产品,并不影响资本和劳动相对边际生产。

生产函数可转换为,$Q_t = A_t F(K_t, L_t)$。

对该式求时间倒数,得到丹尼斯经济增长方程,

$$G = G_a + \alpha G_L + \beta G_K \tag{4.1.3}$$

易得,$G_a = G - (\alpha G_L + \beta G_K)$ (4.1.4)

其中 G_a、G、G_K 和 G_L 分别为全要素生产率(Total Factor Productivity/TFP)、经济增长率、资本和劳动投入增长率;α、β 分别为劳动、资本产出弹性。TFP 为实际经济增长率与实际投入增长率加权和的差。一般劳动投入增长率即年末社会劳动者人数增长率,资本投入增长率按照永续盘存法计算。

对式(4.1.3)两边同除以 G,易得,

$$1 = G_a/G + (\alpha G_L + \beta G_K)/G \tag{4.1.5}$$

式中,G_a/G 是 TFP 在经济增长所占的相对比重,又称 TFP 的经济贡献率,记作 SP;同理 $(\alpha G_L + \beta G_K)/G$ 是 TFI(总要素投入)对经济增长的贡献份额,记作 SI。借助 SP 和 SI 把经济增长描述为三种基本模式(定义 SP/SI 为生产率增长率)。

内涵增长型:$SP/SI > 1$;

中性增长型:$SP/SI = 1$;

外延增长型:$SP/SI < 1$。

蓝庆新(2001)分析了 2001 年中国加入 WTO 前外贸结构对于经济增长的贡献,研究发现中国长期外贸增长表现为 $SP/SI < 1$,属于外延性数量增长性经济,具有国际竞争的出口商品多为劳动密集型产业,技术和资本密集型产品竞争力明显偏低,从长期来看中国贸易增长属于数量扩张型增长,但高附加值出口商品逐步好转。从中国经济增长方式的角度来看,中国的贸易结构对于贸易安全尚不构成严重威胁,但外延性的规模扩张对于长期经济增长是不利的。

王永齐(2004)参考《国际贸易商品分类》BEC 准则,外贸商品根据最终用途分为三个基本部分[2]:资本品;中间投入品;消费品。研究将资本品和消费品进出口的相对数量

---

① Solow, Robert M. 1956, "A Contribution to the Theory of Economic Growth", *Quarterly Journal of Economics*, Vol. 70, No. 1, pp. 65–94.

② BEC 商品分类:(1)资本品。41. 机械设备与其他资本品(运输设备除外);521. 工业用运输设备。(2)中间投入品。111. 工业用初级食品和饮料;121. 工业用经加工的食品和饮料;2. 其他未具体说明的工业用原料;31. 初级燃料和润滑剂;322. 经加工的燃料和润滑剂(小汽车和摩托车用油除外);42. 机械设备与其他资本品的零件和附件;53. 运输设备的零件和附件。(3)消费品:112. 家庭消费用的初级食品和饮料;122. 家庭消费用的经加工的食品和饮料;522. 非工业用运输工具;6. 其他夫具体说明的消费品。

来衡量贸易结构,建立了贸易结构表达式。

$$COM\ PO = \frac{\dfrac{CapEX}{ConEX}}{\dfrac{CapIM}{ConIM}} ①,即,$$

$$COM\ PO = \frac{\dfrac{41EX + 521EX}{112EX + 122EX + 522EX + 6EX}}{\dfrac{41IM + 521IM}{112IM + 122IM + 522IM + 6IM}}。$$

$COM\ PO$ 贸易结构能够反映一国比较优势本质,如果 $COM\ PO \geqslant 1$,资本品/消费品的出口比率大于资本品/消费品的进口比率,该国为资本品的净出口国,资本品价格将会上涨,投资成本将增加,折旧率也将随之增加,从而最终抵消贸易所带来的效率收益,资本积累将不会发生;如果 $COM\ PO \leqslant 1$,资本品/消费品的出口比率小于资本品/消费品的进口比率,该国将成为资本品的净进口国,该国的资本品价格将会下降,资本品价格的下降所导致的投资成本的下降必然会放大贸易的效率收益,资本积累将会发生。

$COM\ PO$ 指标可以反映贸易结构所导致的资本品—消费品相对价格变动。如果贸易结构与经济增长不相关,贸易结构的效应将微不足道,也表明单纯的比较优势对经济增长的贡献缺乏长期支撑能力,贸易对经济增长的贡献主要体现在贸易量而非结构上;如果贸易结构与经济增长是相关的,那么贸易结构将对经济增长产生长远影响,比较优势将在更大程度上转化为经济增长,这时贸易对经济增长的贡献不仅体现在贸易量上,更重要的体现在贸易结构上。这种关于贸易结构与贸易增长的评价模式对于经济安全很重要,如果中国的产品出口仅仅是量的增加而对经济无实质影响,那么单纯追求出口增长的贸易效应无疑是低效率的。

王永齐(2004) $COM\ PO$ 指数在时间序列上分析了中国自 1982 年以来贸易结构比变动,研究发现 $COM\ PO \leqslant 1$,即中国长期以出口消费品和进口资本品为主,从理论上这种贸易结构将会有助于经济长期增长。但回归结果表明这种贸易结构并没有显著影响经济增长。中国长期对外贸易对经济增长的贡献主要体现在贸易量上而不是结构上,这严重弱化贸易对经济增长的贡献率。研究表明 1982—1992 年中国外贸明显特点就是贸易结构值呈连续性递减状态,初级产品出口是主体,可供出口的大都是国内外市场都需要的资源型产品或初级产品,由于国内生产能力有限,同时带动进口商品速度在平抑物价和缓解国内生产瓶颈及增强,尤其是资本品的进口增幅更大。1992 年以后中国出口主体资本品(代表为机器设备等制成品)速度增长快于消费品出口增长,产业内贸易比重迅速提升。但是此阶段贸易结构变化并未显著影响经济增长,由于此阶段中国不断提高制成品出口比例的出口导向贸易战略仍然停留在粗放型、数量型的增长上,并未能真正实

---

① 资本品出口:CapEX(Captial Products Export),消费品出口:ConEX(Consumer Products Export)
资本品出口:CapIM(Captial Products Import),消费品出口:ConIM(Consumer Products Import)。

现刺激技术进步和增加出口附加值的集约型模式的转变。

贸易结构存在的问题在于制成品出口集中在低层次及产业趋同方面，导致廉价使用劳动力资源，致使外贸增长未能够惠及产业工人和科技进步。同时，面临着印度、巴西等国际相同生产力国家在劳动力和资源丰裕的竞争，致使贸易条件恶化和贸易摩擦加剧，出口贸易不能促进经济增长，从这个角度来看，贸易结构的不平衡会严重威胁贸易安全。

三、贸易价格弹性问题

弹性（Elasticit）概念反映了不同商品对价格和收入的敏感程度。简单理解弹性即一个变量的变化率与另外一个变量变化率之间的比例。关于进出口弹性研究可以分为汇率弹性、收入弹性和价格弹性等三个方面，在对于贸易安全有关的弹性研究中，考察长期弹性和行业弹性对于分析木材资源安全具有一定意义。

（一）弹性、汇率与贸易研究概述

弹性角度关于汇率波动与贸易收支的中有三个经典理论，三个经典理论的相同贡献是解释了在一定条件下本币贬值能改善该国贸易收支状况的内生机制。

首先是马歇尔—勒纳条件（Marshall-Lerner Condition）。在不考虑国民收入变动情况下，如果进出口对实际汇率有足够弹性的话，实际汇率贬值将有助于一国经常账户的改善。当本国国民收入不变时，贬值改善贸易余额的条件是进出口的需求弹性之和大于1。

其次是劳森—梅茨勒效应（Lausen-Metzler Effect）。如果考虑国民收入的变动，货币贬值改善贸易平衡项的条件是贬值能够产生的自主性贸易余额的改善超过因国民收入增加而带来的进口增加幅度。

最后是J型曲线效应。考虑到货币贬值的时滞效应，汇率变动能够导致的金融资产价格波动会短期完成，但其传导的全球贸易和国民收入变动相对迟缓，故货币贬值导致贸易收支在短期恶化后再改善，贸易平衡项的时间推移呈"J"型曲线。[①]

汇率贬值与贸易收支的早期研究大多支持"弹性悲观论"：即大部分国家进出口需求弹性严重不足，故此汇率贬值并未必能够改善一国贸易收支。后期的经验研究则认为实际汇率贬值有利于改善一国的贸易收支，如 Rose 和 Yellen（1989）估算 OECD 国家贸易收支与实际汇率关系，研究认为实际汇率贬值可以改善贸易收支；Krugman & Baldwin（1987）、Heikie、Hooper（1987）及 Moffet（1989）等对美国实际汇率与贸易收支的研究得出同样的结论。实证表明，实际汇率是决定进出口的关键因素之一。

中国进出口弹性研究中，厉以宁（1991）[②]对 1970—1983 年数据分析后认为：中国的进出口弹性分别为 -0.69 和 -0.05。结论认为中国进出口商品需求价格弹性严重不足，

---

① Rose. A. K. , Yellen L. Y. 1989, "Is There a J-curve?" *Journal of Monetary Economics*, Vol. 24, No. 1, pp. 53 - 68.

② 厉以宁：《中国对外经济与国际收支研究》，国际文化出版公司 1991 年版。

人民币汇率贬值不但不能改善贸易收支,反而会导致出口状况的恶化;陈彪如(1992)[1] 运用进出口价格指数及贸易量指数测算了 1980—1989 年进出口需求价格弹性为 − 0.30 和 − 0.72,进出口价格弹性正处于马歇尔—勒纳条件临界值,人民币汇率变化对中国贸易收支影响甚微。戴祖祥(1997)对中国 1981—1995 年数据分析后得出中国进出口需求价格弹性为 1.3,满足马歇尔—勒纳条件,人民币汇率贬值可以改善中国的贸易收支。钟伟等(2000)对 1993—1998 年数据结论为本币汇率变动对出口和国际收支有较为明显的时滞效应。谢建国(2002)协整分析和方差分解得出结论认为人民币汇率贬值对中国贸易收支没有显著改善,贸易收支短期主要取决于国内需求状况,而长期则取决于国内供给状况。毕玉江(2005)将商品分为九大类研究进出口与人民币实际有效汇率和国民收入之间的关系,研究认为,中国各类商品出口对世界需求水平的弹性较大,不同产品对人民币实际有效汇率的弹性存在较大的差异,而商品进口受中国经济发展水平影响较大。

(二)汇率弹性和贸易弹性的区别

国际收支调节弹性一般认为,货币贬值引起进出口商品价格变化,从而引起进出口商品数量的变化,最终导致贸易收支的变化。要合理利用币值变动影响贸易收支,首先需要区分汇率弹性和贸易弹性。

弹性是一变量变化率与另一变量变化率的比例。假设汇率变化率为 $\dfrac{de}{e}$,引起出口变化的比率 $\dfrac{dX}{X}$,出口的汇率弹性可表达为 $\dfrac{\frac{dX}{X}}{\frac{de}{e}}$ 。

假设以外币所表示的出口价格为 $P_X = \dfrac{P}{e}$ (P 为以本币人民币表示的出口价格)。

情形 I:当汇率变化而 P 不变时,外币表示的出口价格的变动率等于汇率变动率 $\dfrac{dP_X}{P_X}$ $= -\dfrac{de}{e}$ 。此时进出口的汇率弹性等于价格弹性,

$$\frac{\frac{dX}{X}}{\frac{dP_X}{P_X}} = -\frac{\frac{dX}{X}}{\frac{de}{e}} \qquad (4.2.1)$$

情形 II:但当汇率变化时,人民币表示的出口价格 P 是变化的。依据汇率传导一般机制(见图 4.2)人民币升值会引起进口产品价格下降,从而引起出口价格 P 的下降,其对 P_X 上升有一定的抵消作用。

---

[1]　陈彪如:《人民币汇率研究》,华东师范大学出版社 1992 年版。

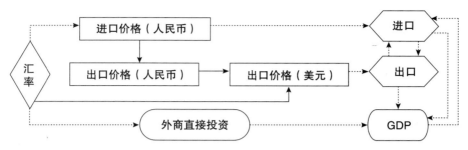

图4.2 汇率变化传导机制

考虑 e 对出口价格 P 的影响,则 P 是汇率 e 的函数,

$$P_X = \frac{P(e)}{e} \tag{4.2.2}$$

两边求全微分,得

$$dP_X = \frac{P'(e)e - P(e)}{e^2}de \tag{4.2.3}$$

易得,

$$\frac{dP_X}{P_X} = \frac{P'(e)e - P(e)}{e^2}de \cdot \frac{e}{P(e)} = \left[\frac{dP/P}{de/e} - 1\right]\frac{de}{e} = -(1 - \eta_{Pe})\frac{de}{e} \tag{4.2.4}$$

令 $0 < \eta_{Pe} < 1$,η_{Pe} 为出口价格 P 对汇率 e 的弹性。

如果 $0 < \eta_{Pe} < 1$,则 $\frac{dP_X}{P_X} < \frac{de}{e}$。即以外币表示的出口价格变动率小于汇率的变动率。$P_X$ 上升比率将小于汇率的上升比率,表明人民币升值一个百分比,并不意味着本国商品的价格在国际同样上升相同百分比,而是低于人民币升值的增长比例的。

(三)长期进出口价格弹性设定

情形 I:出口弹性

需求理论中一国商品出口量依赖于外国收入水平和出口商品的价格,即

$$E = f(Y, P_c/P_w) \tag{4.3.1}$$

上式中,E 表示一国出口量;Y 表示世界其他国家实际收入水平;P_e 为出口价格指数;P_w 为世界市场上交易的价格总指数。Y 越大,国外需求越多,所以 $\frac{\partial E}{\partial Y} > 0$。

如果本国出口价格 P_e 相对世界市场价格较高的话,出口就会减少,所以 $\frac{\partial E}{\partial \left(\frac{P_e}{P_w}\right)} < 0$。

简单起见,将上式表示为以下:

$$In(E) = \beta_0 + \beta_1 In\left(\frac{P_e}{P_w}\right) + \beta_2 In\left(\frac{Y}{P_w}\right) \tag{4.3.2}$$

式中:系数 β_1 和 β_2 分别为出口的价格弹性和收入弹性,$\beta_1 < 0$,$\beta_2 > 0$。

"出口量不可以直接观测"(戴祖祥,1997)[1],为利用可观测数据进行回归分析,假定出口需求变化遵循存量调整假设,即出口量考虑时滞 1 期的建模方法,则有,

$$In(E) = \beta_0 + \beta_1 In(\frac{P_e}{P_w}) + \beta_2 In(\frac{Y}{P_w}) + \beta_3 In(E(-1)) \qquad (4.3.3)$$

式中:$E(-1)$ 表示滞后 1 期的出口量;系数 β_3 为出口需求的调节系数,$\beta_3 > 0$,β_3 值越大,表明出口调整越完全,出口量越能反映出口需求。

情形 Ⅱ:进口弹性

同上理,一国进口 M 依赖于本国收入水平 X 和进口商品价格 P_m 与国内市场价格 P_d 的相对价格。易得对数表达式,

$$In(M) = \gamma_0 + \gamma_1 In(\frac{P_m}{P_d}) + \gamma_2 In(\frac{X}{P_d}) \qquad (4.3.4)$$

式中:系数 P_d 为国内价值价格指数;系数 γ_1 与 γ_2 为进口的价格弹性和收入弹性,$\gamma_1 < 0$,$\gamma_2 > 0$。

同理,也考虑进口需求变化遵循存量调整假设的要求。考虑到中国进口长期受国家的外贸政策影响,在模型中引入关税总量指标反映进出口政策(例如关税和非关税壁垒等)的影响[2],则有表达,

$$In(M) = \gamma_0 + \gamma_1 In(\frac{P_m}{P_d}) + \gamma_2 In(\frac{X}{P_d}) + \gamma_3 In(M(-1)) + \gamma_4 In(TAR) \qquad (4.3.5)$$

式中:$M(-1)$ 表示滞后 1 期的进口量;TAR 为关税总额;系数 γ_3 为进口需求的调节系数,$\gamma_3 > 0$,γ_3 值越大,表明进口调整越完全,进口量越能反映出口需求;系数 γ_4 为关税弹性,表明进口量对关税水平的敏感程度,$\gamma_4 > 0$。

通过区别汇率弹性和价格弹性,在后续研究中我们会关注人民币汇率变动的影响;在设定了长期进出口价格弹性模型的基础上,后续研究中我们会具体分析中国木材资源利用价格弹性波动的趋势及其可能对木材资源安全评价的启示。

四、贸易救济机制问题

国际贸易发展史上,贸易保护与贸易自由交替进行。中国加入 WTO 以来在国际贸易领域的摩擦从双边贸易争端开始演变为到多边贸易问题,在 2008 年国际金融危机的大背景下,发达国家贸易保护成为了限制发展中国家商品出口的主要障碍,2011 年欧债危机进一步导致了发达经济体对华出口产品的贸易监管和限制,贸易行为因为贸易保护及其所采取的贸易救济机制而存在一定的不安全性。

国际贸易在自由贸易和保护贸易的博弈中,经常以贸易争端的救济作为解决机制,当前贸易争端普遍存在的情况是出口顺差国常常被普遍地以反倾销和反补贴的措施进

---

① 戴祖祥:《中国贸易收支的弹性分析:1981—1995》,《经济研究》1997 年第 7 期,第 55—62 页。
② 范金、王艳:《中国进出口价格弹性研究》,《当代经济科学》2004 年第 4 期,第 87—92 页。

行报复。WTO 的宗旨是减少成员间的贸易壁垒,推行自由贸易,WTO 对出口倾销给进口国的产业分工的损害列出反倾销条款,目的在于保障受损害产业危害,反倾销立法与自由贸易目标并未存在根本性冲突,但在实践过程中反倾销和反补贴措施常常被不当利用,正常的贸易救济可能会成为实质贸易保护的挡箭牌。

1948 年 1 月,《关税与贸易总协定》第 6 条标志首部国际反倾销法诞生,使反倾销成为关贸总协定一项基本原则。60 年来国际反倾销法不断发展完善,1967 年肯尼迪回合通过第一个非关税壁垒协议——《反倾销守则》。此后东京回合制定了 1979 年《反倾销守则》。乌拉圭回合达成《反倾销协议》(Anti-Dumping Agreement) 是世贸组织体制下 WTO 成员必须接受的约束力规则。近年来,发展中国家在世贸组织原则的框架下,受惠于传统贸易保护手段(例如配额、许可证等),但却遭受日益严重的 WTO 允许的反倾销、反补贴、保障措施的严重制裁。贸易救济成为了一国贸易安全受制的重要手段。

相比较而言,被 WTO 禁止的贸易补贴更符合经济效率原则,但贸易补贴由于难以通过政府的预算审查,常被作为削减预算的首要目标。反倾销则可避免年度审查,并由于其可能带给政府一定收入而具有较强的政治影响,支持反倾销的利益集团将会从与进口商品竞争的行业迅速扩大到整个贸易保护集团。反倾销不是一种合理的国际贸易安排,利用博弈古诺纳什均衡分析如下。

假设市场中有 $n+1$ 个企业从事非合作竞争,市场价格为 p,总销量为 Q,q_1 为 i 企业销售量,R_i 为 i 企业利润;c 和 q 分别代表第 $n+1$ 个企业的成本与销售量,R 为第 $n+1$ 个企业的利润。

假设市场需求呈线性关系(a,b 为系数),市场需求的边际成本为常数。即:

$$p = a - bQ = a - b\left(q + \sum_{i=1}^{n} qi\right) \tag{4.4.1}$$

$$R = (p - c)q = \left[a - c - b\left(q + \sum_{i=1}^{n} qi\right)\right]q \tag{4.4.2}$$

$$R_i = (p - c_i)q_i = \left[a - c_i - b\left(q + \sum_{i=1}^{n} qi\right)\right]q_i \tag{4.4.3}$$

易得到反函数:

$$\begin{cases} a - c - b\left(2q + \sum_{i=1}^{n} q_i\right) = 0 \\ a - c_i - b\left(q + q_i + \sum_{i=1}^{n} q_i\right) = 0 \end{cases} \tag{4.4.4}$$

由(4.4.4)式求出古诺均衡解(带下标 C):

$$q_c = \frac{a - (n+1)c + \sum_{i=1}^{n} c_i}{(n+2)b},$$

$$Q_c = \frac{(n+1)a - c - \sum_{i=1}^{n} c_i}{(n+2)b} \tag{4.4.5}$$

$$q_{ci} = \frac{a + c + \sum_{i=1}^{n} c_i - (n+2)c_i}{(n+2)b}(i = 1,2\ldots,n),$$

$$p = \frac{a + c + \sum_{i=1}^{n} c_i}{n+2} \tag{4.4.6}$$

$$R_c = \frac{\left[a + \sum_{i=1}^{n} c_i - (n+1)c\right]^2}{(n+2)^2 b},$$

$$R_{ci} = \frac{\left[a + c + \sum_{i=1}^{n} c_i - (n+2)c_i\right]}{(n+2)^2 b} \tag{4.4.7}$$

上述均衡解在假设享有充分信息和自由竞争的市场机制中,且企业之间无串谋行为下得出的。显然当 $n \to \infty$ 时是完全竞争市场,对于 $p_i \leq c_i$ 的企业将被淘汰出局。

设第 $n+1$ 个企业为 II 方,$\{i\}(i = 1,\ldots 1,n)$ 为 I 方,分别代表某国内产业界和在该国参与竞争的外国企业群。现实情况当 $p_i \leq c_i$ 时,企业不一定会退出市场竞争,这是因为在国际贸易中 I 方跨国公司可采取转移价格或由 I 方政府采取变相补贴等优惠政策手段鼓励 I 方企业出口,抢夺 II 方市场。此时 I 方企业 c_i 或 p_i 真实信息被掩盖,II 方很难作出准确判断。

再设 I 方变相补贴为 t_i,只要 $p_i + t_i \geq c_i$ 有利可图,I 方企业即使是在 $p_i \leq c_i$ 时,依然不会退出 II 方市场。

分析可以理解,在国际贸易中若 I 方(即出口国)给予本国企业补贴,国际竞争规范将被破坏,就不会形成自由竞争。为避免不公平竞争,WTO 制定反倾销法规等来保护正当合理的国际竞争秩序。[①]

随着中国入世过渡期的结束,中国面临的贸易摩擦会越来越多,被调查国采取针对性的贸易救济可能致使贸易壁垒加重,乃至导致某个产品长期退出被调查国市场,关注贸易救济及其影响是本研究基于贸易安全考量的重要视角。

第三节　本章小结

本章研究了评价中国木材资源安全的另外两个理论,即产业安全理论与贸易安全理论,主要小结如下。

一、产业安全理论的评价

从产业保护理论沿袭的历史逻辑判断中,分析产业安全与产业保护的关系,虽然不

---

① 杨仕辉:《反倾销博弈与逆向选择》,《世界经济》2000 年第 1 期,第 35—42 页。

同时期的产业保护对于产业安全的实践效果各不尽相同,但是在开放经济条件下的产业保护应该是促进贸易自由发展的,不能简单地把产业保护和自由市场经济对立起来,这是本作者关注产业安全的前提条件,产业安全的关键是产业发展而非产业保护,产业发展的关键在于技术进步和制度创新。

从现代产业安全理论角度分析,结合工业化阶段理论,可以进一步论证得出中国产业结构尚处于工业化中后期阶段,现代产业安全理论考察中国以制造业为主的产业安全应重视产业国际竞争力、跨国公司 FDI 对产业影响,甚至要提升到产业安全与国家安全的高度去认识。

针对产业安全的研究分类,产业安全的评价指标体系的构建是本研究的重要目的。评价和分析产业安全评价指标体系,即通过产业控制力、产业竞争力、产业成长性和产业发展环境等要素来全面地认识产业安全及其所处状态,这对于评价中国木材资源安全状况具有的现实参考价值。

二、贸易安全理论的评价

以贸易安全作为外贸政策的主要目标来保障国家安全战略成为 21 世纪全球关注的热点。贸易安全理论构建了影响一国贸易安全的主要评价视角:外贸依存度问题、外贸结构问题、贸易价格弹性问题和贸易救济机制问题。

中国外贸依存度及其影响因素能够反映贸易安全的国际依赖真实水平,通过修正和引入"经济活动总量"指标能够核算较为公平的中国外贸依存度;通过贸易商品结构和产业结构变化描述了贸易结构对于经济增长的基本模式,当前贸易结构对贸易安全虽尚不构成严重威胁,但外延性的规模扩张对于长期经济增长是不利的,也未能真正实现刺激技术进步和向增加出口附加值的集约型模式的转变;在贸易弹性角度,关注人民币汇率变动的影响,通过长期进出口价格弹性模型分析,考察价格弹性波动的趋势及其可能对贸易安全评价的影响;国际金融危机及欧债危机等发达经济体的经济困境促使了贸易保护主义的抬头,也使得滥用贸易救济措施影响正常贸易的不安全性提高,贸易摩擦和被调查国采取针对性的贸易报复等活动对于贸易安全的影响将是长期存在的,贸易安全是中国需要认真应对的现实问题。

第五章 中国木材资源安全的研究框架
——RIET 模式

第三章与第四章全面梳理了木材资源安全相关理论,为后续研究奠定了综合理论基础。本章将以上述理论为指导,结合综合系统的评价思想,从研究目标、评价体系、研究逻辑等方面构建科学合理的中国木材资源安全问题的研究框架。

第一节 RIET 模式的目标定位

一、RIET 模式的界定

本书综合考虑了资源禀赋、产业安全、生态安全和贸易安全等四个方面,形成体系完整的综合研究框架。研究引入资源禀赋条件(Resource)来分析中国森林资源状况及存在问题,结合中国加工大国的地位,研究中国木材加工业在资源短缺条件下的产业安全(Industry)以及产业体系必要的发展转型问题,中国进口木材资源可能对本国及国际社会的生态环境造成一定压力,进一步探讨中国进口木材资源带来的生态问题(Ecology),最后依据贸易环境变化,探讨依赖进口的贸易模式可能面临的贸易压力及贸易安全问题(Trade)。为讨论方便,本书将此系统框架定义为中国木材资源安全问题研究的 RIET 模式(Resource-Industry-Ecology-Trade Model)。

研究界定的 RIET 模式主要基于中国木材资源的可持续利用及其对经济增长的贡献,期望在产业安全、生态安全及贸易安全三方面保障中国木材资源的整体安全。"中国威胁世界森林资源"(US Environmental Investigation Agency,2005)、"中国是非法贸易和森林退化的来源"(ITTO,1999),国际对于中国经济发展的戒备常挂钩于大国崛起的政治威胁及环境问题,但现实中中国木材资源禀赋及经济快速发展对于基础资源的需求在不断加大,面临资源获取的外部压力正在不断加大。中国木材资源的获取能力是否安全?转型期如何建立战略资源的安全保障体系?中国经济的健康发展是否只能依赖于资源禀赋与资源进口?研究木材资源安全战略的对社会经济健康发展及产业合理转型,从而构建战略资源的安全保障具有重要意义。

二、RIET 模式的目标

中国木材资源安全研究的 RIET 模式的主要着眼于:(1)国内木材资源短缺对全国年产值超过万亿元的木材加工产业安全的威胁状况究竟怎样,"大进大出"的产业模式与资源利用方式是否符合中国木材产业的长远发展要求;(2)要维持传统加工贸易的产业模式,在国内资源供给有限的情况下,唯一的解决途径就是从国际市场大量进口资源,进口木材是否带来外界评说的对出口国的环境破坏和生态安全威胁;(3)全球经济一体化背景下,资源应该在世界范围内通过国际分工自由流动及优化配置,但这种的理想帕累托条件不可能轻易实现,战略资源与国家利益密切联系,中国木材资源的获取途径及进口贸易安全自然成为不容回避的现实问题;(4)研究的最终目标在于构建完善的资源安全战略保障体系,在中国进入战略转型期,综合考虑产业升级、贸易战略调整及负责任地共享世界资源等条件对建立健全中国木材资源安全的保障体系具有重要意义。

从最终建立中国木材资源安全保障体系的目标出发,本书将中国木材资源安全的保障建立在国际和国内两种渠道上,要以负责任大国的态度利用国际资源并维护和谐的生态环境,探索转型期中国经济增长从资源依赖型转变为技术引导性的战略发展模式,并能够对政府决策战略性资源配置和调整相关产业规划提供政策依据。

三、RIET 模式的发展方针

借鉴中国能源(战略资源)可持续发展战略的发展方针和目标[1],本书从产业安全、生态安全和贸易安全等角度,中国木材资源安全研究的 RIET 模式提出"提高效率、保护环境、贸易平衡、持续发展"的发展方针。本发展方针为中国木材加工产业的发展实现从资源依赖型向科技先导型的发展转变提供思路,对中国木材资源进口存在的生态安全提供评价生态监测的环境保护指标体系,对中国大进大出的贸易格局提供贸易平衡的政策选择依据,从而对建立健全可持续发展的资源安全保障体系提供参考。

第二节　RIET 模式的评价指标

RIET 模式对中国木材资源安全的研究,是定性及定量的综合分析。要系统评价中国木材资源安全状况,需要对资源水平、产业安全、生态安全及贸易安全等方面具体分析并系统结合,为使得研究过程具有可操作性,首先设置了综合性评价指标(WRPI 总指数),然后在此基础设置了分属性评价指标(WISI 指标,WISI 指标,WPITI 指标),其中综合评价指标是前提,分属性评价指标是针对分析,二者有所侧重又密切统一。

---

[1]　谢伏瞻:《中国能源可持续发展战略与政策要点》,参见《中国经济报告》,[DB/OL]. http://finance. sina. com. cn/review/20060720/16492749278. shtml。

一、WRPI 总指数

英国生态与水文研究所（Center for Ecology and Hydrology/CEH）水贫穷指数（Water Poverty Index—WPI）[①]具有一定的参考价值（Sullivan,2002），WPI 对一国水资源开发利用提供了标准化的评价框架，重点评价水资源的匮乏对社会经济发展的影响。从广义角度即与水相关的环境变化和公共安全的内在联系的角度来讲，水安全即"水的存在方式（量与质、物理与化学特性等）及水事活动（政府行政管理、卫生、供水、减灾、环境保护等）对人类社会的稳定与发展有无威胁"[②]。影响水安全的威胁因素来自于资源禀赋、环境、生态、社会、政治、经济等众多领域，与木材资源安全考量的外在因素具有重要的可比性。WPI 指数主要论证国家或地区资源的可用度、可及性及其与资源相关的环境质量，并纳入了社会经济因子，从而使得对比分析不同地区和国家间水资源的相对稀缺性成为可能，具有一定借鉴价值。

本书设置了一个明确的"木材资源短缺指数"（Wood Resource Poverty Index/WRPI）来衡量资源安全评价指数（Resource Security Evaluation Index），主要思想是考虑到 RIET 模式的综合要求，首先在资源禀赋的现实状况下设定了整体系统研究的假设前提——木材资源短缺，然后再明确资源禀赋的具体构成，最后确定 WRPI 指数，即主要由加权平均法来计量核算。

加权平均法是将子指数通过加权平均所得，主要包括由资源（Resource－R）、途径（Access－A）、利用（Use－U）、能力（Capacity－C）和环境（Environment－E）五个分指数。根据本研究 RIET 模式构想实际需要，具体对五个分指数进行演化，具体子指标见表5.1。

表5.1　演化的 WRPI 指数

WRPI 分指数	数据源（可依据实际有所调整）
资源（R）	木材资源国内产量（天然林）、速生木材产量、木材资源进口量（净进口）等
途径（A）	幼龄林总量、木材资源利用率等
利用（U）	木材加工业用材量、城建及生活用材量、出口产品用材量等
能力（C）	人均用材量、家庭消费水平、人均 GDP、教育程度、资源进出口关税等
环境（E）	木材利用生态安全水平、生态足迹及承载力水平等

参考来源：张翔等：《水安全定义及其评价指数的应用》，《资源科学》2005 年第 3 期第 27 章。

可定义木材资源短缺指数（Wood Resource Poverty Index/WRPI）数学表达形式为，

---

① Sullivan Caroline. 2002,"Calculating a Water Poverty Index", *World Development*, Vol. 30, No. 7, pp. 1195－1210.

② 张翔、夏军、贾绍凤：《水安全定义及其评价指数的应用》，《资源科学》2005 年第 27 卷第 3 期，第 145—149 页。

$$WRPI_i = \frac{\sum\limits_{i=1}^{N} \omega_{x,i} X_i}{\sum\limits_{i=1}^{N} \omega_{x,i}} \tag{5.1.1}$$

式中：ω 为第 i 个分指数权重；X 为分指数的取值；N 为分指数的数目。对于上述资源（R）、途径（A）、利用（U）、能力（C）、环境（E）五个分指数，WRPI 指数可采用式（5.2）获得，

$$WRPI = \frac{\omega_r R + \omega_a A + \omega_C C + \omega_u U + \omega_e E}{\omega_r + \omega_a + \omega_c + \omega_u + \omega_e} \tag{5.1.2}$$

根据 Sullivan 论证结论，分指数及 WRPI 指数的取值范围为 $[0,100]$，分数越高，说明状况越好。参照国际安全评价标准，

$WRPI \geqslant 50$，表示安全良好；

$30 \leqslant WRPI \leqslant 50$，表示较为安全；

$20 \leqslant WRPI \leqslant 30$，表示不安全；

$WRPI \leqslant 20$，表示极不安全。

二、指标体系阐释

WRPI 指数能够直观理解一国木材资源的整体水平，通过核算获取指标值，再通过取值的高低综合评价木材资源禀赋状况。RIET 模式在总指数基础上，构建了对产业安全、生态安全及贸易安全分析的子体系，主要结合联合国国际贸易中心（UNCTAD International Trade Centre）数据库拓展引入了木材产业安全指数（Wood-Industry Security Index/WISI）、木材资源利用生态安全评价指数（Wood-Utilization Ecological Security Index/WUESI）和产品及资源贸易安全指数（Wood-Product Interactive Trade Indicators/WPITI）。相关子体系的具体指标解释如下。

（一）产业安全评价——WISI 指标

RIET 模式在考量了资源禀赋水平后，将在禀赋水平的基础上分析资源短缺对产业安全的影响。本研究对于以木材资源禀赋为基础的产业安全状况建立了木材产业安全指数（Wood-Industry Security Index/WISI），WISI 通过本国木材加工产业条件、国际竞争能力及产业控制力水平一级指标（见图5.1）。为避免产品贸易存在的产业安全问题的重复核算，产业安全评价指标体系侧重于产业发展条件（包括生产要素、产业环境、产业政策）和产业控制水平（外资控制力、国际竞争规制、资源与生态环境），产品流通贸易问题主要作为贸易安全指标来研究。

（二）生态安全评价——WUESI 指标

RIET 模式认识到产业发展中由于要利用大量的资源，木材资源的利用对于生态环境是否造成生态压力及环境影响，是考量木材资源安全的重要视角，研究主要关注木材资源利用中的生态安全问题。本书对于木材资源利用存在的生态安全建立了木材资源利用生态安全评价指数（Wood-Utilization Ecological Security Index/WUESI），WUESI 评价

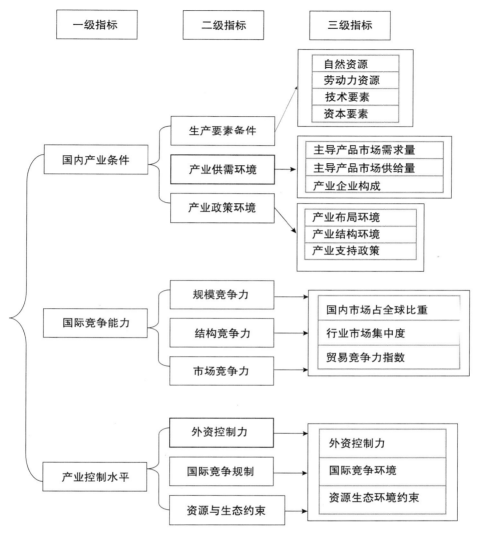

图5.1　中国木材产业安全评价指标——WISI

指标(见表5.2)通过考察中国木材资源利用中对本国及进口来源国的生态足迹及生态压力的影响,综合评价木材利用生态安全存在的问题及可能的动态变化,以便能够监测中国木材资源利用面临的生态环境及国际舆论压力。

表5.2　中国木材利用生态安全指数——WUESI

WUESI 指标体系		研究目标
生态足迹 Ecological Foot-print	生态足迹指数 Ecological Footprint Index	测算获得满足中国原木需求所占用的森林生态足迹
	生态承载力 Ecological Bearing Capacity Index	人口与生态系统自我维持所能支撑最大社会经济活动强度函数

（续表）

WUESI 指标体系		研究目标
生态安全指标 Ecological Security Index	生态压力指数 Ecological tension index	某一国家或地区可更新资源的人均生态足迹与生态承载 力的比率
	生态占用指数 Ecological occupancy index	反映一个国家和地区占全球生态足迹的份额
	生态经济协调指数 Ecological economic coordi- nation index	代表区域社会经济发展与生态环境的协调性

参考来源：季春艺等：《中国原木进口对洲际森林生态足迹的影响》，《林业经济》2010 年第 2 期。

（三）贸易安全指数——WPITI 指标

RIET 模式关注到产业发展的产成品贸易问题,贸易安全问题主要包括两方面,其一为产成品出口市场交互及其贸易所得问题,其二为产成品需要原材料进口的资源获取能力及其影响因素问题。产成品出口在国际市场由于贸易条件的变化,面临来自竞争国及进口国的贸易争端及纠纷,可能对产品在国际市场的竞争度、市场份额等产生动态影响,成为不能忽视的贸易安全潜在威胁。本书对于贸易安全的评价建立了贸易安全指数（Wood-Product Interactive Trade Indicators/WPITI）（见表 5.3）,以求能够动态监测贸易过程的贸易条件变动及"贸易所得",借以跟踪贸易安全问题。贸易安全另外存在原料进口的资源获取能力及其安全问题,由于资源流动的制约条件复杂广泛,本书主要考量国际环境限制原木出口的关税调节及其福利效应等政策变动因素,借以补充贸易安全研究范畴。

表 5.3　木材产品贸易指数——WPITI

指数分类	代号	指标要义
总体水平 General Profile	N	产业产品出口国际排名 Number of exporting countries for the ranking in the sector
	G1	出口值 Value of exports（in thousand USMYM）
	G2	年均出口增长率 Export growth in value, p. a.（%）
	G3	占国家出口份额 Share in national exports（%）
	G4	占国际进口份额 Share in national imports（%）
	G5	贸易平衡比较 Relative trade balance（%）
	G6	单位值比较 Relative unit value（world average = 1）
当前指数水平 Position for Current Index	P1	净出口 Net exports（in thousand USMYM）
	P2	居民均出口 Per capita exports USMYM/inhabitant）
	P3	国际市场份额 Share in world market（%）
	P4a	产品多样性 Product diversification（N° of equivalent products）
	P4b	产品集中度 Product concentration（Spread）
	P5a	市场多元化 Market diversification（N° of equivalent markets）
	P5b	市场集中度 Market concentration（Spread）
	C1	世界份额变化比较 Relative change of world market share p. a.（%）

指数分类	代号	指标要义
变动指数 Change Index	C1a	竞争度 Competitiveness effect, p. a. （%）
	C1b	地域专业化 Initial geographic specialisation, p. a. （%）
	C1c	产品专业化 Initial product specialisation, p. a. （%）
	C1d	适应度 Adaptation effect, p. a. （%）
	C2	世界需求动态匹配 Matching with dynamics of world demand
平均指数 Indicators included in Chart	A	世界份额变化绝对比较 Absolute change of world market share （% points p. a）
	P	平均指数：当前指标 Average Index：Current Index
	C	平均指数：变化指标 Average Index：Change Index

资料来源：http://www. intracen. org/appli1/TradeCom/TPIC. aspx？RP＝156&YR＝2006。

第三节　RIET 模式的研究逻辑

RIET 模式对于中国木材资源安全的研究遵循系统决策的原则，研究可以通过四个部分来进行。

（1）理论基础。对于木材资源安全的研究，遵循资源经济学理论、生态经济学理论、产业安全理论及国际贸易理论的基本规律，有机结合相关理论，为木材资源安全评价提供有效的基础性理论支撑。

（2）RIET 模式指标框架的选择。通过合理的理论假设及变量选择，在木材资源短缺总指数（WRPI）的基础上，具体细分为木材产业安全指数（WISI）、木材资源利用生态安全评价指数（WUESI）和产品及资源贸易安全指数（WPITI），设计并拓展相关理论模型，建立能够评价木材资源安全的指标框架。

（3）实证研究。结合设置的评价指标，在原木、人造板及纸资源等层面有针对性实证检验中国木材资源安全的水平及发展趋势，为后期构建木材资源安全保障体系提供实证经验。

（4）构建资源安全保障体系。木材资源安全保障体系的构建，依赖于改变资源依赖型的产业结构和大进大出的贸易格局，通过政府制定宏观战略、行业协会政策引导和企业层面决策的有效结合，全局性建立体系完整的资源安全保障体系。

本书界定的 RIET 模式的基本逻辑见图 5.2。

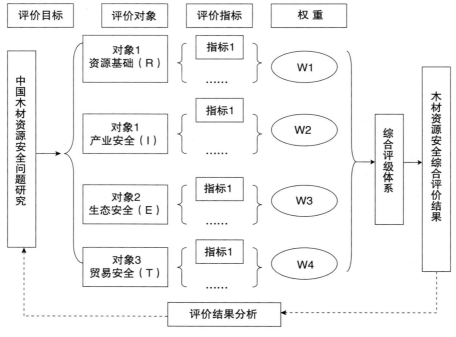

图5.2　RIET模式的研究逻辑

第四节　本章小结

本章以系统的理论依据为指导,构建了评价中国木材资源安全问题的 RIET 模式。从研究目标设定、评价体系构建及研究逻辑梳理等方面分析中国木材资源安全问题研究框架的合理性。通过组织操作可行的"资源基础——产业安全——生态安全——贸易安全"(RIET)逻辑框架,为下属章节的实证分析提供指导。

第六章　中外木材资源利用政策变迁

第五章在资源可持续利用的原则下,结合相关理论,构建了中国木材资源安全问题的 RIET 模式。在展开实证研究前,本章综合分析木材资源安全面临的国际国内政策环境,首先从国际层面分析世界木材资源利用政策的变迁及趋势,然后从国家层面分析中国木材资源利用政策演变及导向,最后结合产业微观层面利用资源面临的现实问题说明木材资源利用的背景。

第一节　国际木材资源利用政策变迁及资源评估

一、国际木材资源利用思想变迁

森林和林地对全人类的社会和经济福祉至关重要。森林除了提供木材产品等生产资料,还提供人类生存不可或缺的环境服务(如水土保持、维护生物多样性及碳储存和减缓气候变化等服务功能)。正确认识国际关于森林及木材资源利用的思想,对于建立资源安全保障体系有重要意义。

(一)联合国森林议题进程

1982 年 10 月联合国大会《世界自然宪章》的颁布,标志着人类社会对于自然系统的真正尊重。《世界自然宪章》提到,"从大自然得到持久益处有赖于维持基本的生态过程和生命维持系统,也有赖于生命形式的多种多样,而人类过度开发或破坏生态环境会危害上述现象,如果由于过度消耗和滥用自然资源以及各国之间未能建立起适当的经济秩序而使自然系统退化,文明的经济、社会、政治结构就会崩溃"。联合国呼吁尊重大自然,将人类的可持续发展与人类利用自然资源的无序结合了起来。

1992 年 6 月联合国大会通过《生物多样性公约》(又称《里约宣言》),开始意识到生物多样性对进化和保持生物圈的生命维持系统的重要性,重申各国对其生物资源拥有主权权利,也重申各国有责任保护其生物多样性并以可持久的方式使用生物资源,并注意到生物多样性遭受严重减少或损失的威胁时,不应以缺乏充分的科学定论为理由,而推迟采取旨在避免或尽量减轻此种威胁的措施。

1995年,联合国地球问题首脑会议上通过一项关于森林原则的不具约束力的声明。国际社会开始就进一步采取必要措施保护人类及世界森林可持续发展的问题进行讨论,此后联合国可持续发展委员会(United Nations Commission on Sustainable Development/UNCSD)组织成立了政府森林问题小组(Intergovernmental Panel on Forests/IPF,1995－1997),于1997年完成其使命,在此之前,该小组就森林养护、管理和可持续发展等问题通过了超过100项包含具体行动目的的提议。森林利用及可持续发展问题在全世界开始受到了关注。

2000年10月,联合国经济和社会理事会(United Nations Economics and Social Council/UNESC)建立拥有全球会员的高级别政府组织联合国森林问题论坛(Intergovernmental Forum on Forests/IFF,1997—2000)。IFF旨在促进森林管理、保护和可持续发展,监督会员国政府长期政策,IFF每年召开会议,优先关注世界范围内森林问题,并监督过去政府组织行动的执行情况。

为了使全球森林及资源管理法律化,2000年联合国经社理事会建立了专门机构森林论坛(United Nations Forum on Forests/UNFF),UNFF是联合国经社理事会按照联合国可持续发展委员会建议成立的常设机构,UNFF的宗旨是通过政府间论坛促进森林的可持续管理、保护与发展,并就决定是否最终通过谈判缔结国际森林文书,推动各国政府、政府间组织等增强政治承诺并实施可持续森林经营及林业合作。UNFF建立了政府间的政策论坛,2001—2007年,UNFF每年召开一次会议;2009—2015年,论坛每两年举行一次;2015年,第11届UNFF会议将讨论UNFF的发展方向及改革形式。

2006年联合国经社理事会建立拥有14个会员的森林合作伙伴关系(Collaborative Partnership on Forests/CPF),CPF的成立积极促进了成员就有关森林问题进行合作与协调,它支持联合国森林论坛的工作,特别是国家活动,以实现可持续森林管理。

2006年12月,联合国决定宣布2011年为"国际森林年"(第61/193号决议),考虑到森林和可持续管理在可持续发展、消除贫穷的发展目标(包括千年发展目标)中能够发挥巨大的作用。联合国经济和社会事务部森林论坛秘书处为协调机构,协同各国政府、国际组织、区域组织、次区域组织、森林合作伙伴关系共同促进森林保护。

2007年联合国第62届会议再次呼吁通过"关于所有类型森林的无法律约束力文书"决议,邀请森林合作伙伴关系成员组织理事机构成员,根据这些组织的任务,支持执行关于所有类型森林的无法律约束力文书,并为此请联合国森林论坛向伙伴关系提供指导。

2009年8月联合国欧洲经济委员会(United Nations Economic Commission for Europe/UNECE)和粮农组织(United Nations Food and Agriculture Organization/FAO)联合发表的森林产品市场审查报告指出,由于受到金融危机的严重打击,欧洲和北美森林制品行业严重受挫,森林产品的消费、生产和贸易在2006年达到创纪录水平,2007年出现小幅回落,2008年急剧下跌,但森林制品消费的总体下降不应成为继续破坏森林及加快采伐森林的理由。

2011 国际森林年主题是"森林为民",旨在促进公众意识到全世界的森林以及依赖森林为生的人口所面临的挑战,促进森林的可持续管理。南美洲亚马孙流域、中非刚果盆地及东南亚婆罗洲和湄公河流域拥有世界上 80% 的热带雨林,这些雨林是地球上三分之二物种的栖息地。近年来,这些地区面临着日益严重的森林面积减少,以及由森林退化和毁林导致的碳排放增加问题。在这样的背景下,全球拥有热带雨林的 30 多个国家 2011 年 5 月在刚果共和国召开首脑会议,讨论如何加强合作,通过签署条约或协议的方式,对三大主要地区的森林生态系统进行可持续管理。

通过研究历年联合国相关森林议题可以发现,世界范围内的森林资源与人类的不良利用形成了"人地之争"的现实矛盾,要将人类社会经济活动发展与人类利用自然资源保护协调好,可持续发展思想应是基本理念。

（二）国际森林资源利用发展阶段

人类社会在近现代对森林及其资源产品的认识可归纳为"木材生产——社会林业——可持续发展——气候问题"四个阶段①,人类对木材资源从自然属性认识逐步发展到人文和社会角度认识,期间对于木材资源利用政策也在不断调整及变化。

第一阶段是第二次世界大战至 20 世纪 60 年代,此阶段的主要问题是经济效益利用为中心的"木材采伐"与贸易阶段。例如 1930 年第二届世界林业大会"木材生产与消费平衡及木材贸易问题",1949 年第三届世界林业大会"森林作为原木基地的木材生产数量和质量"等议题均关心的是木材资源的均衡和利用。虽然后期认识到森林多种功能,但仍以经济利用为主要目标的传统森林经营方式为主要模式。

第二阶段是 20 世纪 70 年代到 80 年代末,社会林业的思想开始受到关注。1972 年斯德哥尔摩人类环境会议后,以发达国家为主导开始研究森林生态效益、社会效益和经济效益的统一。1978 年第八届世界林业大会《雅加达宣言》标志着"林业从生物的、技术的方面,更多地转向人文的和社会的方面",森林资源的认识跨入了社会林业阶段,生态效益优先目标和林业产业的多重效益经营目标逐步成为了共识。

第三阶段是 20 世纪 90 年代以来,森林资源可持续问题成为了当前世界的主题。1992 年联合国环境与发展大会的召开推动人类社会经济发展进入可持续发展阶段,林业资源利用也以此为起点进入森林生态、社会和经济效益全面协调可持续发展的现代林业发展阶段。

第四阶段是 21 世纪以来,森林在减缓气候变化方面的关键性作用被高度重视。《京都议定书》(UN,1998)、《联合国气候变化框架条约》(UNFCCC,2006)、《巴厘路线图》(UN,2007)及《德班方案》(UN,2011)等国际公约正在逐步推动森林与气候问题的协调,森林问题已不仅仅是解决人类需要木材的经济问题,正逐步成为决定全人类是否能够继

---

①　参见"联合国森林议题",[DB/OL]. http://www.un.org/zh/development/forest。

续生存的全球性问题。

通过历年联合国关注森林议题及宣言(见表6.1)能够清晰地发现森林的过度采伐利用及吁请森林的可持续发展已成为了三十多年以来木材资源利用的主流思想。

表6.1　历年联合国森林议题主要宣言和公约

年份	文件——"宣言议题"	备注
2011	德班会议——决定实施《京都议定书》第二承诺期并启动绿色气候基金	
2007	巴厘路线图——加强落实《联合国气候变化框架公约》	
2007	关于所有类型森林的无法律约束力文书——"国际森林安排有效性"	
2005	2005年世界首脑会议成果——"加强森林养护、可持续管理和发展"第56段	
2002	可持续发展问题世界首脑会议执行计划——"保护森林"	
	政治宣言——"从里约原则到《约翰内斯堡可持续发展承诺》"	第45段
2000	千年宣言——"保护我们共同的环境"	第23段
1998	京都议定书——"为了人类免受气候变暖的威胁"	
1997	进一步执行21世纪议程方案——"重申可持续发展的森林原则"	
1992	关于环境与发展的里约热内卢宣言	
	二十一世纪议程——"制止砍伐森林"	第11章
	原则声明——"环境与发展案文"	
1987	到公元2000年及其后的环境展望——"控制和扭转环境退化"	第14段
1982	世界自然宪章——"尊重大自然"	37/7

资料来源:United Nations forest issues①。

二、国际木材资源评估及政策倾向

当前世界的森林资源利用是否朝着可持续森林管理的方向前进呢? 虽然全球强化森林种植和保护的工作步伐在加快,但联合国粮农组织2005—2010年世界森林资源评估的结果得到的是否定的结论②。

---

① 参见"联合国森林议题",[DB/OL]. http://www. un. org/zh/development/forest/index. shtml.
② FAO. 2005c. Global Forest Resources Assessment (FRA 2005). Country Report. Rome.

　　20 世纪末,热带森林①毁坏,温带原始森林滥砍滥伐带来严重的社会、经济和环境问题。世界各大洲中,从 1990 年到 2000 年间,森林面积变化最大的是非洲和南美洲,森林利用不当导致发展中国家,尤其非洲和南美洲等国家面临着尖锐的燃料、饲料、木材以及其他森林木产品的短缺问题,农业用地与林地之争越来越严重。森林破坏也导致生物种类减少及全球气候变化。世界 50% 以上动植物种类栖息的热带雨林损坏导致生物种类严重减少,同时带来地区性和全球性气候危机(见表 6.2;表 6.3;表 6.4)。

表 6.2　1990 年以来世界森林面积减少变化趋势

报告时间	全球森林总面积（亿公顷）	森林净变化（万公顷）	
		全球	热带发展中国家
1948	40		
1963	38		
1980	36		− 1140
1990	34	− 990	− 1360
1995	34	− 1130	− 1270
2000	39	− 890	− 1230
2005	40	− 730	− 1200

资料来源:FAO:*Global Forest Resources Assessment 2005*。

表 6.3　1990 年以来世界按大洲森林减少比较

年代 区域	森林面积(千公顷)			年变化率			
	1990	2000	2005	1990—2000		2000—2005	
非洲	699361	655613	635412	− 4375	− 0.64	− 4040	− 0.62
亚洲	574487	566562	571577	− 792	− 0.14	1003	0.18
欧洲	989320	998091	1001394	877	0.09	661	0.07
中北美洲	710790	707514	705849	− 328	− 0.05	− 333	− 0.05
大洋洲	212514	208034	206254	− 448	− 0.21	− 356	− 0.17
南美洲	890818	852796	831540	− 3802	− 0.44	− 4251	− 0.5
世界	4077291	3988610	3952025	− 8868	− 0.22	− 7317	− 0.18

资料来源:FAO:*Global Forest Resources Assessment 2005*。

---

　　① 　按照 ITTO 划分标准([DB/OL].http://www.itto.int/itto_members/),世界热带木材生产国分布在三大区域:非洲地区(喀麦隆、中非共和国、刚果、科特迪瓦、刚果民主共和国、加蓬、加纳、利比里亚、尼日利亚、多哥);亚太地区(柬埔寨、斐济、印度、印度尼西亚、马来西亚、缅甸、巴布新几内亚、菲律宾、泰国、瓦努图);拉丁美洲地区(玻利瓦尔、巴西、哥伦比亚、厄瓜多尔、危地马拉、圭亚那、洪都拉斯、墨西哥、巴拿马、秘鲁、苏里南、特立尼达和多巴哥、委内瑞拉)。

表 6.4　2000 年以来世界森林面积净损失国家

国家	年损失（10^3 公顷/年）
巴西	−3103
印尼	−1871
苏丹	−589
缅甸	−466
赞比亚	−445
坦桑尼亚	−421
尼日利亚	−410
刚果	−319
津巴布韦	−313
委内瑞拉	−288
合计	−8216

资料来源：FAO：*Global Forest Resources Assessment 2005*。

　　联合国粮农组织《2005 年全球森林资源评估》（FRA 2005）研究报告通过对寒温带到干旱地区及热带雨林森林资源评估，2005 年全球森林资源面积约 40 亿公顷，相当于人均 0.62 公顷，森林损失主要分布在非洲和南美洲等区域（见表 5.2）。森林净损失在发展中国家不断发展蔓延，非洲和南美洲的森林砍伐没有得到有效遏制，年均森林损失量达到 820 万公顷。

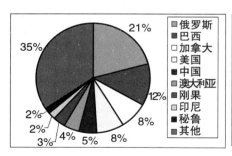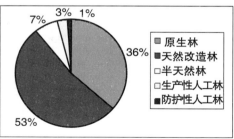

图 6.1　2005 年世界资源评估：分布区域与属性（单位：百万公顷；%）

　　世界森林分布中，森林分布极为不均衡，最丰富的国家占有森林总面积的 2/3（见图 6.1），人口总计为 2 亿的 64 个国家的人均森林面积不足 0.1 公顷。人工林约占全球森林总面积的 3.8%，人工林 2000—2005 年每年均增加 280 万公顷，其中 87% 为生产性人工林，其中亚洲森林实现净增长，中国大规模的植树造林作出了巨大贡献，但主要用途为生产性造林项目(见图6.2;图6.3)。

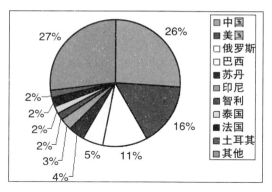

图6.2　主要生产性人工林国家分布(单位:%)

在过去20年的发展中,世界森林的84%为公有,但私有化进程在增加。一些区域的森林管理向社区赋权、决策权下放及私营部门参与程度提高等趋势使得森林的所有权和使用权在不断变化,虽然公有森林仍然是主流,但在北美洲和欧洲(除俄罗斯)、南美洲和大洋洲私有化比例高于其他区域。

评估报告显示,森林资源的功能仍然以生产型用途为主,2005年全球木材年采伐达到30亿立方米,平均占木蓄积量的0.69%。森林的其他功能在不断得到加强,森林的防护功能和社会经济功能均在不断增强(见图6.3)。

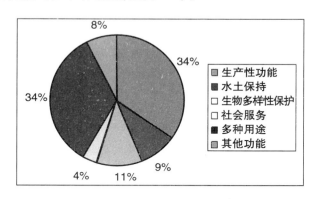

图6.3　2005年世界资源评估:功能(单位:%)

进一步的研究报告FRA2010(见表6.5)显示了世界范围森林资源的变化趋势。除了个别国家,主要热带木材生产国的森林资源2005—2010年不断减少的趋势并未达到改观,非洲区域的喀麦隆、加纳、尼日利亚等国,亚太区域的巴布新几内亚、缅甸等国,拉美地区的玻利瓦尔、厄瓜多尔等国热带森林正在继续退化。

整体看来,世界森林资源的评估反映了森林砍伐利用仍以惊人的速度威胁着人类可持续发展。森林资源在减缓气候变化、保护生物多样性和水土保持等方面,逐步受到重视,但实行森林保护和管理,实现可持续的整体发展目标还有很艰巨的任务。

表 6.5 1990—2010 年热带国家森林面积变化

| | 森林面积（10³ 公顷） | | | | 年均变化 | | | | | |
| | 1990 | 2000 | 2005 | 2010 | 1999—2000 | | 2000—2005 | | 2005—2010 | |
					值	%	值	%	值	%
非洲										
喀麦隆	24316	22116	21016	19916	-220	-0.94	-220	-1.02	-220	-1.07
中非	23203	22903	22755	22605	-30	-0.13	-30	-0.13	-30	-0.13
刚果	22726	22556	22471	22411	-17	-0.08	-17	-0.08	-12	-0.05
科特迪瓦	10222	10328	10405	10403	11	0.10	15	0.15	n. s.	n. s.
刚果民主共和国	160363	157249	155692	154135	-311	-0.20	-311	-0.20	-311	-0.20
加蓬	22000	22000	22000	22000	0	0	0	0	0	0
加纳	7448	6094	5517	4940	-135	-1.99	-115	-1.97	-115	-2.19
利比里亚	4929	4629	4479	4329	-30	-0.63	-30	-0.66	-30	-0.68
尼日利亚	17234	13137	11089	9041	-410	-2.68	-410	-3.33	-410	-4.00
多哥	685	486	386	287	-20	-3.37	-20	-4.50	-20	-5.75
亚太地区										
柬埔寨	12944	11546	10731	10094	-140	-1.14	-163	-1.45	-127	-1.22
印度	63939	65390	67709	68434	145	0.22	464	0.70	145	0.21
印度尼西亚	118545	99409	97857	94432	-1914	-1.75	-310	-0.31	-685	-0.71
马来西亚	22376	21591	20890	20456	-79	-0.36	-140	-0.66	-87	-0.42
缅甸	39218	34868	33321	31773	-435	-1.17	-309	-0.90	-310	-0.95
菲律宾	6570	7117	7391	7665	55	0.80	55	0.76	55	0.73
泰国	19549	19004	18898	18972	-55	-0.28	-21	-0.11	15	0.08

（续表）

| | 森林面积（10³公顷） | | | | 年均变化 | | | | | |
| | 1990 | 2000 | 2005 | 2010 | 1999—2000 | | 2000—2005 | | 2005—2010 | |
					值	%	值	%	值	%
斐济	953	980	997	1014	3	0.29	3	0.34	3	0.34
巴布新几内亚	31523	30133	29437	28726	-139	-0.45	-139	-0.47	-142	-0.49
瓦努图	440	440	440	440	0	0	0	0	0	0
拉美地区										
玻利瓦尔	62795	60091	58734	57196	-270	-0.44	-271	-0.46	-308	-0.53
巴西	574839	545943	530494	519522	-2890	-0.51	-3090	-0.57	-2194	-0.42
哥伦比亚	62519	61509	61004	60499	-101	-0.16	-101	-0.16	-101	-0.17
厄瓜多尔	13817	11841	10853	9865	-198	-1.53	-198	-1.73	-198	-1.89
圭亚那	15205	15205	15205	15205	0	0	0	0	0	0
秘鲁	70156	69213	68742	67992	-94	-0.14	-94	-0.14	-150	-0.22
苏里南	14776	14776	14776	14758	0	0	0	0	-4	-0.02
委内瑞拉	52026	49151	47713	46275	-288	-0.57	-288	-0.59	-288	-0.61
特立尼达和多巴哥	241	234	230	226	-1	-0.30	-1	-0.31	-1	-0.32
危地马拉	4748	4208	3938	3657	-54	-1.20	-54	-1.32	-56	-1.47
洪都拉斯	8136	6392	5792	5192	-174	-2.38	-120	-1.95	-120	2.16
巴拿马	3792	3369	3310	3251	-42	-1.18	-12	-0.35	-12	-0.36
墨西哥	70291	66751	65578	64802	-354	-0.52	-235	-0.35	-155	-0.24

资料来源：FAO：Global Forest Resources Assessment 2010，[DB/OL].http://www.fao.org/forestry/fra/fra2010/en/。

三、国际区域木材资源及贸易政策调整

21 世纪以来,国际社会越来越认识到森林资源的破坏与贸易活动密切相关,关注本国森林资源保护及维护林产品合法性贸易的可持续经营趋势愈发明显。目前世界范围内公共政策在不断打击非法采伐和限制原木出口贸易,与此相关的区域政策成为支持森林可持续经营和合法木材产品的贸易的推动力。例如印度尼西亚制定的"木材合法性标准"、美国"《雷斯法案》修正案"、欧盟建立"自愿合作伙伴协议和尽责调查制度"、俄罗斯"禁止性原木出口关税"、中国"林产品产销监管体系管理"及其他国家的政府绿色采购政策等,上述相关林产品贸易政策在应对日益严重的林产品非法贸易和维护森林可持续发展上具有重要作用。

从森林到产成品,关于森林和林产品的可持续经营的政策变动问题显得尤为重要。下面通过分析主要区域国别的林产品政策变动,以反映全球木材资源贸易政策的发展趋势。

（一）美国《雷斯法案》修正案

《雷斯法案》(Lacey Act)[①]是美国第一部联邦自然保护法案。19 世纪末 20 世纪初,非法捕猎的泛滥严重威胁美国野生物种,1900 年共和党人议员约翰·雷斯(John Lacey)向国会提交《雷斯法案》,提案禁止运输非法捕猎物或者受保护动物,美国总统威廉·麦金莱(William Mckinley,1843 - 1901)签署并通过该法案,《雷斯法案》因约翰·雷斯而被命名。《雷斯法案》百余年来历经修订,内容不断演化,适用领域日益广泛,目前已构成美国联邦野生动植物资源保护执法体系的基础。

2008 年,根据国际林产品贸易发展形势,《雷斯法案》进行了新的修订,本次修订涉及了该法案最主要的几个核心内容。一是重新修订"植物"(Botanical)的概念,扩大了植物及其适用范围;增设涉及植物的犯罪类型;增加处罚类型。针对增设犯罪类型设置了相应的处罚规定。《雷斯法案》第三条、第四条对应不同的犯罪类型分别设置了罚款、没收及监禁等行政、刑事处罚措施。

为打击非法采伐木材进口,2008 年 12 月《雷斯法案》(Lacey Act)[②]修正案有关进口植物及植物制品申报的规定开始执行。此次修订《雷斯法案》,是从木制品需求方抓起,使其成为打击非法采伐和相关贸易的有力工具。其要求美国进口企业承诺或声明进口非法来源的木材及其产品。政府进行抽查或根据举报进行核查,一旦发现违反有关规定将给予严厉处罚。

《雷斯法案》修正案主要内容包括:

---

① Robert S. Anderson. 1995,"The Lacey Act:America's Premier Weapon in the Fight Against Unlawful Wildlife Trafficking",16 Public Land Law Review (Public Land and Resources Law Review) May 27.

② Lacey Act Phase IV begins on April 1,2010. [DB/OL]. http://www. livingstonintl. com.

法律管辖范围由"濒临灭绝的动植物管理"扩展到"所有野生植物"（无论来自原始森林还是人工林），包括根、种子、其他附属部分及产品，但普通的人工栽培植物、粮食作物、非濒危物种的科研样本及移植植物不在范围内。

进口商需提交"植物及产品申报"声明，包括每种植物的学名（包括属名和种名）、进口额、进口数量、原产地等。

对违法植物产品要采取扣押、罚款、没收等措施，对虚假信息、错误标识等行为也要采取处罚措施。重罪将处以个人 5 年徒刑及 25 万美元罚金（公司将被处以 50 万美元罚金）。

《雷斯法案》修正案分阶段实施计划见表6.6。

表6.6　《雷斯法案》修正案实施安排①

实施阶段	时间	要项
第一阶段	2009 年 3 月底前	进口商自愿申报； 没有申报也不会被海关拒绝放行
第二阶段	2009 年 4 月 1 日执行	必须纳入电子申报系统；范围包括第 44 章（木材和木制品）、第 6 章（活植物、鳞茎等）
第三阶段	2009 年 7 月 1 日执行	扩展到第 47 章（木浆）、48 章（纸和纸制品）、92 章（乐器）、94 章（家具）等

资料来源：U. S. *Department of Commerce*。

《雷斯法案》修正案旨在贸易保护抑或森林保护，短期内来看美国主要通过限制本国进口商非法采购木材及植物产品而设定的进口商申报系统，实际上对于出口国的原料来源及认定尤为重要。无疑美国进口商填报时通常需出口商提供有关合法产品的证明材料，由于货物所有权在通关前尚未转移给买方，因此对于林产品出口商影响十分重要。长期来看，《雷斯法案》修正案的实施符合了国际森林可持续发展的要求，对于中国出口商来说，忽视其未来的深远影响对于贸易安全的规避无疑是一种短视。

（二）欧盟 FLEGT/VPAs

森林执法、施政与贸易（Forest Law Enforcement，Governance and Trade/FLEGT）②是欧盟针对全球非法采伐和相关木质林产品贸易政策调整采取的主要措施。

"非法采伐"问题在 1998 年八国集团外长会议通过的《森林行动计划》中第一次被作为严重的国际性问题提出来后，2002 年 4 月，欧洲委员会举办了探讨欧盟应当如何打击非法采伐的国际研讨会，在同年于约翰内斯堡举行的可持续发展世界峰会上，欧洲委员会提出打击非法采伐以及与非法采伐木材相关的贸易活动，至此公平而负责任的采伐森

---

① International Trade Administration，U. S. Department of Commerce，2008.

② European Forest Institute. EFI Annual Report 2005.

林、合法贸易及严格政策监管成为欧盟发达国家推动森林可持续经营的重要行动。

2003 年 5 月欧盟启动《FLEGT 行动计划》,提出旨在打击非法采伐活动的具体措施。内容包括:

Ⅰ. 为木材生产国的治理改进和能力建设提供支持;

Ⅱ. 致力于发展与木材生产国签订的《自愿伙伴关系协议》(Voluntary Friendship co-operation Agreements/VPAs)[①],以阻止其非法生产的木材进入欧盟市场;

Ⅲ. 努力减少欧盟对非法采伐木材的消耗,并抑制欧盟公共机构可能助长非法采伐活动的投资。

FLEGT/VPAs 主旨与美国《雷西法案》修正案极为相似,其目的主要是通过复杂的供应链监管体系,加大非法贸易的交易成本,使得国外的非法产品在国内成为非法产品。其体系由最初包括原木、锯割木、胶合板、饰面板等产品,逐步拓展至其他产品(如家具、其他加工产品等)。

欧盟的 FLEGT/VPAs 体系,通过发展可靠的木材跟踪体系以区分合法木材和非法木材;通过提供准确的森林所有权、社会环境和法律法规的信息来增加透明度;加强政府机构和其他公共机构的能力,以执行现有的法律法规,贯彻管理改革,并处理与非法采伐相关的复杂问题;通过改进森林管理部门、公安、海关和司法部门的协作来增强森林法律法规的执行力度;协助政策改革以保证为合法森林经营者提供适当的激励,并阻止森林犯罪。

FLEGT/VPAs 在减少非法采伐的消耗和投资方面,主要通过制定广泛的非法木材进口禁令,促进使用合法和可持续经营的木材,同时也积极鼓励制定政府采购政策。

欧盟的森林监管体系主要通过国家合作的形式来推进。合作国家将制定一个鉴定机构,授权该机构验证木制品的合法性,授权合作国家制定一个独立的监管机构,并建立争议解决机制,通过"欧盟"确认提议制度的可靠性,为合法采伐的木材签发许可证,允许海关为出口"欧盟"的合法货物清关,证明合法性的出口许可证在"欧盟"边境签发,海关进行必要的检查,海关只接受由合作国家出口"欧盟"且具有合法性许可的木材。

目前欧盟与加纳、印尼、马来西亚、喀麦隆等国的自愿合作协议均取得积极进展。与越南、利比里亚、中非、科特迪瓦、民主刚果、加蓬、利比里亚、刚果共和国、厄瓜多尔、洪都拉斯、尼加拉瓜等国的合作协议也在有序推进。

(三)日本"政府绿色采购政策"

日本同样是国际上木材资源的重要进口国,其 80% 的国内木材依靠进口,日本是热带木材的主要出口目的地。在国际森林保护的宏观背景及日本本土良知政治家的共同促进下,近些年日本政府对木材非法采伐和非法贸易问题密切关注,并采取了多项严厉

---

① 参见"森林趋势"文件,〔DB/OL〕. http://www.forest-trends.org/documents/files/doc_2334.pdf.

打击非法木材贸易的重要措施,日本也被称为国际负责任木材资源利用的典范。

早在1994年日本就开始了有组织的绿色采购活动。1996年政府与各产业团体联合成立了绿色采购网络组织,自此开展了自主性的绿色采购活动,颁布了绿色采购指导原则、拟定采购纲要、出版环境信息手册等。2000年日本政府颁布了《绿色采购法》,并于2001年全面付诸实施。2003年日本政府制定了"绿色采购调查共同化协议(JGPSSI)",建立起绿色采购信息咨询、交流机制。2005年在英国格伦伊格尔斯召开的G8峰会上,日本政府表示要将非法采伐对策纳入《日本政府关于防止气候变暖的倡议》中,受到与会国家及代表的关注。

2006年2月日本修订关于推进环保产品等采购基本方针,《敬告向日本出口木材及木材产品的同行们》①声明,日本2006年4月起实施关于政府优先采购能被确认为合法采伐的木材以及以此为原料的木材产品的新制度。声明指出,国家政府机关必须执行这项制度,对地方政府虽然没有强制性规定,但他们有义务向这方面努力,而提倡企业界执行这一制度。

日本政府的优先采购政策主要包括:关于森林可持续经营的政府绿色采购政策(规定政府采购的木材和木材产品必须保证其合法来源,同时要考虑这些产品的原材料是否来自于可持续经营的森林),采购商品种类:主要包括纸、文具、办公家具、内部固定装置和寝具、公共设施的原料等5类。

合法林产品证明材料:①森林认证证书,可由绿色生态系统委员会(SGEC),森林管理委员会(FSC),美国可持续林业倡议(SFI),加拿大标准委员会(CSA)和森林认证认可体系(PEFC)颁发的证书;②行业协会及相关的权威部门颁发的证明材料;③其他具有和①、②同样可信度的证明材料。

木材和木材产品合法性和可持续性的证明方法包括:①进行森林认证,包括森林可持续经营认证和产销监管链认证,在证明合法性、可持续性时,认证产品上要有认证标志,同时要提供相关的票据加以佐证;②获得森林、林业和木材产业相关团体的认定,此方法又称为行业自行认证办法,要求森林、林业、木材产业相关团体制定自主性的行为规范,行为规范中要说明该团体成员所使用的认定方式(机制)的正当性、合理性,以及在提供木材和木材产品时的注意事项。

日本政府关于木材和木材产品合法性、可持续性证明措施的实施,对于抵制非法采伐,为木材和木材产品合法性和可持续性贸易提供了法律依据,其实质与欧盟推动绿色采购是一致的。

(四)俄罗斯"禁止性原木出口关税"

俄罗斯地产丰富,森林资源占世界五分之一,木材蓄积量占世界的四分之一。俄罗斯有世界最大针叶林和世界最有生命力的生态系统。俄罗斯森林覆盖面积7.06亿公

---

① 参见《日本的非法采伐对策》,[DB/OL]. http://www.goho-wood.jp/world/ch.html。

顷,占领土总面积40%以上。木材储量占世界总蓄积量的近25%。平均年采伐量1.2亿立方米,占木材总储的0.17%。俄罗斯树龄以成熟林和过熟林为主,占木材储量的58%。

俄罗斯林地主要是北方针叶林,大多数森林资源位于偏远地区,40%的资源不可开采。70%的木材蓄积量在西伯利亚和远东地区。木材类型分布为:松树类(雪松、云杉、银枞和落叶松等),约占总面积的70%;软木类(包括桦树、杨树、柳树、桤木),约占总面积的17%;硬木类(包括橡树、山毛榉树、岑树、枫树、榆树、槐树)①。

约730亿立方米的木材资源是俄罗斯重要的战略资源,软木采伐和软木锯材是林业生产和贸易最大的林业产业门类,但俄罗斯的木材贸易与其木材蓄积量并不相符,由于其工业设备及加工技术的相对低下,木材产品贸易占世界木材市场份额仍然很低,截至2008年贸易平衡数据来看,俄罗斯仅占全球木材出口份额6.5%,其中大部分是原木。俄罗斯长期以来对外奉行低关税原木出口政策,整体原木出口关税保护率低下,森林破坏及流失严重。俄罗斯森林资源的丰富与其经济贡献率并不相称,俄罗斯以世界1/4的森林资源,获得在世界森林工业中仅为2.3%的比重。

俄罗斯由于未加入世界贸易组织(WTO),其外贸关税以双边关税政策代替最惠国待遇(Most Favored Nation Treatment/MFNT)关税,关税水平根据其政治政策存在明显区别(见表6.7)。由于其木材资源丰富,林龄结构普遍以成熟林为主,其木材产品出口关税长期以低关税为主。许多木材资源短缺国家(中国、日本、韩国等)长期享受俄罗斯木材出口低关税贸易待遇,对俄罗斯木材存在严重依赖,形成了国际木材资源流动的单一进口态势。

世界各国限制原木的政策各异,利用关税限制在一定程度加重进口国木材资源获取成本,也成为最直接的限制措施。作为关税政策,虽然在WTO框架内存在一定的最惠国待遇条款承诺,但对于环境保护和森林可持续利用限制原木出口及加速本国加工业发展的要求,关税政策跨越纯粹贸易限制的壁垒,成为了政治和环境双调节机制的最重要选择。

自1991年独立以来,经过多年经济恢复调整,自2002年俄罗斯木材加工业进入了重要的战略转移阶段。2002年政府通过"2002—2010年木材加工业发展规划",该规划明确了俄罗斯政府把经济重心从石油转向木材,并计划到2010年将木材加工产量提高4倍。俄罗斯政府对木材加工业已给予高度的重视,并将木材的生产和加工提高到了经济战略的高度。主要体现在减少原木低价值出口贸易和非法开发,提高加工业水平等方面:(1)增加已经加工木材和高附加值木材和木制品;(2)消除木材非法出口和非法交易;(3)通过关税和其他行政措施促进木材制成品出口;(4)吸引外国投资;(5)制定长期适用的法律和相关国家林业政策。

---

① FAO. 2005a. Global Forest Resources Assessment (FRA 2005). Country Report. Rome.

表6.7 俄罗斯对主要出口国关税水平(税则号:44)

主要进口国	俄罗斯出口金额	主要贸易指数			平均关税总水平(从价税:%)
		占俄出口份额	世界进口排名	世界进口份额	
中国	2,475,292	31.8	3	6.5	1.8
芬兰	1,055,793	13.6	15	1.8	0.8
日本	488,122	6.3	2	9.1	2.3
埃及	412,184	5.3	24	0.9	7.5
乌兹别克	390,299	5	47	0.4	0
哈萨克	287,385	3.7	48	0.4	0
阿塞拜疆	259,479	3.3	87	0.1	0
德国	230,913	3	4	5.6	0.8
瑞典	154,281	2	14	1.8	0.8
土耳其	137,924	1.8	25	0.9	0.2
伊朗	134,906	1.7	49	0.4	20.5
拉脱维亚	128,541	1.7	57	0.2	0.8
英国	120,274	1.5	5	4.8	0.8
意大利	115,053	1.5	6	4.7	0.8
塔吉克	112,128	1.4	78	0.1	0
美国	107,353	1.4	1	12.4	0.1
韩国	98,614	1.3	13	2.1	5.8

数据来源:Calculations based on UNCOMTRADE statistics。

注释:考虑到俄罗斯2008年木材资源出口关税的大幅度调整,本统计主要以2008年的双边贸易数据为标准。

　　作为重要的战略调整,俄罗斯制定"国家计划"来实现其战略目标,目的主要在于解决两个问题:第一,限制原木出口,第二,增强木材在国内加工的附加值。其主要措施为:其一,加强非法木材监管,其二,通过出口关税限制出口。俄罗斯计划通过其战略目标的调整,改变其单一出口原材料的贸易结构,从而借助资源优势获得国内加工产业增加值的提高。

　　对于木材非法砍伐的监管:通过俄联邦政府和地方政府协同国家经济政策监管木材采伐、运输、加工和销售的每一个环节。2006年开始,减少盗伐木材20%—30%,提高对林业资源统计的精确度,对1500万亩林地进行认证,每年增加20亿卢布的预算收入。制定修改的《俄罗斯联邦林业法》[①]同时在木材资源的国内加工给了重要的政策支持,从根本上改变了森林资源利用的现有方式。主要措施表现在:在俄罗斯境内从事木材加工并按照生态规律合理生产的单位将获得俄森林资源的优先使用权,"森林资源使用者将承担起保护森林资源的责任";签订25—90年长期合同的林区承租人将享有优先使用权,而1—3年的短期承租人则不享受此项待遇。这些对于木材资源利用的优惠国内支持计划无疑会改变俄罗斯原木出口低附加值的现状。

　　对于限制原木资源的出口:俄罗斯经济发展贸易部积极推行实施禁止性原木出口关税计划。2007年俄罗斯原木出口关税为海关报价的6.5%,每立方米最低关税4欧元。根据禁止性关税措施,未来三年中俄原木出口关税将以每年30%的幅度提高。具体措施包括:从2007年7月份起,俄罗斯原木的出口关税率将提高至20%,但不低于10欧元/立方米。而从2008年4月份起税率将提高至25%,但不得低于15欧元/立方米。从2009年1月起,提高至80%,但不低于50欧元/立方米。俄罗斯新的原木出口关税将是世界上最高的原木出口关税之一,表6.8为俄罗斯近年工业用原木出口关税调整计划。

表6.8　俄罗斯工业用原木出口关税调整计划

年份	原木出口关税	
	欧元/m³	美元/m³
1996	4	5
2007	10	14
2008	15	23
2009	50	74

资料来源:State of the World's Forests 2009。

　　俄罗斯木材加工业发展规划及禁止性原木出口关税政策对于提高其国内木材加工业水平无疑是重要的鼓励,但对于战略物资的重要木材进口国家,其对于木材资源的获取无疑加重成本和贸易安全风险,表6.9可以说明中国对俄罗斯木材资源进口的

---

　　①　参见:上海合作组织区域经济合作网站资料,[DB/OL].http://www.sco-ec.gov.cn/crweb/scoc/info/Article.jsp? a_no＝47751&col_no＝238。

表6.9　中国对俄罗斯主要木材进口及关税水平(税则号:44)

税则号	俄罗斯对中国出口				俄罗斯对世界出口		
	出口额	年均增长率	中国占俄罗斯出口份额	中国对俄罗斯从价税率	俄对世界出口	年均增长率	占世界份额
4403	2,103,038	25	60.21	0	3,492,943	12	24.53
4407	354,290	45	12.55	0	2,822,615	20	9.07
4419	10,353	67	66.17	0	15,647	77	2.25
4412	4,634	48	0.61	8	755,232	16	5.61
4408	2,353	67	8.03	3.8	29,296	25	0.84
4401	304	2	0.22	0	135,707	31	2.68
4409	232	2	0.52	7.5	44,847	28	0.85
4406	25	59	0.06	0	43,408	22	13.03
4418	24	21	0.02	4.1	122,619	36	0.86
4413	17		4.56	6	373	3	0.12
4415	17	-46	0.18	7.5	9,533	13	0.31
4421	2	10	0	0	59,021	34	1.27
4420	1	-73	0.01	0	8,550	5	0.63
4411	1	-90	0	0	143,998	29	1.44
4414	0		0	20	134	37	0.01
4416	0		0	16	1,937	39	0.25
4417	0		0	16	936	43	0.32
4410	0		0	7.5	95,059	29	1.26
4402	0		0	0	1,220	28	0.24
4404	0		0	8	605	-1	0.29
4405	0		0	8	2,207	1	2.7

数据来源:UNcomtrade Database。

注释:考虑到俄罗斯2008年木材资源出口关税的大幅度调整,本统计主要以2008年的双边贸易数据为标准。

依赖关系,中国以零关税政策吸引着60%的俄罗斯原木进口,俄罗斯出口关税调整政策中将使中国面临着严重的贸易安全威胁。

2011年12月WTO第八次部长级会议正式批准俄罗斯加入世贸组织,根据入世协议,俄罗斯总体关税水平将从2011年的10%降至7.8%。其中,农产品总体关税水平将从目前的13.2%降至10.8%,工业制成品总体关税将从9.5%降至7.3%。协议生效后,俄罗斯有义务立即对超过三分之一的进出口税目执行新关税要求,另有四分之一税目将在三年内调整到位。对于俄罗斯这个重要的资源出口国来说,未来仍可能维系较低的进出口关税,这无疑是中国等资源进口国乐意看到的。但是,寄希望于低关税的资源进口长期来看对于中国并非有利,整体趋紧的世界贸易环境决定着资源获取的困难程度还会不断加大。

其他资源型国家也在不断调整着资源出口政策,印尼2009年木材合法性保证体系促进合法木材和林产品的贸易,2009年9月刚果(布)建立可追溯系统保护木材出口的合法性。从森林到木材资源再到产成品,国际社会在生产链过程中越来越重视资源的监管及可持续利用。对于一个资源稀缺的经济体,依赖于低成本的资源无限获取已经越来越受到国际社会的监管和限制,负责任地利用地球生物资源,将本国的经济发展纳入维护全球资源安全是不能回避的现实问题。

第二节　中国木材资源利用与贸易政策沿袭

中国木材资源的利用管理政策影响着森林资源可持续利用和国家的木材供需平衡。中国木材资源利用及管理已经形成较为完整的政策体系[①],主要包括:林木采伐限额管理、凭证采伐林木制度、木材生产计划管理、木材经营加工管理、木材流通运输管理、木材市场销售管理等方面,本研究结合中国木材资源管理体系从中国林业产业政策、林产品贸易政策两方面来归纳中国木材资源安全的政策背景。

一、中国木材加工产业政策

中国木材资源利用的产业发展和政策调整,与中国改革开放及世界经济全球化等宏观背景联系紧密,也与国际范围内环境保护的大环境紧密联系,三十年来,中国木材加工产业发展及政策调整主要经历了三个重要阶段[②]:一是计划经济时期经济效益优先考虑阶段;二是经济体制转轨中经济效益与生态效益并重阶段;三是市场经济体制下生态效益优先兼顾经济效益阶段。

---

① 李剑泉、陆文明等:《中国木材资源利用管理政策体系》,《林业科技》2007年第5期,第67—70页。

② 刘家顺:《中国林业产业政策研究》,东北林业大学博士论文,2006年。

（一）木材加工产业发展第一阶段

1949 年中国人民政治协商会议通过的《共同纲领》提出"保护森林，并有计划地发展林业"的方针，据此新中国制定了一系列林业政策，森林开发和利用工作开始成为国民经济的一部分。其后，1961 年中共中央发布《关于确定林权、保护山林、发展林业的若干政策规定（试行草案）》，1981 年中共中央、国务院公布《关于保护森林、发展林业若干问题的决定》，1984 年第六届全国人民代表大会第七次会议通过《中华人民共和国森林法》。新中国成立至 1981 年《国务院关于保护森林发展林业若干问题的决定》的颁布，中国林业产业发展较长时间是在公有制基础上实施高度集中的计划经济管理体制，林业主要任务是满足经济社会发展对林产品需求，主要特点以林业经济效益为主要目标适当兼顾生态效益。此阶段林业产业以木竹采运业为代表，木材、锯材生产大幅度提高，人造板加工业落后，林业投资主要倾斜于森林工业。

（二）木材加工产业发展第二阶段

从 1981 年《中共中央国务院关于保护森林发展林业若干问题的决定》颁布至 1998 年天然林禁伐为止。此阶段林业发展目标向生态效益和经济效益并重转变。木材采伐和锯材加工业快速发展，人造板工业和竹产业迅猛发展，林业投资有森林工业转移向营林。

此阶段国有森工企业改革深化，林业企业经营自主权逐步扩大，森工企业财务管理由"统收统支"、"利改税"、"'收入（盈利）不上交，支出（亏损）不拨补，结余全留用'财务包干或盈亏包干的办法"和"森工企业全面实行所得税政策，国家作为投资人享有所有者权益，参与企业利润分配"等四个阶段的改革。

此阶段重要标志以 1986 年《中华人民共和国森林法实施细则》对森林采伐管理明确规定，林业主管部门依法建立了以森林资源消长总量平衡为目标的资源管理制度，实行了限额采伐管理，以法律形式规定凭证采伐、凭证运输、凭证销售的许可证管理制度，一定程度维护了森林经营的可持续性。

1997 年出台减免税收优惠政策，对从事种植业、养殖业和农林产品初级加工业取得的所得，暂免征收企业所得税；对联营企业、股份制企业不予优惠；对边境国有农场、林场生产经营所得和其他所得暂免所得税；免税的种植业、养殖业和农林产品初加工业须与其他业务分别核算；对东北、内蒙古国有林区森工企业生产的原木暂按 5% 税率征收产品税。

（三）木材加工产业发展第三阶段

以 1998 年天然林保护工程为标志，中国林业进入由以木材生产为主向以生态建设为主转变的新的历史时期。此阶段逐步确立以生态建设为主的林业发展战略，实行三大效益兼顾、生态效益优先的方针。木材加工由于大幅度调减木材产量致使锯材大幅减少，人造板工业发展有所下降。同时刺激进口的政策导向导致木材进口增加，由于原木进口引发国际舆论压力不断增加,木材资源利用的国际安全来源出现问题。

以实施天然林资源保护政策和退耕还林政策为代表,严格天然林采伐管理。对人工商品林采伐制度管理进行了调整,政策严格了天然林经营者的产品处置权,适当松解人工商品林经营者的产品处置权,对保护天然林,发展商品林,木材资源来源以采伐天然林为以采伐人工林为主转变。

具体政策措施为:按照合理经营与持续利用的原则,森林经营方案中的人工商品林,年森林采伐限额按照森林经营方案合理年伐量制定;达到一定规模人工商品林,经营单位可以单独编制年森林采伐限额;国家对人工商品林年森林采伐限额和年度木材生产计划实行单列,采伐限额节余可以结转下年使用;人工商品林年森林采伐限额不足可使用天然林或公益林的年商品材采伐限额;抚育采伐,林木胸径在 10 厘米以下不纳入年度木材生产计划;人工商品林采伐实行公示制度;对采伐后发生水土流失及生态破坏,应当采取水土保持措施;坡度 15 度以上定向培育工业原料林和一般人工用材林采伐面积不得超过 5 公顷。

此阶段对于木材加工产业实行多项税费优惠政策(见表 6.10)。通过鼓励木材加工产业发展,形成了具有竞争优势的产业集聚地及产业结构,但同时加工业的发展也沿袭了中国对外贸易出口加工产业发展的共性,以"资源进口、产品出口"为模式的两头在外的加工产业也加重了对资源进口和国际市场的双重依赖。

二、中国木材资源贸易政策

中国木材资源贸易政策的演变是随着中国林业宏观政策的调整而变化的。1998 年末开始实施天然林保护工程以来,由于国内供给的渠道减少,以木材进口为主的贸易政策成为了主要导向。中国木材资源贸易政策不仅直接影响到中国林产品对外贸易,也对国际木材资源的调剂及配置起到一定作用,同时也影响了国内木材加工产业的资源基础。本书通过归纳中国木材资源贸易政策,分析由于贸易政策变化可能带来的资源安全问题。

第一时期(1949—1978 年):国家垄断经营时期。此阶段国家对主要资源类产品进行计划供应,主要手段是实行高关税保护本国产业政策。国家垄断型的林产品进口贸易主要由政府指定专门国有公司根据国家建设需要从有限的几个国家和地区进口木材,由于此阶段的工业基础较弱,林产品的出口很少,主要贸易政策是垄断性进口补给。

第二时期(1979—1988 年):随着中国经济体制改革的起步,经济模式仍以计划经济为主,外贸政策主要通过三种手段来调控,一是关税为主的关税政策,二是进出口贸易采用许可证和配额经营的政策,三是专营木材进口的财政政策。此阶段国家木材加工业被政府列为重点发展项目,林业产业发展迅速,专项资金用于林产品进口和特定公司专营林产品进口业务成为鲜明特色。此阶段贸易政策的重要优惠体现在对于外国贸易和投资的优惠政策,中国政府欢迎木材加工合资或独资公司,并对此类公司进口设备

表6.10 "天保工程"以来木材加工产业优惠政策

时间	政府部门	政策名称	主要内容
1999.7.19	国家计委 财政部	《关于野生动植物进口管理费收费标准的通知》	大幅度调低野生植物和人工繁殖、培植野生动植物出口费
2001.4.29	财政部 国家税务总局	《关于以三剩物和次小薪材为原料生产加工的综合利用产品增值税优惠政策的通知》	"十五"期间对企业以三剩物和次小薪材为原料生产加工综合利用产品,2005年底前由税务部门实行增值税即征即退办法
2001.7.30	财政部 国家税务总局	《关于"十五"期间进口种子(苗)和畜(禽)、鱼种(苗)和非盈利性种用野生动植物种源税收问题的通知》	2005年底前对进口种子(苗)、种畜(禽)、鱼种(苗)和非盈利性种用野生动植物种源征进口环节增值税
2001.11.1	财政部 国家税务总局	《关于林业税收问题的通知》	对森林抚育、低产林改造及更新采伐过程中生产的次加工材,小径材、薪材,免征农业特产税;对包括国有企业单位在内的所有企事业单位从事林木种植的所得暂免征收企业所得税;对从事林木、林木种子和苗木培育物以及从事国有林区原木品初加工取得所得暂免征农业特产税
2001.12.14	财政部 国家税务总局	《关于对采伐国有林区原木的企业减免农业特产税的通知》	对采伐国有林区原木企业,生产环节与收购环节减按10%税率合并计算征收农业特产;对东北、内蒙古国有林区原木生产减按5%税率征农业特产税;对小薪材免征;对由于三剩物次剩余材加工材发生亏损的,可免征农业特产税
2004.1—2010.12	财政部 国家税务总局	对天保工程实施单位应用于天然林保护工程的房产、土地的企业产品在2005年年底以前由税务部门实行增值税即退征生产加工的综合利用产品退税办法	对天保工程实施单位应用于天然林保护工程的房产、土地和车船免征房产税、土地使用税和车船使用税;对由于国家实施天然林资源保护工程造成森工企业的房产、土地以上不用的,暂免征房产税和城镇土地使用税
2005.4	财政部 国家林业局	《林业贷款中央财政贴息资金管理规定》	中央财政对各类银行(含农村信用社)发放符合规定的项目贷款给予贴息
2009 11	国家林业局 国家发改委 财政部 商务部 国家税务总局	《林业产业振兴规划(2010—2012年)》	重点扶持100家国家级林业重点龙头企业和10大特色产业集群,林业产业总值每年保持12%左右的速度增长;鼓励符合条件龙头企业通过债券市场发行各类债券类金融工具,募集生产经营所需资金;鼓励林区中小企业发行集合债券;以多种形式投资基础性投资项目;鼓励担保机构开办林业融资担保业务,林权抵押为主要反担保措施的担保倍数可放大到10倍

参考来源:根据历年林加工业政策整理。

和技术等给予免关税或减关税优惠,并减免合资独资公司加工税、所得税和其他税费等。

第三时期(1989—1998 年):市场经济已经在国民经济占主导地位,中央计划林产品比例逐年减少,1993 年国家完全取消计划内林产品进口。1993 年关贸协定乌拉圭回合约定的关税减让计划实施,世界范围的关税保护受到限制,国际社会大幅减让贸易关税。同时中国多次自主大幅降低进口关税以顺应乌拉圭进程,从 1996 年 4 月 1 日起,木材平均关税从 15% 降到 5%,木材产品平均关税从 40%—50% 降低到 15%。到 1998 年中国主要林产品进口税率分别为:原木 2%;锯材 3%;高档板材 6%—9%;胶合板 15%;细木工 18%;木线条 20%;木家具 22%(20 世纪 90 年代早期家具平均关税高达 78%,90 年代中期降到约 40%)。此阶段中国林产品的关税减让对于资源进口无疑是有利的,但由于整体木材加工业的国际竞争力还较弱,加工产品的进口关税明显高于国际水平。

第四时期(1999 年至今):21 世纪以来,中国加入 WTO 成为了木材资源外贸政策发生重大变革的社会背景,贸易自由化和国内天然林保护工程促进了进口导向政策的发展。此阶段的特征体现为贸易自由化,关税大幅度降低,非关税措施受到限制。从 1998 年 12 月中国取消国家审核专营单位从事国际林产品贸易的政府限制,凡具有外贸经营权的公司,均可自主进口木材资源;1999 年 1 月,木材进口“零关税”政策开始实施,从此原木、锯材、薪材、木片、纸浆和废纸等主要木材资源原料进口税削减为零(加工品胶合板由原来 20% 削减到 15%);2001 年 1 月,中国林产品平均关税为 12.3%;2001 年 11 月,中国加入 WTO,根据入世承诺对 249 种林产品降低关税,并逐步取消非关税措施,到 2002 年加工品平均关税水平降到 8.9%;2003 年中国林产品平均关税为 7%;2005 年家具进口关税降为零,纸制品关税由 7.5% 降至 4.6%。

林业部门和与林产品贸易政策变化密切相关,林产品贸易政策的关税降低及非关税措施减弱一方面与中国实施天然林保护的资源补给有关,同时也是中国政府兑现对 1998 年 APEC 贸易自由化进程中 9 个部门多边行动计划的承诺。

除了关税政策的调整,中国在积极促进自由贸易化方面同样做出了重要的政策调整,例如《国外投资产业指南》(1997 年 2 月修订)规定除开发利用濒危物种,对外商投资林业部门没有其他具体限制,鼓励国外对包括林业部门在内的许多部门投资。

本书主要将木材资源分为原木、锯材、人造板及纸资源四类。

表 6.11、表 6.12 为 2010 年中国主要木材资源及纸资源的世界进口情况,可以发现中国的木材资源进口主要为原木(4403)、锯材(4407)、废纸(4707)及木浆(4703;4705),均列全球进口第一位,比重分别占到世界进口份额的近 42%;13%;48%;16% 和 15%。尤其以原木及废纸的进口比率已经严重达到或超过贸易进口安全警戒。相关进口产品的进出口关税及其影响,是本书考量木材资源贸易安全的重要视角。

表6.11 2010年中国主要木材资源的世界进口

税则号	商品	2010年进口金额（单位：千美元）	2006—2010年均进口值增长率（%）	占世界进口份额（%）	世界进口排名
		1,396,001,565	13	9.2	3
4403	原木	6,072,991	6	41.9	1
4407	锯材	3,868,899	21	13	1
4401	薪柴	675,602	53	9.9	2
4411	纤维板	124,654	-12	1.5	21
4412	胶合板	116,063	-16	1	21
4410	细木工板	114,286	1	1.9	15
4408	饰面板	88,104	-13	3.1	11
4421	构件板	52,267	22	1	18
4418	建筑木材	23,230	26	0.2	47
4402	木炭	23,008	39	2.9	10
4409	指节材	19,835	-9	0.4	31
4420	装饰木材	12,011	28	0.8	21
4416	桶用木材	9,894	4	1.9	14
4415	包装材	9,857	13	0.4	34
4406	枕木	9,583	3	2.5	6
4419	厨桌木材	7,090	-3	0.8	21
4413	密度板	2,953	1	1.2	24
4417	工具材	1,742	3	0.7	31
4414	木框架	1,392	35	0.1	42
4404	箍木	726	-31	0.4	35
4405	木线木粉	676	-9	0.9	25

数据来源：UNcomtrade Database。

表 6.12　2010 年中国木浆资源的世界进口

税则号	商品	进口金额(单位:千美元)	年均增长率(%)	占世界进口份额(%)	世界进口排名
TOTAL	All products	1,396,001,565	13	9.2	3
4703	针叶及非针叶木碱木浆或硫酸盐木浆	6,538,785	16	22	1
4707	废纸	5,353,298	14	47.7	1
4702	化学木浆,溶解级	1,355,307	41	37.9	1
4705	机械与化学联合制浆法制的木浆	813,841	13	41.8	1
4706	棉短绒,回收纸及其他纸浆	53,237	7	6	6
4701	机械木浆	35,890	−4	6.6	6
4704	针叶及非针叶木亚硫酸盐木浆	27,801	0	3	9

数据来源:UNcomtrade Database。

（1）原木贸易关税政策

根据本研究对于木材资源的界定,我们归纳了当前主要木材资源国家关税政策(包括原木、锯材、人造板及纸和纸浆等)及其关税条件。结合关税政策进一步分析现阶段中国木材资源贸易政策的趋势。

关于中国主要进口原木的关税调整见表6.13。

表6.13　中国原木资源进出口关税条件

税则编码	商品种类	进口优惠税率	进口普通税率	出口税率	增值税	监管条件
4403	原木					
	针叶原木					
	红松、樟子松、白松、云杉、冷杉、辐射松、其他落叶松及濒危针叶木	0	8		13	8A
	热带阔叶原木					
	楠木、樟木、红木、柚木、奥克曼、龙脑香、克隆原木、山樟、印加木、大干巴豆、异翅香木	0	35		13	8A
	红柳安木、其他濒危原木	0	8		13	8A
	温带阔叶原木	0	8		13	8A
	栎木(橡木)、山毛榉木、泡桐木、水曲柳、北美硬阔叶木、其他濒危非针叶木原木	0	8		13	8A

注释:1. 本分类以中国海关总署为依据(2009年9月1日公布);2. 监管条件解释,8 – 禁止出口商品;A – 入境货物通关单。

通过研究上述主要原木资源的关税水平,可以发现,天然林保护工程以来,中国鼓励原木进口的关税政策进一步加强,鼓励进口的木材关税和限制原木出口的关税政策成为主要趋势。

上述关税条件主要体现了木材进出口的政策导向:第一,相对于其他商品,原木增值税的征收明显低于17%的要求,政府导向进口资源的态度非常明显;第二,所有原木资源由于国内短缺,都以限制出口为主;第三,是否加入WTO或其他关税同盟对于中国原木进口影响巨大,进口优惠税率和普通税率的差别严重影响利用国际资源的能力;第四,中

表6.14 中国锯材资源进出口关税条件

税则编码	商品种类	进口优惠税率	进口普通税率	出口税率	增值税	监管条件
4407	锯材					
	针叶锯材					
	端部接合:红松、樟子松、白松、辐射松、花旗松	0	14		17	ABEF
	非端部接合:红松、樟子松、白松、辐射松、花旗松	0	14		17	4ABEFxy
	热带阔叶锯材					
	端部接合:红柳桉木、[樟木、楠木、红木、柚木(40)]	0	14、[(40)]		17	AB、[AFEB]
	非端部接合:红柳桉木、[樟木、楠木、红木、柚木(40)]	0	14、[(40)]		17	y4xAB、[y4xAFEB]
	温带阔叶锯材					
	端部接合:泡桐木、北美硬阔叶材、[其他温带濒危非针叶板材]等	0	14		17	AB、[FEAB]
	非端部接合:泡桐木、北美硬阔叶材、[其他温带濒危非针叶板材]等	0	14		17	y4xAB、[4ABEFxy]

注释:1. 本分类以中国海关总署为依据(2009年9月1日公布);2. 监管条件解释,4－出口许可证;A－入境货物通关单;B－出境货物通关单;E－濒危物种出口允许证;F－濒危物种进口允许证。

国对于热带珍贵原木的保护还是承担了负责任的大国责任,特别对于来自非关税同盟区域的热带珍贵阔叶原木(楠木、樟木、红木、柚木)的进口明显严格高于其他产品。

(2)锯材贸易关税政策

表6.14 为中国2009 年开始实施的主要锯材资源进出口关税条件。

上述主要锯材资源关税条件说明,相比较于原木资源来说,锯材资源在增值税的比例优惠明显减少(17%),同样对于针叶材和阔叶材树种的加工锯材,虽然出口不像原木资源严格禁止,但仍需要申领出口许可证。

上述关税条件的政策导向体现为:第一,非端部结合的加工锯材在监管条件上明显严格于端部结合锯材资源,国家鼓励非直接原木资源的锯材进出口,这也是保护原木资源的主要目的;第二,对于珍贵的热带阔叶锯材的政府监管和非优惠地区的关税明显高于其他材质锯材;第三,作为加工材资源,锯材虽然同样适用零关税进口政策,但相比较于原木资源的普通进口关税明显较高。一方面政府对于锯材资源仍然倡导鼓励进口的优惠政策,另一方面作为资源稀缺国家,政府关于资源保护和监管的立场同样明确。

(3)人造板贸易关税政策

表6.15 为中国2009 年开始实施的主要人造板资源进出口关税条件。

表6.15 中国人造板资源进出口关税条件

税则编码	商品种类	进口优惠税率	进口普通税率	出口税率	增值税	监管条件
4410	刨花板					
	木制碎料板	4	40		17	AB
	木制定向刨花板(OSB)	4	40		17	AB
	其他木制板	4	40		17	AB
	其他板	7.5	40		17	AB
4411	纤维板					
	密度>0.8g/cm3 且厚度≤5mm	4	40		17	AB
	密度>0.8g/cm3 且厚度≤5mm	7.5	40		17	AB
	未经机械加工或盖面的其他厚度≤5mm	7.5	40		17	AB
	密度>0.8g/cm3 且5mm<厚度≤9mm	7.5	40		17	AB
	密度>0.8g/cm3 且厚>9mm 的中密	4	40		17	AB
	未经机械加工或盖面的其他厚度>9	7.5	40		17	AB
4412	胶合板					
	竹制多层板	4	30		17	AB
	至少有一表层为濒危非针叶木薄板	4	30		17	ABFE
	至少有一表层是本章子目注释所列的热带木	8	30		17	

税则编码	商品种类	进口优惠税率	进口普通税率	出口税率	增值税	监管条件
	至少有一表层是非针叶木	10	30		17	
	至少含有一层木碎料板	10	30		17	
	至少有一表层是濒危热带木薄板制	12	30		17	ABFE
	至少有一表层为桃花心木薄板制胶	12	30		17	ABEF

注释:与上表解释相同。

　　上述主要人造板资源关税条件说明,加工型人造板产品的进出口政策,已经不在鼓励进口的政策上给予优惠,由于中国木材加工业的发展迅速,人造板资源的进口关税比原木和锯材资源明显提高,而对于普通进口税则甚至达到40%。对于人造板资源的监管条件则显得较为宽松,特别对于大多数产品的出口监管,只需提供报关证明,明确提供了支持出口而相对限制进口的政策导向。需要说明的是,政策给予了竹制品较优惠的低进口关税,这也与竹材资源相对增长更新较快有关,一定程度上较高的进口关税有利于限制人造板产品对热带木材,特别是濒危资源的过快开采利用。

　　(4)纸浆资源贸易关税政策

　　一般纸资源可以通过材料来源和产品来进行分类。其一是纸浆(包括木浆及其他纤维素浆)和废纸;其二是纸及纸板;其三是印刷品。上述分类第一种主要侧重于纸资源的角度,这也是中国木材资源进口的主要对象,第二及第三种主要侧重于产成品的角度,而相较于第一种资源的概念,其依赖性则明显较弱。为研究方便,本书把三类均视为中国纸资源的研究对象,但在统计中按资源和产品两类进行区别,以利分析。

　　表6.16为中国主要纸资源进出口关税条件。

表6.16　中国木浆及废纸资源进出口关税条件

商品编码	商品名称	进口优惠税率	进口普通税率	出口税率	增值税	计量单位
4701	机械木浆	0	8	10	17	千克
4702	化学木浆,溶解级	0	8	10	17	千克
4703	针叶及非针叶木碱木浆或硫酸盐木浆	0	8	10	17	千克
4704	针叶及非针叶木亚硫酸盐木浆	0	8	10	17	千克
4705	机械与化学联合制浆法制的木浆	0	8	10	17	千克
4706	棉短绒、回收纸及其他纸浆	0	8	10	17	千克
4707	废纸	0	8	10	17	千克

注释:本分类以中国海关总署为依据(2009年9月1日公布)。

表 6.17　中国纸及纸板进出口关税条件

商品编码	商品名称	进口优惠税率	进口普通税率	出口税率	增值税	计量单位
4801	成卷或成张的新闻纸	5	30		17	千克
4802	手工制纸及纸板、涂布薄纸等	7.5	70		17	千克
4803	卫生纸、面巾纸、餐巾纸及类似纸	7.5	40		17	千克
4804	牛皮挂面纸等	5	30		17	千克
4805	瓦楞原纸、强韧箱纸板、电解电容器原纸等	7.5	30		17	千克
4806	植物羊皮纸、防油纸、描图纸等	7.5	40		17	千克
4807	成卷或成张的复合纸及纸板	7.5	40		17	千克
4808	瓦楞纸及纸板	7.5	30		17	千克
4809	大张(卷)自印复写纸	7.5	40		17	千克
4810	铜版纸等	5	40		17	千克
4811	焦油纸及纸板、沥青纸及纸板等	7.5	40		17	千克
4812	纸浆制的滤块、滤板及滤片	7.5	40		17	千克
4813	成小本或管状的卷烟纸	7.5	100		17	千克
4814	壁纸、窗用透明纸等	7.5	50		17	千克
4816	小卷(张)自印复写纸、热敏转印纸	7.5	70		17	千克
4817	信封、素色明信片及通信卡片	7.5	80		17	千克
4818	小卷(张)卫生纸、纸面巾及纸餐巾	7.5	80		17	千克
4819	瓦楞纸或纸板制的箱、盒、匣及其他纸包装容器	7.5	80		17	千克
4820	登记本、账本、笔记本等及类似品	7.5	80		17	千克
4821	纸或纸板印制的各种标签	7.5	50		17	千克
4822	纺织纱线用纸制的筒管、卷轴、纤子	7.5	35		17	千克
4823	切成形的滤纸及纸板、竹浆纸制的盘、碟、盆、杯及类似品等	7.5	90		17	千克

注释:本分类以中国海关总署为依据(2009 年 9 月 1 日公布)。

表 6.18 中国纸质印刷品进出口关税条件

商品编码	商品名称	进口优惠税率	进口普通税率	出口税率	增值税	计量单位
4901	书籍及类似印刷品	0	0		13	千克
4902	报纸、杂志及期刊	0	0		13	千克
4903	儿童图画书、绘画或涂色书	0	0		13	千克
4904	乐谱原稿或印本	0	0		13	千克
4905	地球仪、地图及类似图表	0	0		17	千克
4906	设计图纸原稿手稿及其复制件	0	0		17	千克
4907	邮票、证券凭证及特许权使用凭证	7.5	50		17	千克
4908	釉转印贴花纸	7.5	50		17	千克
4909	印刷或有图画的明信片	7.5	50		17	千克
4910	印刷的各种日历	7.5	50		17	千克
4911	无商业价值的广告品及类似印刷品等	7.5	50		17	千克

注释：本分类以中国海关总署为依据（2009 年 9 月 1 日公布）。

从上述中国木浆及废纸资源进出口关税条件可以发现,中国对于造纸产品资源的进口贸易条件明显体现在进口优惠政策倾向上,即使对来源于非贸易协定国家的普通进口税率,也明显低于原木、锯材及板材资源产品。而在出口政策上则明显体现在限制出口的政策倾向,说明中国经济的发展急需重要造纸资源的进口补偿。

相比较于木浆及废纸资源的优惠进口贸易政策,对于产成品类的贸易政策则明显体现为限制进口的政策导向(见表6.17,表6.18)。对于纸及纸板来说,其进口政策中优惠进口关税平均达到7.5%,对于非贸易协定的产品进口则进口关税30%—100%不等,说明产品类别的差异对于国内的需求存在区别,而此类产品国家明显倾向出口的零关税政策。对于产成品的纸质印刷品,其进口优惠明显降低,甚至随着中国纸产品国际竞争力的提高,从出口税收来看,国家的政策导向实际同样是提倡纸质印刷品出口的零关税政策。

上述关于纸资源和纸产品的关税政策条件明显体现了中国对于资源的需求及进口优惠,也在一个侧面体现了中国木材资源的紧缺状况。

三、中国木材资源利用其他优惠政策

(1)鼓励资源进口的边贸优惠政策

为了支持边贸发展,国务院先后出台了1992年33号文件、1996年2号文件和1999年84号文件,这些文件总体上为边贸创造了越来越宽松的环境,其核心即对边境小额贸易按法定税率减半征收进口环节的关税和增值税,边境地区对外经济技术合作项目换回物资的进口,执行边境小额贸易的进口税收政策。

由于1999年中国取消了原木、锯材等木质林产品的进口关税,所以其边境小额贸易只需要交纳进口环节增值税,即进口税赋可以由13%降到6.5%。边贸优惠政策对原木、锯材的进口起到了配合关税优惠积极促进国际资源利用的作用。

(2)减少非关税措施、促进贸易自由化

中国对于进口木材资源林产品几乎没有设置非关税措施,关于这个问题的另外一个行动是从1998年12月1日起,原国际贸易和经济合作部(MOFTEC)要求"只有国家授权的公司可以进行国际林产品贸易",变为凡是具有国际贸易权的公司都有资格进行国际林产品贸易。实际上是政府深化改革开放的总体宏观贸易政策的变化。

在自由贸易方面,除了开发利用濒危物种,中国对外商投资林业部门也没有其他具体限制。根据1997年12月修订的《国外投资产业指南》,中国政府不允许国外独资公司在中国加工和出口珍贵树种,禁止任何外资开发利用中国保护的动植物资源和珍贵物种以及开发动植物自然保护区,而有很多条款却鼓励国外对包括林业部门在内的许多部门投资。

(3)配合其他林产品贸易管理措施

在促进木材资源进口优惠政策的同时,中国积极完善木材和木材制品进出口检疫制度。木材和木材制品进出口要遵守《中华人民共和国进出境动植物检疫法》,并按《中华人民共和国进出境动植物检疫法实施条例》实施。

实行税费优惠政策,其中包括:西部大开发的税收优惠、鼓励项目的优惠、涉及木质

林产品原料投资的国民待遇条款、其他税费优惠政策。设立保税区国际木材贸易市场，促进木材贸易和加工发展。

（4）金融危机时期的优惠政策

2008年金融危机对于林产品进出口产生巨大影响，2008年8月1日起，提高部分竹制品出口退税率：将每层厚度小于6毫米的竹地板层叠胶合而成的多层板提高到11%，将每层厚度小于6毫米竹胶合板提高到11%，将竹制一次性筷子提高到11%，将一次性竹制圆签、圆棒、冰果棒、压舌片（包括类似一次性制品）提高到11%。

《关于提高劳动密集型产品等商品增值税出口退税率的通知》2008年12月1日起执行，提高部分商品增值税出口退税率，其中涉及114项林产品。主要包括纤维板、刨花板、部分胶合板、部分木地板、木制品和木家具。

对以三剩物和次小薪材为原料生产的纤维板和刨花板、主要以人工速生林生产的胶合板以及复合地板与强化地板等产品的出口退税率普遍从5%上调到9%。木门产品的退税率也由5%提高到9%。木家具在2008年11月1日出口退税调整中已经从9%上调到11%，此次调整又增加了两个百分点，达到13%。

为保持外贸稳定增长，调整加工贸易限制类政策，暂停限制出口类目录1853个海关商品保证金台账"实转"政策①。将家具从加工贸易限制类目录中剔除。

第三节　本章小结

本章从联合国森林议题进程及国际森林资源利用发展阶段的角度归纳整理了国际木材资源利用政策变迁。结合世界森林资源的评估结果论证了森林资源实现可持续的整体发展目标任务艰巨。而从国际区域木材资源及贸易政策调整的趋势来看，限制滥砍滥伐及禁止非法贸易，倡导可持续的资源利用是世界的主题，各国限制原木贸易的政策各异，但限制原木出口及加快资源地本国加工业发展的趋势越来越对于廉价的资源进口造成困境，利用贸易管制和关税政策壁垒等复合措施使得资源依赖型经济发展面临结构调整的必然要求。

本章归纳总结了中国木材资源利用与贸易政策，从中国木材加工产业政策的结果来看，以"资源进口、产品出口"为模式的两头在外的加工产业加重了对资源进口和国际市场的双重依赖。同时在此产业结构的诱导下，木材资源贸易政策明显为了维护产业安全而以低关税的方式鼓励进口资源，进一步增加了产业发展的资源对外依赖。

---

① 此前企业凭借加工贸易手册申请进口原料时，不用缴纳进口关税和增值税，但需要向海关指定的银行账户里存入与进口关税和增值税等额的保证金，金额相当于原材料进口关税和进口环节增值税的50%，在出口核销后由海关退还。金融危机时期优惠政策调整为，企业进口是大部分企业不用再实缴纳保证金，此即所谓的"空转"。保证金台账重新回到空转，对于加工贸易类企业的流动资金压力减负有着现实意义。

第七章　中国林业产业与资源禀赋现状

第六章研究了国际木材资源利用的政策变迁及资源评估,结合中国木材资源利用与贸易政策,发现国际资源出口限制和中国激励进口的政策存在相反的局面。要结合第五章构建的 RIET 模式评价中国木材资源安全问题,首先需要分析中国经济发展阶段及整体产业构成,以及正确认识林业产业在国民经济中的定位,通过分析林业产业发展中森林资源禀赋与木材供需结构矛盾,分析中国木材产品出口以及为了发展木材加工业需要进口的资源结构。本章节拟综合考虑上述因素来具体分析中国木材供需问题及进出口的综合状况。

第一节　中国经济发展及产业结构

一、中国经济发展及产业构成概况

中国国民经济核算所得的国内生产总值(GDP)[①]在三十多年改革开放的发展中得到长足增长,国内生产总值由 1978 年的 3645 亿元迅猛增长到 2010 年的 403260 亿元,增幅超过 110 倍,人均国内生产总值由 381 元增加到 29992 元,增幅接近 80 倍,整体经济增速平均保持在 9% 的高增长发展阶段,跃居成为仅次于美国的第二大经济体,中国的经济进步引起了国际上的极大关注。

三十年来中国经济快速发展使得产业结构的整体水平不断得到优化,中国已由农业

---

① 国内生产总值:一个国家(或地区)所有常住单位在一定时期内生产活动的最终成果。国内生产总值有三种表现形态,即价值形态、收入形态和产品形态。从价值形态看,它是所有常住单位在一定时期内生产的全部货物和服务价值超过同期中间投入的全部非固定资产货物和服务价值的差额,即所有常住单位的增加值之和;从收入形态看,它是所有常住单位在一定时期内创造并分配给常住单位和非常住单位的初次收入分配之和;从产品形态看,它是所有常住单位在一定时期内最终使用的货物和服务价值与货物和服务净出口价值之和。在实际核算中,国内生产总值有三种计算方法,即生产法、收入法和支出法。三种方法分别从不同的方面反映国内生产总值及其构成。(依据国家统计局《全国基本单位普查填报规定及指标解释》,下未特殊注明的指标解释来源相同)。

发展占主导地位的国家,成为了国际上重要的工业化国家。整体来看,以种植业、林业、牧业和渔业为代表第一产业在国民经济中的比重不断下降,以工业和建筑业为代表的第二、以流通和服务为代表的第三产业已经成为国民经济发展的支柱(见图7.1)。

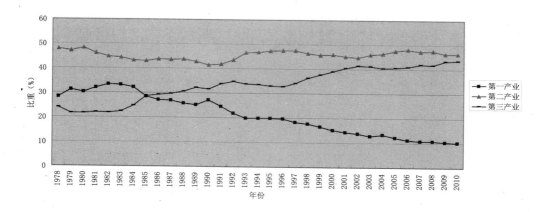

数据来源:历年国家统计局核算①所得(按当年价格②计算)。

图7.1　1980—2010年中国国内生产总值比例构成

中国三大产业三十多年的发展呈现了不同的走势,第一产业的发展在国民经济中的比重不断下降,中国已经摆脱了农业大国的发展模式,第一产业比重由1978年的28%不断下降到2010年10%,并且发展还有下行空间;第二产业三十年来整体来看是国民经济发展的重心,代表着中国进入工业化阶段,第二产业比重趋势相对稳定,1978年比重为47.8%,2010年也保持在46.8%,虽有所小幅波动,但整体在国民经济中的核心地位没有改变;第三产业是变化最突出的,其比重呈现持续上升的趋势,与第一产业的比重呈现相反情形,1978年第三产业在国民经济比重仅为24%,2010年达到43%,未来可能超过第二产业,第三产业的发展已成中国经济进步的重要力量。三大产业③在经济发展的结构变化与在不同行业部门有所侧重,但总体而言,中国经济的快速稳定发展,得益于工业化进程及第三产业的不断增长(见表7.1)。

---

①　2008年是第二次经济普查年度,按照《经济普查年度GDP核算方案》的要求,重新计算了经济普查年度的国内生产总值,并利用趋势离差法,修订了2005—2007年国内生产总值历史数据。

②　国内生产总值是一个价值量指标,其价值变化受价格和物量变化两大因素影响。不变价国内生产总值是把按当期价格计算的国内生产总值换算成按某个固定期(基期)价格计算的价值,从而使两个不同时期的价值进行比较时,能够剔除价格变化的影响,以反映物量变化,反映生产活动成果的实际变动。随着经济发展,各行业价格结构会不断发生变化,为了更好的反映这种变化对于经济的影响,计算不变价国内生产总值需要每隔若干年调整一次基期。我国自开始核算国内生产总值以来,共有1952年、1957年、1970年、1980年、1990年、2000年、2005年7个不变价基期,目前的基期是2005年。也就是说,2006年的不变价国内生产总值是按照2005年价格计算的。

③　三大产业:根据社会生产活动历史发展的顺序对产业结构的划分,产品直接取自自然界的部门称为第一产业,对初级产品进行再加工的部门称为第二产业,为生产和消费提供各种服务的部门称为第三产业。它是世界上较为通用的产业结构分类,但各国的划分不尽一致。

表7.1　1980—2010年中国国内生产总值及构成

（单位：亿元；%）

年份	国内生产总值		第一产业①		第二产业②		第三产业③		人均国内生产总值（元）
	总值	增长	总值	比重	总值	比重	总值	比重	
1978	3645.2	/	1027.5	28.2	1745.2	47.9	872.5	23.9	381
1980	4545.6	6.9	1371.6	30.2	2192.0	48.2	982.0	21.6	463
1985	9016.0	12.5	2564.4	28.4	3866.6	42.9	2585.0	28.7	858
1990	18667.8	5.0	5062.0	27.1	7717.4	41.3	5888.4	31.6	1644
1995	60793.7	10.2	12135.8	19.9	28679.5	47.2	19978.5	32.9	5046
2000	99214.6	8.0	14944.7	15.1	45555.9	45.9	38714.0	39.0	7858
2001	109655.2	7.3	15781.3	14.4	49512.3	45.1	44361.6	40.5	8622
2002	120332.7	8.0	16537.0	13.7	53896.8	44.8	49898.9	41.5	9398
2003	135822.8	9.1	17381.7	12.8	62436.3	46.0	56004.7	41.2	10542
2004	159878.3	9.5	21412.7	13.4	73904.3	46.2	64561.3	40.4	12336

① 三次产业划分。第一产业：农业（包括种植业、林业、牧业和渔业）。

② 第二产业：工业（包括采掘业、制造业、电力、煤气及水的生产和供应业）和建筑业。

③ 第三产业：除第一、第二产业以外的其他各业。由于第三产业包括的行业多，范围广，根据中国的实际情况，第三产业可分为两大部分：一是流通部门，二是服务部门。具体又可分为四个层次，第一层次：流通部门，包括交通运输、仓储及邮电通信业，批发和零售贸易、餐饮业；第二层次：为生产和生活服务的部门，包括金融、保险业，地质勘查业，水利管理业，房地产业，社会服务业，农、林、牧、渔服务业，交通运输辅助业等；第三层次：为提高科学文化水平和居民素质需要服务的部门，包括教育，文化艺术及广播电影电视业，卫生、体育和社会福利业，科学研究业等；第四层次：为社会公共需要服务的部门，包括国家机关、政党机关和社会团体以及军队、警察等。

（续表）

年份	国内生产总值		第一产业		第二产业		第三产业		人均国内生产总值（元）
	总值	增长	总值	比重	总值	比重	总值	比重	
2005	184937.4	9.9	22420.0	12.1	87598.1	47.4	74919.3	40.5	14185
2006	216314.4	10.7	24040.0	11.1	103719.5	47.9	88554.9	40.9	16500
2007	265810.3	11.4	28627.0	10.8	125831.4	47.3	111351.9	41.9	20169
2008	314045.4	9.0	33702.0	10.7	149003.4	47.4	131340.0	41.8	23708
2009	340902.8	8.4	35226.0	10.3	157638.8	46.3	148038.0	43.4	25608
2010	401202.0	17.6	40533.6	10.1	187581.4	46.8	173087.0	43.1	29992

资料来源：国家统计局历年《中国统计年鉴》。

注释：1. 本表按当年价格计算；2. 1980 年以后国民总收入（原称国民生产总值）与国内生产总值的差额为国外净要素收入；3. 2006 年全国农业普查后，对 2005 年、2006 年第一产业数据进行了调整，2004 年及以前年份数据未做调整；4. 2010 年为初步核实数据。

二、经济发展中三大产业的贡献

中国国民经济三十多年来的增长模式较长时间是在外资及外贸拉动下实现的。在国民经济核算体系中,"支出法国内生产总值"①在三大领域(消费、投资及出口)的共同驱动下得到快速发展,其发展轨迹呈现外向型的特色,可以看出随着改革开放政策的深入,国内生产总值由早期的最终消费支出贡献逐渐让位于资本形成总额与货物和服务进出口的贡献,最终消费支出对于经济的贡献率及其对经济的拉动作用在2008年金融危机后出现转机,说明政府以出口导向转变为内需拉动的政策开始起作用(见表7.2),但整体来看消费的作用在2001年中国加入WTO明显下降。与此相反,随着国际经济一体化不断深化,中国依赖资本投资及对外贸易的拉动作用平均贡献率合计超过60%,中国经济总体依赖于外部投资和外贸出口的趋势越发明显,但是依赖外资及外贸的经济在金融危机时期明显受到影响,2008年及其后续年份货物及服务净出口对经济贡献率的下降甚至负影响,说明长期形成的依赖外贸拉动的经济增长存在一定安全风险。2009年金融危机恢复期三大领域的贡献和拉动力呈现较大波动,特别依赖于资本因素的投资贡献及拉动越发明显。2010年三大领域的贡献和拉动力较为可观地显示了目前经济的增长来源,最终消费支出贡献率仅为37%,经济增长还是依赖于资本因素。不可否认外向型的经济模式对于中国三十多年国民财富的积累起到重要作用,但是忽视国内消费需求的经济贡献,严重依赖外资外贸的发展模式对于中国经济发展的长远利益存在弊端。

表7.2　1980—2010年三大领域对国内生产总值增长的贡献率和拉动

年份	最终消费支出②		资本形成总额③		货物和服务净出口④	
	贡献率 (%)	拉动 (百分点)	贡献率 (%)	拉动 (百分点)	贡献率 (%)	拉动 (百分点)
1980	71.8	5.6	26.4	2.1	1.8	0.1

①　支出法国内生产总值:指一个国家(或地区)所有常住单位在一定时期内用于最终消费、资本形成总额,以及货物和服务的净出口总额,它反映本期生产的国内生产总值的使用及构成。支出法国内生产总值(GDP)=消费+投资+政府支出+净出口。

②　最终消费:指常住单位在一定时期内对于货物和服务的全部最终消费支出,也就是常住单位为满足物质、文化和精神生活的需要,从本国经济领土和国外购买的货物和服务的支出;不包括非常住单位在本国经济领土内的消费支出。最终消费分为居民消费和政府消费。

③　资本形成总额:指常住单位在一定时期内获得的减去处置的固定资产加存货的变动,包括固定资本形成总额和存货增加。

④　货物和服务净出口:指货物和服务出口减货物和服务进口的差额。出口包括常住单位向非常住单位出售或无偿转让的各种货物和服务的价值;进口包括常住单位从非常住单位购买或无偿得到的各种货物和服务的价值。由于服务活动的提供与使用同时发生,因此服务的进出口业务并不发生出入境现象,一般把常住单位从国外得到的服务作为进口,非常住单位从本国得到的服务作为出口。货物的出口和进口都按离岸价格计算。

（续表）

年份	最终消费支出		资本形成总额		货物和服务净出口	
	贡献率（%）	拉动（百分点）	贡献率（%）	拉动（百分点）	贡献率（%）	拉动（百分点）
1985	85.5	11.5	80.9	10.9	−66.4	−8.9
1990	47.8	1.8	1.8	0.1	50.4	1.9
1995	44.7	4.9	55.0	6.0	0.3	
2000	65.1	5.5	22.4	1.9	12.5	1
2001	50.2	4.2	49.9	4.1	−0.1	
2002	43.9	4	48.5	4.4	7.6	0.7
2003	35.8	3.6	63.2	6.3	1	0.1
2004	39.5	4	54.5	5.5	6	0.6
2005	37.9	4.3	39	4.4	23.1	2.6
2006	40	5.1	43.9	5.6	16.1	2
2007	39.2	5.6	42.7	6.1	18.1	2.5
2008	43.5	4.2	47.5	4.6	9	0.8
2009	46.6	4.4	91.3	8.4	−38.9	−3.6
2010	36.8	3.8	54.0	5.6	9.2	0.9

资料来源：国家统计局历年《中国统计年鉴》。

注释：1. 三大需求指支出法国内生产总值的三大构成项目，即最终消费支出、资本形成总额、货物和服务净出口；2. 贡献率指三大需求增量与支出法国内生产总值增量之比；3. 拉动指国内生产总值增长速度与三大需求贡献率的乘积。

中国改革开放以来经济发展与对外贸易的发展密切相关，中国对外贸易商品结构演变，可依据 SITC 的商品分类制度来考察，SITC 分为初级产品（0—4 类）和工业制成品（5—9 类），分别分析其在进出口中所占的比例，通过初级产品和工业制成品来衡量贸易商品结构（见表 7.3）。研究发现，中国对外贸易商品结构中，出口结构在 1995 年后主要以工业制成品为主，初级产品的比重已经下降到 5% 左右，中国工业化产品在外贸经济中占有绝对优势。

表 7.3　1980—2010 年中国对外贸易商品结构演变

（单位：亿美元）

年度	进口结构（%）		出口结构（%）	
	初级产品	工业制成品	初级产品	工业制成品
1980	34.8	65.2	53.4	46.6
1985	17.1	82.9	54.2	45.8
1990	18.5	81.5	25.7	74.4
1995	18.5	81.5	14.4	85.6

（续表）

年度	进口结构（%）		出口结构（%）	
	初级产品	工业制成品	初级产品	工业制成品
2000	20.8	79.2	10.2	89.8
2001	18.8	81.2	9.9	90.1
2002	16.7	83.3	8.7	91.3
2003	17.6	82.4	7.9	92.1
2004	19.0	81.0	9.9	90.1
2005	22.4	77.6	6.4	93.6
2006	22.3	77.6	5.4	96.6
2007	24.5	75.5	5.0	95.0
2008	22.0	78.0	5.0	95.0
2009	28.8	71.2	5.5	94.5
2010	31.1	68.9	5.2	94.8

资料来源：国家统计局历年《中国统计年鉴》。

中国对外贸易商品结构在进出口上呈现逐步优化继而完善的发展趋势，其中工业制成品占主导地位，出口产品中初级产品比重已经较低，外贸商品结构一定程度反映了中国加工业在不断进步，但是工业品出口的性质也是值得考虑的问题（见表7.4）。研究发现，中国工业品出口结构呈现优化调整的发展状态，其中劳动密集型产品[①]的出口比重在中国加入WTO后，已经逐步下降到50%以下，以资本技术密集型产品的出口已经占据主流，但是还是可以发现，目前中国工业品出口比重中资本技术密集型产品比重仍有进一步提升空间，而依赖劳动密集型产品的出口作为中国外贸出口结构的比重仍然较高。这样的进出口结构在中国木材资源初级产品的进口及木材加工产业劳动密集型产品和资源密集型产品的出口结构中尤为明显。

表7.4　1980—2010年中国工业品出口结构变动

（单位：亿美元）

年份	工业制成品出口额	劳动密集型产品出口额	劳动密集型产品比重（%）	资本技术密集型产品出口额	资本技术密集型产品比重（%）
1980	90.05	70.42	78.20	19.63	21.80
1985	135.22	84.25	84.25	21.30	15.75

---

①　产品分类依据联合国经济社会理事会（United Nation Economic and Social Council/ UNESC）统计委员会编制的《国际贸易标准分类》（Standard International Trade Classification/ SITC）分类标准。SITC将国际贸易商品分为10类，63章，233组，一般将SITC6和SITC8作为劳动密集型产品，SITC5和SITC7是资本和技术密集型产品。

年份	工业制成品出口额	劳动密集型产品出口额	劳动密集型产品比重（%）	资本技术密集型产品出口额	资本技术密集型产品比重（%）
1990	462. 05	369. 6	79. 83	93. 18	20. 17
1995	1272. 95	865. 7	68. 18	405. 01	31. 82
2000	2237. 43	1292. 5	57. 68	946. 98	42. 32
2001	2397. 6	1315. 1	54. 85	1082. 53	45. 15
2002	2970. 56	1547. 6	52. 10	1423. 01	47. 90
2003	4034. 16	1959. 2	48. 59	2075. 00	51. 41
2004	5528. 2	2581. 6	46. 70	2946. 6	53. 30
2005	7129. 6	3249. 3	45. 60	3880. 3	54. 40
2006	9161. 5	4128. 3	45. 10	5033. 2	54. 90
2007	11563. 0	5168. 3	44. 69	6394. 7	55. 31
2008	13507. 4	5963. 3	44. 14	7544. 1	55. 86
2009	11384. 8	4861. 9	42. 70	6522. 9	57. 30
2010	14960. 7	6282. 4	41. 99	8678. 4	58. 01

资料来源：国家统计局历年《中国统计年鉴》。

注释：1. 劳动密集型产品统计主要为轻纺产品、橡胶制品、矿冶产品及其制品等汇总；2. 资本技术密集型产品统计主要为机械及运输设备、化工产品等汇总。

由上述中国经济结构可以看出，第一产业在国民经济比重不断下降，第二、第三产业成为国民经济发展的支柱。以工业为代表的第二产业和以外贸为代表的第三产业推动着中国经济的稳定增长。在经济增长的三驾马车中，为应对金融危机 2008 年国家出台多项拉动内需的鼓励政策，但由于中国世界加工厂地位及长期形成的产业比较优势，较长期依赖外贸发展的驱动方式仍未得到改变。

第二节　中国林业经济与产业结构

一、中国林业产业结构现状

中国林业产业①的发展与中国整体经济的发展密切相关，《林业及相关产业分类（试

---

① 《林业及相关产业分类（试行）》依据《国民经济行业分类》对林业的界定，将林业及相关产业界定为：依托森林资源、湿地资源、沙地资源，以获取生态效益、经济效益和社会效益为目的，为社会提供（也包括部分自产自用）林产品、湿地产品、沙产品和服务的活动，以及与这些活动有密切关联的活动的集合。

行)》(2008)①将林业分为第一产业、第二产业与第三产业,由于林业的特殊行业属性并具有公益性的特征,其维系着国民经济生态建设功能和环境保护,结合林业具备的游憩休闲、固碳、防风固沙、保持水土、净化空气、保护生物多样性等生态服务功能,因此将森林的生态服务全面纳入林业及相关产业。

　　从历年中国林业产业总值及构成的统计(见表7.5;表7.6)来看,中国林业产业2000—2010 年得到快速发展,产业总值从2000 年的3555 亿元增加到2010 年的22779 亿元,产值增加6.4 倍。其中第二产业的发展最为显著,从2000 年的1034 亿元增加到2010 年的11876 亿元,产值增加超过11 倍。另一个值得注意的是林业第三产业的发展也很迅速,虽然其在整体林业产业的比重还不高,但产值从2000 年的132 亿元增加到2010 年的1728 亿元,产值增加超过13 倍,林业内部三次产业整体增长,为国民经济的发展作出了重要的贡献。

表7.5　2000—2010 年中国林业产业总值及构成

(单位:亿元;%)

年份	林业产业总产值	第一产业②		第二产业③		第三产业④	
		总值	比重	总值	比重	总值	比重
2000	3555.5	2389.3	67.2	1034.6	29.1	131.6	3.7
2001	4090.4	2703.7	66.1	1241.6	30.4	145.2	3.5
2002	4634.2	2911.7	62.8	1485.7	32.1	236.8	5.1
2003	5860.3	3518	60	2007.4	34.3	334.8	5.7
2004	6892.2	3887.5	56.4	2561.1	37.2	443.5	6.4
2005	8458.7	4355.6	51.5	3486.5	41.2	616.6	7.3
2006	10652.2	4708.8	44.2	5198.4	48.9	745	6.9
2007	12533.4	5546.2	44.3	6033.9	48.2	953.3	7.6
2008	14406.4	6358.8	44.1	6838.2	47.5	1209.3	8.2
2009	17493.7	7335.3	41.9	8717.9	49.8	1550.6	8.9
2010	22779.1	8895.2	39.0	11876.9	52.1	1728.4	7.6

资料来源:国家林业局历年《中国林业统计年鉴》。
注释:统计按当年现行价格计算。

---

　　①　《林业及相关产业分类(试行)》依据《国民经济行业分类》对林业的界定,将林业及相关产业分为林业生产、林业旅游与生态服务、林业管理和林业相关活动4 个部分,共13 个大类、37 个中类和112 个小类,其中小类与《国民经济行业分类》(GB/T4754—2002)的行业小类相一致,实现了《林业及相关产业分类(试行)》与《国民经济行业分类》的衔接。
　　②　第一产业:主要包括,林木的培育和种植;木材和竹材的采运;经济林产品的种植与采集;花卉的种植;陆生野生动物繁殖与利用;林业生产辅助服务等。
　　③　第二产业:主要包括,木材加工及木、竹、藤、棕、苇制品制造;木、竹、藤家具制造;木、竹、苇浆造纸;林产化学产品制造;木制工艺品和木制文教体育用品制造;非木制林产品加工制造业等。
　　④　第二产业:主要包括,林业旅游与休闲服务;林业生态服务;林业专业技术服务;林业公共管理及其他组织服务等。

表7.6 2000—2010年中国林业第二产业总值及主要构成（单位：亿元；%）

年份	第二产业总值	锯材、木片加工业			人造板制造业			木制品业			造纸及纸制品业			家具制造业		
		产值	增长率	占第二产业比重	产值	增长率	占第二产业比重	产值	增长率	占第二产业比重	产值	增长率	占第二产业比重	产值	增长率	占第二产业比重
2000	1034.6	81.3		7.9	295.5		28.6	151.1		14.6	67.2		6.5	150		14.5
2001	1241.6	95.6	17.6	7.7	331.7	12.2	26.7	214.9	42.2	17.3	77.4	15.7	6.2	177.3	18.2	14.3
2002	1485.7	120.9	26.4	8.1	529.3	59.6	35.6	259.8	20.9	17.5	62.2	-19.7	4.2	189.1	6.7	12.7
2003	2007.4	156.6	29.5	7.8	673.9	27.3	33.6	262.5	1.1	13.1	170.7	174.4	8.5	237.8	25.8	11.8
2004	2561.1	202.5	29.3	7.9	855.2	26.9	33.4	319.4	21.7	12.5	228.8	34.1	8.9	319.9	34.5	12.5
2005	3486.5	261.1	28.9	7.5	1094	27.9	31.4	363	13.6	10.4	513.8	124.6	14.7	427.9	33.8	12.3
2006	5198.4	469.2	79.7	9	1536.6	40.5	29.6	498.4	37.3	9.6	656.3	27.7	12.6	881.9	106.1	16.9
2007	6033.9	563.2	20	9.3	1538.8	0.1	25.5	641.4	28.7	10.6	1051.2	60.2	17.4	846.8	-3.9	14.1
2008	6838.2	579.9	3	8.5	1672.9	8.7	24.5	717.3	11.9	10.5	1179.4	12.2	17.3	1058.1	24.9	15.5
2009	8717.9	713.6	2.3	8.2	2049.6	22.5	23.5	888.8	23.9	10.2	1663.6	41.5	19.1	1481.5	40	16.9
2010	11876.9	781.8	9.6	6.6	2663.9	29.9	22.4	1176.8	32.4	9.9	2918.8	75.5	24.6	1635.5	10.4	13.8

资料来源：国家林业局历年《中国林业统计年鉴》。

注释：统计按当年现行价格计。

中国林业经济的发展及结构变化,能够体现其特殊的行业特征。整体来看,中国林业产业中第一产业比重在逐步下降,第二产业和第三产业的比重在逐步上升。2000年,林业第一产业、第二产业与第三产业的比重为67∶29∶4,此阶段第一产业占主导地位,2010年,第一产业、第二产业与第三产业的比重为39∶52∶8,此阶段林业第二产业代替第一产业成为主体,第三产业的增长也成为行业发展的重要亮点。但是就全球林业经济发展规律来看,林业第二产业产值占林业总产值的比重达到70%以上,发达国家第二产业产值甚至可能达到90%以上,中国2009年仅为48%(贾治邦,2009),中国林业产业发展正在经历由传统种植业向工业化转变的过程,整体林业产业在国民经济发展格局中尚属于低水平。就目前林业产业结构来看,林业第三产业的发展还很落后,林业生态服务功能的水平仍然很低,从长远利益来看,应该重视林业第三产业尤其是生态服务功能的比重。目前的中国林业产业仍然主要依赖第一及第二产业的行业拉动,以木材加工为代表的林业第二产业的支撑作用仍然是中国林业产业依赖的基础。

二、经济发展阶段与林业发展的特殊性

中国林业经济的发展中,年产值超过万亿元的林业第二产业对林业进步作用显著,林业第二产业一定程度体现着林业工业化的发展水平,也是衡量一国林业水平的重要标志。通过历年中国林业第二产业总值及主要构成(表7.6)可以看出,中国林业第二产业的发展,目前形成了以锯材与木片加工业、人造板制造业、木制品业、造纸及纸制品业、家具制造业为主的产业结构发展格局,其中人造板制造业、造纸及纸制品业、家具制造业为主要产业部门,2010年三个部门的产业总值在第二产业中的比重超过60%以上。

2000—2010年期间,第二产业部门中,造纸及纸产品业、家具制造业、人造板制造业三个产业经济发展迅速,平均年增速分别达到55%、30%、26%,尤其是造纸及纸产品业,2010年增速达到75%,产值达到2918亿元。中国林业第二产业构成中,造纸及纸产品业、家具制造业与人造板制造业的比重为25∶14∶22,其中造纸产业是资本及技术密集型产业,反映着行业发展的资本优势及科技含量,但是造纸产业容易形成环境污染。家具制造业和人造板加工业基本属于资源及劳动密集型产业,此二类产业的发展更多是建立在大量消耗木材资源及利用低廉劳动力的基础上,如何面对资源短缺问题,如何保证低污染高技术的健康良性的产业构成是林业第二产业可持续发展追求的目标。目前中国林业第二产业工业化水平主要体现在中间产品的原材料加工,这种依赖原材料消耗及廉价劳动力的木材加工产业体系,在国内经济快速发展和国际市场需求提高的情况下,会愈发拉动木材资源的供需矛盾。

根据库兹涅茨国内生产总值产业分布,结合表7.7,表7.8,参考钱纳里工业发展阶段理论框架(见第四章),研究显示整体中国经济水平2010年已经基本进入工业化经济的中后期发展阶段,中国社会科学院2010年《社会蓝皮书》研究同样显示,中国经济的发展在顺利度过金融危机后,亟须产业结构调整。问题在于,中国经济已经步入工业化中后

期发展阶段,应如何看待林业在国民经济中的价值,如何定位林业产业,特别是林业第二产业的发展要求。

表 7.7 1980—2010 年中国人均 GDP 与 PPP 水平

(单位:美元)

年份	人均 GDP①	人均 PPP②
1980	313.3	251.3
1985	290.1	502.8
1990	341.3	795.6
1995	601.0	1512.2
2000	945.6	2371.7
2001	1038.0	2612.2
2002	1131.8	2881.2
2003	1269.8	3217.4
2004	1486.0	3614.1
2005	1709.9	4064.3
2006	2021.9	4657.5
2007	2560.4	5378.4
2008	3315.3	5962.7
2009	3987.1	6567.0
2010	4283.0	7518.7

数据来源:www.imf.org。

注释:根据 IMF DATABASE 按当年价格计算。

表 7.8 2000—2010 年中国林业在国民经济的比重

(单位:亿元;%)

年 份	国内生产总值		林业总产值		林业在国民经济比重
	总值	年增长率	总值	年增长率	
2000	99214.6	8.0	3555.5	15.2	3.6%

---

① GDP 生产过程中的新增加值,包括劳动者新创造的价值和固定资产的磨损价值,但不包含生产过程中作为中间投入的价值;在实物构成上,是当期生产的最终产品,包含用于消费、积累及净出口的产品,但不包含各种被其他部门消耗的中间产品。GDP 的测算有三种方法:生产法:GDP = Σ各产业部门的总产出 − Σ各产业部门的中间消耗;收入法:GDP = Σ各产业部门劳动者报酬 + Σ各产业部门固定资产折旧 + Σ各产业部门生产税净额 + Σ各产业部门营业利润;支出法:GDP = 总消费 + 总投资 + 净出口。

② PPP(Purchasing Power Parity)即购买力平价,是表现人均购买力的一个指标。是根据各国不同的价格水平计算出来的货币之间的等值系数,能够对各国的国内生产总值进行合理比较,但理论汇率与实际汇率可能有很大差距。在对外贸易平衡的情况下,两国之间的汇率将会趋向于靠拢购买力平价。

年 份	国内生产总值		林业总产值		林业在国民经济比重
	总值	年增长率	总值	年增长率	
2001	109655.2	7.3	4090.4	15.0	3.7%
2002	120332.7	8.0	4634.2	13.3	3.9%
2003	135822.8	9.1	5860.3	26.5	4.3%
2004	159878.3	9.5	6892.2	17.6	4.3%
2005	184937.4	9.9	8458.7	22.7	4.6%
2006	216314.4	10.7	10652.2	25.9	4.9%
2007	265810.3	11.4	12533.4	17.7	4.7%
2008	314045.1	9.0	14406.4	14.9	4.6%
2009	340902.8	8.4	17493.7	10.1	5.1%
2010	401202.0	17.6	22779.1	30.2	5.7%

资料来源:国家林业局历年《中国林业统计年鉴》。

注释:统计按当年现行价格计算。

中国经济整体水平的发展,主要得益于农业为基础和工业为动力的非农产品及整体工业化水平的提升。由表7.8可以看出,林业产业产值年增长率整体平均高于中国经济年增长率,由于林业在社会生态效益的作用未能够完全体现在国民经济增加值系统中,其占国民经济的比重也仅为6%左右,林业产业在整体经济总值中比例较低,但林业经济在国民经济的快速发展正不断得到重视。

林业产业的发展究竟是应该追求经济效益抑或生态及社会效益? 我们认为,作为中国林业产业的发展,其在国民经济的地位应该有所侧重,中国林业第一产业、第二产业、第三产业的构成结构由于行业特殊性,林业第一产业所占比重达到40%的水平虽然较高,但从维持生态建设前提的角度来看不能降低其在整体林业产中的比重;而第二产业的比重是否需要维持在目前水平,作者认为林业不能完全追求经济效益的模式,是否适当降低第二产业的比重,通过弱化对于加工产业贡献值的要求,以降低第一产业与第三产业比值;目前林业第三产业比重不及10%的结构,作者认为其远远未能发挥森林作为其维系生态建设和环境保护的重任,以及休闲、固碳、防风固沙、保持水土、净化空气、保护生物多样性等生态服务功能,林业第三产业的发展亟须提高并给予政策倾斜。

一定程度上,林业产业的发展,尤其是林业第二产业的发展,不能继续走中国改革开放30年来形成低水平加工业发展模式,应弱化对木材加工产业在国民经济中的要求,在特殊林业加工集聚区域,木材加工业可能是区域经济发展的支柱,但是否应在全国普遍推广,也是值得研究的问题。

后面章节中将结合中国整体经济步入工业化中后期的发展水平,以及对林业作为特殊产业生态价值的要求,根据中国木材资源禀赋条件,分析中国木材加工产业面临的产业安全及可能的调整趋势。

第三节　中国森林资源禀赋

一、森林资源现状

中国林业第二产业 2010 年产值超过万亿元,对于整体林业经济支撑作用巨大。林业第二产业经过三十多年的发展形成了以造纸产业、家具产业及木材加工为基础的产业体系,目前形成的产业特征决定其健康稳定发展依赖于原材料的安全供给,这是保证整体行业产业安全的重要基础,结合 RIET 模式的研究框架,我们先来研究国内资源的禀赋水平及供给能力。

木材资源来自于森林,2009 年 11 月国家林业局公布了最新一次的"第七次全国森林资源清查"①调查结果,本次资源清查采用国际公认的"森林资源连续清查"方法,以数理统计抽样调查为理论基础,以省(区、市)为单位进行调查,获得中国木材资源基础数据。第七次全国森林资源清查统计显示:全国森林面积② 19545.22 万公顷,森林覆盖率③ 20.36%。活立木总蓄积④ 149.13 亿立方米,森林蓄积⑤ 137.21 亿立方米。除港、澳、台地区外,全国林地面积 30378.19 万公顷,森林面积 19333.00 万公顷,活立木总蓄积 145.54 亿立方米,森林蓄积 133.63 亿立方米。天然林面积 11969.25 万公顷,天然林蓄积 114.02 亿立方米;人工林保存面积 6168.84 万公顷,人工林蓄积 19.61 亿立方米,人工林面积居世界首位。

---

①　第七次全国森林资源清查于 2004 年开始,到 2008 年结束,历时 5 年。这次清查参与技术人员 2 万余人,采用国际公认的"森林资源连续清查"方法,以数理统计抽样调查为理论基础,以省(区、市)为单位进行调查。全国共实测固定样地 41.50 万个,判读遥感样地 284.44 万个,获取清查数据 1.6 亿组。

②　森林面积:指由乔木树种构成,郁闭度 0.2 以上(含 0.2)的林地或冠幅宽度 10 米以上的林带的面积,即有林地面积。森林面积包括天然起源和人工起源的针叶林面积、阔叶林面积、针阔混交林面积和竹林面积,不包括灌木林地面积和疏林地面积。本指标解释来自中国统计年鉴。

③　森林覆盖率:指一个国家或地区森林面积占土地总面积的百分比。森林覆盖率是反映森林资源的丰富程度和生态平衡状况的重要指标。在计算森林覆盖率时,森林面积包括郁闭度 0.2 以上的乔木林地面积和竹林地面积,国家特别规定的灌木林地面积、农田林网以及四旁(村旁、路旁、水旁、宅旁)林木的覆盖面积。森林覆盖率 =(森林面积/土地总面积)。本指标解释来自中国统计年鉴。

④　活立木总蓄积量:指一定范围内土地上全部树木蓄积的总量,包括森林蓄积、疏林蓄积、散生木蓄积和四旁树蓄积。本指标解释来自中国统计年鉴。

⑤　森林蓄积量:指一定森林面积上存在着的林木树干部分的总材积。它是反映一个国家或地区森林资源总规模和水平的基本指标之一,也是反映森林资源的丰富程度、衡量森林生态环境优劣的重要依据。本指标解释来自中国统计年鉴。

第七次全国森林资源清查结果表明,我国森林资源进入快速发展时期。重点林业工程建设稳步推进,森林资源总量持续增长,森林的多功能多效益逐步显现,木材等林产品、生态产品和生态文化产品的供给能力进一步增强。森林资源在清查中呈现以下重要变化。

一是森林面积蓄积持续增长,全国森林覆盖率稳步提高。森林面积净增 2054.30 万公顷,全国森林覆盖率由 18.21% 提高到 20.36%。活立木总蓄积净增 11.28 亿立方米,森林蓄积净增 11.23 亿立方米。

二是天然林面积蓄积明显增加,天然林保护工程区增幅明显。天然林面积净增 393.05 万公顷,天然林蓄积净增 6.76 亿立方米。天然林保护工程区的天然林面积净增量比第六次清查多 26.37%,天然林蓄积净增量是第六次清查的 2.23 倍。

三是人工林面积蓄积快速增长,后备森林资源呈增加趋势。人工林面积净增 843.11 万公顷,人工林蓄积净增 4.47 亿立方米。未成林造林地面积 1046.18 万公顷,其中乔木树种面积 637.01 万公顷,比第六次清查增加 30.17%。

四是林木蓄积生长量增幅较大,森林采伐逐步向人工林转移。林木蓄积年净生长量 5.72 亿立方米,年采伐消耗量 3.79 亿立方米,林木蓄积生长量继续大于消耗量,长消盈余进一步扩大。天然林采伐量下降,人工林采伐量上升,人工林采伐量占全国森林采伐量的 39.44%,上升 12.27 个百分点。

五是森林质量有所提高,森林生态功能不断增强。乔木林每公顷蓄积量增加 1.15 立方米,每公顷年均生长量增加 0.30 立方米,混交林比例上升 9.17 个百分点。有林地中公益林所占比例上升 15.64 个百分点,达到 52.41%。随着森林总量的增加、森林结构的改善和质量的提高,森林生态功能进一步得到增强。

六是个体经营面积比例明显上升,集体林权制度改革成效显现。有林地中个体经营的面积比例上升 11.39 个百分点,达到 32.08%。个体经营的人工林、未成林造林地分别占全国的 59.21% 和 68.51%。作为经营主体的农户已经成为我国林业建设的骨干力量。

国家政府在第七次全国森林资源清查统计后,提出要以科学发展观为指导,以兴林富民为宗旨,紧紧围绕建设生态文明,加快造林绿化步伐,全面推进森林经营,加强森林资源保护管理,着力增加森林总量,提高森林质量,增强森林功能。特别对于保障国家木材资源安全方面,提出了立足国内增强木材供给能力,维护国家木材安全的发展思路。国家政府提出科学制定林业发展规划,优化发展布局,强化森林资源培育,才能有效提高木材供给能力。对于不同区域的资源供给,提出了在南方集体林区,大力推进速生丰产林、工业原料林以及珍贵大径材基地建设,形成我国商品林发展和木材生产的重点区域;在东北内蒙古林区,尽快将木材产量调减到合理定产水平,加大森林抚育经营和保护管理的力度,建成大径材和珍贵用材战略储备基地;在平原地区,大力发展生态经济型防护林和四旁植树,建成以人工林为主体的补充木材供给的新兴产业基地。这些后续措施的贯彻实施,将有助于保障中国木材资源安全。下面将结合第七次全国森林资源清查来分析中国木材资源的禀赋水平。

二、森林资源禀赋水平

森林是决定木材资源的基础,中国森林资源禀赋水平决定着未来木材的供给能力,本书经过统计,分类整理了中国森林资源动态变化及要素问题。关于木材资源的安全水平可通过"木材资源短缺指数(WRPI)"(见第五章)来进行综合评价。鉴于本书后续环节涉及"产业问题、资源利用问题、产成品贸易问题"等内容,为避免重复计算,对于资源禀赋水平主要结合下述内容来分析。

(一)森林资源整体水平

通过分析中国森林资源历年变化情况的统计数据,能够基本把握中国木材资源的变化趋势及当前水平状况(见表7.9)。历次全国森林清查统计资料表明,中国森林资源从林业用地面积、有林地面积、活立木蓄积、森林覆盖率、林分面积蓄积等方面来看,均出现不同程度增加,森林资源保有量持续增加,为木材资源的产出提供了重要基础。

表7.9 新中国成立以来全国森林资源变化概况

(面积:百万公顷;蓄积量:百万立方米)

调查次届	调查年代	林业用地面积	有林地面积	活立木蓄积	森林覆盖率	林分面积蓄积			经济林面积	竹林面积
						面积	蓄积	m^3/hm^2		
新中国成立初	1951—1962	212.03	85.47	7020.76	8.9	77.71	6470.64	83	5.8	1.96
第一次	1973—1976	257.6	121.86	9532.27	12.7	110.19	8655.79	79	8.52	3.15
第二次	1977—1981	267.13	115.28	10260.6	12	100.68	9027.95	90	11.28	3.31
第三次	1984—1988	267.43	124.65	10572.5	12.98	107.25	9141.08	85	17.34	3.66
第四次	1988—1993	262.89	133.7	11785.24	13.92	113.7	1013.68	89	16.1	3.9
第五次	1994—1998	263.29	158.94	12487.86	16.55	134.36	11266.59	84	20.22	4.4
第六次	1999—2003	284.93	174.91	13618.00	18.21	142.79	12097.64	85	21.39	4.84
第七次	2004—2008	303.78	195.45	14913.00	20.36	150.10	12879.45	84	20.41	5.38

资料来源:根据国家林业局历次《中国森林资源清查报告》结果整理。

第六次全国森林资源清查与第七次清查间隔五年内,中国森林资源整体实现了增量的发展态势,其中林业用地面积、有林地面积、活立木蓄积、森林覆盖率等指标实现了稳定增长,但是值得注意的是,林分面积蓄积的单位蓄积量和经济林面积均有所减少,林分面积的单位蓄积量是第二次全国森林资源清查以来最低的一次,说明中国森林资源的单位产量有所下降,中国森林资源在增量发展的情况下,如何提高资源质量的同步提高,这是值得重视的问题。

(二)森林资源质量禀赋

中国木材资源的质量也是影响产业发展的重要因素,研究结合森林资源结构中森林龄组分析(见表7.10)。以第七次森林清查数据整体来看,森林资源结构中幼龄林、中龄林和成过熟林的面积比例约为3:3:3,蓄积量比例大致为1:3:6,全国水平的林龄结构基本上是合理的。但在中南林区和华东地区,森林主要成分为近期发展的人工杯,林龄结构出现失衡。在华东地区幼、中、成熟林的面积比例为4:4:2,蓄积量比例为2:6:2;中南林区面积比例为4:4:1,蓄积量比例为3:6:3。这些地区中幼林的比重占了绝对优势,可采资源少,给森林资源的利用带来了较为严峻的挑战。

表7.10　中国森林资源龄组结构

（单位:万公顷;万立方米）

调查次届	调查年代	合计		幼龄林		中龄林		近、成、过熟林	
		面积	蓄积	面积	蓄积	面积	蓄积	面积	蓄积
第一次	1973—1976	110.19	8655.79	42.17	566.92	28.51	1923.74	39.51	6165.13
第二次	1977—1981	95.62	7978.37	33.45	699.62	37.44	2686.6	27.44	4592.15
第三次	1984—1988	102.19	8091.49	39.58	1028.27	32.59	2336.63	30.02	4726.59
第四次	1989—1993	108.64	9087.17	41.33	1023.18	36.13	2660.34	31.17	5403.65
第五次	1994—1998	129.21	11266.59	47.58	1115.4	44.30	3035.71	37.32	7115.47
第六次	1999—2003	142.79	12097.64	47.24	1284.97	49.64	3425.72	45.91	7386.95
第七次	2004—2008	150.10	12879.45	49.23	1344.67	52.45	3932.09	48.42	7602.69

资料来源:根据国家林业局历次《中国森林资源清查报告》结果整理。

(三)森林资源要素及存在问题

分析历次全国森林清查可以发现中国森林资源的基本动态规律,具体表现在以下方面。

1. 林业用地面积。目前中国林业用地面积3.03亿公顷,但有林地占林业用地面积不足三分之二,尚有一亿多公顷的宜林无林地,其中有60%—70%处于湿润半湿润气候区,适于人工造林,发展森林资源有较大的潜力。每五年统计的结果表明,中国林业用地面积持续增加,但上升比例有限,第七次全国森林清查增加比率仅为6%,用地面积是森林生长的基础,只有保障一定规模的林业用地才能为森林培育提供环境,而1988年到1998年中国林业用地面积出现过减少,天然林保护工程等重大林业项目的实施,对于中国林业用地的贡献明显改善,2010年《全国林地保护利用规划纲要(2010—2020年)》的通过,相信能够对中国林业用地从制度到法律提供重要保障。

2. 有林地面积。在林业用地面积持续增加的情况下,有林地面积的增长也得到一定保障,历次森林清查结果显示,中国有林地面积历次均出现明显上升,2008年达到但是1.95亿公顷。但是值得注意的是,中国有林地面积占林业用地面积水平还不很高,平均水平保持在55%左右,虽然第七次清查中比重达到60%,但是中体比重还有很大提升空间。

3. 活立木蓄积量和森林覆盖率。活立木蓄积量是指所有木材总量的体积单位,森林覆盖率是指森林面积占土地总面积的比率,二者关系虽不直接,但是在丘陵地带如果当地森林覆盖率低,所有树木生长良好,活立木蓄积量也可能很大,在平原地带,树木生长以矮小树木为主,单棵树木提供的木材量有限,活立木蓄积量要达到较高水平,就必须有

表7.11　中国森林资源地区分布

地区	森林覆盖率(%)	排序	林地面积	森林面积①	人工林面积	活立木总蓄积量	森林蓄积量	人工林蓄积量	乔木林单位面积蓄积量(立方米/公顷)
全国合计	20.36	一	30590.41	19545.22	6168.84	1491268.19	1372080.36	196052.28	85.88
华北地区									
北京	31.72	15	101.46	52.05	35.65	1291.29	1038.58	571.62	29.20
天津	8.24	29	14.22	9.32	8.88	277.01	198.89	186.83	36.43
河北	22.29	19	705.37	418.33	212.27	10183.91	8374.08	4238.60	29.06
山西	14.12	23	754.58	221.11	102.74	8846.96	7643.67	1838.95	44.33
内蒙古	20.00	21	4394.93	2366.40	303.91	136073.62	117720.51	7573.95	70.02
东北地区									
辽宁	35.13	12	666.28	511.98	283.03	21174.91	20226.85	7299.34	55.98
吉林	38.93	10	848.73	736.57	148.94	88244.21	84412.29	9594.90	116.15
黑龙江	42.39	9	2184.16	1926.97	235.68	165191.60	152104.96	13519.66	79.53
华东地区									
上海	9.41	28	7.46	5.97	5.97	275.20	100.95	100.95	29.69
江苏	10.48	25	128.64	107.51	104.15	5022.59	3501.75	3407.83	47.04
浙江	57.41	3	667.97	584.42	267.44	19382.93	17223.14	6008.28	43.76
安徽	26.06	18	439.40	360.07	209.87	16258.35	13755.41	7023.22	50.79
福建	63.10	1	914.81	766.65	359.18	53226.01	48436.28	19601.55	85.57
江西	58.32	2	1054.92	973.63	291.87	45045.51	39529.64	10734.82	51.46
山东	16.72	22	342.12	254.46	244.38	8627.99	6338.53	6202.10	40.60
中南地区									
河南	20.16	20	502.02	336.59	217.39	18051.16	12936.12	7480.12	45.65
湖北	31.14	17	822.01	578.82	167.01	23121.55	20942.49	4207.79	41.24
湖南	44.76	8	1234.21	948.17	464.04	38177.20	34906.67	16018.33	48.05

① 全国森林面积含国家特别规定的灌木林新增面积。各省森林面积含国家特别规定的灌木林全部面积。全国经济林面积、天然林面积蓄积、人工林面积蓄积、乔木林单位面积蓄积量数据不含港、澳、台数据。

（续表）

地区	森林覆盖率 森林覆盖率（%）	森林覆盖率 排序	林地面积	森林面积	人工林面积	活立木总蓄积量	森林蓄积量	人工林蓄积量	乔木林单位面积蓄积量（立方米/公顷）
广东	49.44	6	1073.07	873.98	503.18	32160.74	30183.37	11520.43	44.47
广西	52.71	4	1496.45	1252.50	515.52	51056.78	46875.18	17127.98	58.11
海南	51.98	5	208.73	176.26	125.29	7940.93	7274.23	1230.39	86.42
西南地区									
重庆	34.85	13	400.18	286.92	76.20	13803.63	11331.85	2508.21	62.25
四川	34.31	14	2311.66	1659.52	415.65	168753.49	159572.37	13361.09	136.94
贵州	31.61	16	841.23	556.92	199.86	27911.53	24007.96	8718.38	60.31
云南	47.50	7	2476.11	1817.73	326.77	171216.68	155380.09	7259.87	105.51
西藏	11.91	24	1746.63	1462.65	3.36	227271.36	224550.91	110.74	266.96
西北地区									
陕西	37.26	11	1205.80	767.56	183.27	36144.16	33820.54	2031.13	59.65
甘肃	10.42	26	955.44	468.78	80.77	21708.26	19363.83	2022.38	90.73
青海	4.57	30	634.00	329.56	4.44	4413.80	3915.64	294.18	110.30
宁夏	9.84	27	179.03	51.10	10.38	625.93	492.14	186.12	44.38
新疆	4.02	31	1066.57	661.65	61.75	33914.50	30100.54	4072.54	177.86
港澳台地区									
台湾①	58.79	—	210.24	210.24	—	35874.40	35820.90	—	—
香港②	17.10	—	1.92	1.92	—	—	—	—	—
澳门③	21.70	—	0.06	0.06	—	—	—	—	—

资料来源：国家林业局 2010 年《中国林业统计年鉴》。

相关单位：万立方米；万公顷。

① 台湾省数据来源于《第三次台湾森林资源及土地利用调查（1993 年）》。

② 香港特别行政区的森林面积来源于香港环境资源顾问有限公司 2003 年在香港特区政府持续发展组的委托下编写的《陆上概况总地保护价值评级及地图制》，土地面积来源于《香港 2003 年统计年鉴》。

③ 澳门数据来源于《澳门 2006 年统计年鉴》的数据，森林面积为总绿化面积，该森林覆盖率指绿化面积占土地面积的比例。

很大的森林覆盖面积。历次统计中可以看出中国木材蓄积与森林覆盖率均出现正增长,但是增加比率还有待提高。

4. 林分面积蓄积。中国森林资源的林分面积蓄积比重平均84%的水平,林分质量在第七次清查中有一定的下降,通过增加林业面积及有林面积,增加经营管护水平,对林分面积蓄积的增加有一定作用,要注意到历次清查中林分面积蓄积并不稳定,这是中国森林资源的品种特色及管护水平所决定的。

5. 森林资源分布不均。中国七大主要流域土地面积占国土面积的50%,森林面积占70%以上,森林蓄积占全国的60%以上。其中仅长江流域和黑龙江流域的森林面积、蓄积约占全国的50%。中国五大林区(东北内蒙古、东南低山丘陵、西南高山、西北高山、热带)的土地面积占国土总面积的40%,森林面积就约占78%,森林蓄积更占全国的85%以上,而生态脆弱的西部地区森林覆盖率不足10%。中国森林资源还存有分布严重不均的情况(见表7.11)。从我国森林资源的地理分布来看,主要分布在东北林区和西南林区,其次分布在中南地区的丘陵山区,而辽阔的西北地区、内蒙古和西藏的中西部地区、华北和长江、黄河下游地区的森林资源分布稀少。东北三省区有林地面积共有3699万公顷,结合内蒙古面积,此区域占全国有林地面积的30%,西南省区有林地面积7775万公顷,占全国25%,这两个主要林区有林地占了全国林地面积多半以上。从活立木总蓄积量和森林总蓄积量来看,东北及内蒙古三省区和西南三省区均占全国的达3/4左右,此两大区域由于天然林保护工程的推进实施,生产功能较差,极大约束了能够提供全国的木材资源产量。

6. 与世界林业发达国家相比水平低下。历次森林资源清查届国际发展趋势表明,虽然中国森林资源整体发展有所提高,但较于世界重要林业大国来看,中国森林资源总量不足(见表7.12),质量不高,资源禀赋能力明显不足,其中森林总面积虽位居世界第五,但仅相当于世界平均值的6.5%,森林蓄积也仅占世界平均水平的4.5%,其中人均森林面积和蓄积量仅位于世界134位和122位,中国森林资源平均水平与世界林业发达国家和世界平均水平相差很大。

表7.12　中国森林资源与部分国家比较

项　目	森林面积亿公顷	森林蓄积亿立方米	森林覆盖率(%)	人均森林面积(hm²)	人均森林蓄积(m³)
俄罗斯	5.93	732.5	36	3.8	342.2
美国	3,29	189.6	34	1.5	90.1
加拿大	3.51	190.7	36	17.2	852.4
中国	1.95	149.1	20.4	0..21	10.2
全世界	30	3300	24	0.65	72.1
中国相当于世界(%)	6.5	4.5	84	31	14

资料来源:FAO《2005 森林资源评估报告》及第七次(2004—2008 年)中国森林资源清查。

三、森林资源增长潜力

（一）森林功能定位主导思想的改变

中国政府森林造林近些年虽然取得一定成绩（见表7.13），但是森林资源的功能定位决定了能够提供木材资源的能力有限，国家大力发展营林项目中，重点工程造林是投资重点。近十年来，中国政府为了保护整体生态环境，国家造林主要用于天然林保护工程、退耕还林工程、三北及长江流域等防护林建设工程、京津风沙源治理工程等项目，速生丰产用材林基地建设工程虽然也属于国家资源保障体系之一，但明显可以看出其森林增长呈现下降趋势，2000年国家速生丰产林造林近25万公顷，比后历年不断下降，2008年下降至不足4000公顷，仅为不足2000年造林2%的水平，虽然2009年速生丰产林造林超过2万公顷，但2010年也仅为1780公顷，"十一五"期间总造林面积2415万公顷，速生丰产用材林面积3万公顷，用材林造林面积仅占总造林面积的0.16%，整体来看，目前及未来真正能够提供木材资源的用材林建设明显不足。从国家造林面积构成可以看出，国家对森林资源的利用发生了显著改变，近十年国家营林功能定位中，生态效益远远重于经济效益，从能够提供的商业用木材资源的角度来看，森林资源转变为木材资源增长潜力严重不足。

表7.13　2000—2010年中国主要林业工程建设

（单位：公顷）

年份	造林总面积	其中：重点工程	重点工程内容					
			比重	天然林保护工程	退耕还林工程	三北及长江流域等防护林建设工程	京津风沙源治理工程	速生丰产用材林基地建设工程
2000	5105138	3345920	13%	426370	683600	1708800	280270	246880
2001	4953038	3160181	64%	948081	870986	1034924	217320	88870
2002	7770971	6777364	87%	856077	4423607	775625	676375	45680
2003	9118894	8262781	90%	688257	6196128	533544	824427	20425
2004	5598079	4802849	86%	641446	3217542	448320	473272	22270
2005	3647942	31091045	85%	424808	1898360	368202	408246	9488
2006	2717925	2410799	88%	774815	1050526	566823	409541	9095
2007	3907711	2681646	69%	732882	1056020	574219	315132	3393
2008	5353740	3438150	64%	1009016	1190347	765770	469042	3975
2009	6262330	4569240	73%	1360910	886670	1893080	434820	20770
2010	5909920	3669650	62%	885480	982120	1360650	439130	1780

资料来源：根据历年《中国林业统计年鉴》及历次《中国森林资源清查报告》结果整理。

（二）森林资源增长速度放缓

中国森林资源的增长速度,虽然国家历年提倡造林营林,但造林增幅并不大(见表7.14),甚至有减少的波动。中国森林资源2003年造林总面积达到900万公顷以上,为近十年造林最多年份,其后均出现小幅波动减少,2008年造林有一定增加,也仅达到535万公顷,此后2009年于2010年造林面积虽有小幅增长,但整体造林面积仍达不到以前水平,考虑到造林投入及成活率等问题,造林不足将严重制约森林资源增长。从造林的投入方式来看,2006年前主要是飞机播种造林,2006年以后人工造林成为主要方式,但人工造林由于激励及技术等原因,2008年相比较于前些年明显增速减少,仅为368万公顷,2009年与2010年出现同样情况,森林资源整体增长速度有限。

表7.14 2000—2010年中国造林面积及方式①

(单位:公顷)

年份	造林总面积	人工造林	飞机播种	新封山育林
2000	5105138	4345008	760130	
2001	4953038	3977324	975714	
2002	7770971	6896041	874930	
2003	9118894	8432486	686408	
2004	5598079	5018885	579194	
2005	3637680	3221290	416390	
2006	3838790	2446122	271803	1120870
2007	3907711	2738521	118671	1050519
2008	5353740	3684260	150470	1515410
2009	6262330	4156290	226340	1879700
2010	5909920	3872760	195950	1841210

资料来源:根据历年《中国林业统计年鉴》及历次《中国森林资源清查报告》结果整理。

（三）森林资源用途结构调整

历年中国造林面积经营目的及用途结构(见表7.15)表明,在新增的森林资源面积构成中,防护林、经济林、用材林三者占到总造林面积的接近97%,其他薪炭林及特种材比例很少。新增森林中,其中防护林占造林面积约为70%,用材林和经济林各分别约为14%,可以看出为了发挥森林生态及防护功能,国家造林主要用于生态效益,另一方面来说,寄希望于新增森林面积对提供木材资源的可能性并不大。

---

① 根据造林技术规程(GB/T15776—2006),2006年起将无林地和疏林地新封山育林面积计入造林总面积。

表7.15　2000—2010年中国造林面积及用途结构

（单位:公顷）

年份	造林总面积	按林种用途分				
		用材林	经济林	防护林	薪炭林	特种用途林
2000	5105138	1218461	1350277	2430834	82338	23228
2001	4953038	905518	1068540	2913538	45611	19831
2002	7770971	898736	964211	5828810	59144	20070
2003	9118894	1175812	797318	7087319	37070	21374
2004	5598079	871132	456691	4210768	49966	9522
2005	3647942	607547	337816	2678214	16074	8291
2006	2717925	481629	403322.4	1824687	4837	3450
2007	3907711	610367	478417	2790172	7993	20762
2008	5353740	782109	850774	3697812	4020	19672
2009	6262330	801317	1002555	4407654	23705	27099
2010	5909920	809937	1110896	3943432	18887	26767

资料来源:根据历年《中国林业统计年鉴》及历次《中国森林资源清查报告》结果整理。

上述研究发现,中国森林资源目前进入快速发展时期,其中森林资源的林业用地面积、有林地面积、活立木蓄积、森林覆盖率、林分面积蓄积等方面均出现增长,资源保有量持续增加,为未来木材资源的产出提供了重要条件。

但中国森林资源质量方面中幼林比重过大,可采资源少,比较于林业大国,森林资源总量不足、质量不高、分布不均、资源禀赋能力明显存在缺陷。从未来森林资源能够提供木材资源的增长潜力来看,国家对森林资源的功能定位发生了主导改变,生态优先理念使得重点工程服务于环境建设,森林资源为市场提供交易性质的木材资源明显减少。同时由于森林资源增速有限,以防护林建设为主的加强公共品公益职责及人工造林加速发展存在障碍,整体森林资源对产业发展的原料供应不足将在长期内难以得到缓解。

四、中国木材资源短缺

世界自然基金会(World Wide Fund for Nature/ WWF)于2000年发起并组织"中国林业政策改革对林产品的贸易及环境的影响"研究项目,2004年由世界银行——世界自然基金会森林保护和可持续利用联盟、TRAFFRIC——东亚和Rufford Maurice基金组织专家报告了中国木材资源调查的研究结论——《中国木材市场、贸易和环境》[1]。此份研究结果显示,中国林业正经历由以木材生产为主向以生态建设为主的历史性转变,随着"天然林资源保护工程"和"退耕还林还草工程"的实施,中国木材产量锐减,作为世界上最大的木材进口国之一,中国木材市场需求量到2010年达到2亿立方米,其中近一半的木材需求将依赖进口。

世界自然基金会认为,2003年中国森林和人工林共生产工业用材为7900万立方米,

---

[1]　Zhu Chunquan,Rodney Taylor,Feng Guoqiang. 2004,"China's Wood Market,Trade and the Environment". Science Press USA Inc.

这样的国内供给水平不足中国国内消费和出口需求合计 1.73 亿立方米的一半。中国国内的木材供给能力存在严重短缺。

2010 年中国木材的消费和供给能力研究显示,截至 2010 年,预计中国每年工业用材消费量将增长到 1.71 亿立方米,其中纸浆和纸张消费将达到 6900 万立方米(原木当量)。除国内消费外,中国木材产品出口市场也消费了部分木材。如果按照 2003 年的出口量为基准,以每年增长 10% 的发展速度估算,预测到 2010 年木材产品出口达到 6800 万立方米(原木当量),由此可知中国木材市场年消耗量约达到 2.39 亿立方米(原木当量)。

研究表明,尽管对中国未来木材市场的容量不同研究机构的估计结果有所不同,但随着中国南方新造林达到成熟期,进入短轮伐期人工林木材供应会增加,就国内木材资源产量来看,2010 年中国能够提供生产 1.14 亿立方米工业用材,这意味着中国还将进口 1.25 亿立方米(原木当量),以满足所核算的国内消费和再出口的需求。

除了 WWF 进行过中国森林资源及木材供需研究外,其他国际组织(Wood Resources International、ITTO 等机构)也对中国木材市场进行了预测(见表 7.16)。上述三份国际机构研究报告尽管有所差异,但基本结论相同,即普遍认为 2010 年国内工业用材供应远不能满足需求。Wood Resources International 估计,2010 年中国需要进口 1.19 亿立方米(原木当量)工业原木,以解决供求平衡。ITTO 研究人员预计,2010 年中国木材供应缺口为 6400 万立方米。WWF 报告估计 2010 年中国木材供应缺口将达到 1.25 亿立方米(原木当量),高于另两份报告估计的结果。从平均值来看,中国木材资源的国际进口约需要 1.0 亿—1.2 亿立方米。

表 7.16　国际组织对中国木材市场的预测

研究报告	中国国内工业用材供应（原木当量:立方米）	满足需求需要进口量（原木当量:立方米）
WWF 研究报告	1.14 亿	1.25 亿
ITTO 研究报告①	1.8 亿	6400 万（2100 万热带木材）
Wood Resources International 研究报告②	1.13 亿（8300 万来自短轮伐期人工林）	1.19 亿

注释:上述报告预测值指 2010 年供需值。

2010 年 10 月国家林业局对外公布其测算数据,数据显示近 20 年来,中国森林面积和蓄积持续增长,特别人工林面积已经达到 6169 万公顷,居世界第一位,占全球人工林面积 38%。但国内木材消费总量达到约 3.71 亿立方米,国内可供给量只有 2.02 亿立方

---

① Shi K. , Lin F. , Meng Y. , Shi F. , Zhuang Z. 1999, "China's Forest Product Consumption and Its Demand for the Market of International Tropical Forest Products", Project Report for ITTO PD 25/96, International Tropical Timber Organisation, Japan.

② Hagler R. , Ekstrom H. , Goetzl A. 2001, "The Outlook for Trade of Forest Products in the Pacific Rim to 2010", Wood Resources International Ltd, USA.

米,实际消费缺口超过 1 亿立方米,官方预计到 2020 年,中国木材消费总量将提高到 4.57 亿—4.77 亿立方米,木材供应缺口将长期保持在 1.0 亿—1.5 亿立方米左右。

通过对历年中国森林资源清查结果及森林资源的禀赋能力考察,结合国内外机构对中国木材资源的供需预测及判断,可以发现,中国木材资源面临着日益严重的供需缺口,如此巨大的缺口矛盾,仅仅寄希望于依靠进口和节约资源是远远不够的,迫切需要立足国内,统筹安排好木材及林产品生产用地,提高森林经营水平,从综合框架内来统筹解决资源短缺问题。2010 年国务院审议同意并正式批复《全国林地保护利用规划纲要》[①],寄希望于全国林地保护实现资源供给水平不断提高。《全国林地保护利用规划纲要(2010—2020 年)》的核心是可持续利用,发挥森林的生态、经济和社会效益,其中最重要的是保护有林地和生态脆弱地区,实行森林面积占补平衡,加强生态脆弱地区的生态治理。目前林业的重点任务更多的是生态功能,完全寄托国内林地保护来实现商品材的自给在短时间是不现实的,进口资源是未来十年的重要解决措施。

第四节　本章小结

中国林业产业的发展与中国整体经济发展密切相关,目前中国林业产业第一产业比重在逐步下降,第二产业和第三产业快速上升,以木材加工业为代表的第二产业是中国林业产业依赖的主要产业基础。目前中国木材加工业的整体水平主要体现在中间产品的原材料加工,这种依赖原材料的木材加工产业体系,不断深化木材资源的供需矛盾。

木材资源来自森林,第七次全国森林资源清查结果显示中国森林进入快速发展时期,森林资源总量持续增长,森林多功能多效益功能逐步显现,特别中国人工林跃居世界首位,中国森林资源的快速发展为木材资源的供给作出了重要贡献。但从中国森林资源禀赋水平及发展前景来看,目前资源总量不足、质量不高、分布不均等特点显著。同时由于国家以生态优先的森林功能定位,使得森林能够提供给市场的商品性木材资源明显减少,人工林建设以公益性为主的政策导向对于人工造林的加速发展造成限制,未来森林对产业发展提供木材资源的能力严重不足。

根据国际相关机构对中国未来木材资源的供求预测,结合 2010 年 10 月国家林业局测算数据,中国国内林产品折算木材消费总量达到约 3.7 亿立方米,国内可供给量仅为 2 亿立方米左右,寄托国内资源供给实现商品材自给严重不现实,在未来 10 年乃至更长时间,如果中国不能调整产业结构及加工贸易发展模式,木材供需缺口年均将达 1 亿—1.5 亿立方米左右,依赖国际市场是解决资源短缺的重要的唯一途径。

---

　① 《全国林地保护利用规划纲要(2010—2020 年)》于 2010 年 6 月国务院常务会议通过。会议指出,林地是国家重要的自然资源和战略资源。编制实施全国林地保护利用规划纲要,加强林地保护、提高林地利用效率,对于发展现代林业、保障国土生态安全的重要措施。

第八章　中国木材加工产业安全(上)

第七章结合中国经济转型的历史阶段,分析了中国林业产业在国民经济的定位及其第二产业发展的概况,从木材加工业资源禀赋条件和木材资源供需矛盾角度论证了中国木材加工产业面临的"大进大出"发展困境。进口国际木材资源维持大量出口的加工贸易使木材加工产业面临着严重的不可持续发展的问题,本章节拟结合资源短缺的现实状况,分析中国木材加工产业在资源短缺条件下的产业安全及可能的调整思路。

第一节　中国木材加工产业安全子体系——WISI

产业安全评价是对国家相关产业的安全状态进行定量分析,通过建立符合考察产业发展的有效的产业安全评价体系,能够掌握产业安全状态和对产业安全进行预警监测,以便调整产业决策。

在第五章产业安全评价体系的构建中,我们初步确立了通过本国木材加工产业条件、国际竞争能力及产业控制力水平三个一级指标来核算整体产业安全问题。

通过木材加工产业条件、国际竞争能力及产业控制力水平一级指标,本研究设置了产业安全评价的 WISI(Wood-Industry Security Index)子体系。为避免重复核算,产业安全评价指标体系侧重于产业发展条件(包括生产要素、产业环境、产业政策)和产业控制水平(外资控制力、国际竞争规制、资源与生态环境),涉及产品流通贸易问题作为贸易安全指标来研究。

本书通过设定部分主要二级指标来评价中国木材加工产业安全,具体分为:产业发展条件(生产要素、产业环境、产业政策等)、国际竞争能力(规模竞争力、结构竞争力、市场竞争力)和产业控制水平(外资控制力、国际竞争规制、资源与生态环境),这样的分类基本反映了产业安全研究的主要指标,关于一、二、三级指标体系及指标解释,详见表8.1。

表 8.1　木材产业安全评价——WISI 指标及解释

一级指标	二级指标	三级指标	指标要义
国内产业条件	生产要素条件	自然资源因素	自然资源禀赋及国际比较
		劳动力资源要素	劳动力禀赋及成本等
		资本要素	资本来源及资本效率等
	产业供需环境	主导产品市场需求量	主导产品需求及比例
		主导产品供给量	主导产品供给及比例
	产业结构与布局	产业结构环境	产业内部结构
		产业布局环境	产业区域分布
国际产业条件	出口竞争力	出口优势变差指数	某一产品出口增长率与全部商品出口增长率的关系
	结构竞争力	贸易专业化系数	行业内部产品国际竞争力水平
	市场竞争力	国际市场份额指数	产品在国际市场的份额强度
产业控制水平	外资控制力	外资控制力	外资股权、品牌、技术、经营决策等评价
	国际竞争规制	国际竞争环境	国外对华反倾销评价
	能源与生态环境	能源生态环境约束	本行业生产经营的耗能及污染

中国木材产业安全评价的 WISI 子体系,系统而全面地考虑到当前影响产业发展及产业安全的三大问题,即产业发展的国内条件、产业竞争的国际条件及产业安全的控制水平,此评价体系的建立充分考虑到国内外对于产业安全评价的一般规律,也创新地引入了国际竞争力的内在演化因素,结合木材产业的特色,有针对地引入了能源及生态环境条件,对于系统考量中国木材产业的安全状况具有现实意义。

考虑到本章节涉及的二三级指标较为复杂,本书以一级指标为对象,将产业安全的评价分为上下两章来分析。

第二节　木材加工产业安全的国内条件评价

一、生产要素条件

产业发展的基础是要素条件,马歇尔(Alfred Marshall,1842 – 1924)把萨伊(Say Jean Baptiste,1767 – 1832)的生产三要素扩充为生产四要素,即劳动、资本、土地(即自然资源,包括土地、森林、矿藏和河流等一切自然资源)和组织(企业家才能)[1]。马歇尔运用均衡价格依次研究各个生产要素,提出各生产要素的需求价格和供给价格的均衡条件,即均

---

①　Alfred Marshall. 1920,"Principles of Economics". 8 Editon. London:Macmillan.

衡价格主要由工资、利息、地租和利润来决定。中国木材加工业的发展与其生产要素的均衡水平及配置能力密切相关,本书主要考核自然资源、劳动力资源和资本等要素,通过产业发展的要素条件来论证木材产业的安全问题。

（一）自然资源要素

自然资源①(本书中主要对象界定为森林资源)的要素供给能力及动态变化详见第七章。中国森林自然资源的整体要素供给能力,主要表现在:第一,绝对量属于中等水平。中国森林资源绝对总量在世界尚不能属于富裕国家,虽然排名在世界第五位,整体总量稳定在200万平方公里,占国土面积达到20%以上,但与排名前四位的国家相比,中国森林资源的绝对量远远低于俄罗斯、巴西、加拿大及美国。第二,人均资源拥有量远远低于世界水平。中国由于森林资源的绝对数量不丰富,加之人口众多,人均拥有的森林资源十分紧张,人均水平仅为0.15平方公里,与俄罗斯、加拿大、美国、刚果等国相比,人均森林资源严重落后。第三,中国森林资源的主要指标正在稳定增长,与其他国家相比较,中国森林资源面积数量、人均拥有量、森林占国土面积等指标都在稳定增长,相比较于印度,中国森林资源的数量增加及稳定发展仍属亮点,但与其他重要国家相比较,还需要更多的技术及资金投入以增加资源积累。第四,中国森林资源潜质及质量严重落后于世界水平,中国森林资源总量及覆盖率明显低于其他国家(见表8.2,表8.3),值得欣慰的是中国森林平均消失率出现可喜变化,2000—2005年中国森林消失率负增长(即消失为负数),森林消失的控制高于多数国家,说明森林养护和恢复能力不断增强。

综上所述,中国森林资源整体呈现了国内资源供给紧张、资源质量不高、区域分布不均衡、严重依赖国际进口等特点,这是影响中国木材加工产业健康发展的基础性要素,由于国内供给能力的不足及国际进口的受限,未来中国木材加工产业的发展存在两种可能,一种情况是由于资源短缺而严重动摇继续发展此种产业,基于资源短缺的产业安全问题愈发严重,产业发展不可持续;另一种可能即加快进行产业转型升级,使木材加工产业由资源依赖型向技术进步性和资本密集型转变,通过改变产业依赖的要素基础而改变产业安全存在的潜在威胁。

---

① 联合国环境规划署(United Nations Environment Programme,UNEP)定义自然资源为:在一定的时间和技术条件下,能够产生经济价值,提高人类当前和未来福利的自然环境因素的总称。于光远定义自然资源是自然界天然存在、未经人类加工的资源,如土地、水、生物、能量和矿物等。可以看出联合国关于自然资源的定义更为广泛。

表8.2 中国与世界主要国家森林禀赋比较

国别	2005				2006				2007				2010			
	森林面积	人口	人均森林	森林占国土面积比例	森林面积	人口	人均森林	森林占国土面积比例	森林面积	人口	人均森林	森林占国土面积比例	森林面积	人口	人均森林	森林占国土面积比例
俄罗斯	8,087,900	143.2	5.6	49.4%	8,086,943	142.5	5.7	49.4%	8,085,986	142.1	5.7	49.4%	8,090,900	142.9	5.7	49.4%
巴西	4,776,980	186.1	2.6	56.5%	4,745,950	188.2	2.5	56.1%	4,714,920	190.1	2.4	55.7%	5,195,220	190.8	2.7	61.4%
加拿大	3,101,340	32.3	9.6	34.1%	3,101,340	32.7	9.5	34.1%	3,101,340	32.9	9.4	34.1%	3,101,340	34.2	9.1	34.1%
美国	3,030,890	295.6	1.0	33.1%	3,032,480	298.4	1.0	33.1%	3,034,070	301.3	10.	33.1%	3,040,220	308.8	9.8	33.2%
中国	1,972,900	1,303.7	0.151	21.2%	2,013,478	1,311.0	0.154	21.6%	2,054,056	1,317.9	0.156	22.0%	2,068,610	13,397.24	0.154	22.2%
澳大利亚	1,636,780	20.4	8	21.3%	1,634,846	20.7	7.9	21.3%	1,632,912	21.1	7.7	21.3%	1,493,000	22.2	7.7	19.4%
刚果	1,336,095	59.1	2.2	58.9%	1,332,901	60.8	2.2	58.8%	1,329,707	62.5	2.1	58.7%	1,541,350	70.4	2.2	68.0%
印尼	884,950	219.2	0.4	48.8%	866,236	221.9	0.39	47.8%	847,522	224.7	0.37	46.8%	944,320	234.8	0.4	52.1%
秘鲁	687,420	27.8	2.5	53.7%	686,478	28.2	2.4	53.6%	685,536	28.5	2.4	53.6%	679,920	29.5	2.3	53.1%
印度	677,010	1,094.6	0.062	22.8%	677,304	1,109.8	0.061	22.8%	677,598	1,124.8	0.06	22.8%	684,340	12,159.40	0.6	23.0%

资料来源:World Bank database. [DB/OL]. http://go.worldbank.org;http://data.worldbank.org/indicator。

注释:上述主要单位分别为:森林面积(平方公里);人口(百万);人均森林(平方公里/人)。

说明:世界银行2008年与2009年相关数据缺省。

表8.3　中国与世界主要国家森林质量比较

国家或地区	森林平均消失率		森林覆盖率	
	1990—2000	2000—2005	2000	2005
世界总计	0.2	0.2	30.7	30.4
高收入国家	−0.1	−0.1	28.8	28.9
中等收入国家	0.2	0.2	32.7	32.4
低收入国家	0.5	0.7	26	25.1
中国	−1.2	−2.2	19	21.2
马来西亚	0.4	0.7	65.7	63.6
加拿大			34.1	34.1
美国	−0.1	−0.1	33	33.1
巴西	0.5	0.6	58.3	56.5
俄罗斯联邦			49.4	49.4
澳大利亚	0.2	0.1	21.4	21.3
新西兰	−0.6	−0.2	30.7	31

资料来源:World Bank World Development Indicators 2009。

(二)劳动力资源要素

1. 劳动力资源禀赋评价

本书采用国际通用的区域比较优势技术分析方法,通过劳动力资源禀赋系数(Labor Endowment Factor/LEF)来反映一国或地区劳动力资源相对丰富程度。

LEF 关系式可表达为, $LEF = \dfrac{\dfrac{V_i}{V_{ti}}}{\dfrac{Y}{Y_t}}$ （8.1）

式中 V_i 为某一国家或区域拥有的资源 i 的数量, V_{ti} 为世界拥有的该种资源的数量; Y 为该国或区域国民生产总值, Y_t 为世界国民生产总值。

如果 $LEF \geqslant 1$,表示该国或区域拥有的劳动力资源是丰富的,即具有比较优势;如果 $LEF \leqslant 1$,则该国或区域拥有的劳动力资源是短缺的且不具有与别国竞争的比较优势。

根据上述 LEF 的定义标准,我们易得与自然资源要素比较的主要国家的劳动力禀赋水平,我们的思路即为,拥有丰富森林资源的国家未必拥有丰富劳动力资源,是否拥有丰富自然资源的国家可能出现发达的木材加工产业?

根据来自世界银行经济发展统计数据库(见表8.4),可以看出中国作为劳动力大国已经达到世界比重的25%,中国劳动力资源绝对数量的丰裕状况仍然维持,但是从资源禀赋测算水平来看,中国的劳动力资源禀赋条件正在逐步丧失其从事比较优势劳动密集型产业的优势,印度、印尼等国的劳动力资源禀赋优势正在替代中国的地位。刚果的资源禀赋水平有着特殊的含义,由于刚果具备多达2000多万的众多的劳动力资源,但由于其经济整体发展水平低下,在国际 GDP 中份额较低,因此出现较高的劳动力禀赋系数。需要说明的是,本书的基础是先选定了森林资源丰富的国家序列,这意味着其他未被统计的国家也可能出现较高的劳动力禀赋系数,但这时的资源未必完全是积极的信号,"资源诅咒"的局面出现了,众多资源(类似刚果拥有众多的森林资源和人口资源等)可能未必带来经济的发展,"富裕资源的苦恼"伴随着经济水平的低下,未必资源富裕的国家会快速进入程度高的工业化阶段,这是对唯资源依赖论的有效的启示。

表8.4　中国劳动力资源禀赋水平及国际比较

	劳动力 (百万)	劳动力占 世界比重(%)	GDP (十亿美元)	GDP 占 世界比重(%)	劳动力禀赋 系数(LEF)
俄罗斯	76.0	2.4	1679.5	2.8	0.86
巴西	99.9	3.2	1575.2	2.7	1.19
加拿大	18.7	0.6	1501.3	2.5	0.23
美国	158.2	5.1	14093.3	23.8	0.21
中国	776.9	24.8	4326.9	7.3	3.39
澳大利亚	11.3	0.4	1015.2	1.7	0.21
刚果	24.0	0.8	11.7	0.02	38.9
印尼	112.8	3.6	510.7	0.9	4.17
秘鲁	13.3	0.4	129.1	0.2	1.95
印度	449.9	14.4	1159.2	1.9	7.33
世界合计	3131.7	/	59152.7	/	/

资料来源:World Bank database. [DB/OL]. http://go.worldbank.org。
说明:本核算以2008年数据为准,主要是考虑到世界银行数据库2010年统计并不完整。

当前中国木材加工产业由于拥有先进的机械设备和工艺经验,结合相对较为丰富的劳动力资源,短时间内还是具备竞争优势的,但是应该看到周边发展中国家承接国际产业转移的能力正在不断提升,其劳动力资源禀赋水平也在积聚优势,寄希望于低廉劳动力的无限供给,希望依靠劳动力资源来吸引投资并推动产业进步,这种资源依赖论的发展思维已经越来越成为制约经济发展的瓶颈。

2. 劳动力成本与全员劳动生产率低下

中国是人口大国,与其他木材工业强国相比较具有数量优势。木材加工产业特别人造板制造业是劳动密集型产业,人工成本在产业制造成本占有较大比重,这是目前中国人造板产业国际竞争优势的重要源泉。

中国木材加工产业与加拿大、德国和美国等发达国家相比较,以2006年折算水平来看,仅为加拿大的5%、美国的7%,行业雇员工资水平远远低于世界水平,与发展中国家相比,也仅达到马来西亚的37%,但是马来西亚、印度尼西亚等国劳动力资源丰富,折算劳动力成本比中国还低,中国低水平技术劳动力资源仍具有一定优势(见表8.5)。但是需要看到,中国丰富而低廉劳动力资源带来的较低水平的劳动生产率,以表8.6分析,从主要木材产业大国全员劳动生产率(Labour Productivity)比较角度来看,2006年中国全员劳动生产率仅相当于加拿大的4.6%、美国的3.8%,与马来西亚和印度尼西亚等国家比较,也呈现低水平,如何尽快提高中国木材加工产业的劳动生产率,是提高产业基础及产业工人待遇的关键所在。

表8.5 各国木材制造业※的雇员工资比较

（单位:美元）

国家	2000年月均工资 （美元）	2003年月均工资 （美元）	2006年月均工资 （美元）	2001年平均 劳动力成本
中国	89.5	125.7	189.3	10088(元/年)※※※
加拿大	3115.6	3364.1	3560.4	25.4(加元/小时)※※※
美国	2107.3	2200.7	2534.2	17.3(美元/小时)
德国	2206.4	2388.4	/	44.3(欧元/小时)
马来西亚	368.9	402.9	512.3	14789(林吉特/年)
印尼	/	446.5	496.5	17869(卢比/年)※※※

资料来源:根据联合国ILO数据库及当年平均汇率折算。

注释:※Manufacture of Wood and of Products of Wood and Cork, except Furniture; Manufacture of articles of Straw and Plaiting Materials;※※※参考官方估算值。

说明:本核算之所以仅选取了2000年、2003年及2006年的数据,主要因为联合国数据库更近年份有关国家的统计并不完整。

表8.6 各国全社会劳动生产率①比较

（单位:美元/人）

国家	1990	2000	2003	2004	2005	2006
中国	590	1671	2215	2582	2971	3505
印度尼西亚	1533	1847	2574	2784	3042	3834
马来西亚	6734	9947	10714	11936	13061	14659
泰国	2777	3771	4138	4585	4894	5678
加拿大	43746	48984	55172	61782	69360	76650
美国	48762	72683	79633	84330	88379	92270
意大利	53202	52144	68422	77439	78392	80997
澳大利亚	41055	45233	58122	68668	74798	76393
新西兰	29763	29850	42575	50008	53443	49580

资料来源:《国际统计年鉴2009》;国际劳工组织在线劳工统计数据库。

注释:全社会劳动生产率 = 工业增加值/全部从业人员平均人数。

---

① 全社会劳动生产率是一定时期内全社会劳动者(从业人员)的劳动效率,能够反映一国或区域的社会生产力发展水平,也作为衡量经济体经济实力的基本指标。其根据产品价值量指标计算平均每个从业人员在单位时间内的产品生产量,能够考核产业及企业生产技术水平、经营管理水平、职工技术熟练程度和劳动积极性等问题。

中国全社会劳动生产率的低水平状况会导致一定行业的用工荒,即劳动力会自觉选择从事高收入高技能的工种,造成某些低技术行业劳动力短缺,劳动力从低生产率部门向高生产率部门的转移会逐步提高整体劳动生产率——即丹尼森效应(Denisor Effect),这在一定程度上会导致成本扩张,可能导致部分企业破产,这会带来产业的不安全局面。

中国全社会劳动生产率低下问题越来越成为制约整体经济发展的瓶颈,如何通过社会生产力水平的提高来保障木材产业的技术进步,关系到整体产业安全和可持续发展,较低的劳动力成本不利于经济增长,将人口数量优势加快转化为人力资本优势是需要重视的问题。将人力资源理论纳入新增长理论(Lucus,1988)[1]为我们提供了重要启示,知识、人力资本同物质资源一样是生产要素,知识产品和人力资本具有溢出效应,具有递增的边际生产率,对知识和人力资本的不断投入可以持续提高一国的长期增长率,这在一定程度比自然资源的多寡对于中国木材加工产业发展更加重要。

3. "刘易斯拐点"困境

20世纪60年代荷兰经济学家伯克(J. H. Booke,1953)[2]对荷兰殖民地印度尼西亚社会经济的研究中提出二元经济结构思想后,1954年阿瑟·刘易斯(William Arthur Lewis,1915—1991)提出了"二元经济"发展模式[3]:一是劳动力无限供给阶段,此时劳动力过剩,工资取决于维持生活所需的生活资料的价值;二是劳动力短缺阶段,此时传统农业部门中的剩余劳动力被现代工业部门吸收完毕,工资取决于劳动的边际生产力。由第一阶段转变到第二阶段,劳动力由剩余变为短缺,相应的劳动力供给曲线开始向上倾斜,劳动力工资水平也开始不断提高,第一阶段与第二阶段的交点即"刘易斯转折点"。

如图8.1所示,横轴表示劳动力供给,纵轴表示工资水平。工资水平长期保持不变导致劳动力过剩,随着AD1右移至AD3到了劳动力过剩向短缺的转折点,即刘易斯拐点,在过去民工劳动力一直供大于求,随着特定的背景因素的变化,不涨工资就招不到人,民工荒成为一定阶段发展的必然产物。

一国工业化必然经历从传统农业到传统农业与现代工业并存的"二元经济"再到一体化的现代经济两个过程。社会变革呈现为,农业社会—工业社会—后工业社会,也即传统一元社会——传统与现代并存的二元社会——现代一元社会。在"二元经济"阶段,农业通过提供大量剩余劳动力,为现代工业的资本积累和规模扩张作贡献。"二元经济"向"一元经济"的转变,必须随着工业化、城市化的扩张,鼓励工商业部门大量吸收农业剩余劳动力,并采用先进技术和生产方式改造传统农业,在现代化基础上实现工业与农业

---

①　Lucas R. E. 1998,"On the Mechanics of Economic Development",*Journal of Monetary Economics*,Vol. 22,No. 1,pp. 3–42.

②　J. H. Boeke. 1953,"Economics and Economic Policy of Dual Societies as Exemplified by Indonesia",New York.

③　Lewis W. A. 1954,"Economic Development with Unlimited Supplies of Labour",Manchester School.

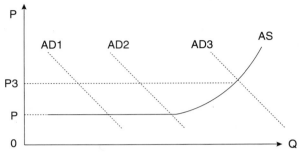

图 8.1　二元经济"刘易斯拐点"

的均衡发展;对于城市化过程的城乡平等制度安排,应鼓励发展农村经济和教育培训,增加公共投资和公共服务,增强农业剩余劳动力和城市非正规部门就业人员到城市正规部门就业的能力。

"刘易斯拐点"在中国已经越发明显,出现了农村剩余劳动力向非农产业逐步转移,农村剩余劳动力逐渐减少,导致最终再也没有剩余劳动力,剩余劳动力无限供给状况即将结束,这是中国木材加工产业需要面对的现实问题。应当积极看待"刘易斯拐点"对健全劳动力市场制度的贡献,民工荒实际是民工权利保障短缺或制度短缺,政府应加快满足产业升级需要的技术型劳动力的培训能力,在江苏、山东等省份应对金融危机后,出现了用工荒及开工不足问题,一定程度改变了传统意义上中国劳动力资源供应低廉且具优势的现实。

4. 劳动力资源老龄化趋势

中国的劳动力是否优质且可持续使用呢?答案越来越呈现否定的发展走势。我们比较了最具市场潜质的"金砖四国(Brasil + Russia + India + China/BRIC)"近 10 年劳动力资源的结构及人均 GDP 贡献能力(见表 8.7)。

表 8.7　2000—2010 年"金砖四国"(BRIC)劳动力资源比较

时间	评价指标	巴西	俄罗斯	印度	中国
2000	劳动参与度（15 岁以上占全部人口比重:%）	68	60	58	77
	15—64 劳动人口比重	65	69	61	68
	65 岁以上劳动人口比重	5	12	4	8
	人均劳动力 GDP(1990 年购买力平价:美元)	12,109	11,991	5,061	4,660
2005	劳动参与度（15 岁以上占全部人口比重:%）	70	61	58	75
	15—64 劳动人口比重	66	71	62	70
	65 岁以上劳动人口比重	6	14	5	9
	人均劳动力 GDP(1990 年购买力平价:美元)	12,068	15,589	6,276	7,710

（续表）

时间	评价指标	巴西	俄罗斯	印度	中国
2008	劳动参与度(15岁以上占全部人口比重:%)	71	63	58	74
	15—64劳动人口比重	67	72	63	72
	65岁以上劳动人口比重	7	13	5	10
	人均劳动力GDP(1990年购买力平价:美元)	13,230	18,702	7,445	10,378
2010	劳动参与度(15岁以上占全部人口比重:%)	72	64	59	75
	15—64劳动人口比重	65	71	62	73
	65岁以上劳动人口比重	6	12	6	11
	人均劳动力GDP(1990年购买力平价:美元)	14,340	19,723	8,234	12,578

资料来源:《国际统计年鉴2011》;国际劳工组织在线劳工统计数据库。

注释:2010年评价指标为估算值。

通过统计可以发现以下主要问题①:第一,中国劳动力的市场参与度最高。劳动力参与度是劳动者权利体现,中国劳动力参与度甚至高于印度20以上的百分点,这说明中国劳动者秉承了勤奋耐劳的优良品质,另外也与政府积极创造就业及中国经济快速发展有关。第二,中国适龄及老龄化劳动力结构矛盾日趋严重。可以看出,除了俄罗斯老龄化现象高于中国之外,中国65岁人口比重在日趋上升,并且适龄劳动力的比重也保持在70%以上,老龄化将严重削弱劳动力市场的供给能力。第三,中国劳动者人均GDP水平不高。统计可以发现,金砖四国中,中国人均劳动力GDP仅仅高于印度,近年虽有增长,但还是低于巴西及俄罗斯,中国劳动者的贡献能力还有极大的提升空间,加快将劳动力资源通过技术培训转化成技术与资本结合的人才资源,对于中国劳动力资源的水平提高具有重要意义。

中国木材加工产业的劳动力成本具有先天性竞争优势,这主要是由于木材加工产业整体技术要求水平较低,初级木材加工产业的劳动力工人技术不需要太多劳动培训,从而在劳动力资源总量上具有先天优势。随着城市化进程的加快,农村劳动力将越来越短缺,加之中国木材加工产业主要分布在长三角、珠三角、环渤海区域,劳动力素质偏低,劳动力资源由于产业的布局存在问题,产业发展的资源基础并不能凸显资源富裕的优势。

中国劳动力资源老龄化趋势意味着中国"人口红利"(Demographic Dividend)②即将枯竭。"人口红利期"指总人口结构"中间大、两头小"的劳动力供给充足现象。中国"人

---

① 杨红强、聂影:《中国木材加工产业安全的生产要素评价》,《世界林业研究》2011年第24卷第1期,第64—68页。

② "人口红利"是一个时期内生育率迅速导致的少儿与老年抚养负担均相对较轻,总人口中劳动适龄人口比重上升,从而在老年人口比例达到较高水平前,形成的劳动力资源相对丰富的有利时期。一般使用总抚养比小于50%(14岁及以下少儿人口与65岁及以上老年人口之和除以15—64岁劳动年龄人口)为人口红利时期,而人口总抚养比超过60%时为"人口负债"时期。

口红利"将面临剩余劳动力短缺的重大转折,"刘易斯拐点"的出现,往往是人口红利消失的前兆,依靠廉价劳动力来促进经济增长的发展模式面临严重困境,缓解人口结构变化对经济发展带来的不利影响,急需解决把经济增长转到提高劳动生产率上来(蔡昉,2004)[1]。老龄化及短缺劳动力的劳动力资源将严重制约产业健康发展。

5. "配第—克拉克定理"机制

中国二元结构的消除或向同质的一元结构转换是经济发展的必然。按照结构学派发展经济学的主张:随着工业化发展及城市化扩张,依照配第—克拉克定理[2],农业剩余劳动力被工商业部门大量吸收,在现代化基础上实现工业与农业的均衡发展,二元结构逐渐趋于一元化。

二元结构转换的结果应是工商业和农业都普遍使用了先进的技术和先进的生产方式,各部门各地区平衡协调发展,经济逐步走向发达道路。很显然,实现二元结构向一元结构转换必须具备二个条件:其一为现代工商业部门扩大及城市化以高水平发展;其二是传统农业改造及工业化技术进步,从世界范围看,任何国家的工业化道路,都包含着从农业经济到二元经济,再从二元经济到现代经济一体化两个过程。

"配第—克拉克定理"现象作为进步的制度表现,其形成机制对产业安全问题具有重要意义。

首先是收入弹性差异:第一产业的属性是农业,而农产品的需求特性是当人们的收入水平达到一定程度后,难以随着人们收入增加而同步增加,即收入弹性出现下降,并小于第二产业、第三产业所提供的工业产品及服务的收入弹性。因此经济进步,将导致国民收入和劳动力分布从第一次产业自发地转移至第二、第三产业。目前中国二元经济发展中农业人口向产业工人的转变符合收入弹性差异决定原理。

其次是投资报酬(技术进步)差异:第一产业和第二次产业之间,技术进步差别明显,农业长生产周期决定其技术进步比工业难度更大,一般对农业投资会出现"报酬递减"的现象。而工业投资会带来"报酬递增",工业技术进步要比农业迅速得多,随着工业投资的增加,产量加大及单位成本下降,是工业进步的原动力。投资报酬差异机制对于技术进步的作用特别明显,对于中国木材加工产业来说,投资技术进步及技术工人培训,是保持数量及较高质量劳动力资源的必由之路。

(三)资本要素

政治经济学认为资本是可以带来剩余价值的价值,它在资本主义生产关系中是一个

---

① 蔡昉:《人口转变、人口红利与经济增长可持续性——兼论充分就业如何促进经济增长》,《人口研究》2004 年第 2 期,第 28—30 页。

② "配第—克拉克定理"有关经济发展中就业人口在三次产业中分布结构变化通过产业结构理论可表述为:随着经济发展及人均国民收入水平的提高,第一产业国民收入和劳动力的相对比重逐渐下降;第二产业国民收入和劳动力的相对比重上升,经济进一步发展,第三产业国民收入和劳动力的相对比重也开始上升。

特定的政治经济范畴,体现资本家对工人的剥削关系[1],因此,资本并不完全是一个存量的概念。"资本"泛指一切投入再生产过程的有形资本、无形资本、金融资本和人力资本。从投资活动的角度看,资本与流量核算相联系,而作为投资活动的沉淀或者累计结果,资本又与存量核算相联系[2]。作为生产要素研究的资本,亦称资本货物(或资本品),指人类所生产出来的用于生产其他产品所需的一切工具、机器设备、厂房等的总称。

产业安全是民族产业得以持续生存和发展的重要保障,始终保持本国资本对产业主体的控制,是维护产业安全的重要条件。研究产业安全的资本要素,需要关注到影响产业发展的资本来源、资本效率、换汇成本等问题。

产业安全赖以生存和发展需要具备可持续且高质量的"资金链",本书拟通过资本效率水平来评价木材加工产业安全发展所需要的产业金融环境,资本来源是产业为企业获得资本难易程度的重要视角。如果获得资本的来源渠道单一且水平低下,将不利于产业的生存,根据企业获得银行信贷、进入股票市场以及高科技企业获得风险资本的难易程度来衡量。评价资本来源及构成可以判断产业发展资金获取能力及资金风险。

通过表8.8可以发现,2010年中国林业固定资产投资来源主体仍是国家投资(比重达到48%),整体来看国家投资仍占主导地位,民间资本、外资及其他资金来源合计已经超过50%,吸引非国有投资从事林业部门,从资本要素的增长短期来看是积极的,但不容忽视非国有资本逐利性选择及投资短视行为(例如外资投资涉及产业更新改造环节比例很小)。

对于中国林业固定资产投资的资金流向来说(见表8.9),2010年累计完成投资1553亿元,国家投资流向林业第二产业部门比重仅为23%,更多数资金流向于林业第一产业(77%),国家投资流向植树造林等营林环节是值得鼓励的,但对于第二产业的投资明显不足。以木材加工产业投资内部构成来看,2010年森工固定资产投资全年投资约为145亿元,林业产业投资主要分布在基本建设上(高达89%),而对于投资技术及设备更新改造资金仅为9%,约为50亿元,对于林业产业技术及其产业设备更新改造是科技创新的基本条件,低水平的重复建设投资过大而忽视对落后产业的技术更新投资无疑加大产业安全的隐患。

评价产业安全资本要素,除了考察资本供给的来源渠道,还可以从产业发展过程中

①　杨玉生:《马克思对资产阶级庸俗经济学的批判及其启示》,《当代经济研究》2008年第12期,第15—20页。

②　资本与资产是两个完全不同的概念,代表着完全不同的内涵。资产是企业用于从事生产经营活动以为投资者带来未来经济利益的经济资源,出现在资产负债表的左侧,归企业所有。企业的所谓法人财产权,就是指企业对其控制的资产拥有的所有权。资本,是企业为购置从事生产经营活动所需的资产的资金来源,是投资者对企业的投入,出现在资产负债表的右侧,它为债务资本与权益资本,分别归债权人和公司所有者(股东)所有,企业对其资本不拥有所有权。资金广义上讲,与"资产"的概念是一致的,但它有缩小范围的概念,如特指货币资金,或是特指营运资金。资产 = 资本 + 其他积累 + 负债,即:资本 + 其他积累 − 资产 − 负债 = 资本权益。

（单位：万元）

表8.8　2010年中国林业产业固定资产投资完成情况

指标	总计	营林固定资产投资			森工固定资产投资			
		合计	基本建设	更新改造	合计	基本建设	更新改造	其他投资
本年计划投资	14198945	10630092	10428159	201933	3568853	2762354	583779	222720
自年初累计完成投资	15533217	11942956	11709639	233317	3590261	2782241	588752	219268
其中：国家投资	7452396	6963502	6909319	54183	488894	418222	1452	69220
其中：国债资金	355261	326538	325569	969	28723	28703	—	20
按行业分								
1. 营造林业	7941255	7765816	7668906	96910	175439	171375	98	3966
2. 木材及竹材采运业	570721	202062	199188	2874	368659	361305	5658	1696
3. 木材加工及竹、藤、棕、苇制品业	1832242	328848	327248	1600	1503394	1102310	330594	70490
其中：人造板制造业	649054	94192	93092	1100	554862	363437	170713	20712
4. 其他	5188999	3646230	3514297	131933	1542769	1147251	252402	143116

数据来源：国家林业局2011年《中国林业统计年鉴》。

表8.9　2010年中国林业固定资产投资结构及流向(单位:万元)

指标	总计	营林固定资产投资			森工固定资产投资			
		合计	基本建设	更新改造	合计	基本建设	更新改造	其他投资
本年计划投资	14198945	10630092	10428159	201933	3568853	2762354	583779	222720
自年初累计完成投资	15533217	11942956	11709639	233317	3590261	2782241	588752	219268
其中:国家投资	7452396	6963502	6909319	54183	488894	418222	1452	69220
其中:国债资金	355261	326538	325569	969	28723	28703	—	20
按构成分								
1. 建筑工程	2695452	892345	829072	63273	1803107	1682415	70110	50582
2. 安装工程	218438	48589	47562	1027	169849	90379	77710	1760
3. 设备、工具、器具购置	811328	191003	187338	3665	620325	351218	240683	28424
4. 其他	11807999	10811019	10645667	165352	996980	658229	200249	138502
按性质分								
其中:1. 新建	9385781	7936988	7855487	81501	1448793	1329801	38491	80501
2. 扩建	3297296	2132490	2070405	62085	1164806	919957	161124	83725
3. 改建和技术改造	879749	312106	262468	49638	567643	160721	367373	39549
4. 单纯建造生活设施	120702	39758	22367	17391	80944	80754	20	170
5. 迁建	11157	3533	3533	—	7624	7534	—	90
6. 恢复	141706	139940	133242	6698	1766	950	516	300
7. 单纯购置	135679	65342	62559	2783	70337	55884	5513	8940

数据来源:国家林业局2011年《中国林业统计年鉴》。

的资本效率以及资本成本等问题来考核,考虑到产业安全的外资及其控制力问题,将在下述环节进行比较分析。

二、产业供需环境

产业安全评价的一级指标国内产业条件中还需要考察产业供需环境,下面将从两个方面分别讨论。

(一)产业需求环境

产业供需环境主要包括主导产品市场需求量和市场供给量两个因素,通过考察产业发展的需求情况,结合国内供给能力,从而对产业发展的整体竞争环境给予评价。

通过分析表 8.10、表 8.11,2010 年平均约有 229 个国家和区域需要进口木材产品,全球木材产品进口需求超过 1093 亿美元,较上年度,进口额需求增长约 19%,在金融危机得到缓解后,全球经济在 2010 年呈现复苏态势,对林产品的需求得到快速增长。

2010 年木材产品的进口需求结构及发展走势呈现以下特点。

第一,国际对木材产品的需求结构主要表现为,初级产品(原木和锯材)超过 40%,达到 440 亿美元,中高技术类产品(胶合板、纤维板、包装材等)约占 50%,超过 600 亿美元以上。

第二,随着国际金融危机的结束,木材产品市场需求明显好转,年进口增速平均达到 18%,对于基础设施建设需要的建筑木、胶合板、纤维板等产品,国际需求明显上升。

第三,由于国际环境破坏及政府管制,原木、锯材等初级产品的需求及供给明显压缩,而以技术加工及劳动密集型为主的胶合板、纤维板、包装木等仍是市场需求的主导产品。

第四,美国、中国、日本、德国及英国等传统强国仍是消费主体,由于发达国家加工业转移及产业结构调整,对于木材加工等产业的需求必然通过国际采购来满足,发达经济体的经济稳定及动荡是国际需求市场的决定因素。

第五,森林资源丰富的国家也可能是进口大户,对于美国及加拿大等国,其资源领先世界,但却大量消费了国际木材加工业制造品,却指责林产品出口市场(例如中国)消费原材料甚至破坏世界森林资源,以加工贸易为主的中国木材产业应当深刻反思未来战略定位。

(二)产业供给环境

通过分析上述木材产品需求可以发现,金融危机后全球经济在复苏中前行,木材产品的需求正在增长,我们需要对产业发展的外部供给环境进行研究,进而研究市场的供需平衡问题。

2010 年主要木材产品国际供给指标可用来分析产业的供给竞争问题(表 8.12)。

第一,整体来看,中国是重要的产品出口供给国,2010 年中国出口产品占世界份额约为 9%,出口额超过 100 亿美元,是世界第一大出口国。中国大进大出的加工贸易发展模

表 8.10　2010 年主要木材产品国际需求指标

产品	进口值 (十亿美元)	占世界进口份额 (%)	年进口额增长率(%) (2009—2010)	进口市场数额 (>100)	前三位需求国进口份额(%)
44 木材产品	109.3	0.4	19	229	30.9%(美国,中国,日本)
4407 锯材	29.8	0.19	24	222	32.9%(中国,美国,日本)
4403 原木	14.5	0.09	30	204	55.7%(中国,日本,印度)
4412 胶合板	11.3	0.08	26	225	36.8%(日本,美国,德国)
4418 建筑用木	11.1	0.08	11	222	29.5%(美国,日本,英国)
4411 纤维板	8.2	0.05	13	202	21.0%(美国,法国,加拿大)
4401 薪柴及木片	6.8	0.04	27	177	52.2%(日本,中国,意大利)
4410 刨花板	6.2	0.04	16	202	27.6%(美国,德国,波兰)
4421 其他	5.2	0.03	9	216	44.4%(美国,德国,日本)
4409 拼接木	4.7	0.03	15	203	33.6%(美国,加拿大,日本)
4408 单板	2.9	0.02	13	204	24.4%(美国,意大利,德国)
4415 包装用木等	2.4	0.02	15	205	36.1%(德国,法国,比利时)
4420 镶嵌木等	1.6	0.01	9	209	46.6%(美国,德国,法国)
4414 画框木等	1	0.01	3	113	54.9%(美国,德国,日本)

数据来源:UNcomtrade Database;[DB/OL]. http://www.trademap.org/countrymap/Country_SelProduct.aspx。

说明:本统计检索及核算时间为 2012 年 1 月 30 日。

表 8.11　2010 年中高级木材产品国际需求市场分布

产业	全球总进口值（十亿美元）	第一位		第二位		第三位		第四位		第五位	
		国家	占世界份额	国家	占世界份额	国家	占世界份额	国家	占世界份额	国家	占世界份额
44 木材产品	109.3	美国	10.9%	中国	10.1%	日本	9.4%	德国	7.3%	意大利	4.7%
4412 胶合板	11.3	日本	15.2%	美国	15.1%	德国	6.6%	英国	5.2%	韩国	4.2%
4418 建筑用木	11.1	美国	13.2%	日本	9.3%	英国	7.0%	德国	6.9%	意大利	6.0%
4411 纤维板	8.2	美国	9.8%	法国	5.7%	加拿大	5.5%	德国	5.0%	英国	4.3%
4410 刨花板	6.2	美国	13.0%	德国	10.0%	波兰	4.6%	法国	4.4%	意大利	3.8%
4409 拼接木	4.7	美国	18.5%	加拿大	9.0%	日本	6.1%	法国	6.0%	德国	5.8%
4408 单板	2.9	美国	9.4%	意大利	8.1%	德国	6.9%	法国	4.5%	西班牙	4.5%

数据来源：UNcomtrade Database。

说明：本统计检索及核算时间为 2012 年 1 月 30 日。

表 8.12　2010 年主要木材产品国际供给指标

产品	出口值 (十亿美元)	年出口增长率(%) (2009—2010)	出口市场数额 (>100.000)	前三位供应国占 世界出口份额	前三位供应国(按出口份额排序)
44 木材产品	106.1	18	221	24.6	中国(9.1%)、加拿大(8.0%)、德国(7.5%)
4407 锯材	28.9	22	176	38.9	加拿大(17.0%)、瑞典(11.5%)、俄罗斯(10.5%)
4403 原木	12.7	29	143	36.8	美国(14.7%)、俄罗斯(14.5%)、新西兰(7.5%)
4412 胶合板	12.1	25	142	54.9	中国(28.1%)、印尼(13.5%)、马来西亚(13.2%)
4418 建筑用木	11.8	7	165	28.4	奥地利(10.9%)、德国(9.1%)、菲律宾(8.5%)
4411 纤维板	8.9	10	118	40.4	德国(21.2%)、中国(12.4%)、比利时(6.8%)
4410 刨花板	6.3	14	124	37.4	加拿大(13.9%)、德国(12.8%)、奥地利(10.7%)
4401 木片	5.8	28	134	30.4	澳大利亚(14.2%)、越南(9.9%)、加拿大(6.3%)
4409 拼接木	4.6	12	143	35.5	中国(14.2%)、巴西(10.9%)、印尼(10.4%)
4421 其他	4.5	13	171	52.2	中国(32.7%)、波兰(10.3%)、德国(9.2%)
4408 单板	2.6	12	126	29.3	美国(12.5%)、德国(8.8%)、中国(8.0%)
4415 包装箱等	2.6	17	158	30.8	波兰(14.0%)、德国(10.4%)、比利时(6.4%)
4420 镶嵌木等	1.3	11	178	56.4	中国(40.3%)、印尼(11.5%)、德国(4.6%)
4414 画框木等	1.0	5	116	59.2	中国(44.2%)、印尼(8.3%)、泰国(6.7%)

数据来源：UNcomtrade Database；[DB/OL]. http://www.trademap.org/countrymap/Product_SelProductCountry.aspx。

说明：本统计检索及核算时间为 2012 年 1 月 30 日。

式,主要通过进口国际资源来加工产成品参与国际分工,但比较于加拿大、德国、澳大利亚等工业强国,产业水平明显存在差距。

第二,国际市场的供应渠道高度集约,竞争加剧,从前三位供应国的市场份额分布来看,前三位供应国的市场份额对于主要需求产品保持在30%—50%之间,特殊商品(镶嵌木、画框木)甚至接近70%,而此类产品科技水平低,主要为低附加值的手工劳动,分布在中国、印尼及泰国等发展中国家。

第三,从国际供给能力角度来看,木材产品的主要供给来源国虽然较多,但主要供给能力分布在少数国家,例如胶合板、纤维板等主导产品的供给来源于中国、印尼及马来西亚(德国主要提供高档纤维板)等以自然资源丰富或者劳动力资源丰富的发展中国家,这些国家的利润更多是依赖低劳动生产率来实现,中国过多的低层次产业竞争,对加快产业升级及转型带来消极影响。

第四,短时间来看,国际分工格局是德国、加拿大等国从事高端产业生产,中国、印尼等国从事中低端产业生产,中国木材加工产业的供给竞争环境似乎有其继续保持低端竞争的优势,但从长远来看,随着中国劳动力资源短缺及"人口红利"的消失,这种劳动力密集型的产业基础开始动摇,国际投资已经出现向越南、泰国等地转移的趋势,中国木材加工产业的低成本竞争问题将成为威胁产业安全的重要因素。

三、产业布局及存在问题

目前国内木材加工产业内部结构是否优化? 产业分布是否合理? 国家产业政策对于产业发展的调整能力是否科学? 对这些问题的研究在一定程度上能够反映木材加工产业安全水平的状况。

(一)当前中国林业第二产业发展概况

中国林业产业涵盖三大产业,主要包括林木种植业、经济林培育业、花卉培育业、木竹采运业、木竹加工业、人造板制造业、木浆造纸业、林产化工加工业、林副产品采集加工业、森林旅游业等,其中林业第二产业是实现从传统种植业向工业化发展的重要部门。世界林业发展规律表明,整体林业的可持续发展应以木材产业化为支撑,森林资源的培育也应通过结构合理的木材产业来拉动。FAO 统计表明,在全球林业总产值中,木材产业产值所占比重高达77.0%,而营林业产值只占23.0%,尤其在发达国家,木材产业占林业总产值的比重高达90%(FAO,2009)[①],以木材加工业为代表的林业第二产业的状况是衡量一国林业发展水平的重要指标。

20 世纪 80 年代以来,中国市场经济体制改革建设方向的确立,对于国民经济体系中具有特殊地位木材产业的变革产生一定推动,逐步形成了以木材加工业、家具制造业和造纸及纸制品业为主体的产业发展格局。经过三十多年来林业第二产业的发展,中

---

① FAO. 2009. ForestSTAT statistical database. [DB/OL]. http://www.faostat.fao.org.

国已经成为世界重要的加工大国,但是否在依赖自然资源和低劳动成本的基础上继续加工贸易的发展模式? 是否应该通过"大进大出"的发展思路继续维护中国加工大国的产业地位? 是否应该忽视林业生态社会效益的第三产业服务功能而追求完全工业化的产业结构? 作者认为在合理保障第一产业基础地位的前提下,应优先考虑第三产业的发展,加快调整第二产业规模结构,对于全面推动林业产业的发展至关重要。

本书结合中国目前的林业产业的发展状况来研究木材资源安全。

中国林业第二产业经过30多年的发展,已经形成了中国林业经济的支柱产业,主要分为六大类加工制造产业:锯材加工、木片加工业,人造板制造业,木制品加工业,造纸和纸制品制造业,木质家具制造业及其他制造业(图8.2)。

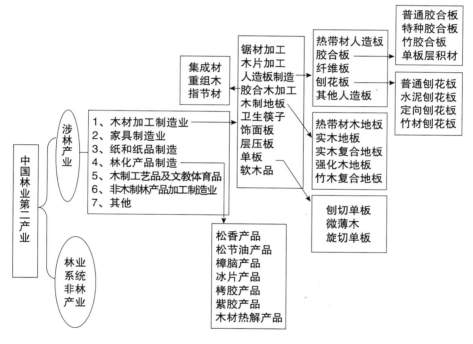

图8.2 中国林业第二产业分类①

2000年,林业第二产业中,人造板制造业产值占第二产业总产值28.6%;木制品产业和家具制造业比例相当,约占总产值15%;锯材、木片加工产业作为基础产业,产值比例为7.9%;造纸及纸制品产业的产值占第二产业总产值比例相对较低为6.5%。

林业产业结构优化调整政策使得林业第二产业的发展获得了林业技术和人力资源的大量投入,产业内部的结构逐步合理(图8.3)。产业发展速度最快的是属于技术和资金密集型产业的造纸和纸制品业,其产值年均增长45.8%, 2010年上升到24.6%(产值近3000亿元),凸显了产业结构调整后技术密集型产业的重要地位。木质家具产业属于

① 参见国家林业局2009年《中国林业年鉴》统计分类。

资源和劳动密集型产业,中国木质家具制造业拥有较为成熟的技术支撑和低廉的劳动力,由于其有助于解决就业,政府重视该产业发展,近十年发展增长迅速,产值年增长率也达到27%,2010年也稳定在13.8%的水平上(产值超过1600亿元),木质家具业在促进林业第二产业的发展中占有重要作用。中国政府不断限制资源消耗性产业的增长,资源密集型的人造板制造业及木制品加工业的发展速度明显受限,所占比例有所下降。放缓自然资源消耗和低廉劳动力依赖的产业的发展速度,将是林业产业结构优化的方向。

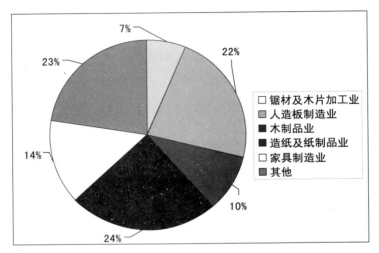

数据来源:国家林业局《2011年中国林业统计年鉴》。

图8.3 2010年中国林业第二产业比重结构

值得重视的是,目前中国林业第二产业中木材加工制造业(例如锯材及木片加工业、人造板制造业)仍是重要的产业,2010年木材加工制造业产值近5000亿元,在整体林业第二产业比重也达40%,其中人造板产业是主导产业。这种初级产品的加工制造业的发展明显受到资源短缺和劳动力成本上升的限制。

(二)中国林业第二产业结构评价

1. 中国木材加工产业

中国木材加工业主要包括锯材加工、木片加工、人造板制造、胶合木加工、木制地板、卫生筷子、饰面板、层压板、单板、软木制品等10大类。其中人造板是主导产业,2010年产值超过2600亿元,占木材加工业产值比重达到53%。人造板产业中,产品结构主要分为胶合板、纤维板、刨花板及细木工板等,其中胶合板、纤维板及细木工板占人造板总产量超过90%(见图8.4)。

以人造板为主导的木材加工产业发展较早,新中国成立初期(1949—1952年)胶合板产量仅5万立方米,到1959年除有胶合板生产外,还有纤维板生产,到1962年除有胶合板、纤维板和刨花板生产迅速增长。21世纪特别是2003年中共中央、国务院颁布《关于加快林业发展的决定》以来,各地通过贯彻落实发展人造板的方针政策(包括《林业产业政策要点》),

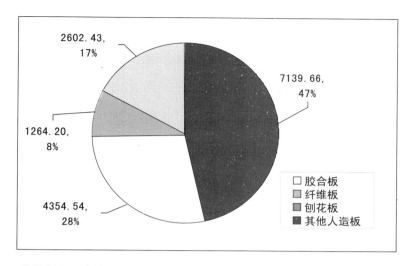

数据来源:国家林业局2011年《中国林业统计年鉴》。

注释:产能单位:万立方米。

图8.4　2010年中国人造板产能及比重

加大投资力度和科技含量,积极引进国外先进生产工艺、设备与管理,使人造板产业得到快速发展。2010年中国人造板产量达到15360万立方米,其中胶合板产业和纤维板产业成为中国木材加工产业的主导,占全国人造板产量达80%以上,2010年中国人造板产能是1981年的150多倍,人造板的生产为世界的第一,整体产业发展迅速(见表8.13)。

中国林业第二产业中木材加工业尚居于主导地位,但中国是世界木材加工大国,而非木材产业强国。中国木材加工产业的巨大产能,依赖于国际市场的消费。建立在大量消耗木材资源和劳动力成本低廉的基础上的粗放型贸易出口导向战略,承接中低端产业链的加工贸易是中国木材加工业的主要特征。以低层次竞争力为主导的产业模式直接受制于国际环境,2007年金融危机直接导致大量木材加工企业关停即是最好证明。

2. 中国造纸产业

中国造纸业从新中国成立初年产不足100万吨快速增长到2010年超过9000万吨,从依赖进口发展到世界第二大造纸生产国。长期以来,资源贫乏及"以草为主"的原料方针主导着中国造纸产业,"草木之争"的结果造成以草制纸,污染环境的严重后果。20世纪90年代中期,国家明确木材为主的发展路线,木材比其他纤维原料更适合于现代化大生产,且易于污染治理,其优越性使木材成为目前造纸最主要的原料,同时也成为重要产业部门。

造纸业处于经济链的中间或末端环节,而经济链中的原料生产工业决定了其下游工业的消费量。在全球金融危机的影响下,2008年上半年,各种原料价格大幅上涨,大企业抢购储备原料,其后全世界多种原材料价格陡然下降,使得以高价购买原料的企业不能顺价销售,造成巨大的亏损。社会对纸张的需求也大幅下降,2008年纸及纸板产量为

表 8.13 "六五"—"十一五"中国木材加工业人造板产能及结构

时期	人造板产量（万 m³)	其中:三板产量				
		合计	胶合板	纤维板	刨花板
1981 年	99.61	99.61	35.11	56.83	7.67
1982 年	116.67	116.67	39.41	66.99	10.27
1983 年	138.95	131.67	45.48	73.45	12.74
1984 年	151.38	139.03	48.97	73.59	16.48
1985 年	165.93	165.93	53.87	89.50	18.21
"六五时期"合计	672.54	648.57	222.84	360.36	65.37
1986 年	189.44	184.81	61.08	102.70	21.03
1987 年	247.66	236.06	77.63	120.65	37.78
1988 年	289.88	279.41	82.69	148.41	48.31
1989 年	270.56	261.25	72.78	144.27	44.20
1990 年	244.60	235.91	75.87	117.24	42.80
"七五时期"合计	1244.16	1197.44	370.05	633.27	194.12
1991 年	296.01	284.21	105.40	117.43	61.38
1992 年	428.90	416.77	156.47	144.45	115.85
1993 年	579.79	550.55	212.45	180.97	157.13
1994 年	664.72	621.85	260.62	19303	168.20
1995 年	1684.60	1410.76	759.26	216.40	435.10
"八五时期"合计	3654.02	3284.14	1494.2	852.28	937.66
1996 年	1203.26	1034.10	490.32	205.50	338.28

（续表）

时期	人造板产量（万 m³）	合计	胶合板	纤维板	刨花板
			其中:三板产量		
1997 年	1648.48	1394.81	758.45	275.92	360.44
1998 年	1056.33	932.33	446.52	219.51	266.30
1999 年	1503.05	1359.19	727.64	390.59	240.96
2000 年	2001.66	1793.74	992.54	514.43	286.77
"九五时期"合计	7412.78	6514.17	3415.47	1605.95	1492.75
2001 年	2111.27	1819.15	904.51	570.11	344.53
2002 年	2930.18	2271.94	1135.21	767.42	369.31
2003 年	4553.36	3778.09	2102.35	1128.33	547.41
2004 年	5446.49	4302.00	2098.62	1560.46	642.92
2005 年	6392.89	5151.61	2514.97	2060.56	576.08
"十五时期"合计	21434.19	17322.79	8755.66	6086.88	2480.25
2006 年	7428.56	6038.65	2728.78	2466.60	843.26
2007 年	8838.58	7120.49	3561.56	2729.85	829.07
2008 年	9409.95	7589.66	3540.86	2906.56	1142.23
2009 年	11546.65	9370.80	4451.24	3488.56	1431.00
2010 年	15360.83	12758.40	7139.66	4354.54	1264.20
"十一五时期"合计	52584.57	42878.00	21422.10	17946.11	5509.76

资料来源:国家林业局历年《中国林业统计年鉴》。

199

表 8.14　1980—2010 年中国家具与纸产品产量

| 年份 | 家具（亿件） | | | | 机制纸及纸板（万吨） | |
| | 产量 | 其中：木家具① | | | | |
		产量	增长率（%）		产量	增长率（%）
1980	0.675	0.223	/		535	/
1985	1.16	0.383	71.7		911	20.6
1990	1.64	0.541	41.3		1372	2.9
1991	2.14	0.706	30.5		1479	7.8
1992	2.17	0.716	1.42		1725	16.6
1992	3.09	1.019	42.3		1914	10.9
1994	5.05	1.667	63.6		2138	11.7
1995	6.19	2.043	22.6		2812.3	31.5
1996	5.02	1.657	−18.9		2638.2	−6.2
1997	4.39	1.449	−12.5		2733.2	3.6
1998	1.01	0.333	−77.1		2125.63	−22.2
1999	1.02	0.336	0.9		2159.3	1.6
2000	0.92	0.307	−8.6		2486.94	15.2
2001	1.15	0.37	16.9		3777.07	51.9
2002	1.33	0.55	48.6		4666.99	23.6
2003	1.71	0.66	19.5		4849.33	3.9
2004	2.58	0.83	25.8		5413.27	11.6
2005	3.39	1.13	36.1		6205.42	14.6
2006	4.16	1.50	32.7		6863.02	10.6
2007	4.84	1.74	16.0		7792.43	13.5
2008	5.18	1.89	8.6		8404.30	7.7
2009	6.08	2.05	8.5		8965.13	6.7
2010	7.70	2.60	26.8		9270.23	3.4

数据来源：家具数量参考历年《中国工业经济年鉴》，机制纸及纸板数据来源于历年《中国统计年鉴》。

① 说明：1985—2000 年木家具产量按家具产量的 0.335 比重核算，2001—2010 年木家具产量与家具产量按统计值。

8391 万吨,发展速度从 2007 年 18% 急降到 2008 年的 8.75% ,近 20 年来首次出现负增长。从 2008 年下半年开始,中国造纸业产值急速下降,到 2008 年第四季度已经跌至谷底。中国造纸业在 2009 年才渡过难关,造纸产业逐步恢复,目前其在林业第二产业中比重达到 20% 以上,2009 年木、竹、苇浆造纸产业总值超过 1200 亿元。2010 年全国纸及纸板生产企业约有 3700 多家,全国纸及纸板生产量 9270 万吨,消费量 9173 万吨,人均年消费量为 68 千克(13.40 亿人)。2010 年比 2000 年生产量增长 203.93% ,消费量增长156.59% 。2000—2010 年,纸及纸板生产量年均增长 11.76% ,消费量年均增长 9.88% 。

据统计,全球造纸行业生产与消费每年以 3% 的速度增长,亚洲增长达到 8.5% ,而中国造纸行业更以 18.13% 的增幅列亚洲之首(见表 8.14)。目前中国造纸产量和消费分别占世界总量的 10% 和 14% 。中国造纸业木浆和废纸等纤维原料不断加大,年均中国造纸业用汇高达 80 多亿美元,仅次于石油资源。根据中国造纸产业结构的规划,到 2010 年造纸工业原料中木浆的比例将从目前的 6% 提高到 20% ,造纸业原料问题直接与中国木材资源供给相关。

中国造纸工业形成三大造纸产业集群——珠江三角洲集群、长江三角洲集群和环渤海集群。造纸产业高速发展,产能急剧膨胀,已成为广东、浙江、江苏、山东等省的支柱产业。资源危机正影响造纸产业集群。山东、浙江、广东、河南、江苏、河北、福建、湖南和四川九个省产量占全国纸及纸板总产量的 80% 以上。从全国各省纸及纸板产量完成情况和造纸区域布局变化看,东部地区已成为中国造纸工业生产的主要基地,生产集中度已越来越高。中国的造纸工业遇到了纤维原料、煤、油供应紧张和原材料大幅度涨价的影响。据专家介绍,回收 1 吨废纸能生产 0.8 吨好纸,可以少砍 7 棵大树,目前,中国废纸回收利用率只有 30% 。废纸回收及进口是中国造纸业重要的原料来源。

3. 中国木制家具产业

20 世纪 80 年代以来,中国家具业引进了大量国际先进的生产流水线及设备工艺,家具业生产水平和竞争力不断得到提高。随着中国世界加工厂地位的确立,国际外资投入不断增加,中国家具业得到了空前的发展,家具制造业的生产和销售每年呈两位数持续稳定增长。

按照中国国家统计局统计标准,中国家具产业主要分为金属家具、木质家具、软质家具、塑料家具及玻璃家具等几大类。中国家具产业的年产量逐年增加,2010 年总产量达到 7.7 亿件,是 2000 年产量的 8.6 倍。主要三大类家具产业中,金属家具、木质家具和软家具制造业的发展速度均比较平稳,2010 年,占家具产业总产量的比例分别为 55.6% ,34.2% 和 6.2% (表 8.15)。木质家具与不可再生的金属等相比,更具有环境友好利用等特征,在中国可持续发展战略指导下,中国的木质家具制造业在家具产业发展中扮演着重要角色。

表 8.15　2000—2010 年中国家具产量及构成

时间	家具	主要细分家具							
		木质家具		金属家具		软体家具		其他家具	
	产量	产量	比重	产量	比重	产量	比重	产量	比重
2000	8,942.0	2,954.0	38.70%	3,885.0	50.10%	786.0	8.80%	1,317.0	14.65%
2001	11,532.0	3,663.0	38.80%	4,932.0	52.10%	852.0	7.40%	2,085.0	18.18%
2002	13,300.0	5,495.2	41.30%	6,117.5	45.99%	879.8	66.15%	807.5	6.09%
2003	17,100.0	6,557.7	38.34%	8,920.9	52.16%	804.6	47.05%	816.8	4.74%
2004	25,816.6	8,350.6	32.35%	15,249.2	59.07%	919.5	3.56%	1297.3	5.03%
2005	33,990.1	11,328.0	33.33%	17,248.3	50.75%	1,444.1	4.25%	3939.7	11.70%
2006	41,628.6	15,064.6	36.19%	22,976.6	55.19%	1,924.8	4.62%	1662.2	4.01%
2007	48,480.5	17,466.9	36.03%	25,668.5	52.95%	2,662.9	5.49%	2682.2	5.52%
2008	51,867.2	18,946.9	36.53%	26,443.8	50.98%	3,252.6	6.27%	3223.9	6.23%
2009	60,814.3	20,501.0	33.71%	33,366.5	54.87%	3,683.4	6.06%	3263.4	5.36%
2010	77,032.8	26,072.7	33.85%	42,381.1	55.02%	4,730.9	6.14%	3848.1	4.99%

数据来源:历年《中国工业经济年鉴》。

说明:产量单位为万件。

目前中国木制家具品种齐全,生产初具现代化规模,形成了以华南、华东、华北为生产基地的格局。2010 年统计数据显示,中国木质家具制造业产量排名前五位的省份是广东、山东、浙江、辽宁和福建省,五省市的木质家具产量占全国总产量的 76%,其中,尤其以广东和山东为主,其木质家具产量合计达到 1.4 亿件,超过全国 50%。

中国家具产业主要分布在珠三角(广东为代表)、长三角(浙江为代表)和环渤海(山东为代表)三大经济发达区域,这也是目前中国发展最活跃的经济核心地区,相比较而言,中国中西部的家具产业发展相对比较滞后,东部三大区域的产业集聚的形成包括了政策、资源和贸易等多种因素。在改革开放初期,中国为了加快国民经济的发展,实施出口主导型的国家战略,将优势资源更多地集中在东部沿海地区,通过引导加工扩大出口,促进了东部省份家具产业的快速发展,也因此逐步形成了东部沿海省份的家具产业集聚。目前中国经济方针已逐步从出口主导型战略向内需主导型调整,东部沿海逐步向中西部进行有序的产业转移,家具产业的发展在未来可能会在河南、四川等中西部省份形成新的集聚区域。

中国木制家具由于其加工业地位,目前已成为世界最大的家具加工基地,同时也成为世界最大的出口国(表 8.16),其中办公家具、厨房家具、卧室家具及竹藤家具等四大类出口连年增长,2010 年出口金额超过 10 亿美元,约合 2 亿件,出口占产量的 75%,占世界木质家具份额超过 30%。受到金融危机影响 2008 年虽然出口有所下降,但仍达到 68 亿美元,2010 年经济复苏以来,木质家具出口保持迅速增长。

表 8.16 2000—2010 年中国木质家具出口量值

年份	木质办公家具 HS 编码:940330		木质厨房家具 HS 编码:940340		木制卧室家具 HS 编码:940350		竹藤类家具 HS 编码:940360		木质家具合计	
	金额	数量	金额	数量	金额	数量	金额	数量	金额合计	数量合计
2000	85,772,092	3,488,431	167,065,073	8,278,563	265,945,060	7,467,803	766,828,288	50,005,320	1,285,610,513	69,240,117
2001	79,162,432	3,642,392	175,397,353	7,856,100	360,371,964	10,172,311	801,880,730	49,874,317	1,416,812,479	71,545,120
2002	105,938,357	4,777,520	224,707,899	8,125,192	581,408,104	14,605,766	1,171,924,019	60,921,024	2,083,978,379	88,429,502
2003	163,952,709	7,551,183	294,583,126	10,104,620	876,918,220	18,111,976	1,502,873,465	71,108,945	2,838,327,520	106,876,724
2004	218,252,185	9,144,502	324,250,658	12,366,286	1,151,493,000	22,043,494	1,987,163,038	84,676,709	3,681,158,881	128,230,991
2005	310,294,230	11,328,398	377,940,235	12,498,661	1,422,528,776	25,436,844	2,545,484,225	100,048,068	4,656,247,466	149,311,971
2006	411,605,006	13,534,345	488,762,668	14,145,496	1,834,747,076	33,497,461	3,015,949,239	111,379,886	5,751,063,989	172,557,188
2007	505,160,577	14,843,600	615,757,072	17,797,385	2,120,796,249	34,459,603	3,401,435,422	120,770,163	6,643,149,320	187,870,751
2008	607,383,606	16,187,139	622,066,065	17,634,994	2,183,180,046	30,089,694	3,412,729,994	103,151,747	6,825,359,711	167,063,574
2009	518,125,462	13,635,772	614,056,058	15,945,080	2,098,283,144	28,199,236	4,357,984,549	111,672,380	7,588,449,213	169,452,468
2010	699,734,579	17,103,885	746,601,614	18,477,055	2,598,349,334	30,901,505	6,511,668,193	136,874,698	10,556,353,720	203,357,143

数据来源:UN Comtrade database。

单位:金额(美元);数量(件)。

表8.17 2010年中国木质家具主要出口目的地量值

年份	木质办公家具 HS编码:940330		木质厨房家具 HS编码:940340		木制卧室家具 HS编码:940350		竹藤类家具 HS编码:940360		木质家具合计		
	金额	数量	金额	数量	金额	数量	金额	数量	金额合计	数量合计
世界	699,734,579	17,103,885	746,601,614	18,477,055	2,598,349,334	30,901,505	6,511,668,193	136,874,698	10,556,353,720	203,357,143
美国	307,245,437	6,738,092	447,585,658	11,088,075	799,623,304	7,618,614	1,844,818,829	42,169,712	3,399,273,228	67,614,493
日本	37,988,161	911,202	29,724,413	694,937	163,067,179	3,097,467	391,373,795	14,533,238	622,153,548	19,236,844
英国	11,947,755	372,605	29,377,657	586,318	163,884,194	1,802,348	249,374,942	7,146,936	454,584,548	9,908,207
加拿大	23,957,882	640,569	30,538,563	512,127	67,334,448	795,733	216,048,328	4,925,534	337,879,221	6,873,963
澳大利亚	17,356,882	466,303	32,675,782	1,564,110	132,448,420	1,738,957	149,267,207	3,354,350	331,748,291	7,123,720

数据来源:UN Comtrade database。

单位:金额(美元);数量(件)。

中国木制家具的出口目的地主要分布在美国、日本、英国等市场(表 8.17,图 8.5),其中美国是中国木制家具的最主要出口国。2010 年美国进口金额超过 30 亿美元,其中进口木质办公家具、木质厨房家具及木制卧室家具分别占中国出口的 44%、60%、30%,整体木质家具进口占中国的出口比重超过 30%。中国木质家具的大量出口以及造成的贸易顺差,经常引发引发国际间对华反倾销贸易调查纠纷,中国家具产业严重地依赖国际市场出口在国际金融危机中已经受到了严重挑战,出口贸易环境面临日趋严重恶化的态势。同时,中国家具业的发展由于中国木材资源短缺,大量进口原材料同样引发国际环保组织的抵制,受制于原材料供应限制的家具业产业发展环境进一步加剧中国家具产业安全问题。

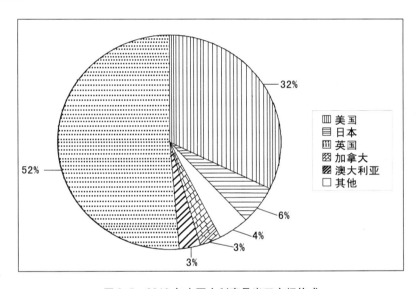

图 8.5　2010 年中国木制家具出口市场构成

数据来源:UN COMTRADE。

(三)中国林业第二产业区域布局评价

为了分析中国木材加工产业整体安全问题,本书将中国林业第二产业的代表行业作为特定对象进行分析,主要通过木材加工产业(人造板产业与木地板产业)、家具制造产业、造纸产业三个部门来分析中国产业安全问题。

1. 中国人造板产业区域布局

如前上述,中国林业第二产业的发展得益于其世界加工地位的确立,目前形成了木材加工(40%),造纸产业(24.6%)及家具业(14%)的基本产业结构形态,产业发展集中在初级及中间产品产业链,整体产业水平发展程度存在多方面问题。

以人造板和木地板产业来分析,中国木材加工产业在设计生产能力及实际生产量在国际都属大国。2008 年金融危机木材加工产业行业亏损严重,经关停并转大量低端生产线后,到 2010 年年底全国木材加工企业基本维持在 13 多万个。目前中国林业产业链呈现利益分配的低端化的特点,以木材加工为主的中低端产业链发展模式,决定了其在国际分工中利益分配的低层次,这种以劳动密集及资源密集型的出口加工贸易发展格局对于产业的长期可持续发展是不利的。在产业集聚及布局上人造板产业已形成六大人造板基地,即山东临沂、江苏邳州、广西、河北文安、河南、浙江嘉善等地(见图8.6,表8.18)。中国人造板生产以区域集聚为代表,此六大产业基地能够代表中国加工业整体水平。长期以来,中国人造板在江苏、山东及浙江等地快速发展,经过近些年的调整及产业转移,中部河北、河南及西南广西等地的人造板加工业得到快速发展,也逐步形成了新的产业集聚。但是整体看来,木材加工业主要还依赖东部省份的优势资本及设备,中西部木材加工产业的发展还很滞后。

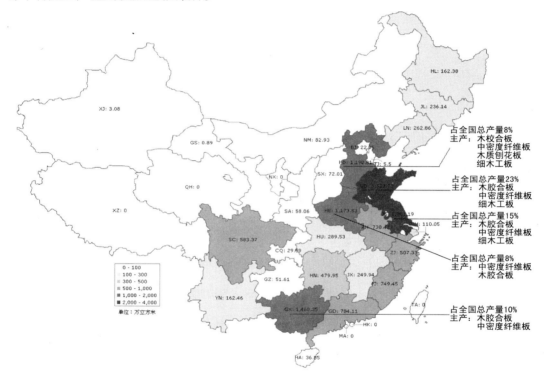

图8.6　2010年中国人造板产业主要集聚区域①

2. 中国地板产业区域布局

中国木材加工产业中,地板产业占有重要地位,中国也是世界重要的地板加工大国及出口大国。由于地板产业的发展严重依赖木材资源,特别随着国内居民消费水平的提高,实木地板的消费将直接对木材资源的利用及进口提出新的资源要求,研究地板产业的发展问题有利于把握木材资源安全的整体状况。

————————————

① 根据国家林业局2011年《中国林业统计年鉴》数据制作(全国总量不含港、澳、台地区数据),在联合国 International Trade Centre 网站用 standard map 软件制作。

表8.18　2010年中国主要省份人造板产业及结构

地区	合计	胶合板				纤维板						刨花板			其他人造板	
		合计	木胶合板	竹胶合板	其他胶合板	合计	小计	木质纤维板 硬质纤维板	木质纤维板 中密度纤维板	软质纤维板	非木质纤维板	合计	木质刨花板	非木质刨花板	合计	其中:细木工板
全国	15360.8	7139.7	6154.7	361.8	623.1	4354.5	4246.2	224.3	3894.2	17.7	108.4	1264.2	1212.1	52.1	2602.4	1652.3
山东	3523.8	2207.8	2179.7	1	27.1	806.3	727.3	84.2	640.8	2.3	79	121.2	120.1	1.1	388.4	229.3
江苏	2301.2	1375.9	1182	/	193.9	400.3	400.3	15.9	384.1	0.2	0.13	129.9	129.6	0.3	394.9	299.5
广西	1468.4	898	803.2	0.6	94.2	439.1	439.1	24.7	414.4	/	/	40.6	40.6	/	90.7	65.9
河北	1190.8	389.9	383.5	/	6.5	299.1	299.1	20.2	278.9	/	/	233.7	215.7	18	268.2	225.8
河南	1173.8	365.1	277	/	88.1	403.7	403.7	32.7	363	8.0	/	90.6	90.6	/	314.5	55.1
广东	784.1	202.5	127.6	/	74.9	387.5	387.5	52.5	332.7	2.3	/	90.6	68.7	21.9	103.5	20.1
福建	749.5	283.8	226.7	55.9	1.1	174.6	174.6	9.1	165.5	/	/	165.6	165.6	/	125.5	99.6
安徽	730.5	381.2	298.3	75.4	7.5	211.4	185.4	10.8	174.6	/	26	42.7	41.9	0.8	95.2	74.1
浙江	507.3	155.9	85	68.7	2.1	109.9	109.8	6.9	102.5	0.5	0.1	15.4	12.8	2.5	226.1	219.4
湖南	479.9	211.8	119.9	85.4	6.6	82.7	82.6	4.6	78	/	0.1	26.7	26.7	/	158.7	135.6

资料来源:国家林业局2011年《中国林业统计年鉴》。

单位:万立方米。

目前中国木地板产业主要形成了三大集聚区域(图8.7,表8.19),第一大产业区域为浙江、江苏及上海为代表的长三角区域,其生产能力占到全国近40%,尤其以浙江为核心区域,其实木地板及热带材地板为主体,产量占全国近30%,已经成为中国木地板加工业的重镇,本区域中江苏和上海的复合地板产业在全国具有重要地位,体现了长三角区域的科技研发优势及产业结构调整趋势。第二大产业集聚区域主要以环渤海区域的山东、辽宁及吉林为代表,本区域的生产能力占到全国23%的份额,主要以实木及实木复合地板为代表,在逐步限制原木为主材的消费格局中,其发展也是重要的产业转型区域。第三大区域以广东、福建、湖南及江西为代表的珠三角及周边区域,其生产能力占到全国16%以上,特别值得注意的是以广东为代表的实木地板产量达到全国总量的28%,其他福建、江西及湖南等省份主要以竹木地板为主要产品。随着实木地板热带材的出口限制,国内地板产业的发展资源依赖问题日益突出,传统的实木地板加工产业将越来越受到限制,地板产业也在逐步向科技及资本结合发展,原来集聚于东部发达省份的加工产业目前正逐步向中西部省份转移,2010年地板产业发展中,安徽及湖北等中部省份的地板产业得到长足发展,这也为中西部产业承接转移提供了重要借鉴。

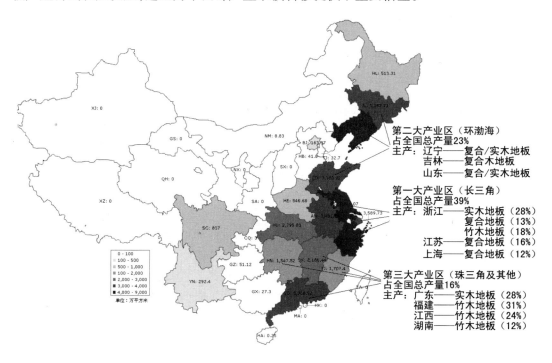

图8.7　2010年中国地板产业主要集聚区域①

———————————

①　根据国家林业局《2011年中国林业统计年鉴》数据制作(全国总量不含港、澳、台地区数据),在联合国International Trade Centre网站用standard map软件制作。

（单位：万立方米；%）

表8.19　2010年中国主要省份地板产能及结构

地区	总量排名	合计		木竹地板 · 实木地板		复合木地板		其中 · 竹地板		其中 · 其他木地板	
		产量	比重	产量	比重	产量	比重	产量	比重	产量	比重
全国		47917.2		11176.1		26821.1		3940.4		5979.6	
北京		163.4		5.3		163.4		/		/	
天津		32.7		/		27.4		/		40	
河北		41.8		/		1.8		/		/	
山西		/		8.3		/		/		/	
内蒙古		8.8		/		/		/			
辽宁	第三位	4594.7	9.6	1200.9	10.7	3393.8	12.7	/		0.9	
吉林		3182.7	6.6	346.4		2835.4	10.6	/		1.5	
黑龙江		513.3		412.4		99.4				/	
上海	第五位	3589.7	7.5	486.7		3103	11.6				
江苏	第二位	7046.1	14.7	644.3	5.8	4265.2	15.9	196	4.9	1940.5	32.5
浙江	第一位	8014.4	16.7	3179	28.5	3459.3	12.9	723.4	18.4	652.7	
安徽		3481.8	7.3	85.7		1794.5	6.7	228.9	5.8	1372.6	22.9
福建		1707.4		28.6		428.2		1236.3	31.4	14.3	
江西		2188.4		109.6		85.8		960.5	24.4	1032.7	17.3
山东		3350.9	7.1	727.9	6.5	2579.8	9.6	3		40.1	
河南		548.7		9.1		55		6.2		484.6	
湖北		2795.8	5.8	44.7		2533.9	9.4			211	
湖南		1547.5		281.8		614.4		487.9	12.4	163.5	
广东	第四位	3866.9	8.1	3157.1	28.2	694.9		15		/	
广西		27.3		20.8		/		6.4		0.04	
海南		0.3		/		0.3		/		/	
重庆		3		1.5		1.5				/	
四川		837		111.6		679.2		32.1		14.1	
贵州		51.1		6.9		/		44		0.2	
云南		292.4		280.9		/		0.7		10.8	

资料来源：国家林业局2011年《中国林业统计年鉴》。

3. 中国家具制造产业格局

中国家具制造业的发展与林业产业的发展形成了协同发展的态势。从20世纪80年代起,传统的家具大国意大利、德国、加拿大等家具产业的生产逐步向靠近消费地及劳动力密集国家转移,中国作为生产要素较为富足的发展中国家,对外开放政策吸引了家具产业的生产集聚。自1978年以来,中国家具行业平均以14%比率不断增长,其中香港将几乎所有的200多家家具制造企业转移到内地,台湾在国内设立了570多家,美国家具巨头海沃氏、米勒、HNI及意大利家具制造零售企业均在中国设有产业基地,与家具生产产业链相关的建材、涂料等产业也入驻中国市场(尤齐钧,2007)。中国日益成为全球家具制造的加工基地,家具制造也成为国民经济发展的重要增长点。

到2006年,中国家具规模以上企业数达5万余家,产业从业人员500余万人。"十五"期间,家具产业年均增长率为23%。中国家具产业中,木质家具占家具产品60%—80%,1992—2006年,中国木质家具出口额由2.8亿美元增长到87.8亿美元,增长了30倍,年均增长28.5%,中国木质家具出口额占世界木质家具的比重由1992年的1.6%提高到2006年的9.0%,木质家具在国际市场的份额不断增加(王波等,2008)。

2007年金融危机对中国传统家具产业产生严重冲击,以出口导向为主的家具产业在危机中经过整合调整,企业规模稳定在5800余家(表8.20),整体来看,木质家具企业数量占有63%的比例,处于家具产业的主导地位。产业整合带来产业结构的不断优化,到2010年中国木制家具基本形成了珠江三角洲产业集聚基地、长江三角洲产业集聚基地和环渤海产业集聚基地三足鼎立的区域产业布局(见图8.8)。

表8.20　2005—2010年中国家具产业企业规模

年份	规模以上企业数量	木质家具产业		金属家具产业		塑料家具产业	
		数量	比重	数量	比重	数量	比重
2005	2,896	1,885	65.1%	595	20.5%	52	1.8%
2006	3,383	2,149	63.5%	759	22.4%	55	1.6%
2007	3,865	2,399	62.1%	884	22.9%	59	1.5%
2008	4,432	2,763	62.3%	959	21.6%	70	1.6%
2009	5,411	3,395	62.7%	1,113	20.6%	103	1.9%
2010	5,876	3,701	63.0%	1,186	20.2%	103	1.8%

数据来源:历年《中国工业经济年鉴》。

说明:产量单位为个。

2010年年底中国木制家具产量已超过2.6亿件,在区域产业发展中,珠三角基地以广东为代表,产量达全国总产量27%,2010年产量超过7000万件,成为了中国木质家具的代表力量。其次以环渤海集聚基地为代表的新生力量近年快速发展,尤以其中山东(占全国27%)和辽宁(占全国9%)为代表,开始显示中国木制家具逐步北移的发展趋势。第三大集聚区域是长三角区域,浙江、江苏及上海等省市的家具产业也呈现优化结构及淘汰落后的发展趋势,以江苏为例,其发展取向已经明显弱化加工贸易,家具制造份额逐步降低,2010 年仅占全国 3%左右。

中国家具产业的区域布局与国家开放战略的起始发源地密切相关,沿海经济区域由于地理区位优势及工业基础,同时以国家 20 世纪 80 年代出口导向的政策优惠为引导,家具制造业在这些区域的集聚及发展具有明显的要素吸引关系,但是作为以低生产成本和高资源依赖为代表的家具制造业,中国发展最快的区域经济不能建立在传统加工贸易的经济增长模式上,家具制造业的区域布局有待在国内合理优化及转移调整。

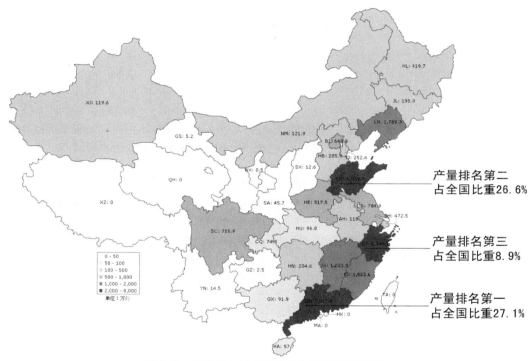

图 8.8　2010 年中国木家具产业主要集聚区域①

4. 中国造纸产业格局

造纸产业是国民经济发展的重要产业,在美欧等发达经济体,造纸业是其国民经济十大支柱制造业之一。现代造纸业是技术、资金、资源、能源密集型产业,造纸业产品中 80%以上以生产资料用于新闻、出版、印刷、商品包装等工业领域,不足 20%用于人们直接消费。造纸产业涉及林业、农业、机械制造、化工、热电、交通运输、环保等产业,与上下游产业关联度大,世界各国已将造纸业水平作为衡量经济发展水平的重要标志。中国木材资源安全问题与造纸产业的关系密切,研究造纸产业的发展对研究木材资源的合理利用具有现实意义。

中国造纸业随着国民经济的发展而迅速增长,造纸行业平均以 16%的增幅快速发展,2010 年全国纸及纸板规模以上生产企业约有 3700 家,纸和纸板产量超过 9000 万吨,

---

①　根据国家林业局 2011 年《中国林业统计年鉴》数据制作(全国总量不含港、澳、台地区数据),在联合国 International Trade Centre 网站用 standard map 软件制作。

以纸及纸板为代表的造纸能力仅次于美国居世界第二位。中国迅速发展的消费市场及工业基础吸引世界主要造纸企业加快在中国投资,全球造纸行业生产和贸易加速向以中国为中心的亚太地区转移,当前中国纸业整体水平处于成长期,在此阶段考察资源基础相关的造纸产业有助于从产业安全层面正确认识产业转移的重要性。

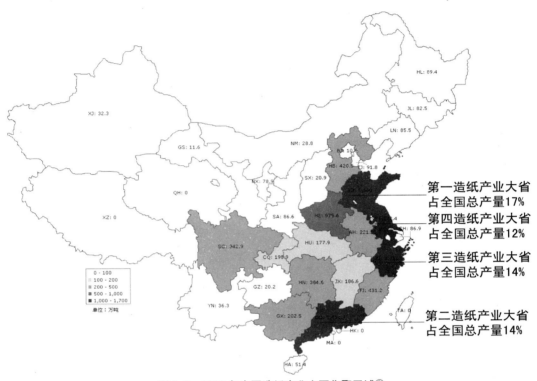

图8.9　2010年中国造纸产业主要集聚区域①

表8.21　2000—2010年中国主要省份纸和纸板产量统计　　　　　　（单位:万吨）

省份	2000	2001	2002	2003	2004	2005	2006	2007	2008	2009	2010
山东	437	502	666	853	997	1192	1166	1406	1526	1539	1669
浙江	285	371	496	601	748	817	1044	1218	1282	1377	1412
广东	260	352	410	543	958	691	969	930	1153	1281	1435
江苏	205	245	315	339	506	528	758	974	984	1034	1172
河南	290	305	355	420	495	562	623	939	989	957	976
河北	216	225	288	275	313	316	370	474	378	376	421
福建	85	103	123	144	166	187	254	237	296	324	431
湖南	70	78	89	125	168	171	180	122	280	347	384
四川	72	79	94	102	103	111	125	190	211	247	343

　　① 根据国家林业局《2011年中国林业统计年鉴》数据制作(全国总量不含港、澳、台地区数据),在联合国 International Trade Centre 网站用 standard map 软件制作。

　　截至 2010 年,中国机制纸和纸板的生产主要分布在东中部省份,整体呈现快速增长的发展趋势(见表 8.21,图 8.9,图 8.10),其中以山东、浙江、广东、江苏四省为代表,其四省产能约达到全国总量近 60%,尤以山东省比重最大,达到全国总产量的 17%,2010 年纸和纸板产量达到 1669 万吨。从发展态势来看,中国造纸产业也呈现逐步转移的变化趋势,以河南、河北为代表的中部区域,其生产能力也在不断增加,河南 2010 年产能已达到 975 万吨,占全国比重达到 11%。西部省份造纸产业生产相对滞后,以四川为代表,造纸产业发展有一定优势,其他省份则较为落后。

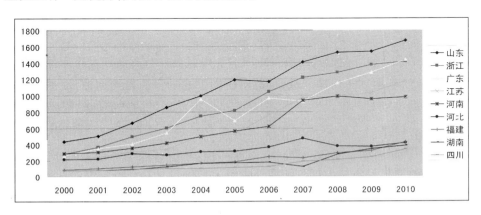

图 8.10　2000—2010 年中国主要省份纸和纸板产量变化趋势

资料来源:历年中国统计年鉴(国家统计局)。

5. 林业第二产业区域格局的评价

　　上述对中国林业产业具有代表地位的木材加工产业(人造板产业与木地板产业)、家具制造产业、造纸产业三个部门产业区域布局研究可以发现,中国林业第二产业在国际上承接产业转移基本处于中国沿海区域,整体产业水平发展程度高,产业发展对区域经济贡献能力重要,但产业发展中尚存在多方面问题。

　　中国木材加工产业的分布上存在一定的安全问题,具体体现在以下几个方面。

　　(1)产业布局面临转移及升级的内在压力。中国木材加工产业过多依赖于东部沿海省份工业优势。中国改革开放以来东部沿海的率先发展取得领先优势,而东部较发达省份的发展在一定程度上是建立在国家优惠产业政策扶持的基础上,在改革开放三十多年积累了先进工业优势地位,而木材加工产业作为中低端产业,依赖于先进工业基础从事的低附加值的加工贸易,不利于利润获取。以发达的工业基础从事低端的劳动加工,整体产业布局和产业转移面临着巨大压力。以木地板产业为例,其中辽宁、吉林区域的产业基础依托于其较为丰富的林业资源,木地板加工偏重于实木及实木复合地板,结合老工业基地的设备优势,其工业布局依赖于传统产业模式的发展较为严重,在国内森林采伐限额管制日趋严格及国际限制实木地板消费时,其产业转型面临严重的设备条件的技术限制。

（2）产业集聚存在结构性矛盾。东南省份的木材加工产业集聚,基本呈现外向型特征,在加工产品的构成中结构矛盾显得尤为突出。以最为发达的江苏省为例(见表8.22),其人造板产量占到全国的22%,但产品结构主要集中在单皮板、胶合板和细木工板等低端产品,这些产品作为工业中间产品利润及效益较低,且多建立在资源和劳动成本基础上,短期来看对于苏北农林业的工业化发展有积极作用,但长期来看,对于产业升级及转移尤为不利,也难以在后金融危机时期实现产业结构调整。同样以地板产业来看,中国地板的第一大产区长三角区域,其产业结构以实木为代表,由于此区域木材资源短缺,而实木地板多以进口优质温热带材为主,在国际禁运的压力下会在短时间面临材料不足而价格上升导致竞争力锐减的可能。

（3）"两头在外"的产业模式面临双重限制。以江苏、山东、浙江及广东等省为代表的人造板加工基地,基本属于少林区域,当地木材加工业的资源自给率较低(表8.22)。同时其主要产品的市场对外依赖性很强,金融危机使得此区域的产品面临因国际消费减少而破产的困境。原材料自给率能够很好地反映原材料的区域流动,可以看出,广东、浙江、江苏和山东的自给率分别为10%、15%和20%,其指标远小于1,说明华东及珠三角等木材加工基地原材料木材大部分依靠外省流入和进口,因而行业的发展会受到木材的价格,供给等影响,因此其产品的生产有一定的不稳定性,而且外购的木材由于存在标准上的不统一,会影响板材的质量。同时由于其原材料的进口受到国际环保及木材出口限制,产品生产的价格及利润受制于内外部资源。

表8.22 2010年粤浙苏鲁四省木材加工业原料自给率

区域	人造板加工产量 （万 m³）	年消耗木材 （万 m³）	本省自给率	外省调入	国外进口
广东省	201	1000—1500	5%—10%	30%—40%	40%—50%
浙江省	507	1500—2000	10%—15%	30%—40%	40%—50%
江苏省	2300	2500—3000	15%—20%	20%—30%	50%—60%
山东省	3523	3000—4000	15%—20%	20%—30%	50%—65%

资料来源:相关加工企业问卷调查。

（4）中西部产业严重落后问题。木材加工产业在技术条件要求上相对较低,由于其历史原因在东部省份得到迅速发展,但长期来看中西部区域的发展更具有优势,在国家政策西部开发的条件下,东部产业必将把劳动密集型产业逐步向中西部迁徙。但目前中西部木材加工产业基础条件不能承接转移能力,长期来看将使比较优势受到限制。对于河南等农业省份、其农业秸秆作为更新替代原材料仍具有深加工技术空间,湖北、四川等省份资源优势明显,仅仅通过外调木材的转移原料的输出方式不利于中西部产业的跨越发展。木材加工业的转移不能简单视作落后产业的内迁,要通过林业第二产业的发展加快整体林业的发展,其木材加工业的合理布局及转移对于中西部省份解决劳动力富余及资源合理就地利用关系重大。

第三节　本章小结

本章建立了中国木材资源安全评价基本体系，并就木材加工产业安全及其发展的国内条件进行了研究，研究结论主要如下。

生产要素条件结论。自然资源要素方面，中国森林资源呈现国内资源供给紧张、资源质量不高、区域分布不均衡、严重依赖国际进口资源等特点，这将严重影响木材加工产业健康发展。劳动力资源要素方面，中国劳动力禀赋正在逐步丧失其从事比较优势劳动密集型产业的优势，全社会劳动生产率低下问题越来越成为制约整体经济发展的瓶颈，"刘易斯拐点"困境、劳动力资源老龄化趋势都意味着中国"人口红利"的结束，寄希望于低廉劳动力的无限供给，希望依靠劳动力来吸引投资并推动产业进步，这种资源依赖论的发展思维已经越来越成为制约产业安全的重要问题。资本要素方面，虽然中国林业固定资产投资来源主体仍是国家投资，但民间资本及外资来源已经接近49%，外资投入于低水平的重复建设而忽视对落后技术更新对产业安全及可持续发展存在一定隐患。

产业供需及产业布局结论。产业需求环境方面，随着金融危机结束，市场需求增加，但由于国际环境管制，原木、锯材等初级产品的需求明显减少，而以技术加工及劳动密集型为主的胶合板、纤维板、包装木等仍是市场需求的主导产品；美、日、德、英等传统强国仍是消费主体，发达经济体的经济稳定及动荡是国际需求市场的决定因素。产业供给环境方面，中国与加、德、澳等工业强国相比产业水平明显存在差距，并且国际市场供应渠道高度集约，竞争压力愈发加剧；短时间来看，国际分工格局是德国、加拿大等国从事高端产业领域生产，中国、印尼等国从事中低端产业生产。产业布局方面，中国木材加工产业过多依赖于东部沿海省份工业优势，而东南省份木材产业集聚基本呈现外向型特征，其依赖国际资源的发展模式在国际禁运的压力下会在短时间面临材料不足而价格上升导致竞争力锐减的可能。同时，由于主要产品市场对外依赖性很强，外部环境变化会造成此区域产品直面国际消费减少而破产的困境；区域布局的形成由于其历史原因在东部省份得到迅速发展，国家西部大开发条件下，东部产业必将把劳动密集型产业逐步向中西部迁徙，但目前中西部木材加工产业基础条件不具备承接转移能力，长期来看将使比较优势发挥能力受到限制。整体来看，中国木材加工产业供需环境及布局结构虽不算恶化，但潜在的产业安全问题对结构升级及布局调整提出了明确要求。

本章节仅探讨了中国木材加工产业安全的生产要素条件、产业供需及产业布局三个方面，涉及产业竞争能力及产业控制力的另外两个重要指标将在下章节研究。

第九章　中国木材加工产业安全(下)

第八章通过构建中国木材资源安全评价体系,评价了中国木材加工产业安全国内条件,就生产要素条件、产业供需环境、产业结构与布局三个方面探讨了目前产业发展的国内环境,并就主要产业结构及布局具体探讨了目前产业安全存在的问题。本章节拟结合产业发展的国际竞争能力及产业控制水平,进一步探讨产业安全及其发展的外部环境。

第一节　中国木材加工产业安全的国际竞争能力

国内外关于产业安全研究的文献较多,视角也各有不同,本书中关于木材产业安全的评价主要基于中国木材资源短缺的现实基础,为避免研究过于宽泛,对于由于木材资源短缺可能导致的木材加工产业安全问题,本书主要考虑短缺资源生产的木材产品的国际条件,即国际竞争能力(一级指标)问题,其中涉及的二级指标主要是整体产品出口竞争力、结构产品竞争力、产品市场竞争力三个方面。

考虑到主要林产品多为加工贸易的出口特征,研究国际竞争力问题有必要将林产品进行性质分类,为探讨方便,本书将中国主要木质林产品做以下简单分类(见图9.1)。

中国林产品出口可分为资源密集型产品、劳动密集型产品及技术资本密集型产品等三大类。其中原木及锯材为代表的资源密集型产品由于中国木材资源短缺,出口已逐步弱化,而成为该类产品的主要进口国。以人造板为代表的劳动力密集型产品的出口目前是中国林产品出口的重要代表,此类产品由于中国劳动力成本的逐步上升,产品出口竞争力也在逐步减弱,但目前仍是林产品出口的主要代表。以家具及纸产品为代表的技术资本密集型产品是近十年中国林产品出口的新增长点,改革开放三十多年中国承接国际产业转移及技术进步,中国家具产业及造纸产业的迅速发展,技术资本密集型产品的出口已经逐步代替了劳动力密集型产品的出口,成为中国产业进步的主要标志。

一、出口竞争力

本书引入出口优势变差指数来分析中国木材加工产品的动态变化,出口优势变差指

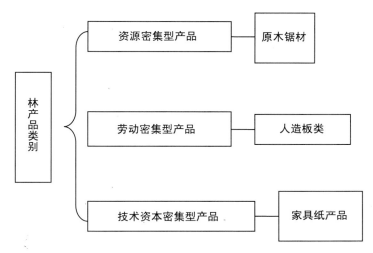

图9.1　对林产品的属性分类

数用来分析某出口商品大类别比较优势的变化,能够体现大类出口商品未来动态优势的走向及存在的问题。该指数是将某大类商品出口增长率与全部出口总额增长率进行比较,以确定一定时期内何种商品具有更强或更弱的出口竞争力。

出口优势变差指数表达式定义为,

$$P = (G_j - G_0) \times 100 \tag{9.1}$$

式中 G_j 为某国 j 种产品出口增长率, G_0 为某国出口总额增长率。实证经验将 P 值区间划分为以下4类:

第1类: $P \geq 10$,表示该产品具有强竞争优势;

第2类: $0 \leq P \leq 10$,表示该产品具有弱竞争优势;

第3类: $-10 \leq P \leq 0$,表示该产品具有弱竞争劣势;

第4类: $P \leq -10$,表示该产品具有强竞争劣势。

表9.1　历年中国主要林产品出口优势变差指数

年份	外贸出口增长率(%)	木质林产品出口增长率(%)	出口优势变差指数(%)
1990	18.02	24.56	6.54
1995	22.95	35.15	12.20
1996	1.52	2.30	0.77
1997	21.02	23.07	2.06
1998	0.56	-4.00	-4.55
1999	6.05	18.28	12.23
2000	27.84	27.81	-0.03
2001	6.78	9.63	2.85
2002	22.36	30.87	8.51

（续表）

年份	外贸出口增长率(%)	木质林产品出口增长率(%)	出口优势变差指数(%)
2003	34.59	31.40	−3.19
2004	35.39	32.45	−3.05
2005	28.42	27.18	−1.76
2006	27.16	26.58	−1.42
2007	25.68	21.25	−4.43
2008	7.43	6.21	−1.32
2009	−18.29	−4.47	13.82
2010	30.29	27.54	−2.57

资料来源：国家林业局历年《中国林业统计年鉴》。

　　通过比较1995年到2010年中国外贸出口增长率和木质林产品出口增长率,易得出口优势变差指数(见表9.1)。整体来看,中国历年林产品出口增长都保持了很高的增长速度,即使在2008年金融危机时期,虽然全国整体出口严重下降,但是林产品出口仍维持了较强水平。其中1995—2002年中国主要林产品出口优势变差指数主要为正值,此阶段中国林产品出口具有较强的竞争优势。2002年以来中国主要林产品出口优势变差指数基本维持在负值,中国林产品出口虽然仍在增长,但其竞争优势明显下降。出口优势变差指数一般反映的是全行业的动态走势,但是并不能就具体产品作出较为准确的判断。但整体来看,中国主要林产品出口优势已经出现下降的趋势。要考察具体产品的竞争力及其产业安全,还需要就产品结构的竞争力进行具体分析。

二、结构竞争力

　　考察一国贸易商品结构组成及其是否具有一定的竞争力,是产品结构是否具备优势的重要指标,本研究引入贸易专业化系数(Trade Specialization Coefficient/TSC)作为衡量考察产业安全的另一指标。

　　贸易专业化系数即一国进出口贸易的差额占进出口贸易总额的比重,系数越大表明优势越大。贸易竞争优势指数是分析行业产品结构国际竞争力的有效工具,它能够反映相对于世界市场上由其他国家所供应的一种产品而言,本国生产的同种产品是否具有竞争优势及其程度。

　　作为反映行业产品结构贸易专业化系数,其关系式可表达为：

$$TSC = \frac{(E_i - I_i)}{(E_i + I_i)} \tag{9.2}$$

　　式中 E_i 为产品 i 的出口总额, I_i 为产品 i 的进口总额。

　　如果一国某一产业的进口额很大,而出口额很小,则说明该产业属于进口主导型产业, TSC 数值将趋于−1,表示其产品在国际市场上的竞争力很弱;当 $TSC = -1$ 时,该产业为完全进口专业化;如果一国某产业的进口额和出口额基本持平,则该产业属于贸易平衡型,*TSC* 趋于 0。如果出口额很大,进口额相对较小,则该产业属出口主导型,*TSC* 趋于 +1,表明该产业在国际上具有较强竞争力。贸易竞争指数又可理解为"水平分工度指标",能够反映各类产品的国际分工状况。

关于中国林产品贸易的主要贸易专业化系数测算见表 9.2。

表 9.2　1990—2010 年中国主要林产品贸易专业化系数

年份	原木	锯材	人造板	木制品	木家具	木浆	纸和纸制品	总体
1990	− 0.718	0.159	− 0.949	0.809	0.732	− 0.974	− 0.648	− 0.467
1995	− 0.773	0.132	− 0.768	0.808	0.896	− 0.921	− 0.676	− 0.287
1996	− 0.880	0.038	− 0.666	0.862	0.951	− 0.971	− 0.758	− 0.346
1997	− 0.917	− 0.161	− 0.556	0.887	0.954	− 0.970	− 0.749	− 0.335
1998	− 0.959	− 0.504	− 0.696	0.836	0.944	− 0.980	− 0.737	− 0.355
1999	− 0.987	− 0.652	− 0.543	0.888	0.963	− 0.996	− 0.767	− 0.391
2000	− 0.990	− 0.691	− 0.460	0.937	0.973	− 0.990	− 0.698	− 0.372
2001	− 0.993	− 0.668	− 0.255	0.966	0.970	− 0.992	− 0.673	− 0.312
2002	− 0.997	− 0.717	− 0.059	0.972	0.972	− 0.986	− 0.657	− 0.243
2003	− 0.998	− 0.670	− 0.039	0.971	0.969	− 0.984	− 0.619	− 0.181
2004	− 0.999	− 0.726	0.335	0.965	0.973	− 0.991	− 0.586	− 0.100
2005	− 0.999	− 0.687	0.591	0.969	0.975	− 0.981	− 0.507	− 0.006
2006	− 0.999	− 0.653	0.749	0.968	0.974	− 0.974	− 0.532	0.069
2007	− 1.000	− 0.638	0.964	0.807	0.960	− 0.967	− 0.479	0.056
2008	− 0.997	− 0.623	0.759	0.742	0.957	− 0.985	− 0.529	− 0.034
2009	− 0.998	− 0.654	0.766	0.712	0.917	− 0.945	− 0.548	− 0.057
2010	− 0.997	− 0.675	0.849	0.873	0.987	− 0.967	− 0.512	− 0.033

资料来源:根据国家林业局历年《中国林业统计年鉴》及海关数据核算。

历年中国主要林产品贸易专业化系数表明,整体来看中国林产品贸易竞争力水平仍然保持一定优势,从整体趋势上看,2005 年开始中国林产品的专业竞争水平趋向正值,反映整体产业逐步具有竞争能力。

中国林产品出口虽然整体来看具有一定的竞争能力,具体产品上呈现不同的差异。其中原木及锯材类产品,由于中国资源短缺,已经无出口能力,此二类资源密集型产品的专业化系数表明该产品已经逐步成为完全进口专业化的特征。劳动力密集型产品的代表人造板产品与木制品的专业化系数表明,此二类产品的出口竞争力先扬后抑的特征,说明其长期以来具备竞争优势,但 2008 年金融危机以来,由于受国际市场需求的减少影响,产品出口竞争力明显呈现下降走势。关于技术及资本密集型产品,中国木家具产品的出口竞争力明显,说明中国加工业技术水平具备的技术积累及资本投资优势,但是造纸产品的进口专业化趋势明显,出口竞争力仍不具备。

表 9.3　1990—2010 年专业类别核算的贸易专业化系数

年份	资源密集型	劳动密集型	资本技术密集型	总体
1990	− 0.322	0.057	− 0.77	− 0.366
1995	− 0.085	0.187	− 0.728	− 0.287
1996	− 0.226	0.294	− 0.8	− 0.346
1997	− 0.4	0.354	− 0.785	− 0.335
1998	− 0.55	0.356	− 0.785	− 0.355
1999	− 0.736	0.458	− 0.826	− 0.391
2000	− 0.763	0.521	− 0.791	− 0.372
2001	− 0.758	0.656	− 0.773	− 0.312
2002	− 0.807	0.72	− 0.756	− 0.243
2003	− 0.798	0.743	− 0.732	− 0.181
2004	− 0.838	0.811	− 0.725	− 0.1
2005	− 0.846	0.868	− 0.662	− 0.006
2006	− 0.854	0.908	− 0.595	0.069
2007	− 0.885	0.913	− 0.588	0.056
2008	− 0.794	0.897	− 0.448	− 0.034
2009	− 0.885	0.821	− 0.435	− 0.057
2010	− 0.912	0.899	− 0.512	− 0.033

资料来源:国家林业局历年《中国林业年鉴》;海关统计年鉴。

　　但细分到具体产品种类(见表 9.3),林产品贸易专业化水平差别很大,主要表现在以下方面:第一,劳动密集型林产品专业化水平由于劳动力资源优势,表现在产品出口能力上具有较强竞争力,但此类产品的主要问题在于抗击外部冲击能力较差,随着金融危机的影响,其出口能力明显下降。从发展来看劳动密集型产品的贸易专业化水平需要及时调整,以符合国家产业升级的内在要求以及国际市场日益变化的外部挑战。第二,对于资源密集型的原木、锯材产品,中国由于资源短缺,自给能力不足,其贸易专业化主要表现为进口需求,这也符合长期以来短缺资源外来补给的现实,但是大量进口原木、锯材等劳动密集型产品,一方面加大了国际舆论压力,另一方面进一步形成了中间产品出口依赖的加工贸易产业模式,同时由于国际资源限制法案的逐步推广,以资源密集型产品的进口来维持劳动密集型产品的出口的加工贸易存在极大的产业安全隐患,这种"大进大出"的贸易专业化水平也是不可持久的。第三,目前问题最大的产业还是在技术和资本密集型产品方面,此类商品中国的发展水平严重滞后于国际先进国家,即使以技术水平为代表的木材家具产业,中国主要属于家具技术的中间水平,在国际有地位及影响的品牌和企业严重不足,一定程度上也属于来料加工、来件专配的加工贸易范畴。而以资本和技术密集为代表的纸产业,其贸易专业化水平基本属于进口型,这与中国以"四大发明"著称的造纸业古国的地位极不相称。

三、市场竞争力

考察产业安全的国际竞争能力不能忽视产品在国际市场的份额水平,即市场竞争力,一个产业的国际竞争力大小,最终将表现在该产业的产品在国际市场上的占有率,市场是考验商品是否真正具备竞争力的试金石,优胜劣汰的自由竞争机制是检验产业发展的基本条件。

为了简化市场竞争力的考察指标,本研究利用传统的国际市场占有率(International Market Share)作为评价市场竞争的工具。国际市场占有率即考察商品在国际市场的控制能力,又称"出口市场占有率",即一国出口总额占世界出口总额的比例,即在开放的国际市场上,考察某种本国产品销售额占世界该类产品总销售额的比重、或者某种本国产品出口额占世界该类产品总出额的比重。在自由贸易及秩序规范的市场条件下,本国市场和国际市场一样,同样也对各国开放,一种产品在国际市场的占有率,应该包括其本国市场,但是狭义的出口市场占有率主要反映该产品的国际市场竞争力问题。本书使用狭义的出口市场占有率标准。

表9.4 1990—2010 年中国主要林产品国际市场占有率核算

年份	原木	锯材	人造板	木制品	木家具	木浆	纸和纸制品	总体
1990	0.53%	0.71%	0.32%	5.43%	2.53%	0.02%	0.68%	1.21%
1995	0.68%	0.85%	0.68%	7.94%	3.60%	0.12%	0.88%	1.65%
1996	0.39%	0.81%	0.87%	7.38%	3.90%	0.07%	0.85%	1.74%
1997	0.41%	0.78%	1.34%	7.56%	5.24%	0.07%	1.10%	2.10%
1998	0.21%	0.53%	0.91%	7.53%	5.76%	0.06%	1.08%	2.10%
1999	0.12%	0.63%	1.36%	8.31%	6.65%	0.02%	1.03%	2.39%
2000	0.11%	0.76%	1.89%	9.41%	8.08%	0.05%	1.40%	2.82%
2001	0.09%	0.91%	2.27%	10.71%	9.15%	0.05%	1.53%	3.30%
2002	0.05%	0.87%	3.26%	11.97%	12.27%	0.10%	1.72%	4.13%
2003	0.04%	0.99%	3.40%	12.94%	15.33%	0.12%	1.98%	4.79%
2004	0.02%	0.75%	5.74%	13.73%	18.09%	0.08%	2.21%	5.65%
2005	0.02%	0.93%	8.78%	13.80%	21.87%	0.17%	2.84%	6.94%

（续表）

年份	原木	锯材	人造板	木制品	木家具	木浆	纸和纸制品	总体
2006	0.01%	1.10%	11.99%	14.94%	25.47%	0.24%	3.56%	8.34%
2007	0.01%	1.14%	14.11%	14.18%	18.92%	0.32%	4.27%	8.74%
2008	0.01%	1.12%	12.51%	13.43%	17.69%	0.22%	3.79%	6.98%
2009	0.08%	1.09%	11.50%	11.23%	18.60%	0.19%	2.79%	6.23%
2010	0.09%	1.20%	28.1%	21.12%	27.10%	0.17%	3.12%	7.02%

资料来源：根据《中国林业统计年鉴》及 UN Comtrade（［DB/OL］. http://www. trademap. org/countrymap）数据核算。

　　表9.4统计了历年中国主要林产品在国际市场的占有率水平。国际市场占有率呈现下述主要趋势：第一，从总体水平分析，中国主要林产品的国际市场占有率在稳定上升，但是具体到三大产业形态，其表现力呈相反的变化趋势。第二，与上述结构竞争力的趋势相同，资源密集型产品（原木、锯材类）由于中国资源短缺及出口限制，此类产品的国际份额极小，其中锯材加工出口逐步增加，但整体较小。第三，中国林产品整体市场份额的稳定增长主要来源于三大类产品的出口贡献，即人造板、木制品、木家具，此类产品从性质来看属于劳动力密集型产品，此种高比例的出口份额是建立在低廉的工人薪水上，随着"人口红利"的逐步消失，依赖劳动力密集的加工贸易出口增长机制无疑将严重受到影响。第四，比较可喜的变化是，以资本及技术密集的纸产业的国际竞争地位在近些年呈现稳定增强态势，这对于中国林产品产业强国的贡献具有积极意义，但是不容忽视的是，技术资本密集型的纸产品国际竞争力提高，主要来源于跨国集团，国际资本及技术的垄断，对于中国产业安全的影响是需要严肃看待的问题，此问题将在下节"产业控制水平"环节具体进行分析。

第二节　中国木材加工产业安全的产业控制能力

　　考察中国木材产业安全不容忽视外部环境变化对产业发展的影响，尤其以加工贸易为主导的产业格局，多数集中于逐利性高的短线产业而忽视资源和环境的可持续问题，对于国际热钱及落后技术的转移承接，在近些年虽然得到明显重视，但不容忽视外资及技术的控制问题。研究中国木材加工产业安全问题，要密切关注产业控制能力，本研究设定了外资控制力、国际竞争规制、资源和生态环境三个二级指标，期望能较为全面地考察产业安全的外部环境因素。

一、外资控制力

　　需要说明的是，本书所考察的外资，主要是投资行为的资本构成，这样可避免短期热钱无法判定的问题。

如何评价产业控制力,目前尚无较为统一的认识,国内较早研究产业安全与资本控制的评论来源于观察引进外资与国家经济安全的分析,从控制国际经济安全角度,提出了调整外资结构而非限制外资总量的引资模式,并对外资投向的产业条件提出建议(李海舰,1997)[①]。关于外资控制力的界定,目前主要集中在两个方面:一种思路是基于国内资本的控制力视角,其观点认为产业控制力是指在开放条件下,本国资本对国内产业的国际控制力,通过产业控制力的实现可以决定产品的定价权,从而控制财富的流量,实现产业生存安全,同时产业控制力的实现,也可以自主调整产业结构及战略方向,实现产业的发展安全(赵元铭,2008)[②];另一种思路是基于关注外来资本对东道国的产业控制问题,其观点认为产业控制力是指外资对东道国产业的控制能力,以及对东道国产业控制力的削弱能力和由此影响产业安全的程度,其实质是外资产业控制力和东道国产业控制力两种力量的博弈能力(李孟刚,2006)[③]。

上述研究的主要考察点实际上集中于国内资本或者国际资本通过股权分配来达到某方对产业控制力的实现,似乎解决了股权分配就获得了产业控制力,而实际上产业控制还可以通过技术、品牌及经营等多种措施来影响,例如曾经引导中外资本合作标准的上海大众51%绝对控股股权构架模式,在此股权分配中拥有绝对控股的中方资本看似获得产业控制力,而其在计划改动大众轿车的一个门把手时却无法获得德方的支持。以股权构架为基础的产业控制力界定存在一定拓展空间,本书将产业控制力定义为:开放条件的合作经济过程中,国内外资本在股权、品牌、技术及经营等综合评价方面达成的某一方具有最终决策能力的合作机制。

本书中仅通过产业的企业数量、工业产值、资产负债及经营管理水平等方面来分析外资对木材产业的控制力及产业安全影响。

(一)外资对中国工业企业控制的总体情况

1990年以来,随着中国政府改革开放力度的不断提高,吸引外商投资能力不断加大,外资工业企业产值在全国的地位不断提高,1999年外资产值比重达到16%。外资在国内的发展总体呈现稳定增长的趋势(见表9.5)。2000年后,随着中国加入WTO进程加快,中国经济不断融入世界经济,WTO要求的市场开放对于国际资本的吸纳力度不断提高,中国工业产值比重中外资资本的比重快速增长,近十年来一直保持在30%左右的水平,外资成为中国工业构成中不能忽视的力量(见表9.6)。

2010年9月7日,在福建厦门举行的联合国贸易和发展会议第二届世界投资论坛上,国家副主席习近平指出,截至2010年7月,中国累计设立外商投资企业近70万家,实

---

①　李海舰:《外资进入与国家经济安全》,《中国工业经济》1997年第8期,第62—66页。

②　赵元铭:《产业控制力的实现层次:基于后发国家产业安全边界的审视》,《世界经济与政治论坛》2008年第6期,第53—58页。

③　李孟刚:《产业安全理论研究》,经济科学出版社2006年版。

际使用外资 1.05 万亿美元,目前中国 22% 的税收、55% 的进出口、约 4500 万人的就业,都来自外商投资企业的贡献,中国约有 50% 的技术引进来自外商投资企业。上述报告表明中国依然是全球最具吸引力的投资东道国,同时从产业安全的角度也需要重视研究外资的产业控制力问题。联合国贸发组织第二届世界投资论坛旨在投资与可持续发展,联合国贸发会议秘书长素帕猜表示,为更好地理解后金融危机时代对世界,特别是对发展中国家带来的挑战和机遇,在全球化或将进入调整期的新阶段,需要新投资政策来促进低碳经济的转型,以利联合国千年发展目标的落实。对于中国整体产业安全来说,更需要就继续引进外资与关注利用外资对东道国产业安全进行研究。

表 9.5 1990—2000 年外资在全国工业企业产值比重

年份	港澳台及外资工业企业总产值(亿元)	全国工业企业总产值(亿元)①	外资产值比重(%)
1990	1047	23924	4.4
1991	1600	26625	6.0
1992	2634	34599	7.6
1993	5352	48402	11.0
1994	10421	70176	14.8
1995	15231	91894	16.6
1996	12117	99595	12.2
1997	14399	113733	12.7
1998	17750	119048	14.9
1999	20078	126111	15.9
2000	23465	85674	27.3

资料来源:根据历年《中国统计年鉴》整理,统计口径为全部国有及规模以上非国有工业企业。

注释:1. 工业总产值按当年价格计算;2. 本表包括年产品销售收入在 500 万元以下非国有工业企业;3. 1995 年按新修订方法计算工业总产值②。

---

① 工业总产值:是以货币形式表现的,工业企业在一定时期内生产的工业最终产品或提供工业性劳务活动的总价值量。它反映一定时间内工业生产的总规模和总水平。其计算原则:即凡是企业在报告期生产的经检验合格的产品,不管是否在报告期销售,均包括在内。工业总产值统计范围变化和计算方法修订情况:1984 年以前工业总产值不包括村办工业,村办工业总产值划归农业。1984 年以后工业总产值包括村办工业。1995 年工业普查对工业总产值计算方法做了修订,即从 1995 年始按新修订(新规定)方法计算工业总产值。

② 新规定与原规定的区别:全价与加工费的计算原则不同:新规定为凡自备原材料,不论其生产繁简程度如何,一律按全价计算工业总产值;凡来料加工,允许按加工费计算工业总产值。原规定则视生产加工的繁简程度不同,规定哪些行业按全价,哪些行业按加工费计算工业总产值。自制半成品、在产品期末期初差额价值的计算原则不同:新规定要求,凡会计产品成本核算时计算了成本的差额价值,总值中就应包括,否则可不包括;原规定则按生产周期 6 个月的界限区分,凡生产周期 6 个月以上的企业,总值计算中应包括这部分差额价值,否则可不包括。计算价格不同:新规定按不含增值税(销项税额)价格计算;原规定则按含增值税的价格计算。

表9.6 2001—2010年外资在全国工业企业产值比重

年份	港澳台及外资工业企业总产值(亿元)	全国工业企业总产值(亿元)	外资产值比重(%)
2001	27221	95449	28.5
2002	32459	110777	29.3
2003	44358	142271	31.1
2004	58847	187221	31.4
2005	67138	222316	30.2
2006	100077	316589	31.6
2007	127629	405177	31.5
2008	149794	507448	30.0
2009	153687	548311	28.2
2010	189917	698591	27.1

资料来源:根据历年《中国统计年鉴》整理,统计口径为全部国有及规模以上非国有工业企业。

注释:1.工业总产值按当年价格计算;2.全部国有及规模以上非国有工业企业是指全部国有工业企业及年产品销售收入在500万元以上的非国有的工业企业。

(二)外资对木材加工产业控制分析

中国木材产业构成中不同成分规模以上工业企业经济指标分析(见表9.7)表明,2010年中国木材产业已经呈现外资控制能力不断加大且对重要行业控制过高的局面。

借鉴产业控制安全状态评价标准(李咏,2006),一般认为外部资本对产业影响达到30%的比重视为安全界限,外资对木材产业控制的具体分析如下。

1. 企业数量分布构成。以木材产业的主要产业形态分类来看,木材第二产业主要分为木材加工及木、竹、藤、棕、草制品业,家具制造业,造纸及纸制品业,印刷业和记录媒介的复制四大类。2010年,木材加工及木、竹、藤、棕、草制品业全国规模以上工业企业11366家企业中,私营工业企业比重是市场的主体,平均达到75%以上的数量控制,其中国有及国有控股工业企业比重较低,外商及港澳台工业企业占到8%的数量,可以发现作为较低层次的木材产业,私营企业是主体,国有及外资企业逐步退出该行业。其中主要分布在家具制造产业中,整体来看数量规模上外资对产业控制的威胁并不严重。木材第二产业中,造纸业和家具制造业是重要的产业部门,以家具制造业为例说明,2010年私营企业仍是市场主体,企业数量达到3661家,占全国比重为62%,但不能忽视外商及港澳台投资工业企业比重已达到23%,企业数量达到1359家。虽然外商及港澳台投资尚不构成企业数量的控制,但其投资已逐步介入木材第二产业的中高端产业部门。

2. 产业产值比重构成。2010年全行业工业总产值达到25458亿元,其中国有及国内私营企业工业总产值为14610亿元,同期外商及港澳台企业投资工业总产值为6324亿元。研究发现,整体木材产业企业数量上虽然主要属于国内私营及国有控股企业,外商及港澳台企业虽在数量上不具有数量优势,但是不容忽视的是中国企业的低效率及低产出严重影响到其对产业的整体控制水平,其中木材加工产业中国有及私营工业总产值比重合计为70%,家具制造业为54%,造纸业不足50%,而外商及港澳台企业产值以较少规模的数量却获得较高的工业产值,其比重分别达到12%、32%、30%,对于家具制造和造纸产业,工业总产值比例已经形成了安全威胁。

3. 资产负债表分析。在企业数量和工业总产值方面虽然国内企业(国有和民营)占有绝对优势,外商及港澳台企业的整体数量较小,但其在资产负债及所有者权益方面的产业安全威胁及控制力水平同样不能忽视。表9.7表明,2010年全行业资产总计超过19000亿元,其中国有及国内私营企业资产总计为8871亿元,同期外商及港澳台企业投资资产总计超过7000亿元,外商及港澳台企业投资资产已与国有及国内私营企业资产合计相差较小,外商及港澳台企业投资对中国木材产业的资产控制已经形成。分析资产负债表发现,除了木材加工及木、竹、藤、棕、草制品产业及印刷产业的资产负债比平均25%左右,家具制造和造纸产业方面,外商及港澳台企业的资产负债比重平均在45%左右。特别在资产和所有者权益方面,2010年外商及港澳台企业资产在家具制造业和造纸业领域分别比重达到41%和46%,所有者权益在两类产业部门比重也分别达到41%和47%,外资投资的过高比重显示了其对中国木材加工中高端产业部门的严重产业控制趋势。

4. 经营管理水平分析。不同经济成分工业企业经营管理水平(见表9.8),可以从主营业务收入、利润总额、年度上缴增值税、解决就业等指标来具体分析。整体来看,2010年国内工业企业上述指标仍具控制地位,特别是国内私营经济的发展对木材加工产业作出巨大贡献。但是从国内私营企业从事的行业来看,主营业务收入、利润总额、年度上缴增值税、解决就业贡献主要集中在技术水平较低的木材加工及木、竹、藤、棕、草制品产业,平均达到60%—70%的比重,而在家具制造和造纸产业,其比重则达到45%—60%的水平。外商及港澳台工业企业主要分布在家具制造和造纸产业,两个产业中其在主营业务收入、利润总额、年度上缴增值税、解决就业等方面平均达到30%—40%,特别在家具制造产业,其主营业务收入及解决就业比重分别达到45%和40%。整体来看,外资以较小的数量规模获得更为显著的经营业绩,同时其主要产业分布在对技术和资本要求较高的造纸产业及家具产业。对整体产业的影响来看,外资的控制力水平已经构成产业安全威胁的局面。

综上所述,通过分析内外资本对木材产业在企业数量、工业产值、资产负债及经营管理水平等方面因素,可以看出整体国内资本仍具备绝对控制力,但是发展趋势上来看外资及港澳台投资在家具制造和造纸产业的影响在加深,外资及港澳台投资控制力水平正不断提高,且其所参与产业领域对于产业安全的影响更为重要。一方面其涉足于较高附加值的家具产业,明显获得更丰厚利益回报,相较于国内资本主要从事低端木材加工业来看,其对于终端产业链的控制更为严重。另一方面外资涉及资本及技术密集的造纸

(单位:亿元)

表9.7　2010年不同经济成分规模以上工业企业指标比重

	行业	企业单位数(个)	比重(%)	工业总产值	比重(%)	资产总计	比重(%)	负债合计	比重(%)	所有者权益	比重(%)
全国规模以上工业企业	木材加工及木、竹、藤、棕、草制品业	11366		7393.2		3541.8		1642.7		1883.3	
	家具制造业	5934		4414.8		2639.1		1410.3		1220.8	
	造纸及纸制品业	10270		10434.1		9655.3		5457.2		4167.7	
	印刷业和记录媒介的复制	6850		3216.4		3216.4		1536.4		1671.4	
国有及国有控股工业企业	木材加工及木、竹、藤、棕、草制品业	156	1.4	171.1	2.3	185.3	5.2	120.5	7.3	63.6	3.3
	家具制造业	34	0.6	112.4	2.5	72.4	2.7	46.5	3.3	24.9	2.0
	造纸及纸制品业	180	1.8	827.2	7.9	1544.9	16.1	936.2	17.2	599.9	14.4
	印刷业和记录媒介的复制	525	7.7	439.8	13.7	600.9	18.7	235.7	15.3	364.8	21.8
私营工业企业	木材加工及木、竹、藤、棕、草制品业	8741	76.9	5062.8	68.5	1926.2	54.4	831.5	50.6	1084.3	57.6
	家具制造业	3661	61.7	2285.4	51.8	1184.8	44.9	609.3	43.2	571.4	46.8
	造纸及纸制品业	6582	64.1	4165.5	39.9	2246.4	23.3	1241.9	22.8	994.9	23.9
	印刷业和记录媒介的复制	4083	59.6	1545.8	48.1	1110.5	34.5	625.4	40.7	480.6	28.8
外商及港澳台投资工业企业	木材加工及木、竹、藤、棕、草制品业	930	8.2	872.3	11.8	628.3	17.7	313.2	19.1	314.2	16.7
	家具制造业	1359	22.9	1442.3	32.7	1082.1	41	582.2	41.2	497.4	40.7
	造纸及纸制品业	1492	14.5	3181.8	30.5	4389.9	45.5	2407.5	44.1	1976.5	47.2
	印刷业和记录媒介的复制	744	10.9	828.3	25.8	908.3	28.2	380.8	24.8	526.4	31.5

资料来源:根据国家统计局2011年《中国统计年鉴》整理计算。

（单位:亿元）

表9.8　2010年规模以上工业企业经营管理指标核算

行业	主营业务收入	比重（%）	利润总额	比重（%）	本年应缴增值税	比重（%）	全部从业人员年平均人数（万人）	比重（%）
全国规模以上工业企业								
木材加工及木、竹、藤、棕、草制品业	7166		515.27		201.05		142.29	
家具制造业	4304.76		281.57		109.81		111.73	
造纸及纸制品业	10201.82		727.08		299.82		157.91	
印刷业和记录媒介的复制	3468.31		309.2		119.19		85.06	
国有及国有控股工业企业								
木材加工及木、竹、藤、棕、草制品业	848.42	11.84%	50.09	9.72%	23.36	11.62%	17.63	12.39%
家具制造业	1413.43	32.83%	90.02	31.97%	32.83	29.90%	44.85	40.14%
造纸及纸制品业	3115.46	30.54%	261.01	35.90%	89.78	29.94%	39.22	24.84%
印刷业和记录媒介的复制	802.8	23.15%	90.65	29.32%	28.34	23.78%	21.41	25.17%
私营工业企业								
木材加工及木、竹、藤、棕、草制品业	4909.33	68.51%	357.49	69.38%	136.61	67.95%	94.84	66.65%
家具制造业	2230.86	51.82%	152.19	54.05%	60.47	55.07%	51.1	45.74%
造纸及纸制品业	4064.13	39.84%	278.18	38.26%	116.53	38.87%	71.16	63.69%
印刷业和记录媒介的复制	1502.5	43.32%	110.51	35.74%	46.65	39.14%	34.77	40.88%
外商及港澳台投资工业企业								
木材加工及木、竹、藤、棕、草制品业	848.42	11.84%	50.09	9.72%	23.36	11.62%	17.63	12.39%
家具制造业	1413.43	32.83%	90.02	31.97%	32.83	29.90%	44.85	40.14%
造纸及纸制品业	3115.46	30.54%	261.01	35.90%	89.78	29.94%	39.22	24.84%
印刷业和记录媒介的复制	802.8	23.15%	90.65	29.32%	28.34	23.78%	21.41	25.17%

资料来源:根据国家统计局2011年《中国统计年鉴》整理计算。

行业,其在一定程度决定着该领域的技术进步及基本流向。从产业转型的角度来看,其资本及技术的水平严重影响着整体产业的发展趋势,虽然目前国内资本的产业控制力仍属主流,但不能忽视外资控制力的渗透及对整体产业安全的长远影响。

二、国际竞争规制

2001 年中国加入 WTO,中国经济融入世界经济的水平不断提升。但中国木材产业的发展依赖外来资本及技术、依赖外部资源进口、依赖外部市场的消费,这种严重的外向型产业模式严重受制于国际竞争的外部环境,2008 年金融危机以来,欧美发达经济体消费不断衰减,其国内保护贸易倾向日益严重,继而引发对来自主要进口国的贸易摩擦不断升级,国际贸易争端日趋常态化,欧美及发展中国家对中国主要出口产品中的家具、纸产品及人造板等的反倾销力度不断加大,国际贸易外部环境的变化将严重影响到木材加工产业安全的整体控制力水平。

本节将重点分析国际贸易及其外部竞争规制对产业安全的影响,主要基于国际对华反倾销措施对产业控制力的国际竞争环境变化,评价国际竞争因素导致的产业安全问题。

(一)国际反倾销发展概况

在 20 世纪 70 年代前,国际反倾销尚不能成为贸易壁垒的主导形式。1985 年前,发展中国家几乎没有一个国家有反倾销立法。随着多边贸易体制及自由贸易对传统贸易壁垒的制约,WTO 反倾销协议被各成员国争相援引,反倾销已经成为使用范围最广、实施最频繁的一种贸易救济措施。自 1979 年欧共体对中国出口的糖精及盐类进行反倾销调查以来,中国在加入 WTO 前遭受国外约 30 个国家或地区提起反倾销调查 459 起。1995—2001 年针对中国的反倾销事件数量占全球反倾销事件总量超过 14%。2001 中国加入 WTO 后,以中国入世议定书第 15 条款为基础的允许其他 WTO 成员国在中国入世后 15 年内在倾销和补贴事件上把中国视作为非市场经济,这种歧视性差别待遇客观上激励了国际社会不断提起对华反倾销调查。

国际对反倾销效果评估主要集中于对美国和欧盟反倾销政策的经验研究。Lichtenberg(1990)较早使用来自于所有来源国的总进口数据估计反倾销效应,认为反倾销极大影响了本国出口市场的巩固[1]。Harrison(1991)利用美国 1981—1986 年跨行业的贸易数据测算了反倾销税的价格效应,分析得出反倾销对于本国传统主导产业价格产生抑制效应[2]。Staiger & Wolak (1994)使用反倾销计量经济模型分析了反倾销调查对国内产出和

① Lichtenberg F. ,Tan H. 1994,"An Industry Level Analysis of Import Relief Petitions Filed by U. S. Manufacturers,1958－1985",New York:St. Martin's Press.

② Harrison Ann. 1991,"The New Trade Protection:Price Effect of Antidumping and Countervailing Duty Measures in the United States",World Bank Working Paper.

进口的影响,确认了反倾销威胁的存在和确定的反倾销税都能对诉讼对象国起到贸易限制效应(Trade Destruction Effect)。以上研究较多关注了反倾销调查对于发达国家行业及进出口的贸易影响,也符合90年代前发展中国家较少涉及反倾销应对的政策空白问题。

近些年,对于反倾销效果评价的研究开始关注其对发展中国家及多边贸易体制的影响。Mah(2000)的研究成果肯定了反倾销裁定百分比增长与贸易差额之间存在长期均衡及因果关系[①]。White & Jones(2000)提出,美国至少有42种反倾销税则生效,涵盖了来自中国的各种进口产品。美国进口商和在华加工生产对美出口的企业越来越发现其经营遭受到美国反倾销税的破坏。Zhi Haoyu(2000)分析了过去30年中GATT各回合谈判持续地削减和限制关税,但同时关注到各种非关税壁垒被广泛采用,其中反倾销占据了很大比重。James(2000)提出,反倾销行动是保护主义选择的一种新式武器,虽然在GATT/WTO规则下反倾销是合法的,但是它威胁到过去50多年多边贸易体系尽力构建的非歧视和互惠的基本原则。Blonigen(2003)研究发现,报复性反倾销行动的威胁对反倾销活动有着抑制效应。美国很少对具有积极反倾销措施和美国大量出口的国家发起反倾销调查,美国倾向于对没有反倾销法的国家提起反倾销行动,这一结果解释一国能够使用反倾销来阻止他国针对其使用反倾销。Prusa(2005)也指出,近30年来,反倾销已成为GATT/WTO框架下确立的自由公平贸易体系的主要障碍。确切地说,反倾销是一种被巧妙设计的保护主义的政策形式。

国内学者的研究更多是在中国加入WTO后贸易争端日益增加的情况下开始针对性分析,主要关注了国外实施反倾销调查的影响及中国采取反倾销调查及采取措施的效果评估。宾建成(2003)分析了中国首次反倾销措施执行效果评估问题。朱钟棣等(2004)关注了反倾销措施对产业的关联影响问题,论证了反倾销税价格效应的投入产出问题[②]。谢建国(2006)研究了美国对华贸易反倾销的政治分歧与制度摩擦问题。沈国兵(2007)实证分析了反倾销等贸易壁垒与中美双边贸易问题关系问题。鲍晓华等(2007)实证分析了中国反倾销案例8位数税则号的涉案产品数据,考察了反倾销措施引起的指控对象国和非指控对象国的贸易模式的变化问题。

国外经验研究在数据选择的科学性和计量技术上具有明显优势,其论证较为全面地分析了美国欧盟等发达国家之间以及与发展中国家的贸易非均衡问题。国内研究则由于中国反倾销历史较短以及数据的可获得性问题,对于就实施反倾销措施后对进口国可能产生的贸易转移效应、投资跨越效应关注较晚。但研究与经验性研究结论基本一

①　Mah Jai. 2000,"Antidumping Decisions and Macroeconomic Variables in the USA",*Applied Economics*,Vol. 32,No. 13,pp. 1701 – 1709.

②　朱钟棣、鲍晓华:《反倾销措施对产业的关联影响——反倾销税价格效应的投入产出分析》,《经济研究》2004年第1期,第83—91页。

致——反倾销存在贸易转移效应,反倾销的实施都发挥了调控进口、救济本国产业的作用。

(二)中国林业产业遭受国际反倾销现状

中国林产品由于其劳动力成本优势及加工贸易的特点,近十年来进出口贸易发展迅猛,林产品出口在国际间占据较大市场份额,中国高速发展的林产品已逐步成为广泛涉及贸易救济措施的敏感领域,出口林产品及涉及范围遭遇的反倾销不断增多,在很大程度上制约了林产品的持续稳定发展。

以2001年中国加入WTO后国际对华反倾销案例为例,2002—2010年世贸组织成员国共对华发起反倾销立案162起涉及产品305宗,仅以造纸产业遭受反倾销为例,涉及造纸产品的案件有25起(见表9.9),其中涉及中国国内造纸企业129家,涉及外资在华造纸企业24家。尽管林产品并不是中国遭受反倾销调查最为频繁的产品,但其典型性及对产业安全的长期发展影响不容忽视。

中国遭受的反倾销调查案件中林产品具有较强代表性。1995年中美双方就蜂蜜产品的反倾销调查达成"中止协议",是美国对华反倾销史上首次适用"中止协议"处理反倾销问题的案件,对中国应诉企业的意义非同一般。1997年中国新闻纸产业反倾销调查案是中国反倾销申诉的第一案,此案的裁决具有划时代的历史意义,首开中国国内产业运用反倾销法律手段维护自身合法权益的先河。2003年美国对原产于中国的木制卧室家具启动产业损害调查程序,这是中国加入WTO以来国外对华反倾销涉案金额最高、涉案企业最多的案件,此案在裁决时美国商务部加大了中国企业获得平均税率的难度,这是一个值得警惕的倒退。2006年开始,纸制品成为世界遭受反倾销调查的第二宗最频繁产品。2008年金融危机以来,由于国际消费市场萎缩,欧美为限制中国人造板等中低端林产品出口,对相关产品的反倾销数量和幅度明显增长。整体看来,涉及中国林产品出口的造纸产业、家具产业、人造板产业已经成为中国遭受国际反倾销的主要部门。

在中国加入WTO以后乃至更长的时期内,中国将处于贸易摩擦绝对数量的增长期,无论从世界林产品遭受反倾销的数量上看,还是从国内林产品遭受反倾销的代表性上看,研究林产品反倾销调查及最终措施实施的效果评价,对林业产业以及其他行业在应对反倾销案件时都具有重要的思考和借鉴作用,有利于中国从应对国外贸易救济调查和对外发起贸易救济调查两个部分建立贸易预警与救济体系。

表9.9 2002—2010年中国造纸产业遭受反倾销调查情况

调查国	调查产品	起诉日期	终裁日期	中国官方案件号
韩国	书写用纸和纸板	02 – 06 – 2002	08 – 06 – 2003	0013AC2220020206
日本	书写用纸和纸板	02 – 06 – 2002	08 – 06 – 2003	0013AC2220020206
芬兰	书写用纸和纸板	02 – 06 – 2002	08 – 06 – 2003	0013AC2220020206
美国	部分用书写纸	02 – 06 – 2002	08 – 06 – 2003	0013AC2220020206

（续表）

调查国	调查产品	起诉日期	终裁日期	中国官方案件号
美国	原色牛皮纸/挂面纸板	03 – 31 – 2004	09 – 30 – 2005	0029 AC2220040331
台湾	原色牛皮纸/挂面纸板	03 – 31 – 2004	09 – 30 – 2005	0029 AC2220040331
泰国	原色牛皮纸/挂面纸板	03 – 31 – 2004	09 – 30 – 2005	0029 AC2220040331
韩国	原色牛皮纸/挂面纸板	03 – 31 – 2004	09 – 30 – 2005	0029 AC2220040331
欧盟	薄玻璃纸及半透明纸	06 – 13 – 2005	12 – 12 – 2006	0040 AC2220050613
美国	薄玻璃纸及半透明纸	06 – 13 – 2005	12 – 12 – 2006	0040 AC2220050613
日本	电解纸	04 – 18 – 2006	04 – 17 – 2007	MI
美国	铜版纸	11 – 21 – 2006	10 – 18 – 2007	MI
新西兰	日记本	03 – 02 – 2007	10 – 17 – 2007	MI
韩国	牛皮纸	11 – 12 – 2007	09 – 24 – 2008	MI
美国	低克重热敏纸	10 – 30 – 2007	09 – 26 – 2008	MI
美国	薄棉纸	04 – 27 – 2007	10 – 06 – 2008	MI
澳大利亚	卫生纸	03 – 01 – 2008	12 – 31 – 2008	MI
美国	薄棉纸	03 – 15 – 2004	10 – 09 – 2009 （行政复审终裁）	MI
美国	格记录纸	10 – 06 – 2005	12 – 03 – 2009 （行政复审终裁）	MI
欧盟	活页夹	12 – 01 – 2008	02 – 26 – 2010	MI
美国	皱纹纸	12 – 01 – 2009	03 – 29 – 2010	MI
新西兰	记事本	02 – 01 – 2008	06 – 11 – 2010	MI
新西兰	日记本	03 – 02 – 2007	10 – 08 – 2010 （新出口商复审终裁）	MI
美国	薄棉纸	03 – 02 – 2009	10 – 18 – 2010 （新出口商复审终裁）	MI
美国	铜版纸	10 – 14 – 2009	09 – 21 – 2010（终裁） 11 – 17 – 2010（修改）	MI

数据来源：世界银行数据库。

注释：MI 为世界银行未统计到中国官方案件号。

  对华木质林产品实施反倾销的主要国家是入世以来与中国木质林产品有着密切贸易来往的发达国家，如美国、欧盟、韩国、日本等国家。近年来美国不仅是中国林产品出口目的地第一大国，更是对中国林产品进行反倾销的第一大国，同时也是采取最终措施数最多的国家。各国对中国提起反倾销诉讼有不同的动机，但其主要原因以借口中国非市场经济地位的前提及中国对外反倾销体系的不健全且难以对本土产品进行贸易保护。例如美国在夸大中国对美出口木质家具的倾销幅度的同时，中国对美有限的反倾销报复能力更诱使美国经常对华提起反倾销调查。对于与中国具备相似产业结构的发展中国家近年来也逐步成为对华反倾销的潜在威胁力量。

（三）国际反倾销对产业发展的效果评价

1. 反倾销评价指数假设

一国遭受反倾销强度包括遭受反倾销调查（AD Investigations）和反倾销最终措施（AD Definitive Measures）两项指标。一国被指控倾销相对其出口绩效的强度（Finger，Murray，1993）[①]可通过反倾销强度指数 ADI 来表述。

其方程式表达为：

$$ADI_i = \frac{AD_i(t,t+n)/AD_W(t,t+n)}{EX_i(t,t+n)/EX_W(t,t+n)} \tag{9.3}$$

其中：$AD_i(t,t+n)$ 表示在 $[t,t+n]$ 时期内针对 i 国反倾销调查或采取最终措施的数量，$AD_W(t,t+n)$ 表示世界进行的反倾销调查或采取最终措施的数量。$EX_i(t,t+n)$ 表示 i 国或地区出口值，$EX_W(t,t+n)$ 表示在 $[t,t+n]$ 时期内世界出口总值。

如果一国遭受的反倾销强度指数 $ADI > 1$，则该国或地区相对其在世界出口市场份额强烈受到反倾销行为的影响；$ADI < 1$，则该国或地区相对其出口市场份额少许受到反倾销影响；如果 $ADI = 1$，则该国或地区反倾销指控与该国出口份额成比例。据此，我们可以对中国遭受反倾销强度指数做出测算，并与其他相关的贸易合作伙伴进行比较。

通过 ADI 变换，可以定义中国出口遭受他国（以美国为例）的反倾销强度指数为：

$$ADI_{CA} = \frac{AD_{CA}(t,t+n)/AD_C(t,t+n)}{EXP_{CA}(t,t+n)/EXP_C(t,t+n)} \tag{9.4}$$

其中：$AD_{CA}(t,t+n)$ 表示中国遭受美国反倾销调查（或最终措施）的数量，$AD_C(t,t+n)$ 表示中国遭受的反倾销调查（或最终措施）的总数量。$EX_{CA}(t,t+n)$ 表示中国对美出口值，$EX_C(t,t+n)$ 表示中国出口总值。

如果中国遭受美国的反倾销强度指数 $ADI_{CA} > 1$，则中国相对其在美国市场出口份额强烈地受到美国反倾销行动的影响。由于中国对美出口占中国出口比重较大，假定 $ADI_{CA} > 0.5$，表示中国在美国市场出口份额就受到美国反倾销行动的明显影响。

同理定义美国对华进口反倾销强度指数：

$$ADI_{AC} = \frac{AD_{AC}(t,t+n)/AD_A(t,t+n)}{IMP_{AC}(t,t+n)/IMP_A(t,t+n)} \tag{9.5}$$

其中：$AD_{AC}(t,t+n)$ 表示美国对华发起的反倾销调查（或最终措施）的数量，$AD_A(t,t+n)$ 表示美国发起的反倾销调查（或最终措施）的总数量。$IMP_{AC}(t,t+n)$ 表示美国从华进口值，$IMP_A(t,t+n)$ 表示美国进口总值。

---

① Finger J. Michael. 1993，"Antidumping：How It Works and Who Gets Hurt"，Ann Arbor：University of Michigan Press.

如果美国进口反倾销强度指数 $ADI_{AC} > 1$ ，则意味着美国对华反倾销行动强烈地影响到美国从华进口（或者中国对美出口）。

2. 中国林业产业遭受反倾销措施评价——造纸产业为例

为客观反映中国加入 WTO 以来造纸产业受到反倾销影响的水平，研究通过统计 2002—2010 年间美国对华纸产品的调查及采取措施案件，跟踪不同调查国家对华纸产业倾销幅度及制裁税率（见表 9.10），结合中国纸产品对美出口及美国从全球进口总值[①]，利用 ADI_{CA} 测算，获得相关国家对华纸产业反倾销调查及最终措施测算指数见表 9.11。

表 9.10 加入 WTO 以来中国造纸产业遭受主要反倾销制裁（2002—2010 年）

中国案件登记编码	调查国	调查产品	裁定最低倾销幅度（%）	裁定最高倾销幅度（%）	初裁反倾销税（%）	终裁反倾销税（%）
CHN – AD – 34	韩国	书写用纸和纸板	4.00	51.00	5.58—51.09	4—51
CHN – AD – 34	日本	书写用纸和纸板	9.00	71.00	23.89—71.02	9—71
CHN – AD – 34	芬兰	书写用纸和纸板		MI		
CHN – AD – 34	美国	部分用书写纸			29.65—63.45	
CHN – AD – 85	美国	原色牛皮纸/挂面纸板	12.90	65.20	16—65.2	12.9—65.2
CHN – AD – 85	台湾	原色牛皮纸/挂面纸板	9.00	65.20	7.2—65.2	7—65.2
CHN – AD – 85	泰国	原色牛皮纸/挂面纸板	13.20	65.20	12.8—65.2	13.2—65.2
CHN – AD – 85	韩国	原色牛皮纸/挂面纸板	11.00	65.20	11—65.2	11—65.2
CHN – AD – 121	欧盟	薄玻璃纸及半透明纸	10.00	42.08	10.35—42.79	10—42.8
CHN – AD – 121	美国	薄玻璃纸及半透明纸	4.10	42.80	26.64—42.79	4.1—42.8
CHN – AD – 137	日本	电解纸	15.00	40.83	15—40.83	15—40.83

数据来源：世界银行数据库。

研究发现，各国对华纸产业反倾销国家 ADI 指数呈现明显差别，中国造纸产业整体上遭受全球反倾销调查和被采取措施的影响随着中国在东道国市场份额的增加明显加剧。总的来看中国纸产业遭受的反倾销强度指数主要分布在美国、欧盟、日本、韩国等国，说明征收反倾销税收等措施后，严重影响到中国纸产品在该国的竞争能力，相对来说，泰国等发展中国家对华反倾销调查更多属于从众效应，中国对其产品出口数量较小，其反倾销调查及制裁更多属于打击竞争的战略考虑，但不能忽视的是与中国具有相似产业结构的发展中国家开始重视对华产品反倾销调查将逐步加剧此类国家与华产品的竞争程度。整体来看，国际对华采取反倾销措施的将会严重影响中国造纸产业发展，这种

[①] 主要进出口数据来源于 2011 年 1 月 15 日联合国商品贸易统计数据库，[DB/OL]. http://comtrade.un.org/，查询编码：481013、481014、481019、480431、480441、480451、480439、480591。

以反倾销为武器的国际竞争规制环境的变化是未来中国产业安全需要重视的影响因素。

表 9.11 对华纸产业主要反倾销国家 ADI 测算指数

调查国	产品税号	调查产品	ADI
韩国	481011,481012	书写用纸和纸板	2.36
日本		书写用纸和纸板	2.28
芬兰		书写用纸和纸板	
美国		部分用书写纸	
美国	480431,480441,480451,480524,480525	原色牛皮纸/挂面纸板	2.59
台湾		原色牛皮纸/挂面纸板	1.07
泰国		原色牛皮纸/挂面纸板	0.15
韩国		原色牛皮纸/挂面纸板	1.87
欧盟	480439	薄玻璃纸及半透明纸	1.89
美国		薄玻璃纸及半透明纸	2.13
日本	48059110	电解纸	1.55

数据来源:世界银行数据库。

近年来,美国对华林产品反倾销的频率越来越高,中国加入 WTO 显著提升了美国对华林产品的反倾销力度。在中国林产品遭受的反倾销等贸易壁垒中,美国无论在涉案金额还是在涉案次数上都占据绝对主导地位。可以理解中国入世抑止了美国方面其他限制性贸易保护措施的使用,在 WTO 多边框架容许范围内提高反倾销力度是美国的权利。以 2003—2009 年美国对原产于中国的木制卧室家具的反倾销调查为例,中国对美国大量出口造成了美国对中国商品保持较高的排斥性。从产品结构上看中国是仅次于印尼的亚洲第二大胶合板出口国,是家具、活性炭的第一大出口国,且主要都出口到美国,中国很大程度替代了来自意大利、阿根廷、泰国、菲律宾等传统供应商,这些因素客观促使美国对带来贸易顺差的林产品保持更高的警惕性,也进一步造成同样具有相似竞争产品的发展中国家对华反倾销的增加。

更重要的是美国作为世界上最大最发达的经济体,其政策趋势常被其他国家密切关注,美国的对华反倾销行动具有很强的示范效应。2006 年中国遭受反倾销调查最频繁的产品除了化工产品(25 起),其次就是林产品中的纸制品,木制家具、板材及木制玩具的反倾销调查数量快速增加。反倾销调查国别除了传统美国、欧盟等重要贸易合作伙伴外,与中国产业结构及劳动生产率具有相似程度的发展中国家印度、阿根廷及土耳其等国,因为存在与华出口产品竞争趋同等原因,也效仿美欧援引中国入世议定书第 15 条款非市场经济地位对华加大反倾销调查。以美国为代表对华出口产品的反倾销问题将越来越成为中国林产品外贸可持续发展的重要外部制约因素,国际贸易竞争规制的日益激烈是考察产业安全的重要方面。

三、能源与生态环境

产业安全的考量除了上述外资控制力及国际竞争规制等因素,更需要重视本行业生产经营的资源利用及对环境影响及污染问题。能源与生态环境约束因素是评价产业安全的又一重要影响指标。

研究产业安全的资源与生态约束因素,主要涉及产业发展中工业废水排放[①]、工业废气排放及固体废弃物的产生及处理问题。

(一)能源及生态影响概述

工业废水排放是水域主要污染源之一,工业废水的排放对产业可持续发展和环境生态效率具有重要的影响。"十一五"规划实施以来,中国政府已明确提出节能减排的目标,各地政府虽然积极采取措施使工业废水排放总量得到控制,但同发达国家相比实现进一步工业废水减排的形势仍不容乐观。中国木材加工产业的工业废水减排是本书关注环境约束的重要问题。

在减少工业废水排放的同时确保经济的增长,就必须实现中国产业结构的调整和经济增长方式的转变。国内对于对重点工业废水排放行业的污染特征分析表明,中国"九五"和"十五"期间全国工业废水及主要污染物排放量与工业行业结构、工业经济规模增长速度、工业水重复利用率以及环境治理投资存在明显相关关系,研究表明通过改进工艺技术、提高水重复利用率对环境保护至关重要(梁淑轩、孙汉文,2007)[②]。根据《城市用地分类与规划建设用地标准》规定,工业用地按对居住和公共设施等环境的污染轻重(基本无污染、一定污染、严重污染),依次分为一类、二类、三类工业用地。全国工业污染源调查统计结果,结合其耗能、耗水及污染物(主要考虑废水和废气)排放水平,综合考虑各行业能耗、万元产值排放量和产值等标负荷量,列出各行业水、大气污染程度排序(见表9.12)。

---

① 中国统计年鉴界定的指标含义:指经过企业厂区所有排放口排到企业外部的工业废水量。包括生产废水、外排的直接冷却水、超标排放的矿井地下水和与工业废水混排的厂区生活污水,不包括外排的间接冷却水(清污不分流的间接冷却水应计算在内)。

② 梁淑轩、孙汉文:《中国工业废水污染状况及影响因素分析》,《环境科学与技术》2007年第30卷第5期,第43—47页。

表9.12 各工业行业耗能及污染排放①

行业	污水污染排序	大气污染排序	万元产值单位能耗		万元产值单位排放		产值等标负荷量		污染特征
			吨煤/万元	吨水/万元	万立方米/万元	吨/万元	等标题/万元	1/亿元	
造纸及纸制品业	1	3	6.56	2735.0	11.78	1804.7	2.88	4799.6	重污染（水、大气）
化学工业	2	5	5.32	3216.4	12.33	1244.5	2.58	1172.0	重污染（水、大气）
炼焦及煤制品业	3	2	6.54	1830.3	28.84	698.6	5.10	4149.9	重污染（水、大气）
黑色金属冶炼业	4	4	6.80	1720.9	14.55	533.4	1.81	394.2	重污染（水、大气）
化学纤维工业	5	7	4.01	2103.4	20.95	560.1	1.11	311.2	重污染（水、大气）
饮料制造业	6	9	4.14	627.7	4.64	367.9	1.83	740.4	重污染（水、大气）
医药工业	7	10	2.35	808.4	3.99	379.8	1.00	392.0	重污染（水）
食品制造业	8	12	2.26	495.5	2.63	307.4	0.91	381.7	重污染（水）
有色金属冶炼工业	9	6	2.35	933.5	14.68	227.6	2.58	161.7	重污染（大气）
木材加工、竹制品业	10	8	4.53	349.2	5.81	207.5	1.86	427.7	重污染（水、大气）
石油加工业	11	13	2.19	1127.4	4.38	140.0	0.34	358.3	重污染（大气）
建材、非金属矿业	12	1	12.66	484.6	35.54	226.8	7.80	80.5	重污染
纺织业	13	20	1.34	276.3	1.58	145.1	0.55	69.8	少污染

① 黄宝成、李玉珍:《开发区环境影响评价中产业结构、工业布局问题探讨》,《福建环境》2003年第6期,第20页。

（续表）

行业	污水污染排序	大气污染排序	万元产值单位能耗		万元产值单位排放		产值等标负荷量		污染特征
			吨煤/万元	吨水/万元	万立方米/万元	吨/万元	等标题/万元	1/亿元	
皮革、皮毛制造业	14	17	1.52	180.4	2.08	133.4	0.56	394.7	重污染（水）
机械制造业	15	15	1.68	231.7	3.44	134.9	0.58	51.5	少污染
橡胶制造业	16	11	1.86	298.0	5.24	151.6	0.75	47.1	少污染
金属制品业	17	14	2.00	191.2	3.62	112.7	0.55	84.7	少污染
交通运输设备制造业	18	18	1.60	221.9	2.42	111.2	0.55	51.2	少污染
塑料制品业	19	19	1.17	217.0	2.46	103.0	0.39	51.3	少污染
仪器仪表制造业	20	21	1.14	216.2	2.17	123.7	0.31	38.4	轻污染
印刷业	21	23	1.15	119.8	1.58	77.3	0.23	22.8	轻污染
电气机械、器材制造业	22	22	1.14	115.9	2.08	69.9	0.29	41.8	轻污染
家具制造业	23	16	1.15	79.8	2.83	53.5	0.73	48.4	轻污染
文教体育用品制造业	24	25	0.53	107.0	1.41	71.8	0.20	33.0	轻污染
电子通信设备制造业	25	26	0.37	127.3	1.11	65.0	0.14	11.2	轻污染
服装鞋类制造业	26	27	0.47	47.2	0.40	27.5	0.13	6.0	轻污染
烟草制造业	27	24	0.63	47.0	0.95	26.4	0.22	6.6	轻污染
平均值			2.86	700.3	7.17	300.2	1.33	530.6	

水耗及污水排放经统计大于各行业平均值的行业有:化工、造纸、化纤、炼焦、金属冶炼、石油加工和医药工业及木材加工业等。其中造纸行业的用水及处理水大部分用于制浆成纸过程的洗涤。万元产值排水量大于各行业平均值的行业有:造纸、化工、炼焦、化纤、金属冶炼、医药、饮料和食品工业等。产值等标负荷量居前的行业有:造纸、炼焦、化工、饮料、木材加工、制革、金属冶炼等。

按照能耗产业的统计,其中大于各行业平均值的行业有:建材、金属冶炼、造纸、炼焦、化工、木材加工、饮料和化纤工业等。万元产值排气量大于各行业平均值的行业有:建材、炼焦、化纤、金属冶炼、化工和造纸等。产值等标负荷量大于各行业平均值的行业有:建材、炼焦、造纸、金属冶炼、化工、木材加工、饮料等。

对于中国木材加工主要产业部分,造纸产业、木材加工产业及家具制造业对于环境及资源的依赖情况值得重视,综合考虑能耗、排污量和等标负荷排放量,属于水重污染型的行业有造纸、化工、炼焦、金属冶炼、化纤、饮料、木材加工业、医药、食品、石油加工等。属于大气重污染型的行业有建材、炼焦、造纸、金属冶炼、化工、化纤、木材加工、饮料等。属于轻污染的行业有烟草、服装、电子、体育用品、家具、电气、印刷、仪器仪表等。整体来看,造纸产业、木材加工产业及家具制造业三大产业对于环境及污染的影响仍属于重点行业,其三大产业对环境的外部约束是值得严重关注的问题。

第三节　木材加工产业安全模型及核算

目前关于产业安全的评价模型,基本思路多借鉴全球最具权威性的洛桑国际管理发展学院(International Institute of Management & Development/IMD)和世界经济论坛(World Economic Forum/WEF)的多指标方法体系。国内关于经济安全和产业安全的研究整合其相关领域指标变量经过了多种检验[①],本书在此基础上构建了评价中国木材产业安全的模型框架。

一、模型遵循原则

建立评价模型的设计原则是在科学构建产业安全评价体系的基础上进行的,本书上述评价体系遵循以下设计原则。

(1)系统性原则。实现指标体系的系统性,模型设定中纳入指标体系内的各项指标应在总体上组成一个系统,以使得模型具有系统性。

(2)相关性原则。本书中各项指标与产业安全是相关的,模型建立的产业安全状况通过相关的指标来反映,本书中尽可能地将产业安全的主要影响因素纳入指标体系之内,以使得研究更全面和可信。

---

① 冯万春:《开放经济条件下的中国产业安全研究》,中国人民大学硕士论文,2005 年。

（3）数据可获得性原则。为了研究的信度，模型引入的选定指标都要求能够有效地观测准确，产业安全从整体上可通过各项指标的数值计算出一个产业的安全度。

（4）规范性原则。模型设定在选取指标的基础上，对各个指标的取值进行权重处理，然后按照国际通行的经济警戒值，划分安全等级。

二、评价模型

本研究将产业安全的评价模型定义为，

$$S = \alpha X + \beta Y + \gamma Z \tag{9.6}$$

其中：S 为产业安全度；

X 为产业发展的国内产业条件；

Y 为产业的国际竞争能力；

Z 为影响产业发展的控制水平。

α , β , γ 为上述一级评价指标的系数，通过专家意见及经验赋值权重，

$$X = \sum a_i x_i \tag{9.7}$$

$$Y = \sum b_j y_j \tag{9.8}$$

$$Z = \sum c_k z_k \tag{9.9}$$

这里 i,j,k $= 1,2,3\cdots,n$。x_i , y_j , z_k 分别为各一级指标下的二级指标,其系数 a_i , b_j , c_k 则分别为对应指标的权值。

将（9.7）-（9.9）代入（9.6），易得，

$$S = \alpha X + \beta Y + \gamma Z$$

$$= \sum a_i x_i + \sum b_j y_j + \sum c_k z_k$$

$$= \alpha(x_1 \cdots x_n)\binom{a_1}{a \cdots n} + \beta(y_1 \cdots y_n)\binom{b_1}{b \cdots n} + \gamma(z_1 \cdots z_n)\binom{c_1}{c \cdots n}$$

这里，$\alpha + \beta + \gamma = 1$ ，

$$\sum a_i = 1 ; \quad \sum b_j = 1 ; \quad \sum c_k = 1 \tag{9.10}$$

上述评价模型可定量核算出设定产业的安全度，条件是对各个指标合理的赋权值。

三、赋值与赋权

赋值问题，评价体系二级指标的赋值即根据其评价结果给予相应的评价值。

根据研究，可将各项二级指标的评价结果分为：很好、较好、一般、较差、很差；然后按百分制分别给予相应的评价值：90、70、50、30、10。

赋权问题，指对一级指标赋权，以及对反映同一个一级指标的二级指标赋权。即通过使用多指标变量加权平均来整合产业安全的评价指标。

一般情况，对于反映同一个一级指标下的二级指标赋权；对于同一个一级指标下的

所有二级指标,可以假设其重要性大致相同,这样可以赋予同权重,一级指标下包含的所有二级指标权重之和是 1。

对一级指标的赋权,即对产业发展的国内产业条件、产业的国际竞争能力、影响产业发展的控制水平分别赋予科学权重,三者权重和为 1。

按重要程度对于一级指标赋权重。

首先,就本研究各一级指标来说,我们认为木材产业安全的影响因素中国内产业条件涉及生产要素、产业供需及产业结构及布局等问题,其影响产业安全的是基础性的问题,我们认为此一级指标对产业安全的影响最大。

其次,中国加入 WTO 的多边贸易协定深刻影响产业发展和竞争,各国产业是否安全需要密切关注其参与的国际竞争力,因而将产业安全的国际竞争能力指标的重要性设为第二重要影响因素。

最后,考虑到中国产业发展与引进直接投资等因素有关,外资控制的威胁是存在的,但由于整体产业资本控制还是中方为主,外资对产业安全的影响则要弱一些,因而我们将产业发展的产业控制及国际反倾销问题、能源及生态环境约束问题设为第三影响因素,但其重要性可能随着国际摩擦及环境保护的关注程度加大而地位上升,在此或许存在将其低估的可能。

四、区间设定

首先,研究将各二级指标加权求和易得出四个一级指标的值,再将四个一级指标的值加权求和易得产业安全度的评价结果。

核算结果数值,分别会分布在区间 $[85,100]$、$[65,85]$、$[45,65]$、$[25,45]$ 和 $[0,25]$ 上时,我们将产业安全范围界定为"很安全、安全、基本安全、不安全、很不安全",这样我们可以判断出在评价体系范围中的产业安全状况。

五、产业安全度核算

依据上述分析,结合同行业研究成果和行业内专家综合意见,本书首先将涉及产业安全的二级指标定性评价并赋值(见表 9.14)。

(1)国内产业条件方面。对于木材加工产业的国内产业条件一级指标而言,分析认为:

• 目前其生产要素条件由于其资源禀赋约束及劳动力资源面临的短缺,此指标值已处于不安全等级,赋值 40;

• 产业供需条件鉴于中国传统主导产品的国内生产与国际竞争供给仍具有传统比较优势,等级属于基本安全等级,赋值 60;

• 产业结构及布局条件看,传统加工贸易随面临着严重挑战,但居于长三角、珠三角区域的木材加工产业由于改革开放积累的加工贸易产业基础及技术优势,仍具备集聚优势,但是长远来看产业布局面临转型及升级的要求,安全等级基本处于基本安全临界,赋值50。

（2）国际竞争能力方面。就产业安全的国际竞争能力整体水平来看,中国木材加工产品表现仍处于较强竞争力阶段。就各二级指标而言,分析认为:

- 出口竞争力中国由于其传统比较产业优势,以加工贸易为主导的木材加工产业在国际竞争上从整体趋势上看,中国林产品出口增长在2008年金融危机时期小幅下降后,其余时段都保持了很高的增长速度,整体来看,中国主要林产品出口优势虽然呈现下降的趋势,但整体出口竞争能力仍处于安全等级,赋值70;

- 就结构竞争力而言,不同产品竞争力明显存在差别,整体来看2005年开始林产品专业竞争水平呈现整体竞争能力增强态势,虽细分到具体产品种类差别较大,但整体出口竞争力安全等级属于安全范畴,赋值60;

- 市场竞争力方面,整体来看总体水平中国主要林产品的国际市场占有率在稳定上升,虽然资源密集型产品（原木、锯材类）由于中国资源短缺及出口限制,但不足以影响整体市场份额,而以整体市场份额的稳定增长来源的三大类产品（人造板、木制品、木家具）的出口贡献来看,仍具备竞争优势,但是考虑到此类产品属劳动力密集型产品,随着"人口红利"的逐步消失,依赖劳动力密集的加工贸易出口增长机制将严重受到影响,对市场竞争力的安全等级归类为安全且存在不安全趋势范畴,赋值50。

（3）产业控制力方面。中国木材加工产业的产业控制力水平来看,面临着不容乐观的局面。分析认为:

- 外资控制力来看,内外资本对木材产业在企业数量、工业产值、资产负债及经营管理水平等方面,整体国内资本仍具备绝对控制力,但从发展趋势及外资参与领域及对终端产业链的控制方面,不能忽视外资控制力的渗透及长远对整体产业安全的威胁,我们将外资控制能力的安全等级仍视为安全,但处于不安全临界,赋值50。

- 国际竞争规制来看,中国加入WTO及后过渡期安排的结束,国际间对华贸易摩擦明显加剧,以美国为代表的发达国家对华林产品反倾销的频率越来越高,中国入世在WTO多边框架容许范围内被发达国家提高反倾销力度,同时与中国产业结构及劳动生产率具有相似程度的发展中国家也逐步对华加大反倾销调查,中国面临的国际竞争限制及争端将明显增加,我们将此指标界定在安全范围内,但不能忽视其可能成为长远威胁安全的重要因素,赋值60。

- 能源及生态环境因素来看,对于中国木材加工主要产业部分,造纸产业对环境及资源的依赖情况值得严格限制及调整,综合考虑能耗、排污量和等标负荷排放量,木材加工产业及家具制造业对于环境及污染的影响仍属重点行业,其造纸、木材加工及家具三大产业对环境的外部影响属于严重范畴,我们将能源与生态环境的安全等级界定为安全临界,赋值50。

表9.13　木材产业安全评价指标及解释

二级指标	评估值	一级指标	核算值	权重	整体安全度
生产要素条件	40	国内产业条件	52	50%	
产业供需环境	60				
产业结构与布局	50				
出口竞争力	70	国际竞争能力	63.5	25%	58.3
结构竞争力	60				
市场竞争力	50				
外资控制力	50	产业控制水平	54	25%	
国际竞争规制	60				
能源与生态环境	50				

一级指标的核算可以结合二级指标的定性评估及赋值得到,考察整体产业安全的等级,本书考虑到产业发展的要素等内部条件是基础,权重较高,权重设为50%;产品国际竞争力及产业控制力,本书考虑到其受到外部条件及环境保护、国际争端等诸多因素的影响,又由于中国木材加工产业整体属于加工贸易模式,受到外部因素影响较大,故权重合计设置50%,分别为25%。

据此,获得中国木材加工产业的安全度指数,即得到约值58的水平,此安全度水平按照核算分布区间处于[45,65]阶段,产业安全界定即为"基本安全"(见表9.13)。

第四节　本章小结

对于中国木材加工产业安全的评价,本研究比较重视资源禀赋(木材资源供给能力)条件。因此,对于指标设置及权重赋值有所侧重,但考虑到中国木材加工产业的贸易模式及对外依赖等问题,仍尽可能全面的照顾到其他影响因素,在此基础得出的产业安全评价水平具有较为全面的说服力。本书认为:中国木材加工产业安全目前尚处于基本安全的等级范围内,但不能忽视此安全等级是动态变化的,且其呈现向不安全级别发展的趋势,这就需要从生产要素、产业布局、产业控制力等方面加快调整,以防止由于产业不安全导致的产业呆滞及低端重复生产。

第十章　中国木材资源利用的生态安全

第八、九章通过国内产业基础条件、国际竞争能力及产业控制水平等指标评价了中国木材加工产业安全问题,研究发现中国木材加工产业整体虽然基本安全,但面临着生产要素及外部竞争加剧等因素的制约,安全等级较低且呈现下降趋势。需要注意的问题是中国木材加工产业的发展严重依赖国际木材资源的进口,中国对国际木材资源的进口利用是否导致了国际社会的"中国是世界森林资源破坏的源头"等指责,这需要对中国对国际木材资源利用可能导致的生态问题加以研究。本章节拟结合中国木材资源利用的国内生态问题以及资源进口对洲际及主要进口来源国的生态环境的影响,评价中国木材资源短缺是否影响资源利用的生态安全,具体分析中国木材资源利用的生态压力。

第一节　中国木材利用生态安全子体系——WUESI

国内外关于生态安全研究是作为可持续发展研究的分支课题。生态安全问题源于20世纪80年代切尔诺贝利核电站事故导致的人为环境灾难,20世纪90年代后以凸显的跨国界的全球性环境公害(诸如沙尘暴、水污染、大气污染、温室效应等)以及经济全球化及各国潜在的环境威胁为代表,联合国及主要发达国家对人类生存环境与国家利益的关注逐渐成为衡量可持续发展的重要视角。国际应用系统分析研究所(International Institute of Applied System Analysis/IIASA) 于 1989 年提出全球生态安全监测系统,界定了生态安全在人类的生活、健康、安乐、基本权利、生活保障来源、必要资源、社会秩序和人类适应环境变化的能力等方面不受威胁的状态,该系统将生态安全划分为一个涵盖自然生态安全、经济生态安全和社会生态安全的复合人工生态安全系统。

一、生态安全含义拓展

近些年,生态安全研究有了新的进展,归纳起来可从以下方面来阐述。

其一,是从生态系统对人类提供完善的生态服务或人类的生存安全层面的研究(陈国阶,2002)①。这种范畴的生态安全分广义和狭义两种。

广义的生态安全包括生物细胞、组织、个体、种群、群落、生态系统、生态景观、生态区(生物地理区)陆海生态及人类生态,上述某一生态层次出现损害、退化、胁迫,即可能造成其生态安全处于危险状态,即生态不安全。

狭义生态安全专指人类生态系统的安全,其以人类赖以生存的生态条件为主体,生态安全即人类生存环境处于健康可持续发展的状态,其对立面是生态破坏、生态压迫、生态灾难,是生态环境存在的状态或变化偏离人类生存和发展必备条件或容忍极值,从而带给人类生存出现困境的生态状态。

从生态系统的生态服务出发,狭义的人类生态系统安全问题成为了解决现实问题的主要突破口,也因此激发人类从不同视角来反思自己的生存状态是否因为自己的过度利用造成了自然服务功能的降低,这对于不同领域监测及调整经济发展与生态协调具有积极意义。

其二,是考虑生态环境本身的安全状态问题。此视角的研究将从正负两个方面表述(余谋昌,2004)②。

正面表述是干净的空气、清洁的水、肥沃的土壤、丰富多彩的生命等因素一起构成良好的生态结构,从而保证一个健全的生命维持系统,这些是人类在地球上健康生活、持续生存和发展的条件,也是人类社会、政治、经济和文化发展的自然基础,其良好状态标志着人类的生态安全性。

负面表述是水、空气、土壤和生物受到污染,森林滥伐、草原沙漠化和荒漠化、水土流失、耕地减少、土壤退化,生态受到破坏,水源、能源和其他矿产资源严重短缺,其以环境污染和生态破坏的形式出现,表示地球生命系统的能力下降,自然资源支持经济和社会持续发展的能力削弱,严重损害人类利益,威胁人类生存,成为人类安全的问题。

从目前来看,人们更加意识到负面效应,从而在后期进行补救和在下一阶段进行预期防控,以保障人类在经济发展中对环境及资源利用能够先知并减缓生态恶化,对生态安全负效应的研究和后期监控是解决行业发展生态问题必不可少的途径。

其三,是将生态安全回归至人类社会经济可持续发展来进行研究。

可持续发展评价指标体系被认为是科学研究有效的评价工具,它在表征国家、企业等社会组织,在环境、经济、社会和技术进步的可持续程度研究方面,通过观察现象和发展趋势,将错综复杂的系统信息简单化和定量化处理,因此成为了制定有效政策措施的参考(Singh R. K. et al,2009)③。

---

① 陈国阶:《论生态安全》,《重庆环境科学》2002 年第 3 期,第 24—26 页。

② 余谋昌:《论生态安全的概念及其主要特点》,《清华大学学报(哲学社会科学版)》2004 年第 2 期,第 19—23 页。

③ Singh R. K. , Murty H. R. , Gupta S K, et al. 2009, " An Overview of Sustainability Assessment Methodologies", *Ecological Indicators*, Vol. 19, No. 2, pp. 189 – 212.

目前可持续发展评价指标体系研究已趋于成熟,联合国可持续发展委员会(United Nations Commission on Sustainable Development/UNCSD,1996)①、联合国环境规划署(United Nations Environment Programme/UNEP,2002)②、联合国统计局(United Nations Statistical Office/UNSO,2001)③、环境问题科学委员会(Scientific Committee on Problems of the Environmen/SCOPE,2000)④、世界银行(World Bank/WB,1996)⑤、欧盟委员会(European Commission/EC,1999)⑥、英国环境部(Department of the Environment of United Kingdom/DEUK,1994)⑦等建立的可持续发展评价指标体系就是其中的重要代表。

上述关于生态安全研究的不同视角均可以归纳到可持续发展的框架中,尽管在不同国家和不同行业领域的侧重不同,其实质在于人类关注到自身发展与其所处的生态系统密切相关,人类社会经济的发展不能忽视其对资源及环境的可持续利用,从此角度来看,关于利用木材资源可能导致的生态安全问题是一个重要的可持续发展问题。

二、生态安全与可持续发展的研究趋势

不同国家及组织对于可持续发展评价体系的研究无不与生态安全问题结合在一起,把握可持续发展评价指标设置的研究趋势,有助于我们对生态安全问题研究的针对性应用。

对可持续发展评价指数的研究历程可分为三个阶段⑧。

(1)20 世纪 70—80 年代:萌芽期

萌芽期阶段,初期人类关于可持续发展评价指数的设置主要是基于经济学理论建立起来的。典型的研究以经济福利测度指数(Index of Sustainable Economic Welfare/

---

① United Nations Commission on Sustainable Development. 1996, "Indicators of Sustainable Development Framework & Methodologies", New York.

② Global Initiative Reporting. 2002, "The Global Reporting Initiative—An Overview", Boston.

③ Liu Peizhe. 2001, "Sustainable Development Theory and China's Agenda 21", Beijing: China Meteorological Press.

④ Zhu Qigui. 2000, "Review of the Domestic and Overseas System of Indicators for Sustainable Development", *Journal of Hefei Union University*, Vol. 10, No. 1, pp. 11 – 23.

⑤ 王海燕:《论世界银行衡量可持续发展的最新指标体系》,《中国人口、资源与环境》1996 年第 1 期,第 39—44 页。

⑥ European Commission. 1999, " Euro Stat. Towards Environmental Pressure Indicators for the EU", Euro Stat.

⑦ Department of the Environment of United Kingdom. 1994, "Indicators of Sustainable Development for the United Kingdom", London: HMSO.

⑧ 曹斌、林剑艺、崔胜辉:《可持续发展评价指标体系研究综述》,《环境科学与技术》2010 年第 33 卷第 3 期,第 99—105 页。

ISEW)为代表(Nordhaus；Tobin,1973)①。经济学关于可持续发展的研究与社会进步密切相关,社会进步指数(Index of Social Progress/ISP)的引入使得可持续发展符合宏观经济学研究的内在要求(Estes,1974)②。随之物质生活质量指数(Physical Quality of Life Index/PQLI)进一步使得可持续发展符合政府决策和对社会发展进步评价的需要(Morris,1979)③。20世纪80年代末期,经济学家基本对于可持续发展的评价取得共识,可持续经济福利指数(Index of Sustainable Economic Welfare/ISEW)真正的意义在于成为社会进步及经济发展对环境及生态依赖的重要评价因素(Daly et al,1989)④。

(2)20世纪90年代:发展期

发展期阶段,可持续发展评价指数得到经济学家和政府决策者的青睐,其相关研究进入快速发展时期,各国政府和组织机构的科研人员从不同角度构建了各自的可持续发展评价指数。

具有代表性的如联合国开发计划署(United Nations Development Programme/UNDP)1990年建立了人类发展指数(Human Development Index/HDI)⑤,世界银行于1995年提出新国家财富指标(Wealth of National Index/WNI)⑥,世界自然保护联盟(World Conservation Union)⑦和国际发展研究中心(International Development Research Centre)1995年建立的可持续性晴雨表(Barometer of Sustainability),⑧它们均成为了可持续发展密切联系自然

---

① Nordhaus W D,Tobin J. 1973,"Is Growth Obsolete? The Measurement of Economic and Social Performance",London：Cambridge University Press.

② Estes T. 1974,"A Comprehensive Corporate Social Reporting Model",*Federal Accountant*,Vol. 10,No. 2,pp. 9—20.

③ Morris D. 1979,"Measuring the Condition of the World's Poor：The Physical Quality of Life Index",New York：Pergamon Press.

④ Daly H E,Cobb J B. 1989,"For the Common Good：Redirecting the Economy towards the Community,the Environment and a Sustainable Future",Boston：Beacon Press.

⑤ United Nations. 1998,"Human Development Report",[DB/OL]. http：//www. undp. org.

⑥ 王海燕:《论世界银行衡量可持续发展的最新指标体系》,《中国人口、资源与环境》1996年第5卷第1期,第39—44页。

⑦ 世界自然保护联盟是目前世界上最大的、最重要的世界性保护联盟,是政府及非政府机构都能参与合作的少数几个国际组织之一,成立于1948年10月,当时名称为International Union for the Protection of Nature (IUPN),1956年更名为国际自然与自然资源保护联盟(International Union for the Conservation of Nature and Natural Resources),1990年正式更名世界自然保护联盟。到2009年共有82个国家,111个政府机构和800多非政府组织。中国首次参加了在蒙特利尔召开的世界自然保护联盟大会,成为第75个成员国。

⑧ Hardi P,Barg S,Hodge T, et al. 1997,"Measuring Sustainable Development：Review of Current Practices",Occasional paper number 17,pp. 49－51.

资源变化的重要指标①。

对生态环境变化与可持续发展的研究,最具代表性的评价指数是生态足迹指数(Ecological Footprint Index/EFI)②,道琼斯公司(Dow Jones & Company)1999 年建立了一个很有影响力的道琼斯企业可持续发展指数 (Dow Jones Sustainability Index/DJSI)③④,虽然单个的企业运营及发展未必关心环境及生态环境问题,但作为全行业的企业发展一定与环境与生态问题密切相关,从全球最具权威的评级机构关注生态与经济发展的内在关系可以看出,可持续发展问题已经成为全社会进步需要关注的重点问题。之后可持续发展问题得到西方发达国家的高度认同,例如欧盟委员会(European Commission)1999 年建立了环境压力指数(Environmental Pressure Index/EPI)⑤,国际可持续发展工商理事会(World Business Council for Sustainable Development/WBCSD)⑥亦于同年建立了生态效率指数(Environmental Efficiency Index/EEI)⑦等。

(3)21 世纪初期:成熟期

成熟期阶段,进入 21 世纪以来,可持续发展评价指标体系研究趋于成熟,此阶段可持续发展评价指数更多的是注重环境、发展、经济和社会的某一个领域,研究对象更为具体且具操作性。如联合国(United Nations/UN)2000 年在《千年宣言》(United Nations Mil-

① IUCN,Strategies for Sustainability Programme, International Development Research Centre. 1997, "An approach to Assessing Grogress toward Sustainability:Tools and Training Series for Institutions, Field Teams and Collaborating Agencies",IUCN set of 8 booklets.

② Wackernagel M. , Rees W. 1996, " Our Ecological Footprint:Reducing Human Impact on the Earth. Gabriola Island:New Society Publishers.

③ 可持续发展与评价企业商业绩效相比,评价企业可持续发展状况更为复杂,但却是推进企业走持续发展之路必须解决的问题。道琼斯可持续发展指数创立于 1999 年,由道琼斯公司、斯达克斯(STOXX)和 SAM 集团联合推出,是全球第一个把可持续发展融入公司财政表现的指数,也是在世界范围内专门追踪在可持续发展方面走在前列的企业表现的指数。道琼斯可持续发展指数已形成系列,包括道琼斯可持续发展世界指数、道琼斯可持续发展北美指数、道琼斯可持续发展美国指数、道琼斯、斯达克斯欧洲可持续发展指数、道琼斯伊斯兰市场可持续发展指数等。

④ Dow Jones Corproration,SNOXX,SAM. 1999, "The Dow Jones Sustainability Indexes" [DB/OL]. http://www. sustainability-index. com/.

⑤ European Commission. 1999, "Towards Environmental Pressure Indicators for the EU",Euro stat.

⑥ 世界可持续发展工商理事会(World Business Council for Sustainable Development/WBCSD)是一个与联合国联系紧密的国际组织,于 1995 年由致力于可持续发展和环境保护事业的两家国际组织(可持续发展工商理事会和世界工业环境理事会)合并成立,总部位于日内瓦。世界可持续发展工商理事会目前已发展成为由 20 个主要行业 200 多家国际企业共同组成的联盟。依托其在 58 个国家设立的国家级和区域性工商理事会和伙伴组织建立的全球网络,吸引了 1000 多位商业领袖参与活动。世界可持续发展工商理事会支持成立中国可持续发展工商理事会,以实现一个共同的可持续发展理念,即:经济、环境和社会的协调发展。

⑦ World Business Council for Sustainable Development. 1999, "Ecoefficiency Indicators and Reporting:Report on the Status of the Project's Work in Progress and Guidelines for Pilot Application", Geneva, Switzerland.

lennium Declaration/UNMD)中提出了千年发展目标[1](UN,2000),国际可持续发展研究院(International Institute of Sustainable Development/IISD)2001 年建立了一个在国际上颇具影响的可持续评价仪表板(The Dashboard of Sustainability)[2],耶鲁大学和哥伦比亚大学2002 年建立了环境可持续发展指数(Environmental Sustainability Index/ESI)和环境表现指数(Environmental Performance Index/EPI)[3],南太平洋应用地球科学委员会(South Pacific Islands Applied Geoscience Commission/SPIAGC)2005 年建立的环境脆弱性指数(Environmental Vulnerability Index/EVI)[4]。此间,经济学家在寻求能够整体反映可持续发展的社会经济评价指标,2008 年可持续社会指数(Sustainable Society Index/SSI)一定程度上将社会发展的可持续问题进行了系统及深化(Kerka;Manuel,2008)[5]。

可持续发展评价指数因为测度的准确性、权重赋予的科学性和指标选择的合理性等问题各有优缺点,但整体来看,环境及生态成为不容忽视的重要因素。目前,人类发展指数(HDI)、生态足迹指数(EFI)和道琼斯企业可持续发展指数(DJSI)等已经在重要行业及国家间得到广泛应用,可持续发展思想在评价社会经济发展与环境保护领域内得到了深入发展。

三、生态安全与可持续发展评价体系的建立过程

评价体系需要做相关的科学性和有用性检验,以便能够证明其指数选择的科学及合理程度。

评价体系要求的数据的可获得性、框架指标选取的科学性和指标权重赋予的合理性是影响综合指数测度准确性的关键因子。数据质量指数据来源、数据选用、数据完整性、数据可信度、数据缺失、数据缺失的弥补方法等内容,可以进行相应的调整。为了能够准确灵敏地测度评价对象,综合指数建立起来以后需要在实践中接受检验,并不断地进行校正和改进。结合生态安全与可持续发展评价体系的研究趋势,目前可持续发展评价指标体系建立的一般过程与方法可归纳如图 10.1 所示。

---

① United Nations. 2000,"Millenium Development Goals",[DB/OL]. http://www. un. org/zh/.

② International Institute of Sustainable Development. 2001,"The Consultative Group on Sustainable Development Indicators:The Dashboard of Sustainability",[DB/OL]. http://www. iisd. org/cgsdi/dashboard. asp.

③ Yale Center for Environmental Law & Policy, Center for International Earth Science Information Network. 2005,"Environmental Sustainability Index",[EB/OL]. http://sedac. ciesin. columbia. edu/es/esi/.

④ South Pacific Applied Geosciences Commission, United Nations Environment Programme. 2005,"Building Resilience in SIDS:The Environmental Vulnerability Index",[DB/OL]. http://www. vulnerability index. net/index. htm,2005.

⑤ Kerka G V,Manuel A R. 2008,"A Comprehensive Index for a Sustainable Society:The SSI-the Sustainable Society Index",*Ecological Economics*,Vol. 66,No. 2 - 3,pp. 228 - 242.

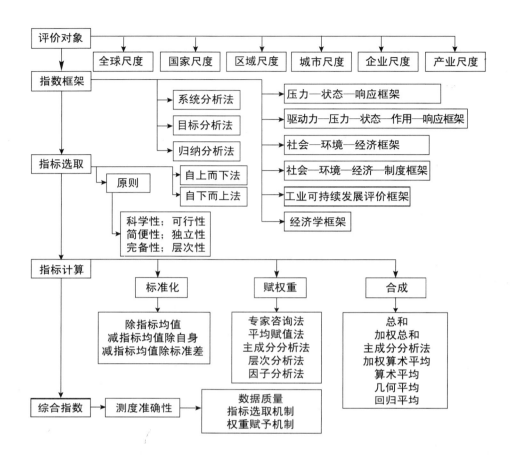

图 10.1　可持续发展评价指标体系建立的一般过程①

四、中国木材利用生态安全子体系诠释

关于木材资源的利用对于国内外生态环境是否造成生态压力及环境影响,本书设置了 WUESI(Wood-Utilization Ecological Security Index)评价指标子体系(见第五章论述;见表 10.1),以解释中国木材资源利用面临的生态环境及国际舆论压力。

表 10.1　中国木材资源利用的生态安全——WUESI 指数体系

WUESI 体系		指标解释
生态足迹	生态足迹指数	测算木材资源占用的森林生态足迹
	生态承载力	测算人口与生态系统自我维持能力

① 曹斌、林剑艺、崔胜辉:《可持续发展评价指标体系研究综述》,《环境科学与技术》2010 年第 33 卷第 3 期,第 99—105 页。

（续表）

WUESI 体系		指标解释
生态安全指标	生态压力指数	测算人均生态足迹与生态承载力的比率
	生态占用指数	测算一国资源利用占全球生态足迹的份额
	生态经济协调指数	测算一国经济活动与生态环境均衡性

下述章节将结合 WUESI 体系来解释中国木材资源利用的生态安全问题。

第二节　中国木材资源国内利用的生态安全分析

从生态安全作为涵盖自然生态安全、经济生态安全和社会生态安全的复合人工生态安全系统角度来看,木材资源利用的不可持续性可能带来整体生态系统不安全状态的出现,这是研究木材资源安全的重要视角。

广义的森林资源安全是森林资源与国民经济和社会的关系,是以战略资源与国家利益的得失和国民经济与社会可持续发展的相关性为基础的,此种生态安全即可持续发展理念的安全观。

狭义的森林资源安全,以不超出森林资源承载能力条件下,资源供给具备保证经济增长和社会进步的能力,从而达到维系良好生态环境的需求。

一般考察资源安全需要注意四方面:即数量安全;质量安全;生态系统安全和可持续利用[1]。本书对中国木材资源利用的生态安全问题基于上述四点来展开。

一、木材资源数量安全

按照国际对战略资源安全衡量的标准来看:一国重要战略资源的进口量占其消费总量的30%—50%时,则就视为该资源处于国家安全警戒线以下[2],以中国木材资源进口最重要的原木来看,从2002年以来木材进口量占全国木材消费量的比重已达到35%以上(见表10.2),中国木材资源在数量上已整体超过安全警戒线。

表 10.2　1995—2008 年中国原木国内产出及进口贸易量

（万立方米）

年份	欧洲	亚洲	非洲	大洋洲	北美洲	南美洲	国内产量	合计	国内材比重
1995	36.07	132.96	43.59	24.73	9.5	1.58	6766.9	7015.33	96%

---

① 周少华:《中国森林资源安全现状及发展态势》,《湖南城市学院学报》2008 年第 29 卷第 6 期,第 27—30 页。

② 鲍甫成、熊满珍:《中国木材及林产品供需平衡研究》,《林产工业》2005 年第 4 期,第 3—5 页。

（续表）

年份	欧洲	亚洲	非洲	大洋洲	北美洲	南美洲	国内产量	合计	国内材比重
1996	53.49	131.91	89.94	26.38	10.39	0.02	6710.3	7022.43	95%
1997	98.17	134.83	211.65	31.35	9.94	0.74	6394.8	6881.48	93%
1998	169.46	160.39	140.97	37.42	9.82	2.25	5966.2	6486.51	92%
1999	464.27	329.44	245.92	84.35	6.67	4.07	5236.8	6371.52	82%
2000	679.85	336.81	206.58	126.22	7	2.05	4395.72	5754.23	76%
2001	941.38	330.67	214.75	182.01	12.51	3.29	4197.03	5881.64	71%
2002	1533.48	308.8	265.36	306.35	15.04	3.19	4127.21	6559.43	63%
2003	1476.52	403.87	250.42	393.5	18.99	1.31	4319.86	6864.47	63%
2004	1743.62	406.63	168.24	289.16	21.66	0.93	4712.09	7342.33	64%
2005	2061.79	322.67	179.19	336.23	32.7	3.53	5022.87	7958.98	63%
2006	2251.24	289.31	219.68	412.84	33.21	8.53	6111.68	9326.49	66%
2007	2631.17	257.89	254.89	515.01	44.02	9.91	6,492.05	10314.01	71%
2008	1,932.13	152.55	229.29	572.69	61.07	8.96	7357.32	9280.93	70%
2009	1,553.19	127.39	211.88	792.95	113.71	5.54	6476.27	10944.95	69%
2010	1,516.93	154.34	257.13	1,092.54	397.37	13.43	7513.21	10314.01	71%

数据来源:1993—2000 年中国林业统计年鉴;2001—2011 年中国林业发展报告;UNComtrade Database。

中国木材资源的消费在 1998 年天然林保护工程(Natural Forest Protection Program)①②实施以前,主要建立在国内木材供给的基础上。1998 年中国多流域洪水灾害发生,针对长期天然林资源过度消耗导致生态环境恶化的现实,中国政府从社会经济可持续发展的战略高度,做出实施天然林资源保护工程的重大决策。该工程旨在通过天然林禁伐和大幅减少商品木材产量,解决中国天然林的休养生息和恢复发展问题。

天然林保护工程作为应对生态环境恶化的主要措施,以从根本上遏制生态环境恶化,保护生物多样性,促进社会、经济的可持续发展为宗旨,以对天然林的重新分类和区划,调整森林资源经营方向,促进天然林资源的保护、培育和发展为措施,以维护和改善生态环境,满足社会和国民经济发展对林产品的需求为根本目的。对划入生态公益林的森林实行严格管护,坚决停止采伐,对划入一般生态公益林的森林,大幅度调减森林采伐量,通过加大森林资源保护力度,大力开展营造林建设,以进一步发挥森林的生态屏障作

---

① 天保工程即主要在长江上游、黄河上中游实施天然林资源保护工程,以及东北、内蒙古等重点国有林区实施天然林资源保护工程。

② China State Forestry Administration (SFA). 1999,"China Forestry Development Report",Chinese Forestry Press.

用,保障国民经济和社会的可持续发展。

天然林保护工程区域包括长江上游、黄河上中游地区和东北、内蒙古等重点国有林区的17个省(区、市)的734个县和163个森工局。长江流域以三峡库区为界的上游6个省市,包括云南、四川、贵州、重庆、湖北、西藏。黄河流域以小浪底为界的7个省市区,包括陕西、甘肃、青海、宁夏、内蒙古、山西、河南。东北内蒙古等重点国有林区5个省区,包括内蒙古、吉林、黑龙江(含大兴安岭)、海南、新疆。天然林保护工程区有林地面积10.23亿亩,其中天然林面积8.46亿亩,占全国天然林面积的53%。

天然林保护工程的目标分为以下阶段:

(1)近期目标(2000年)。以调减天然林木材产量、加强生态公益林建设与保护、妥善安置和分流富余人员等为主要实施内容。全面停止长江、黄河中上游地区划定的生态公益林的森林采伐;调减东北、内蒙古国有林区天然林资源的采伐量,严格控制木材消耗,杜绝超限额采伐。通过森林管护、造林和转产项目建设,安置因木材减产形成的富余人员,将离退休人员全部纳入省级养老保险社会统筹,使现有天然林资源初步得到保护和恢复,缓解生态环境恶化趋势。

(2)中期目标(到2010年)。以生态公益林建设与保护、建设转产项目、培育后备资源、提高木材供给能力、恢复和发展经济为主要实施内容。基本实现木材生产以采伐利用天然林为主向经营利用人工林方向的转变,人口、环境、资源之间的矛盾基本得到缓解。

(3)远期目标(到2050年)。天然林资源得到根本恢复,基本实现木材生产以利用人工林为主,林区建立起比较完备的林业生态体系和合理的林业产业体系,充分发挥林业在国民经济和社会可持续发展中的重要作用。

天然林保护工程实施十年来,从中期目标的实施效果来看,2000—2010年间,一是切实保护好长江上游、黄河上中游地区9.18亿亩现有森林,减少森林资源消耗量6108万立方米,调减商品材产量1239万立方米。到2010年,新增林草面积2.2亿亩,其中新增森林面积1.3亿亩,工程区内森林覆盖率增加3.72个百分点。二是东北、内蒙古等重点国有林区的木材产量调减751.5万立方米,使4.95亿亩森林得到有效管护,实现森工企业的战略性转移和产业结构的合理调整,步入可持续经营的轨道。目前中国主要流域的生态问题得到一定改善,实现了天然林保护工程的中期目标。

本研究认为,天然林保护工程中期目标中"基本实现木材生产以采伐利用天然林为主向经营利用人工林方向的转变"及"实现人口、环境、资源之间的矛盾基本得到缓解"并未完全得到改善,特别从木材资源数量供给上,人工林的生产及利用并未成为解决木材数量短缺的主要途径,资源进口对外依赖性不断加大,造成国际资源利用困难的局面。从天然林保护工程的远期目标来看,以后木材资源的获取将主要来自于人工林,人工林质量及数量的供给能力,将严重影响中国木材资源安全保障。

二、木材资源质量安全

第六次全国森林资源清查(1999—2003 年)显示:全国森林面积 17490.92 万公顷,森林覆盖率为 18.21%,活立木总蓄积 136.18 亿立方米,森林蓄积 124.56 亿立方米,森林面积居世界第 5 位,森林蓄积列居世界第 6 位,但是总体来看,中国的森林用材林呈持续减少的趋势,特别是用材林中的成过熟林蓄积下降较快。

（1）目前森林资源状况

第七次全国森林资源清查于 2004 年开始,到 2008 年结束,历时 5 年。第七次全国森林资源清查显示:全国森林面积 19545.22 万公顷,森林覆盖率上升至 20.36%。活立木总蓄积 149.13 亿立方米,森林蓄积 137.21 亿立方米。除港、澳、台地区外,全国林地面积 30378.19 万公顷,森林面积 19333.00 万公顷,活立木总蓄积 145.54 亿立方米,森林蓄积 133.63 亿立方米。天然林面积 11969.25 万公顷,天然林蓄积 114.02 亿立方米;人工林保存面积 6168.84 万公顷,人工林蓄积 19.61 亿立方米,人工林面积居世界首位。

第六次清查与第七次清查间隔五年内,中国森林资源呈现六个重要变化:

一是森林面积蓄积持续增长,中国森林覆盖率稳步提高。森林面积净增 2054.30 万公顷,全国森林覆盖率经过多年发展由 18.21% 提高到 20.36%,上升了 2.15 个百分点。活立木总蓄积净增 11.28 亿立方米,森林蓄积净增 11.23 亿立方米。

二是天然林面积蓄积明显增加,天然林保护工程区增幅明显。天然林面积净增 393.05 万公顷,天然林保护区域森林蓄积净增 6.76 亿立方米。天然林面积净增量比第六次清查多 26.37%,天然林蓄积净增量经过发展已达第六次清查的 2.23 倍。

三是人工林面积蓄积快速增长,后备森林资源呈增加趋势。目前人工林面积净增 843.11 万公顷,中国人工林蓄积净增 4.47 亿立方米。未成林造林地面积 1046.18 万公顷,其中乔木树种面积 637.01 万公顷,第七次清查结果比第六次清查增加 30.17%。

四是中国林木蓄积生长量增幅较大,森林资源采伐逐步向人工林转移。林木蓄积年净生长量 5.72 亿立方米,每年采伐消耗量 3.79 亿立方米,林木蓄积生长量继续大于消耗量,长消盈余进一步扩大。天然林采伐量下降,人工林采伐量上升,人工林采伐量占全国森林采伐量的 39.44%,上升 12.27 个百分点。

五是中国森林质量逐步提高,森林的生态功能正在不断增强。乔木林每公顷蓄积量增加 1.15 立方米,每公顷年均生长量增加 0.30 立方米,混交林比例上升 9.17 个百分点。有林地中公益林所占比例上升 15.64 个百分点,达到 52.41%。

六是森林经营主体中个体经营面积比例明显上升,集体林权制度改革成效显现。当前有林地中个体经营的面积比例上升 11.39 个百分点,达到 32.08%。森林经营中个体经营的人工林、未成林造林地分别占全国的 59.21% 和 68.51%。作为经营主体的农户已经成为中国林业建设的骨干力量。

（2）木材资源的质量问题

中国林科院依据第七次全国森林资源清查结果和森林生态定位监测结果评估显示，总体上中国森林总量不断增加、森林结构也逐步得到改善，森林生态功能进一步得到增强。全国森林植被总碳储量 78.11 亿吨。中国森林生态系统每年涵养水源量 4947.66 亿立方米，年固土量 70.35 亿吨，年保肥量 3.64 亿吨，年吸收大气污染物量 0.32 亿吨，年滞尘量 50.01 亿吨。仅固碳释氧、涵养水源、保育土壤、净化大气环境、积累营养物质及生物多样性保护等 6 项生态服务功能年价值达 10.01 万亿元。

目前中国森林资源质量不高是存在的重要问题。目前中国森林资源乔木林每公顷蓄积量 71.2 立方米，只有世界平均水平的 60%，平均胸径仅 13.3 厘米，人工乔木林每公顷蓄积量仅 49.01 立方米，龄组结构不尽合理，中幼龄林比例依然较大。森林可采资源少，木材供需矛盾加剧，森林资源的增长远不能满足经济社会对木材需求的增长。

国内增强木材供给能力尚不满足维护国家木材安全的需要。从林业发展规划，优化发展布局，强化森林资源培育等方面来有效提高木材供给能力来看：目前在南方集体林区，速生丰产林、工业原料林以及珍贵大径材基地建设仍有待提高，南方商品林发展和木材生产的重点区域尚不能形成供应基地；东北内蒙古林区，木材产量调减到合理定产水平，加大森林抚育经营和保护管理的力度，建成大径材和珍贵用材战略储备基地也仍不现实；在平原地区，大力发展生态经济型防护林和四旁植树，形成以人工林为主体的补充木材供给的新兴产业基地建设仍存在一定政策瓶颈。

三、木材资源与生态安全保障

森林生态系统安全需要通过相应的管理制度来维护，第七次全国森林资源清查显示，目前逐步形成了中国特色的森林资源保护管理体制。

（1）森林资源保护管理体制

通过资源利用及保护管理体制，能够较为系统地保障整体生态系统安全，具体涉及的系统管理体制包括以下方面。

一是建立了以森林限额采伐、林权登记发证、征占用林地审核审批和森林资源定期清查为主要内容的森林资源管理制度。截至 2008 年全国森林凭证采伐率达到 92.4%，征占林地审核率达到 91.2%，林权登记率达到 85%。森林资源利用通过资源管理制度形成了对生态破坏问题的监督和管理。

二是建立了以森林防火、森林病虫害防治为主要内容的森林资源保护制度。生态系统安全除了对滥砍滥伐及分发经营的制度管理，还需要就森林防火及森林病虫害的内生安全问题进行防控，以维系系统生态安全。中国政府成立了国家森林防火指挥部，实行了地方各级人民政府行政领导负责制，组建了武警森林部队和专业扑火队伍，制定了扑救应急预案。20 年来，中国森林火灾受害率平均控制在 0.5‰ 以下，低于世界同期平均水平。中国森林病虫害防治坚持"预防为主、综合防治"的方针，初步形成了以生物防治为基础,生物、仿生和化学防治相结合的森林病虫害防治体系,防治率达到67%,其中无公害防治率达到70%。

三是建立了森林资源监督制度。从1989年开始,中国政府在全国相继设立了14个森林资源监督机构,对森林资源保护、利用和管理等情况实施了有效监管。从整体系统监督管理森林资源消长,以实现系统内部的良性循环。

（2）主要生态建设工程

维护国家森林生态系统安全,需要生态建设工程来具体实践。中国政府在实现生态安全方面通过多项工程运营来促进生态安全的实现。具体措施表现为以下方面。

①积极应对全球气候变化。为减缓全球气候变暖,降低大气中二氧化碳含量,一方面将加大直接减排的力度,另一方面将充分发挥森林的间接减排作用。加大植树造林力度,2010年森林覆盖率已达到20%以上、2030年将达到23%以上、2050年达到26%以上,增加森林的固碳总量。加强森林经营,提高森林质量,增强单位面积森林固碳能力。加大以生物措施为主的水土流失治理力度,增强土壤的储碳功能。加大对森林火灾、病虫害和非法征占用林地行为的防控力度,减少森林破坏导致的碳排放。加快构建"亚太森林恢复与可持续管理",加强森林可持续恢复和经营技术交流,推动亚太地区森林资源恢复和发展。

②建设和保护森林生态系统。继续实施好天然林资源保护、退耕还林、长江流域防护林体系建设、沿海防护林体系建设等重点工程,促进森林生态系统的自然修复和人工修复,减少水土流失、风沙危害、干旱洪涝等自然灾害的发生。

③治理和改善荒漠生态系统。坚持科学防治、综合防治、依法防治的方针,加强"三北"防护林工程、京津风沙源治理工程建设管理,加强重点地区防沙治沙和石漠化治理,全面提升沙化土地防治成效,加快推进从"沙逼人退"向"人逼沙退"的历史性转变。

④保护和恢复湿地生态系统。力争到2030年,使中国湿地自然保护区达到713个,国际重要湿地达到80个,90%以上天然湿地得到有效保护,从而形成较为完整的湿地利用、保护和管理体系。

⑤严格保护生物多样性。继续实施野生动植物保护及自然保护区建设工程,到2050年使全国森林、野生动物等类型自然保护区总数达到2600个左右,总面积1.54亿公顷,占国土面积的16%,使全国85%的国家重点保护野生动植物种群数量得到恢复和增加,所有的典型生态系统类型得到良好保护,维护物种安全。

⑥大力发展木本粮油。力争到2020年,使中国人均占有食用木本植物油达到0.8公斤,人均占有水果达到50公斤,人均占有木本粮食10公斤,为维护国家粮食安全、提高国民营养水平作出贡献。

⑦积极开发林业生物质能源。通过发展林业生物质能源,改善能源供应结构,维护能源供应安全,同时促进节能减排。一方面,积极开发现有森林中能源原料的3亿多吨生物量;另一方面,充分利用现有宜林荒山荒地培育能源林。同时,积极开发相关的配套技术,逐步形成原料培育、加工生产、科技开发的"生物质能一体化"格局。

（3）生态系统安全法制保障

实现森林生态系统安全的任务是极其艰巨的,需要法治及国家战略的制度保障。近年来中国颁布了《中华人民共和国水土保持法》(1993 年),修订了《中华人民共和国森林法》(1998 年),世界上首部防沙治沙法(《中华人民共和国防沙治沙法》,2001 年)也在中国诞生。中国政府还发出了《关于进一步加强造林绿化工作的通知》(1993 年)、《关于加强森林资源保护管理工作的通知》(1994 年)、《关于保护森林资源制止毁林开垦和乱占林地的通知》(2002 年),制定了《全国生态环境建设规划》(1999 年)与《全国生态环境保护纲要》(2000 年)。

《关于加快林业发展的决定》(2003 年)指出:"加强生态建设,维护生态安全,是中国经济社会可持续发展的重要基础"。"在贯彻可持续发展战略中,要赋予林业以重要地位;在生态建设中,要赋予林业以首要地位;在西部大开发中,要赋予林业以基础地位"。"确立以生态建设为主的林业可持续发展道路,建立以森林植被为主体、林草结合的国土生态安全体系,建设山川秀美的生态文明社会"。把"生态建设"、"生态安全"、"生态文明"确立为国家发展的重大战略。

《关于进一步加强防沙治沙工作的决定》(2005 年)及《全国湿地保护工程规划(2002—2030 年)》(2005 年),在全国形成建设森林生态系统、保护湿地生态系统、改善荒漠生态系统、全面推进生态建设的基本格局。这些政策措施的出台对于维护以森林资源生态系统安全为主体的全面生态安全提供了强有力的制度保障。

四、木材资源的可持续利用

中国政府高度重视植树造林、保护森林、协调整体生态安全,对于森林资源的合理采伐利用也将影响木材资源利用安全本身,如何在产业发展中保护生态系统安全,又保障产业发展及经济增长,是木材资源利用安全的重要问题。

实行在培育中利用、在利用中培育,以满足中国经济增长对木材等林产品的需求,这是实现经济稳定及国家安全的重要基础。新中国成立六十多年来,全国累计生产木材 100 多亿立方米,消耗森林资源 150 多亿立方米,接近中国现有森林资源的总量,如果不能保障木材资源利用的可持续性,意味着目前中国已无森林,中国的木材资源利用在可持续发展中具有重要的作用。

中国重视木材及林产品的国际贸易,在弥补国内优质木材缺口的同时,也向国际社会提供了大量林产品。以 2006 年为例,在净进口木材及木质林产品中,原木为 3215 万立方米,这对国内需求只是一种补充,当年中国进口木材为 64.21 亿美元,出口木材类林产品为 166.85 亿美元,出口额大于进口额。中国进口了大量的废纸,为全球木材节约作出了重大贡献。据美国森林趋势组织(Forest Trend)报道,中国自 2000—2005 年节约了 5400 多万吨的木材。

实现木材资源的可持续利用,应该看到国际间木材限伐及禁运问题日益突出,已经成为敏感的政治话题,立足国内解决木材需求是中国的基本政策,要实现木材产业发展与国内资源的供给均衡,必须重视国内外两种资源的合理利用。为了改善生态环境和解决国内的木材需求,从20世纪50年代开始,中国陆续建立了4466个国有林场,森林面积达3666.6万公顷,其中培育人工林1333.3万公顷,20世纪90年代又大力推进速生丰产用材林基地建设,2002年中国政府又启动了重点地区速生丰产用材林基地建设工程。

（1）速生林建设"十五"政策

中国速生丰产林基地建设起步于20世纪70年代初,80年代中期得到了较快发展。2002年7月国务院批准速丰林工程作为六大林业重点工程之一正式实施（2002年国家林业局启动重点地区速生丰产用材林基地建设工程）,中国速丰林建设进入了一个新阶段。工程规划到2015年,建成1333万公顷（约合2亿亩）速丰林基地,全部基地建成后,每年可提供木材1.4亿立方米,可支撑木浆生产能力近1386万吨、人造板生产能力2150万立方米,提供大径材1579万立方米,约占国内生产用材需求量的40%,加上现有森林资源的采伐利用,使国内木材供需基本趋于平衡。工程主要布局于中国400毫米等雨量线以东、地势比较平稳、立地条件好、自然条件适宜的18个省区,以及其他条件具备适宜速丰林的地区。

近年来,速丰林工程进展顺利。2005年据对18个重点省区的统计,已经营造速丰林5222万亩,改造低质用材林330万亩,共5552万亩。其中纸浆原料林占34.66%,人造板原料林占43.13%,大径级用材林占8.77%,竹材占4.26%,珍贵树种和特种用材林占2.02%,其他工业原料林占7.16%。在全部造林面积中,国有和集体林场造林面积占17.8%,龙头企业造林面积占22.7%,外资造林面积占10.3%,农户造林面积占39.7%,其他主体造林面积占9.5%。工程完成总投资150多亿元,国家投资（包括财政贴息）占11.4%,其他主要靠建设主体自筹或利用国内贷款及外资。

目前速生林工程建设发展迅猛,势头强劲,呈现出良好的发展态势:龙头企业带动作用明显,"公司＋农户＋基地"成为工程建设的新亮点;非公有制经济成为工程建设的主力军;多主体、多元化投入工程建设的格局已经初步形成。

为加快工程的发展,"十五"期间,国家先后出台一系列政策。

一是采伐管理政策。按照分类经营的指导思想,国家林业局对森林资源管理政策进行了调整和完善,以鼓励和推动速丰林工程健康发展。2002年发布《关于调整人工用材林采伐管理政策的通知》,2003年又出台《关于完善人工商品林采伐管理的意见》,进一步放宽了速生丰产用材林的采伐限制。2004年继而出台实施《关于加快速生丰产用材林基地工程建设的若干意见》。

综合措施明确和强调以下政策:经营速丰林的单位和个人按照"合理经营,持续利用"的原则,单独编制森林经营方案,经依法批准后执行,其年森林采伐限额根据经营方案确定的合理年采伐量制定;国家对速丰林的采伐限额和木材生产计划实行单编、单列;达到一定规模的速丰林,其经营单位或个人可以单独编制年森林采伐限额;"一定规模"

的标准由省级林业主管部门确定;对抚育间伐林木胸径 10 公分以下的可不纳入木材生产计划,采伐年龄(轮伐期、间伐期)与采伐方式由经营主体自主确定;已单独编制森林经营方案和采伐限额的速丰林,其采伐限额本年度节余的,经省级林业主管部门批准,报国家林业局备案,可结转下年使用;在经营过程中,如因经营方案调整等原因造成速丰林采伐限额指标不足的,可以占用同类型其他森林的采伐指标;在分类经营的基础上,鼓励将政策允许、条件具备的残次林按照现有法律法规和技术规程改造为速丰林。

二是投融资政策。2002 年财政部印发《林业治沙贷款财政贴息资金管理规定》,将速丰林工程纳入"十五"后期林业治沙贴息贷款中央财政贴息的范围,对符合相关规定的速丰林工程建设项目实行财政贴息;速丰林工程建设贷款也纳入到国家政策性银行贷款范围。2004 年 2 月国家林业局与国家开发银行签订了《开发性金融合作协议》,国家开发银行承诺,在获得国家林业局信用支持的前提下,运用开发性金融产品,重点扶持速丰林工程和林纸(林板)一体化工程项目。

（2）速生林建设"十一五"思路

为了促进木材资源生产及可持续利用能力,中国政府对速生林的发展在新的五年计划中继续加大力度。

"十一五"期间速丰林工程发展思路:即到 2010 年,规划要建设速丰林基地 920 万公顷,基地建成后,每年可提供木材 9670 万立方米,可支撑木浆生产能力 1190 万吨、人造板生产能力 1315 万立方米,提供大径级材 732 万立方米。

实现上述建设目标,须加快工程建设步伐。国家林业局全国重点地区速丰林工程建设现场会(2005 年)上提出速丰林工程发展思路。即:把握一个主题,实现一个目标;依靠两个主体,推进三个转变;坚持四个原则,建设四大基地;落实五项政策,强化六项措施。

把握一个主题,实现一个目标,就是要牢牢把握加快速丰林工程发展、缓解木材供需矛盾这一主题,采取有效措施加快发展步伐,实现两亿亩的既定建设目标。

依靠两个主体,推进三个转变,就是要紧紧依靠造林大户和企业两大主体,全力推进工程建设由片块为主的数量扩张型向以基地为主的质量效益提高型转变,由以行政推动为主向以政策扶持和市场拉动为主转变,由部门办基地向全社会办基地转变。

坚持四个原则,建设四大基地,就是要认真坚持科学规划、经济效益优先、培育与利用相结合、科技先行等四个原则;建设林纸一体化的浆纸材基地、林板一体化的人造板材基地、珍贵树种大径材基地和竹材基地。

落实五项政策,就是要按照"稳定所有权、放活使用权、尊重经营权、保障收益权"的思路,落实扶持政策,争取国家必要的投入;落实资源管理政策,放宽放活采伐规定;落实林地政策,提高林地产出效益;落实投融资政策,建立新的投入机制;落实税费政策,减轻经营者的税费负担。

强化六项措施,一是加强组织协调,完善工程建设规划;二是搭建政策平台,优化发展环境;三是加强项目管理,提高建设质量;四是创新经营机制,培育龙头企业;五是加强科技支撑,突出典型示范;六是加强信息宣传,做好社会化服务。

（3）速生林建设存在的问题①

速生林建设目前存在一定问题,不重视这些问题,可能导致新的生态系统安全以及林农权益的损害,则不能实现木材资源利用的可持续问题。

①造林树种过分单一问题严重。在许多地区,人工林的造林树种多为针叶树,即使在南方省区,阔叶树造林面积也在5%以下;在亚热带地区,树种以马尾松、杉木、国外松（湿地松、火炬松）、云南松为主;在一些产杉区,杉木林占森林面积的比重高达70%—80%;在北方一些省、市、区,虽然缺雨,而杨树消耗水分多,却又成了杨树产业的天下;在东北山地以落叶松为主,阔叶树人工林也很少发展。人工林树种单一,生物多样性低,病虫害不易控制,地力维护能力差,;速生林建设不稳定及生产力的问题将严重影响资源的可持续性。

②林农权益及"公益型"问题。"公益型"林业追求森林生态效益,忽视经济效益和社会效益,在农民承包林地的条件下,由于产权明晰的制度困难,砍伐批准权和高额税率等限制将严重约束林业增长,要求农民将自己的林地和投资无偿地奉献给社会生态事业,这对于激励速生林建设存在制度陷阱,必须将林业经济和增加农民收入紧密联系起来才能调动农民发展林业经济的积极性。

③林权政策尚存在缺陷。目前林木资产的处置权和采伐权仍由国家严格控制,企业只是形式上拥有林木,并不能将其纳入真正市场化的循环经济链中,林权政策改革涉及产权力度仍显不足。同时管理上企业速生丰产林基地建设涉及多个政府部门,由于各部门之间管理职能分割,难以发挥对造纸企业的宏观调控职能。

④企业的税收负担重。据相关调查,在一些地区现有的税制存在税率高、税负过重及重复征税等现象,所有这些导致林业龙头企业规模分散,影响林业经济发展,要想加快速生林发展步伐,必须针对这些问题,出台一系列政策,以便调动企业和农民生产速生丰产林的积极性。

五、结论

综上所述,中国木材资源利用中数量和质量安全均存在影响整体生态安全的不利因素,生态系统安全虽然从管理体制、工程建设及法制环境等方面设定了系统安全目标,但可持续利用等具体实践中的执行及政策效果仍反映了整体不安全的存在。

第三节　中国木材资源国际进口的生态安全评价

上述从国内木材资源可持续利用的生态安全角度,考察了国内木材资源的数量安

---

①　林祥金:《中国林业经济问题综述》,中国林牧渔业经济会林业经济专业委员会编,《中国林业经济通讯》2006年第1期,第1—2页。

全、质量安全、生态系统安全和可持续利用等问题。本书发现中国木材资源利用中数量和质量方面均存在影响整体生态安全的现实问题，生态系统安全和可持续利用方面则反映了制度保障和政策执行中仍存在不利于整体安全的因素。考察木材资源利用的生态安全问题，还必须面对由于国内资源数量短缺及质量不能满足生产消费需要，需要通过进口来保障资源利用和产业安全的现实。本节将以中国木材大量进口面对的国际环保及生态破坏的国际舆论为对象，分析中国木材进口是否造成了来源地/国的生态威胁，中国的国际木材资源利用是否对进口区域及国家的生态安全造成威胁，这是国际木材资源利用中必须重视的问题。

一、生态安全评价模型

自 20 世纪 60 年代以来，科学家们就一直在努力发展并改进一些旨在测度人类对地球生态系统所产生的压力的方法，生态足迹作为一种衡量人类对自然资源利用程度以及自然界为人类提供的服务的方法，可测度因供给人类消费需要的商品和服务所消耗的生态成本[①]。世界资源动态模型[②]奠定了生态足迹研究的基础，关于全球生态系统净初级生产力核算[③]、对净初级生产力的人类占用研究[④]，能值分析理论[⑤]都进一步推动了对人类活动占用生态足迹的研究。1992 年里约热内卢联合国环境与发展大会后，可持续发展指标体系中生态指标的研究受到关注，生态足迹指标研究取得广泛的认可。20 多个国家利用"生态足迹"指标计算各类可持续发展和承载力问题，世界野生生物基金会（World Wildlife Fund International/WWF）[⑥]关于世界各国的生态足迹监测结果也成为全球关注可持续发展的重要指标。

---

① Warkernagel, M. Rees, W. E. 1996, "Our Ecological Footprint: Reducing Human Impact on the Earth", Gabriola Island, Canada: New Society Publishers.

② Meadows, D. H. Meadows, D. L. Randers, J. Behrens. 1972, "Limits to Growth". Universe Books, New York.

③ Whittaker, R. H. 1975, "Communities and Ecosystems", New York: Macmillan Publishing.

④ Peter M. Vitousek, paul R. Ehrlich, Anne H. Ehrlich, Pamela A. Matson, 1986, "Human Appropriation of the Products of Photosynthesis", *Bioscience*, Vol. 36, No. 6, pp. 368—373.

⑤ Odum H. T. 1994, "Ecological and General Systems (Revised edition)", University of Colorado Press.

⑥ 世界野生生物基金会，现名世界自然基金会（World Wide Fund for Nature）。作为世界上最大的从事自然和野生动物保护的国际组织，1961 年成立，总部设在瑞士格兰德，在加拿大、法国、澳大利亚、比利时、美国、日本等 24 个国家设有分部。其宗旨在于促使人们认识破坏自然生态系统在气候变化、水土流失以及导致干旱和洪水泛滥等方面可能造成的严重后果，同时吁请世界积极注意世界上 1000 种动物、25000 植物濒临灭绝的现实问题。1979 年 世界自然基金会总部与中国签署了一份特殊的协议。协议中最重要的部分是成立世界自然基金会——中国六人委员会，此后双方合作关系密切，2005 年作为世界自然基金会全球森林和贸易网络的一部分，中国森林和贸易网络正式宣告成立，该网络旨在促进承诺负责任的森林经营单位和购买林产品公司间的市场联系。

生态足迹分析法对全球人类可利用的生态空间和生态占用空间两方面的测算结果表明,1997 年全球人均生态承载力仅为 2.3 公顷(global hectare),人类的生态足迹已超过了全球生态承载力的 30%。对世界上 52 个国家和地区的生态足迹计算的结果表明,35 个国家和地区存在生态赤字,且一国经济发展程度与生态足迹密切相关①。以欧洲波罗的海流域 29 个大城市为例,占波罗的海流域面积 0.1% 的城市,其生态足迹至少需要整个波罗的海流域 75% 到 15% 倍的生态系统②。中国 2008 年生态足迹报告显示,中国的生态足迹在不断扩大,2003 年成为次于美国的第二大生态足迹国家。

国际或区际贸易都可能造成额外的生态压力,其与贸易方向相反,资源的输入使得当地人口对域外生态环境产生了生态压力③。资源型产品的输出满足了输入国的消费,同时可能损害输出国的经济和生态可持续④。中国木材资源的国际贸易已引起了森林生态足迹的流转,并且随着进出口结构的转变森林生态足迹净输入也在不断增加⑤。国际上评价中国木材进口对来源国的影响甚为偏激:"中国原木进口造成了木材主要来源国的森林资源短缺,对其生态可持续发展造成了严重威胁"⑥。利用量化指标对中国原木进口贸易的影响进行实证研究就具有较强的现实意义。

当前有关进出口对贸易国可持续发展影响的系统深入研究还很少见。生态安全是区域可持续发展的前提和基础⑦,是指一个国家或人类社会生存和发展所需的生态环境处于不受或少受破坏与威胁的状态⑧。美国环境专家 Lester R. Brown 最早将资源环境引入安全概念⑨,环境资源短缺对国际和国家安全构成威胁,2002 年联合国召开的环境与发展高峰会议已把生态安全问题作为重要议题。现有的生态安全的评价方法主要有综

---

① Warkernagel M. Onisto L., Callejas Linares, A. Lopez Falfan, I. S. Mendez Garia, J. Suarez Guerrero, A. I. Suarez Gurrero, M. G. 1997, "Ecological Footprints of Nations: How Much Nature Do They Use? How Much Nature Do They Have?" Commissioned by the Earth Council for the Rio + 5 Forum, International Council for Local Environmental Initiatives, Toronto.

② Folke C., Jansson A., Larsson J., Costanza R. 1997, "Ecosystem Appropriation by Cities", *Ambio* Vol. 26, No. 3, pp. 167 – 172.

③ Jeroen C. J. M. van den Bergh, Harmen Verbruggen. 1999, "Spatial Sustainability, Trade and Indicators: an Evaluation of the Ecological Footprint", *Ecological Economics*, Vol. 29, No. 1, pp. 61 – 72.

④ 陈丽萍、杨忠直:《中国进出口贸易中的生态足迹》,《世界经济研究》2005 年第 5 期,第 8—11 页。

⑤ 胡小飞、代力民、谷会岩等:《1973—2003 年中国林业生态足迹的研究》,《林业研究》2006 年第 17 卷第 2 期,第 87—92 页。

⑥ US Environment Investigation Agency. 2005, "The Last Frontier-illegal Logging in Papua and China's Massive Timber Theft". http://www.eia-international.org/files/reports93 – 1.pdf 2005.

⑦ 邹长新、沈谓寿:《生态安全研究进展》,《农村生态环境》2003 年第 19 卷第 1 期,第 56—59 页。

⑧ 肖笃宁、陈文波、郭福良:《论生态安全的基本概念和研究内容》,《应用生态学报》2002 年第 13 卷第 3 期,第 354—358 页。

⑨ Lester R. Brown. 1977, "Redefining National Security", Worldwatch Paper, No. 14.

合指数法、景观生态学的方法、生态系统安全的综合评价法和生态安全承载力的评价方法 4 种[1]。但是所有这些方法存在的主要问题是评价方法复杂,涉及的评价因子繁多,需要人为赋值,主观因素影响大,评价指标和划分等级的标准很难统一,因此评价结果在不同的条件下没有可比性[2]。

为此,本书选择生态足迹方法,是从目前人类对自然资源的开发利用和释放废物的速度是否超过了自然的再生能力和自净能力的角度,来研究区域是否处于可持续的状态[3][4][5]。本研究以生态足迹的原理为基础,利用生态压力指数、生态占用指数和生态经济协调指数对来源国生态安全状况及原木进口贸易的影响进行实证研究,试图通过区域森林生态安全在承载力与压力方面的现状分析,从多因素角度来反映贸易对资源输出区域生态安全的影响程度。

（1）生态足迹模型

生态足迹又可译为生态脚印、生态占用的或生态维持面积,是指支持一定地区的人口所需要的生态生产性土地面积,以及吸纳这些人口所产生的废弃物所需要的土地面积之总和。生态生产性面积(Ecologically Productive Area)是生态足迹分析法为各类自然资源提供的统一度量基础。根据生产力的不同,地球表面的生态生产性土地一般分为六类:耕地、森林、草地、水域、化石能源地、建筑用地。

本书采用经典生态足迹方法,使用动态的均衡因子及年均产量因子。研究模型为:

$$EF = R_j(P_i + I_i - E_i)/Y_i \tag{10.1}$$

式中, EF 为生态足迹; R_j 为均衡因子,就是一个使不同类型的生态生产性土地转化为在生态生产力上等价的系数; P_i 为区域内第 i 种消费项目的年生产量; I_i 为第 i 种消费项目年进口量; E_i 式为第 i 种消费项目的年出口量; Y_i 为相应的生态生产性土地生产第 i 项消费的年平均生产力。

为测算中国原木进口占用主要进口来源国的森林生态足迹,选择中国原木需求为上述模型中第 i 种消费项目,依据联合国 UNCOMTRADE 数据库统计分类中 HS 税则号 4403 作

①　赵先贵、韦良焕、马彩虹等:《西安市生态足迹与生态安全的动态研究》,《干旱区资源与环境》2007 年第 21 卷第 1 期,第 1—5 页。

②　任志远、黄青、李晶:《陕西省生态安全及空间差异定量分析》,《地理学报》2005 年第 60 卷第 4 期,第 597—605 页。

③　Wackernagel M. ,Monfreda C. ,Erb K. H. ,et al,2004 ,"Ecological Footprint Time Series of Austria,the Philippines,and South Korea for 1961 - 1999:Comparing the Conventional Approach to an ' Actual Land Area' Approach",*Land Use Policy*,Vol. 21 ,No. 3 ,pp. 261 - 269.

④　Haberl H. ,Erb K. H. ,Krausmann F. 2001 ,"How to Calculate and Interpret Ecological Footprints for Long Periods of Time:the Case of Austria 1926 - 1995",*Ecological Economics*,Vol. 38 ,No. 1 ,pp. 25 - 45.

⑤　Wackernagel M. ,Monfreda C. ,Schulz, N. B. ,et al. 2004 ,"Calculating National and Global Ecological Footprint Time Series:Resolving Conceptual Challenges",*Land Use Policy*,Vol. 21 ,No. 3 ,pp. 271 - 278.

为原木定义标准(原木不论是否去皮去边材或粗锯成方);第 j 类生态生产性土地为森林。

(2)生态承载力计算模型

$$EC = N(A_j \times R_j \times Y_j) \tag{10.2}$$

式中,EC 为生态承载力;N 为区域人口;A_j 为人均实际占有的生物生产性土地面积;R_j 为均衡因子;Y_j 为生态生产性土地的年均产量因子。同样,第 j 类生态生产性土地为森林。

(3)生态安全指数计算模型

Ⅰ. 生态压力指数(Ecological Tension Index)

生态压力指数(ETI)是在生态足迹原理的基础上提出来的。将生态压力指数定义为某一国家或地区可更新资源的人均生态足迹与生态承载力的比率,该指数代表了区域生态环境的承压程度,其模型为:

$$ETI = EF/EC \tag{10.3}$$

中国原木贸易影响生态压力指数,本文定义为原木进口贸易引起的来源国或地区人均森林生态足迹变化与森林生态承载力的比率。

Ⅱ. 生态占用指数(Ecological Occupancy Index)

生态占用指数(EOI)定义为某一国家或地区人均生态足迹与全球人均生态足迹的比率,该指数反映了一个国家和地区占全球生态足迹的份额,代表了社会经济发展的程度和人均消费水平,其模型为:

$$EOI = ef/\overline{ef} \tag{10.4}$$

式中:$\overline{ef}$ 同期全球人均生态足迹。

中国原木贸易影响生态占用指数,本文定义为原木贸易引起的来源国或地区人均森林生态足迹变化与全球人均森林生态足迹的比率。

Ⅲ. 生态经济协调指数(Ecological Economic Coordination Index)

生态经济协调指数($EECI$)定义为生态占用指数与生态压力指数的比率,该指数代表了区域社会经济发展与生态环境的协调性,其模型为:

$$EECI = EOI/ETI \tag{10.5}$$

二、数据获取与整理

在生态足迹研究模型中使用的均衡因子(见表10.3),因数据来源有限,缺乏 1992—1998 年的森林生态生产性土地的均衡因子,为了方便测算,本书暂以 1991 年的数据作为 1995—1998 年的均衡因子使用,从 1999 年开始连续两年使用同一个均衡因子,2001 年以后均衡因子依据 WWF 机构 2000 年后每两年公布数据为准。

表 10.3　六类生态生产性土地的均衡因子

	1991 年	1999 年	2001 年	2003 年	2005 年	2007 年
建筑用地	2.23	2.17	2.19	2.21	2.64	2.51
耕地	2.23	2.17	2.19	2.21	2.64	2.51
草地	0.487	0.47	0.48	0.49	0.5	0.46
林地	1.32	1.35	1.38	1.34	1.33	1.26
水域	0.36	0.35	0.36	0.36	0.4	0.37
化石能源地	1.1	1.1	1.1	1.1	1.1	1.1

资料来源：WWF. 2010,"Living Planet Report". [DB/OL]. http://www.footprintnetwork.org。

　　研究统计了 1995—2008 年中国主要原木进口来源地(洲际及国家)的贸易量。所有原木进出口官方数据来源于 UN COMTRADE DATABASE(见表 10.4，表 10.5)，对于输入到中国的生态足迹的三种去路：直接消费、间接消费与国际贸易再出口，重点核算原木直接消费的生态足迹，未涵盖国际贸易的碳排放足迹(其在进口贸易中约占进口总生态足迹的一半，在出口贸易中约占总出口生态足迹的三分之二)。

三、生态足迹与生态安全指数测度

　　(1)中国原木进口的洲际生态安全

　　①中国原木需求的生态足迹测度结果

　　利用生态足迹模型将 1995—2010 年中国国内原木供给量及净进口量转化为中国原木需求的生态足迹，见表 10.5。结果表明，中国原木占用生态足迹的变化可分为两个阶段。

　　1995—2007 年为第一阶段，由于国内天然林保护工程的实施，中国国内原木供给减少，生态足迹的国际输入迅速增长，从 1995 年的 165 万公顷增加到 2002 年的 1686 万公顷，占中国原木需求生态足迹总量的比例由 1995 年的 4.7% 上升到了 2002 年的 36.4%。2002 年后由于天然林保护工程建设成效显著，国内原木供给量逐步增长，但中国经济的快速发展需要的木材量的上升快于国内木材供给的增长速度，原木净进口输入的生态足迹持续增加，2007 年上升到 2350 万公顷，与总量的比例保持在平均水平 36.7%。

　　2008—2010 年为中国原木进口输入生态足迹变化的第二阶段。由于金融危机的影响，2008 年生态足迹的输入出现下降，直至 2010 年原木净进口外溢的生态足迹波动到了 2172 万公顷，占中国原木需求生态足迹总量的比例下降到 34%。尽管 2002 年后国内木材供给不断增长，但由于经济的快速发展，中国的木材供需缺口依赖进口补给仍未得到改善。

　　②中国原木进口输入的生态足迹变化趋势

　　由表 10.6 生态足迹数据整理可得原木需求的森林生态足迹在全球的分布比例变

表 10.4　1995—2010 年中国原木国内产出及进口贸易量

(万立方米)

年份	欧洲	亚洲	非洲	大洋洲	北美洲	南美洲	中国
1995	36.07	132.96	43.59	24.73	9.50	1.58	6,766.90
1996	53.49	131.91	89.94	26.38	10.39	0.02	6,710.30
1997	98.17	134.83	211.65	31.35	9.94	0.74	6,394.80
1998	169.46	160.39	140.97	37.42	9.82	2.25	5,966.20
1999	464.27	329.44	245.92	84.35	6.67	4.07	5,236.80
2000	679.85	336.81	206.58	126.22	7.00	2.05	4,395.72
2001	941.38	330.67	214.75	182.01	12.51	3.29	4,197.03
2002	1,533.48	308.80	265.36	306.35	15.04	3.19	4,127.21
2003	1,476.52	403.87	250.42	393.50	18.99	1.31	4,319.86
2004	1,743.62	406.63	168.24	289.16	21.66	0.93	4,712.09
2005	2,061.79	322.67	179.19	336.23	32.70	3.53	5,022.87
2006	2,251.24	289.31	219.68	412.84	33.21	8.53	6,111.68
2007	2631.17	257.89	254.89	515.01	44.02	9.91	6,492.05
2008	1,932.13	152.55	229.29	572.69	61.07	8.96	7357.32
2009	1,553.19	127.39	211.88	792.95	113.71	5.54	6476.27
2010	1,516.93	154.34	257.13	1,092.54	397.37	13.43	7513.21

数据来源：UN comtrade Database。

（万立方米）

表 10.5 1995—2010 年中国主要国家原木进口贸易量

年份	俄罗斯	马来西亚	巴布亚新几内亚	加蓬	新西兰	世界
1995	35.78	74.49	17.72	31.76	6.35	258.23
1996	52.94	55.40	15.15	69.52	11.18	318.55
1997	94.94	76.38	18.73	134.84	11.63	493.11
1998	159.14	107.54	18.88	82.00	14.36	523.59
1999	430.60	220.12	49.43	152.06	23.30	1,137.08
2000	593.09	200.90	75.54	114.44	40.56	1,361.18
2001	876.57	151.23	91.02	112.47	81.98	1,686.38
2002	1,480.84	212.19	112.80	108.80	164.13	2,433.31
2003	1,436.74	293.13	137.78	94.16	192.07	2,545.55
2004	1,701.64	272.15	131.47	63.25	83.76	2,630.86
2005	2,004.32	186.00	183.52	81.43	63.80	2,936.80
2006	2,182.60	141.20	206.43	95.80	89.99	3,215.24
2007	2,539.57	133.14	234.10	114.99	127.02	3,713.26
2008	1,866.51	81.67	222.97	107.68	190.87	2,956.97
2009	1,481.15	72.17	165.95	110.30	441.35	2,805.93
2010	1,403.55	95.54	247.78	73.86	593.82	3,434.57
总计	18,339.98	2,373.23	1,929.26	1,547.37	2,136.17	32,450.58

数据来源：UN comtrade Database。

表10.6 1995—2010年中国原木需求的生态足迹测度

（万公顷）

年份	进口						国内	总计
	欧洲	亚洲	非洲	大洋洲	北美洲	南美洲		
1995	23.93	88.19	28.91	16.41	6.3	1.05	4,488.60	4,653.39
1996	35.48	87.5	59.66	17.5	6.89	0.01	4,451.05	4,658.09
1997	65.12	89.44	140.39	20.79	6.59	0.49	4,241.78	4,564.59
1998	112.41	106.39	93.51	24.82	6.51	1.49	3,957.48	4,302.61
1999	314.96	223.49	166.83	57.23	4.52	2.76	3,552.60	4,322.39
2000	461.2	228.49	140.14	85.63	4.75	1.39	2,982.02	3,903.62
2001	652.81	229.31	148.92	126.22	8.68	2.28	2,910.50	4,078.72
2002	1,063.42	214.14	184.02	212.44	10.43	2.21	2,862.09	4,548.75
2003	994.24	271.96	168.63	264.97	12.78	0.88	2,908.85	4,622.31
2004	1,174.09	273.81	113.29	194.71	14.59	0.63	3,172.97	4,944.08
2005	1,377.98	215.65	119.76	224.71	21.85	2.36	3,356.99	5,319.32
2006	1,504.60	193.36	146.82	275.92	22.2	5.7	4,084.69	6,233.28
2007	1,665.97	163.28	161.39	326.09	27.87	6.28	4,110.54	6,461.42
2008	1,223.36	96.59	145.18	362.61	38.67	5.67	4,658.40	6,530.47
2009	983.43	80.66	134.15	502.07	72.00	3.51	4,100.55	5,876.36
2010	960.47	97.72	162.80	691.76	251.60	8.50	4,225.98	6,398.84

数据来源：UN comtrade Database。

化。可以从图 10.2 中看出:1995 年至 2002 年,中国原木产量逐年下降,占用国内森林生态足迹比例也逐年下降,由 1995 年的 96.3% 下降到了 2002 年的 63.6%。这是由于中国原木需求量不断增加而国内供给有限所致。2002 年至 2007 年国内 EF 比重相对稳定,基本保持在平均水平 63%。2008 年受到全球经济危机额影响,原木进口量减少引起进口输入比例下降,国内供给比例再次超过了 70%,至 2010 年进口原木的比例上升到 66%。

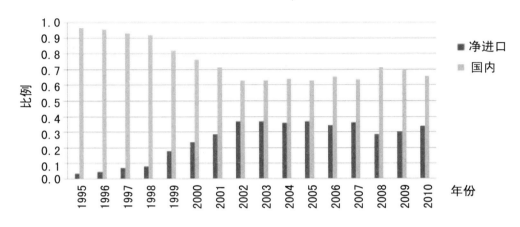

图 10.2　中国原木需求的生态足迹比例变化

按中国原木进口来源地区域的六大洲分类,由生态足迹模型可得到 1995—2010 年中国原木进口从全球输入的生态足迹的分布变化趋势,见图 10.3。

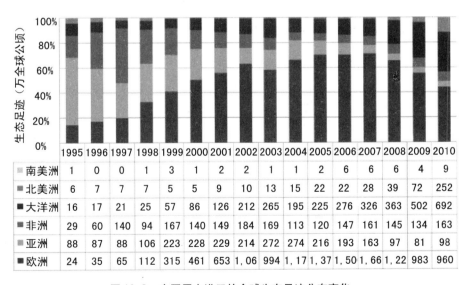

	1995	1996	1997	1998	1999	2000	2001	2002	2003	2004	2005	2006	2007	2008	2009	2010
南美洲	1	0	0	1	3	1	2	2	1	1	2	6	6	6	4	9
北美洲	6	7	7	7	5	5	9	10	13	15	22	22	28	39	72	252
大洋洲	16	17	21	25	57	86	126	212	265	195	225	276	326	363	502	692
非洲	29	60	140	94	167	140	149	184	169	113	120	147	161	145	134	163
亚洲	88	87	88	106	223	228	229	214	272	274	216	193	163	97	81	98
欧洲	24	35	65	112	315	461	653	1,06	994	1,17	1,37	1,50	1,66	1,22	983	960

图 10.3　中国原木进口的全球生态足迹分布变化

全球六大洲生态足迹分布表现为:首先,原木净进口从欧洲输入的森林生态足迹占中国原木总需求份额最大,同时波动性也最大。1995 年净输入为不到 24 万全球公顷,

2007 年达到 1665 万全球公顷,上升 73 倍,净输入比例也从 0.51% 攀升到 25.91%,2008 年后逐年递减,2010 年降到了 960 万全球公顷。

其次,大洋洲是目前中国第二大原木进口区域,从大洋洲输入的森林生态足迹量基本保持着上升趋势,1995 年为 16 万全球公顷,占比例 3.9%,2010 年达 691 万全球公顷,占同期欧洲输入量的 72%,净输入份额已从 1995 年的 0.35% 攀升到 2010 年的 10.81%,增幅近 31 倍。非洲 1995 年的生态足迹输入量为 29 万全球公顷,2002 年达到了最高纪录 184 万全球公顷,输入份额达到最大 4.05%,之后的生态足迹输入波动平稳,2010 年输入量保持在 163 万全球公顷,比例为 2.54%。1995 年至 2010 年从亚洲输入的生态足迹呈现一个波峰的波动趋势,1995 年输入生态足迹 88 万全球公顷,2004 年达到最高值 272 万全球公顷,2005 年后输入量逐年减少,2010 年降为 98 万全球公顷,所占比例减少到 1.5%。

最后,占中国原木需求生态足迹总体比例较小的为北美洲与南美洲,但值得关注的是,北美洲在最近两年出现了很强的上升趋势,2010 年输入的生态足迹达到 252 万全球公顷,成为了目前继欧洲之后的中国第二大原木进口区域。

③中国原木需求的生态足迹与全球生态承载力的比较

随着全球人口和经济的发展,生态足迹在不断扩大,2007 年已达到 180 亿全球公顷,是全球生态承载力的 1.51 倍。从全球六大洲来看,除了非洲和南美洲,其他区域的生态足迹均已超过其生态承载力,全球可持续发展已存在严重的危机(表 10.7)。

表 10.7　人类生态足迹与生态承载力时间序列

(亿公顷)

年份	1961	1965	1970	1975	1980	1985	1990	1995	2000	2005	2007
全球人口(亿)	31	33	37	41	44	48	53	57	61	65	67
全球生态承载力	115	115	116	116	117	117	119	120	120	119	119
全球生态足迹	72	84	101	112	123	126	140	148	155	173	180
生态足迹与生态承载力比值	0.63	0.73	0.88	0.97	1.06	1.07	1.18	1.24	1.29	1.45	1.51
全球森林生态足迹	12	13	14	14	16	17	18	17	18	19	19

资料来源:Global Footprint Network. 2010,[DB/OL]. http://www. footprintnetwork. org/atlas。

在六类生态生产性土地中森林生态足迹并不是可持续发展最严重的威胁,2005 年森林生态足迹只占全球生态足迹的 8.7%,目前全球各洲的森林生态足迹都处于生态承载力范围之内。但值得注意的是非洲、亚洲和大洋洲的森林生态足迹占森林生态承载力的比例非常高,分别达到 92.5%、76.5%,严重高于世界平均水平 28.8%(见表 10.8)。

表 10.8　2007 年生态足迹与生态承载力的世界分布

（百万公顷）

	生态承载力	生态足迹	生态赤字（盈余）	森林生态承载力	森林生态足迹	中国原木需求生态足迹
世界	11895.9	17995.6	−6099.66	4963.02	1910.16	64.61 *
非洲	1423.2	1356.0	67.19	435.37	292.75	1.61
亚洲	3292.7	7187.0	−3894.32	618.42	578.54	1.63
南美洲	1685.5	2699.1	−1013.67	756.09	371.41	0.28
北美洲	2113.0	3419.8	−1306.80	1065.13	401.33	16.66
欧洲	383.5	185.1	198.35	96.78	31.99	5.26
大洋洲	11895.9	17995.6	−6099.66	4963.02	1910.16	64.61

数据来源：National Footprint Accounts 2010 Edition。

注释：* 中国原木总需求（国内产出和进口贸易）的森林生态足迹。

研究发现，2007 年中国国内原木产量满足了国内原木需求约 71%，占用国内森林生态足迹的 20.4%，森林生态承载力的 15.63%。而 2007 年中国原木需求的森林生态足迹占全球森林生态足迹的比例 3.38%，占全球森林生态承载力的 1.3%。欧洲作为中国最大的原木进口区域，输入的生态足迹仅占欧洲森林生态足迹的 10.19%，占其生态承载力的 3.37%；从大洋洲输入的生态足迹占森林生态足迹的 3.38%，占森林生态承载力的 1.3%；而从非洲输入的生态足迹占非洲森林生态足迹的 0.55%，占生态承载力的 0.37%；从亚洲输入的生态足迹占森林生态承载力的 0.26%，非洲和亚洲的影响相对较小。

因此，以上测算结果并未有论据表明中国原木进口严重威胁着世界森林资源，且非洲、亚洲和大洋洲过高的森林生态足迹与中国原木进口的关联也很小。

（2）中国原木进口的国别生态安全

虽然从区域发展的角度来看，中国原木进口对整个全球洲际生态足迹的影响并不大，但具体到主要进口国家，是否会出现严重的生态安全威胁的情况呢，研究继而选取了中国主要原木进口国家来具体分析木材资源进口对来源国的生态安全影响问题。

①原木进口主要来源国森林生态足迹

利用生态足迹模型将 1995—2010 年中国主要原木进口国的进口贸易量转化为森林生态足迹，见图 10.4。

结果表明：首先，从主要的十个原木进口国输入的森林生态足迹占中国原木进口输入森林生态足迹总量的 91%。其中作为欧洲最大的原木出口国，俄罗斯输入中国的森林生态足迹是整个欧洲输入转移量的 96%，占中国原木总进口输入生态足迹的 56.5%，以绝对的数量和比例影响着中国的原木进口需求。在 2008 年经济危机的影响下，从俄罗斯进口原木贸易量有所下降,但2010年输入的森林生态足迹依然高达889万全球公顷。

其次,作为大洋洲输入中国生态足迹最大的三个国家,新西兰、巴布新几内亚和所罗门群岛输出的生态足迹不断增大,2010年均达到最大量,分别为376万、157万和92万全球公顷,且1995—2010年三个国家输出生态足迹总量占大洋洲输出的比例分别为40.8%、37.2%和14.7%。作为中国原木进口输入森林生态足迹总量排名第二的马来西亚,输出生态足迹占亚洲输出总量的60%,在1995—2010年之间从马来西亚输入的生态足迹呈现明的先增后减波动趋势,1995年输入到中国的森林生态足迹为49万全球公顷,2003年输入量达到最高水平197万全球公顷,至2009年森林生态足迹输入下降到45.7万全球公顷,仅占国原木进口总输入森林生态足迹的2.6%。中国从加蓬木输入的森林生态足迹占非洲输入总量的48.6%,年输入量保持在80万全球公顷以内。

最后,值得注意的是,从2008年开始美国输入中国的原木量激增,2010年输入到中国的森林生态足迹达到了176万全球公顷,占北美洲总输入量的比例也迅速升高到70%。

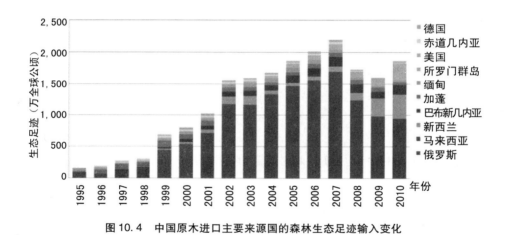

图10.4　中国原木进口主要来源国的森林生态足迹输入变化

②原木进口主要来源国生态安全

随着全球人口和经济的发展,全球范围生态足迹在不断扩大,2007年达到180亿全球公顷,但在六类生态生产性土地中,森林生态足迹的增加还不是可持续发展最严重的威胁因素。由表10.9可以发现,2005年和2007年中国主要原木进口来源国的生态足迹处于生态承载范围内,均处于盈余状态。关于来源国的生态承载力,除了俄罗斯和美国有一定程度的下降之外,其余国家的森林生态承载力均有提高,这点也说明来源国对森林生态作用越来越高的重视。但情况并不乐观,对比2005年和2007年来源国的森林生态足迹可以发现均有不同程度的增加,尤其值得注意的是俄罗斯和美国,2007年的森林生态足迹比2005年分别增加了53.7%和68.2%。

表 10.9　2005 年和 2007 年中国主要原木进口来源国生态足迹与生态承载力

（百万公顷）

年份	2005			2007		
国家	森林生态足迹	森林生态承载力	中国输入森林生态足迹	森林生态足迹	森林生态承载力	中国输入森林生态足迹
俄罗斯	49.02	652.97	13.4	75.35	608.74	16.08
马来西亚	11.19	14.32	1.24	12.92	19.54	0.84
新西兰	3.97	8.38	0.43	5.28	21.21	0.8
巴布新几内亚	1.51	11.87	1.23	2.28	16.26	1.48
加蓬	0.84	21.95	0.54	0.9	30.33	0.73
缅甸	13.23	22.09	0.76	16.24	29.66	0.48
美国	304.84	530.92	0.13	318.91	478.37	0.2
德国	29.76	44.12	0.3	50.08	53.43	0.39

资料来源：National Footprint Accounts 2008 Edition, National Footprint Accounts 2010 Edition。

通过生态安全指数计算,可获得 2005 年和 2007 年中国原木主要进口来源国的生态安全指数(见表 10.10)。

表 10.10　2005 年和 2007 年中国主要原木进口来源国生态安全指数

年份	2005			2007		
国家	ETI 值	森林 ETI 值	中国贸易影响	ETI 值	森林 ETI 值	中国贸易影响
俄罗斯	0.46	0.08	0.02	0.46	0.08	0.02
马来西亚	0.90	0.78	0.09	1.87	0.66	0.04
新西兰	0.55	0.47	0.05	0.45	0.25	0.04
巴布新几内亚	0.38	0.13	0.10	0.57	0.14	0.09
加蓬	0.05	0.04	0.02	0.05	0.03	0.02
缅甸	0.74	0.60	0.03	0.87	0.55	0.02
美国	1.88	0.57	0.00	2.07	0.67	0.00
德国	2.18	0.67	0.01	2.64	0.94	0.01

③原木进口生态安全评价

为了确定科学的评价指标及等级划分,根据世界野生动物基金会(WWF)2004 年提供的全球 147 个国家或地区的生态足迹和生态承载力数据[①],研究计算了生态压力指数(范围 0.04—4.00)、生态占用指数(0.14—4.5)、生态经济协调指数(0.17—22.4)。通

---

　　① WWF. 2007,"Living Planet Report ",[DB/OL]. http://www.panda.org/news_facts/publications/general/living planet/index. cfm.

过对所获得的数据进行扫描、聚类分析,结合考虑世界各国的生态环境和社会经济发展状况,制定了生态安全可持续发展评价指标和等级划分标准(见表 10.11)①。

表 10.11 生态压力指数、生态占用指数和生态经济协调指数的等级划分标准

等级	生态压力指数 ETI	表征状态	生态占用指数 EOI	表征状态	生态经济协调指数 EECI	表征状态
1	<0.50000	很安全	<0.50000	很贫穷	<1.00000	协调性很差
2	0.51080	较安全	0.51100	较贫穷	1.01200	协调性较差
3	0.81100	稍不安全	1.01200	稍富裕	2.00300	协调性稍好
4	1.01150	较不安全	2.01300	较富裕	3.01400	协调性较好
5	1.51200	很不安全	>3.01400	很富裕	4.01800	协调性很好
6	>2.00000	极不安全	>4.00000	极富裕	>8.00000	协调性极好

结合原木进口主要来源国的生态压力指数及生态压力等级划分的表征状态,对中国向原木来源国转移生态压力的影响进行分析。

总体来看,2005 年和 2007 年中国的原木进口的生态压力转移基本上未对来源国的森林造成不安全的影响。中国第一大原木进口国,俄罗斯国内的生态压力指数 0.46,生态状况处于很安全等级,其中森林资源的生态压力最小,中国的原木进口对其森林资源有 25% 的生态压力转移影响,俄罗斯的森林生态压力调整为 0.1,其森林生态状况很安全。

2005 年加蓬国内的森林生态压力指数为 0.06,中国的原木进口有 33% 的生态压力转移影响,2007 年的森林压力指数减为 0.05,中国的压力转移有 40% 的影响,但其森林生态状况一直处于很安全等级。2005 年中国的原木进口对新西兰的森林生态状况存在 10% 的影响,森林从很安全等级下降到了较安全范围,而 2007 年新西兰的森林生态压力指数明显减少,中国进口存在 14% 的压力转移影响,森林生态压力指数为 0.29,说明森林状况很安全。巴布新几内亚国内的森林状况一直处于很安全的等级,尽管 2005 年和 2007 年中国对其森林资源存在 43% 和 39% 的压力转移影响。对于缅甸,其国内的森林生态压力指数处于 0.55—0.6,中国原木进口对其森林的生态压力转移影响只有 3%,不改变森林生态状况的稍安全等级。

2005 年马来西亚国内的森林压力指数 0.78,已接近稍不安全等级边界,中国的原木进口对其森林有 10% 的生态压力转移影响,使得马来西亚的森林状况滑落到了稍不安全等级内。虽然美国的森林状况处于较安全的等级范围,而且中国的原木的进口的森林生态压力转移影响非常小,但美国国内整体的生态压力指数达到 1.88,处于很不安全的状态。德国

① Zhang Jing, Liu Yaolin, Chen Xinming. 2008, "Dynamics of Ecological Security Based on Ecological Footprint in Zhejiang Province", *Bulletin of Soil and Water Conservation*, Vol. 28, No. 4, pp. 185 – 190.

的森林资源的生态压力指数从 2005 年的 0.67 上升到 0.94,中国的原木进口存在 1% 的生态压力转移影响,2007 年的森林状况从安全等级降到了稍不安全等级范围,值得关注的是,2005 年和 2007 年德国国内整体的生态压力指数均超过 2.0,生态状况极不安全。

四、中国木材资源国际进口的生态安全结论

（1）对洲际生态安全的影响

针对中国原木进口量不断增加的现实,从森林生态足迹视角测度了 1995—2010 年原木进口所需消耗来源地的生态成本,衡量对全球森林资源的影响程度。原木供给数据显示,进口原木量不断上升,占总供给最高比例为 38%,国内木材仍是中国原木最主要的供给来源,占总供给比例为 60% 以上。

中国原木进口输入的森林生态足迹分布显示:1998 年后欧洲是中国森林生态足迹最大转移区域,输入 EF 量不断增加;大洋洲是目前中国第二大原木进口区域,输入森林生态足迹量明显小于欧洲,2007 年的输入比例为 5%;亚洲、非洲分别为第三、四大生态足迹输入区域,输入量占总需求约 2.5%;北美洲和南美洲生态足迹输入最少,低于 1%。值得注意的是,从 2007 年开始,欧洲的比例开始下滑至 2010 年的 15%,大洋洲从 5% 的比例增加到近 11%,北美洲的比例也上升到第三位,达到 4%。

就全球范围看,各洲的森林生态足迹都未超过森林生态承载力,森林生态足迹在六类生态生产性土地中暂时还未成为全球可持续发展最严重的威胁。但是亚洲、大洋洲和非洲区域因森林锐减、生态恶化等问题严重,目前森林生态足迹占森林生态承载力的比例已高于世界平均水平。由中国原木进口的森林生态足迹与来源地森林生态承载力比较结果看,中国原木进口引起的生态足迹转移量远小于来源地的生态承载力,尤其是非洲区域,从非洲进口原木输入的生态足迹占非洲森林生态足迹的 0.56%,说明中国原木进口并不是造成非洲森林退化的主要原因。上述分析可得出结论:中国原木进口对几大洲的森林生态影响较小,中国并没有威胁到世界森林资源。

（2）对国别生态安全的影响

俄罗斯作为欧洲最大的原木出口国,输入中国的森林生态足迹占中国原木总进口输入生态足迹的 56.5%,以绝对的数量和比例影响着中国的原木进口需求。但俄罗斯国内的森林承载力是生态足迹的 10 倍,森林状况非常安全。中国对加蓬和巴布新几内亚的森林存在 40% 左右的生态压力转移影响,由于来源国森林资源承载力很大,两国的森林状况同样非常安全。中国从新西兰输入的森林生态足迹增长较快,2007 年占中国原木总进口输入生态足迹的 17.2%,中国进口存在 14% 的生态压力转移影响,但新西兰森林承载力较大,状况很安全。

值得关注的是马来西亚本国的森林资源已处于生态稍不安全等级,中国原木进口输入森林生态足迹占其国内森林生态足迹比例为 10%,一定程度上增加了马来西亚森林资源的生态压力,但不足以说明中国原木进口是造成其森林破坏的主要原因。而对于美国

和德国,中国的原木进口对这两个国家仅存在1%以内的生态压力转移影响,其生态压力较大应是国内大量的资源消费所致。由以上分析可以得出结论:中国原木进口对主要来源地转移的森林生态压力并未对其来源地的森林造成严重影响,中国并没有威胁到来源国的森林资源。

第四节　本章小结

"中国是否是世界森林资源破坏的源头?"通过对中国木材资源利用的国内生态问题以及资源进口对洲际及主要进口来源国的生态环境影响的研究,本章节具体分析了资源利用的生态安全问题。

本章节研究小结如下。

第一,生态安全评价体系的建立要结合生态安全与可持续发展的研究趋势,其重点在于可操作及实践性。本书关注到研究数据来源、数据的选用、数据完整性、数据可信度等问题,在可持续发展框架下建立了具有实践价值的评价方法,以保障能够较全面地反映中国木材资源利用的国内外生态指标。

第二,研究中国木材资源利用的国内生态安全问题,需要较为完整的系统模式,本章节结合中国木材资源利用中涉及的数量安全、质量安全、生态系统安全和可持续四个方面,全面分析了资源利用的国内生态安全问题。研究表明中国木材资源在数量和质量方面均存在影响整体生态安全的不利因素,生态系统安全虽然从管理体制、工程建设及法制环境等方面设定了系统安全目标及保障机制,但从可持续利用等具体实践中的政策效果仍凸显了整体不安全的存在。

第三,目前中国年均有约40%的资源来自于国际市场进口,中国进口资源对国际生态环境影响程度如何?研究通过生态足迹及生态安全指标体系,分析了资源进口对洲际及主要进口来源国生态安全的影响。研究发现,就全球范围看,各洲的森林生态足迹都未超过森林生态承载力,森林的生态足迹在六类生态生产性土地中暂时还未成为全球可持续发展最严重的威胁。客观地说,中国原木进口洲际森林生态影响确实存在,但并没有严重威胁到世界森林资源的生态安全。就具体进口国来看,虽然中国从俄罗斯、巴布亚新几内亚、加蓬和新西兰进口的原木资源占中国原木进口总量的74.2%,但原木进口影响生态安全的评价指数仍处于安全等级内。值得关注的是,马来西亚本国生态已处于不安全等级,中国原木进口从马来西亚输入的森林生态足迹占其国内森林生态足迹比例为10%,在一定程度上增加了马来西亚森林资源的生态压力。

综上所述,中国木材资源利用生态安全问题确实存在,从国内外生态系统的动态发展来看,保障木材资源整体安全必须高度关注资源利用造成的生态威胁问题,从国内生态系统的保障和负责任的利用国际资源的角度来看,中国木材资源生态安全问题不容忽视。

第十一章 中国木材资源进口的贸易安全

第八、九章通过论证检验中国木材加工产业安全问题,得到重要的结论。目前制约中国木材产业安全的因素,一方面,由于产业布局及产业结构不合理而面临的产业转移及转型升级的内在压力,另一方面,作为资源消耗型的产业模式,产业安全的发展还存在过度依赖进口原料的资源约束问题。第十章通过生态安全评价体系的建立,研究了中国木材资源利用的国内生态安全问题及对国际生态安全影响,认识到从国内生态系统的保障和负责任地利用国际资源的角度来讲,中国木材资源生态安全问题不容忽视。特别对于中国年均进口资源达到 40% 的资源供给模式,需要认真对待国际资源管制的现实问题。中国能够持续地获得经济发展需要的国际资源吗? 本章将从"产品出口"与"原料进口"的贸易模式来研究中国林产品进出口的贸易安全问题,结合中国木材资源进口可能面临的贸易环境变化,评价进口木材资源面临的贸易安全,从而为从整体上保障战略资源安全提供政策依据。

第一节 中国木材资源贸易安全子体系——WPITI

一、贸易安全问题的发展阶段

关于贸易安全的界定,学界目前尚无统一标准。一般来讲,贸易安全思想的形成和发展,可以通过以下三个阶段来评价,即以消除国家贸易障碍,获得国家贸易利益的萌芽阶段;以化解国家贸易风险,维护国家贸易安全的国家战略阶段;以打击恐怖主义对国际贸易的破坏,保证世界贸易安全的国际联盟阶段。[1]

第一阶段,贸易安全思想萌芽。现代贸易安全思想的萌芽以一战后欧洲煤钢联盟(欧盟前身)建立限制煤钢等战略物资自由销售来保护国家贸易安全为代表,到二战结束后,以美国为代表的自由贸易新秩序领导者以《关税和贸易总协定》(General Agreement

---

① 王自立:《国家贸易安全提出的三个阶段》,《求索》2008 年第 11 期,第 76—77 页。

On Tariffs And Trade/GATT)[1]等形式(包括多边贸易、国际货币基金组织、关贸总协定为基础的世界经济新体制)建立了战后贸易安全体系,通过贸易规则和协定来规范各国贸易行为,最大化地确保了各利益集团和国家的贸易利益。

第二阶段,贸易安全的国家战略时期。此阶段以美国的国家战略为代表,在国际范围内形成了以贸易安全促进国家安全的局面。将贸易安全纳入国家安全战略是美国克林顿政府的重大调整,"把贸易作为美国安全首要因素的时机已经到来"[2],克林顿把外贸作为对外政策的三大支柱之首,1998 年 12 月美国《新世纪的国家安全战略》强调:经济利益和安全利益密不可分,美国本土的经济繁荣依赖于战略物资的进出口贸易的稳定,报告将建立开放的贸易体系作为维护美国贸易安全的重要措施。

第三阶段,保障贸易安全的国际联盟时期。"9·11 事件"后,反对恐怖主义已经成为贸易安全的一个重要元素。国际海关组织(WCO)制定了《全球贸易安全和便利标准框架》[3],APEC 部长级会议发表了保护贸易安全的反恐宣言;世界贸易组织(WTO)、世界经济合作组织(OECD)、八国集团(G8)及其他国际组织都以各种形式为维护国际贸易安全制定了一系列的措施和规则。现阶段的反恐贸易安全联盟,其实质仍是政治利益集团借以抑制竞争对手而限制其商品进入国际市场或控制其战略资源流动从而极大程度分享贸易所得的政治行为。

二、贸易安全研究的本质

随着贸易自由化和经济全球化的发展,对外贸易已经成为促进各国经济增长的重要因素之一。通常用贸易贡献来衡量贸易动态,主要以贸易竞争力指数、国际市场占有率

---

① 关税及贸易总协定作为战后继国际货币基金组织、国际复兴开发银行(即世界银行)外支撑全球经济的三大柱,对战后全球经济的复苏和发展具有重要作用。1947 年 4 月,日内瓦召开将国际贸易组织宪章草案中涉及关税与贸易的条款抽取出来,构成一个单独协定,即《关税及贸易总协定》,于 1948 年 1 月 1 日起正式生效,成员最后发展到 130 多个。其成员国分为三个层次,即缔约方国家、事实上适用关贸总协定国家和观察员国家。关贸总协定从 1947 年至 1994 年共举行了 8 轮多边贸易谈判。据不完全统计,前 7 轮谈判中达成关税减让的商品就近 10 万种。1993 年 12 月,第 8 轮谈判(即乌拉圭回合)谈判取得更为重大的进展,代表批准了一份"最后文件"。文件规定将建立世界贸易组织,以取代目前的关贸总协定的临时机构,同时对几千种产品的关税进行了削减,并把全球贸易规则扩大到农产品和服务业。1995 年 12 月 12 日,关贸总协定 130 个缔约方在日内瓦宣告关贸总协定的历史使命完结。根据乌拉圭回合多边贸易谈判达成的协议,1996 年 1 月 1 日起,世界贸易组织(World Trade Organization – WTO)取代关贸总协定。

② 威尔·马歇尔:《克林顿变革方略》,新华出版社 1993 年版。

③ 美国"9·11"事件后,世界海关组织在贸易便利化基础上,特别针对贸易安全问题提出了指南,包括增强风险管理、应用高科技、国际合作等三个要素。2004 年 6 月世界海关组织理事会决定在上述指南基础上发展标准框架,2004 年 12 月世界海关组织政策委员会采用了指南,初步形成了《全球贸易安全和便利标准框架》,并于 2005 年 6 月召开的世界海关组织年会上作为 WCO 成员必须实现的最低标准而通过的文件。

指数、出口收益率指数及进出口交换比率指数等反映一国从事对外贸易的产品及产业的国际竞争能力及贸易安全,宏观经济研究中也有将外贸依存度作为贸易安全的参考指标[①]。

上述指数在评价不同产业及不同时期对于一国贸易产品竞争及产业对外依赖具有一定作用。但应该注意的问题在于,研究贸易安全除了考察产品参与国际贸易的宏观环境(贸易依存度等评价)及微观竞争(竞争力指数等评价),贸易安全的最终评价,本质反映在贸易条件和贸易所得。目前普遍认可的观点是,贸易条件的变动与各国的贸易利益密切相关,一国参与国际贸易的根本目的是获得贸易利益,而作为衡量一国在国际贸易中的贸易利益得失的重要指标,一国进出口商品间的贸易条件不能够忽视。贸易条件反映外贸交换利益变动,贸易条件的优劣直接关系到贸易利益。世界各国参与贸易的根本目的在于通过国际分工和交换实现国民价值增值,贸易利益是度量价值增值重要替代指标。

三、贸易安全研究的趋势

从上述关于贸易安全问题的发展阶段可以发现,贸易安全已经由传统意义的产品竞争问题转移至国家安全战略问题,贸易安全从单一产品的竞争能力及利益所得转变为国际经济政治综合问题。国际协定及国际组织在保障全球贸易安全的过程中扮演了重要角色。研究贸易安全,除了对于产品贸易条件和贸易利益问题的考量,研究产品生产的资源所得及保障贸易环境的政策措施,以及一国参与国际协定及其在贸易规则制定中的话语权等问题愈发显得重要,贸易安全已经上升为政治经济学层次的战略问题。

综上所述,研究贸易安全需要从贸易条件和贸易利益两个角度审视相关产品在贸易中面临的环境及利益。本章节评价中国林产品进出口的贸易安全,首先,将进出口贸易的主要产品和资源的贸易条件水平作为整体研究背景;其次,分析提供给国内木材加工产业发展的原材料进口面临的贸易环境;最后,分析关于影响中国林产品贸易条件可能存在不安全的影响因素。

四、中国木材资源贸易安全子体系构成

本书评价木材资源安全,考虑到木材产品贸易包括两方面,即产成品出口由于市场交互及其贸易所得问题及原材料进口的资源获取问题。对贸易安全的评价参考联合国国际贸易中心(UN International Trade Center)的 TPI 指数(Trade Performance Index)作为木材资源及产品的贸易安全评价子体系框架(Wood-Product Interactive Trade Indicators/ WPITI)(见第五章论述),通过动态监测贸易过程的贸易条件变动及"贸易所得"来跟踪整体贸易安全问题。

---

① 何剑、徐元:《贸易安全问题研究综述》,《财经问题研究》2009 年第 11 期,第 19—23 页。

表 11.1　木材资源及产品贸易安全评价——WPITI 指标体系

指数种类	代码	指数要义
总体水平	N	该类产品出口国家总数
	G1	出口值
	G2	年均出口增长率
	G3	占国家出口份额
	G4	占国家进口份额
	G5	贸易平衡比较
	G6	单位值比较
当前指数水平	P1	净出口
	P2	居民均出口
	P3	国际市场份额
	P4a	产品多样性
	P4b	产品集中度
	P5a	市场多元化
	P5b	市场集中度
	C1	世界份额变化比较
变动指数	C1a	竞争度
	C1b	地域专业化
	C1c	产品专业化
	C1d	产品适应度
	C2	世界需求动态匹配
平均指数	A	世界份额变化绝对比较
	P	平均指数:当前指标
	C	平均指数:变化指标

资料来源：UN International Trade Center Database. ［DB/OL］. http://www. intracen. org/appli1/TradeCom/ TPIC. aspx？RP = 156&YR = 2006。

WPITI 指标体系中,通过常规贸易变量和动态指数来衡量贸易的安全水平,其中主要的参数模型解释如下。

贸易安全总体水平的解释以净出口的变化为基础,其方程式可以表达为,

$$NE_{icl}^t = \frac{1}{\sum_{k=1}^n (\frac{X_{i,k}^t}{X_{i,cl}^t})^2}$$

其中 NE_{icl}^t 表示每年净出口变化水平; $X_{i,k}^t$ 是 i 国 k 产品在 t 年度的出口值; $X_{i,cl}^t$ 是 i 国某大类产业 cl 的所有产品在 t 年度的出口值; $\frac{X_{i,k}^t}{X_{i,cl}^t}$ 即可以理解为 i 国 k 产品占所有 cl 产

业大类的出口份额。

其中 cl 产业大类中单一商品的标准偏差经拓展可获得,

$$S_{cl}^t = \left[\frac{\sqrt{\sum_{k=1}^{cl} (X_{i,k}^t - \overline{X}_{i,cl}^t)^2}}{N(\overline{X}_{i,cl}^t)} \right] \tag{11.1}$$

其中 $X_{i,k}^t$ 是 i 国 k 产品在 t 年度的出口值; $\overline{X}_{i,cl}^t$ 是 i 国 t 年度 cl 产业大类的出口均值;
$(X_{i,k}^t - \overline{X}_{i,cl}^t)$ 是 i 国 cl 产业大类中 k 产品的平均偏差。

当前指数水平的评价遵循不同国家密切关注其不同产品出口市场多样化的衡量原则,一国贸易环境的变化可以通过其在出口产品的市场多样化水平采体现,相应的,一国出口产品的市场多样化水平越高,其指数值也就越大,该国在国际市场的贸易环境排名也就越靠前,一国产品净出口能力可表达为,

$$NE_i^t = \frac{1}{\sum_{j=1}^{p} (\frac{X_{ijcl}^t}{X_{i,cl}^t})^2} \tag{11.2}$$

其中 X_{ijcl}^t 是 i 国 t 年度出口至 j 国的 cl 产业大类产品值; $X_{i,cl}^t$ 是 i 国 t 年度 cl 产业大类产品出口总值; $\frac{X_{ijcl}^t}{X_{i,cl}^t}$ 是 i 国 cl 产业大类产品出口总值占 j 国的市场份额。

拓展指数模型可以测算某类产品最高值与最低值的离散程度,由于一国出口产品的市场份额与其贸易伙伴密切相关,所以一国市场的多样化离散程度越大,其指数值也就越大,可以通过标准误差方程式表述如下述,

$$S_{pcl}^t = \frac{\sqrt{\sum_{j=1}^{p} (X_{ijcl}^t - \overline{X}_{ipcl}^t)^2}}{N(\overline{X}_{ipcl}^t)} \tag{11.3}$$

其中 X_{ijcl}^t 是 i 国 t 年度 cl 产业大类产品出口总值; $\overline{X}_{ipcl}^t$ 是 i 国 t 年度 cl 产业大类出口至市场 p 的平均值。

本书中木材资源贸易安全 WPITI 指标体系,参考联合国国际贸易中心数据库统计标准(UN International Trade Center Database),其研究标准得到普遍认可,能够全面反映一国进出口过程中对商品及资源贸易安全的变动趋势。

第二节　中国木材资源贸易安全的整体评价

中国关于林业产业问题的研究在改革开放后开始受到关注,整体来说主要是行业发展中的两大问题,其一是木材加工产业形成了加工贸易的发展模式,倾向于重商主义的出口创汇思想,长期是指导林产品加工产业发展主要选择,建立在比较优势基础上的林产品出口问题是中国加工贸易发展中具有代表性的行业;其二是中国木材资源的进口问

题,由于长期形成的出口加工贸易战略主导产业发展,资源问题成为出口增长的重要约束,加之中国整体资源短缺,进口木材资源成为政策引导的主要方向。研究中国木材资源安全问题,有必要关注到中国林产品贸易与产业发展的主要动态。

一、林产品贸易安全问题的研究动态

有关学者较早关注到长期以来中国木材资源供需矛盾,建议将合理的木材工业结构作为林业发展战略调整的重要内容(王恺、侯知正,1986)[①]。针对中国工业化进程中农业部门从事林业生产的经济增长问题,国内设计了林业产业发展及其政策目标——在顺应工业化进程和整个产业结构变化趋势下,以比较优势为基础实现林业产业化发展模式(李周,1987)[②],在此框架设计下的中国林业产业特别是木材加工产业逐步形成了以加工贸易为主的发展思路,其对外向型经济发展作出了积极贡献。通过吸引外资及国际技术进一步带动了中国木材加工产业以比较优势为基础的发展,通过合资、合作及战略联盟等形式的跨国合作(Jean Mater,2005)[③],进一步提高木材产业国际化程度一度成为产业发展的热点问题。木材产业的可持续发展需要技术创新及组织优化,通过技术创新来推动木材产业的升级,通过优化木材产业组织结构优化来提高国际竞争力成为产业发展的重要路径(Jianbang Gan,2004)[④]。但由于中国整体资源短缺,资源约束逐步成为限制产业持续发展的瓶颈,在加大用材林资源培育及加强木材资源的高效利用的同时,积极促进速生材及小径材的发展成为当时重要的解决策略(林凤鸣,1996)[⑤],人工速生林成为了解决资源短缺的重要保障,以江苏、山东、河南等平原速生杨木的快速发展成为了中国农林业经济增长的示范模式。中国木材加工贸易除了依赖劳动力低廉的比较优势,其可持续发展还受制于大量进口,进口木材越来越受制于环境保护等国际禁运的出口限制,应该重视热带森林资源的大幅破坏,从保护全球生态环境的角度做负责任加工业及资源进口大国(朱光前,2003)[⑥]。

20世纪90年代中期,发达国家由工业经济向知识经济转型中,中国承接了其国际资本和产业转移,由于国内投资环境和劳动力资源优势,大量外资推动了中国加工贸易发展。中国木材加工产业同样在此阶段以比较优势吸纳了国际制造业的转移,加速了中国林业产业的工业化进程,但同时形成了目前以加工贸易为主的外向型发展模式,"两头在

---

①　王恺、侯知正:《中国木材工业产品结构变化的展望》,《林业经济》1986年第3期,第2—7页。

②　李周:《关于中国林业资金问题的思索》,《绿色中国》1987年第4期,第5—11页。

③　Jean Mater. 2005, "The Role of the Forest Industry in the Future of the World", *Forest Products Journal*, Vol. 55, No. 9, pp. 24 – 27.

④　Jianbang Gan. 2004, "Effects of China's WTO Accession on Global Forest Product Trade", *Forest Policy and economics*, Vol. 6, No. 6, pp. 509 – 519.

⑤　林凤鸣:《世界人造板产业政策》,《人造板通讯》1996年第11期,第11—12页。

⑥　朱光前:《中国木材市场现状、存在问题和发展建议》,《林业产业》2003年第30卷第2期,第3—7页。

外、大进大出"贸易格局使得制造产业的资源和产品严重依赖于国际市场。

中国木材加工产业以中低端技术门槛集聚于较发达生产要素的苏、鲁、浙等省份,由于加工贸易在国际分工利益中的低水平分配已不符合创新型经济发展的内在要求,加快相关产业转型升级,适当降低加工贸易出口产品对国际市场的依赖,整体经济的可持续发展已经成为重要趋势。

以人造板产业为例,中国木材加工产业由于其特殊行业地位及低劳动成本的比较优势,目前已成为世界最大的加工基地和最主要的出口国,其世界出口份额达到 30% 左右,2008 年在金融危机中由于国际房地产及建筑行业的萎缩及家居装修业的下降,木材加工产业受到严重打击。中国木材加工产品出口主要分布在美国、日本及欧洲市场,国际对华反倾销贸易调查纠纷及中国木材资源短缺,大量进口的原材料同样引发国际环保组织的抵制,受制于原材料的产业发展环境加剧了中国木材加工产业安全问题。同时由于中国林业产业链呈现利益分配的低端化的特点,以木材加工为主的中低端产业链发展模式,决定了其在国际分工中的利益分配的低层次水平(Qiang Ma 等,2009)①,这种以劳动密集型及资源密集型的出口加工贸易发展格局对于产业的长期可持续发展是不利的。

近些年关于中国大量进口国际木材资源从事出口生产而导致他国环境破坏成为世界舆论的热点——"中国是世界森林资源的黑洞"(US EIA,2005)②,中国木材产业的发展及资源进口真的导致他国生态安全的破坏吗? 研究认为中国资源进口并未直接导致洲际间的森林生态安全能力的下降(Ying Nie 等,2010)③。同时,应该关注到中国加工贸易的快速发展导致持续贸易顺差,继而引发国际对华出口产品的贸易摩擦不断上升,中国出口产品中诸如家具、铜版纸及木地板遭受国际反倾销制裁日趋常态化,贸易保护严重影响产业发展(杨红强等,2008)④。

上述研究表明中国林产品外贸长期形成的加工贸易的发展模式已经与国际市场密切联系在一起,林产品出口贸易在贸易外部条件上存在类似金融危机导致需求降低从而减少进口的贸易安全威胁。同时,从进口原料生产出口产品的角度来看,国际对于资源管制的压力越来越成为主流,特别木材资源的进口更涉及环境及生态等政治话题,资源进口的贸易安全问题更加剧了产业安全及贸易的可持续发展。

---

① Qiang Ma, Jinglong Liu and Wenxian Du. 2009,"How Chinese Forestry is Coping with the Challenges of Global Economic Downturn",*Unasylva* 233,Vol. 60,pp. 43－48.

② US Environment Investigation Agency. 2005,"The Last Frontier-illegal Logging in Papua and China's Massive Timber Theft",[DB/OL]. http://www. eia-international. org/files/reports93－1. pdf.

③ Ying Nie,Chunyi Ji, Hongqiang Yang. 2010,"The Forest Ecological Footprint Distribution of Chinese Log Imports",*Forest Policy and Economics*,Vol. 12,No. 3,pp. 231－235.

④ 杨红强、聂影:《中国木材供需矛盾与原木进口结构分析》,《世界农业》2008 年第 7 期,第53—56 页。

二、贸易大国与贸易安全

（1）中国贸易大国地位

为了能够反映中国国际贸易的发展走势,本书首先分析主要进出口国家的贸易变动及世界排序,通过选取 2005 年与 2010 年统计数据,能够反映中国近些年进出口位置变动。2005—2010 年世界主要进出口国家排序(见表 11.2)反映,2010 年中国在国际贸易的国际地位居世界出口第一大国,世界第二进口大国,中国是名副其实的贸易大国。

表 11.2　2005—2010 年世界主要进出口国家排序

（单位:千美元）

2005 年				2010 年			
排序	国家	出口值	进口值	排序	国家	出口值	进口值
1	德国	945,743,267	739,105,991	1	中国	1,577,763,751	1,396,001,565
2	美国	893,703,383	1,672,545,803	2	美国	1,277,109,162	1,966,496,750
3	中国	753,155,150	589,216,180	3	德国	1,271,096,329	1,066,816,752
4	日本	590,346,862	503,000,163	4	日本	769,839,386	692,620,567
5	法国	428,820,898	462,222,386	5	法国	511,651,043	599,171,506
6	英国	379,564,523	484,477,538	6	荷兰	492,645,872	439,986,633
7	意大利	362,108,998	352,350,997	7	韩国	467,730,209	425,094,209
8	加拿大	359,831,622	309,072,282	8	意大利	447,454,739	486,628,824
9	荷兰	314,229,641	279,033,136	9	比利时	411,084,820	390,091,115
10	比利时	330,630,655	317,746,624	10	英国	404,736,662	558,647,336

数据来源:UN International Trade Center Database。

2005 年中国出口贸易排在德国及美国后居世界第三大国。数据表明,德国、中国是世界典型的贸易顺差国家,但是德国由于其在欧盟的特殊地位,以及从欧盟总量来看其贸易均衡问题相对稳定,所以中国明显成为了世界第一大贸易顺差大国。中国贸易顺差大国的地位,一方面确实反映了中国世界加工厂地位的稳固,另一方面也使得国际对华贸易保护问题愈发突出,进一步增加了中国对外贸易环境的持续恶化。无疑从较长期发展来看,人民币汇率问题、贸易争端问题、资源安全问题都将成为中国外贸可持续发展的重要的政治经济难题。

（2）中国综合商品进出口水平概况

为研究方便,本书同样选取了 2005 年与 2010 年统计数据来整体反应中国综合商品的进出口状况。统计发现,2005 年中国主要进出口贸易水平中(见表 11.3),出口值 7500亿美元,进口值近 5900 亿美元,贸易顺差 1600 亿美元,主要出口商品排序为:电子产品、机械产品、服装产品及针织类产品等产业产品。进口的主要商品排序为:电子产品、机械、原油、塑料等产品。

表11.3 2005年中国主要商品进出口水平

（单位:千美元;%）

产品及代码	出口值	进口值	出口差异值	出口差异水平	进口差异值	进口差异水平
00 所有产品	753,155,150	589,216,180	22.6	平均	28.6	平均
85 电子设备	173,846,855	146,840,795	18.6	低	41.8	高
84 机械设备	145,947,753	84,432,947	20.4	平均	25.4	平均
62 服装及配件	34,855,611	712,861	27.1	平均	49.6	高
61 针织品及配件	30,625,342	646,748	29.7	平均	56.2	高
90 光学及照相产品	25,379,226	42,894,035	22.1	平均	29.9	高
94 家具及预制材	22,214,574	793,082	29.8	平均	21.1	平均
95 玩具及运动器材	19,094,786	407,224	45.6	高	64.7	高
64 鞋类	18,879,571	458,637	38.1	平均	38.9	平均
73 钢铁部件类	18,714,525	5,525,775	12.2	低	13.4	低
39 塑料类	17,551,733	32,006,101	19.5	低	26.7	平均
27 原油类	17,209,239	50,956,544	9.9	极低	18.9	低
87 汽车类	15,854,626	12,275,108	9.4	极低	15.3	低
72 钢铁类	14,903,238	25,679,643	8.9	极低	14.5	低
29 有机化学	12,038,711	27,863,752	8.7	极低	11.8	低
42 皮具类部件	11,360,670	189,071	39.3	平均	58.2	高
63 其他丝质类	10,234,758	104,748	16.8	低	22.6	平均
52 棉花	7,172,169	5,423,894	18	低	34.8	平均
28 无机化学产品	6,862,689	4,744,604	12.8	低	36.7	平均
44 林产品类	6,370,164	4,902,244	15.2	低	15.1	低
86 动力机车类	6,212,839	479,920	78.4	高	22.4	平均
76 铝材及部件	6,016,933	4,571,474	13.4	低	22.7	平均

数据来源:ITC Calculations Based on UN COMTRADE Statistics。

2010年中国进出口商品的统计表明(见表11.4),2010年中国出口值达到1.5万亿美元,同期进口值约1.4万亿美元,整体贸易顺差1817亿美元。整体来看,中国的进出口商品排序没有大的变化,主要出口商品排序为:电子产品、机械产品、服装产品及家具类产品等产业产品。进口的主要商品排序为:电子产品、机械、原油、光学设备等产品。就出口商品的差异化水平来看,除钢铁产品外,中国产品产异化水平整体处于较低层次。进口商品方面,则呈现较大差异性,这与近些年国内消费的逐步增长有一定关系,随着国内居民收入水平的不断提高,国民消费中对进口产品的需求拉动了整体进口增加,多样化的消费需求呈现较为显著变化。

表 11.4　2010 年中国主要商品进出口水平

（单位：千美元；%）

产品及代码	出口值	进口值	出口差异值	出口差异水平	进口差异值	进口差异水平
00 所有产品	1,577,763,751	1,396,001,565	23.1	平均	32.3	平均
85 电子设备	378,833,831	313,443,029	16.4	低	55.3	高
84 机械设备	319,553,689	172,927,034	14.6	低	26.9	平均
61 服装及配件	66,710,933	818,220	26.4	平均	49.3	高
62 针织机配件	54,361,478	1,420,024	19.3	平均	50.7	高
90 光学及照相	52,109,780	89,919,369	17.6	低	26.4	平均
94 家具及照明	50,584,032	3,060,824	21.5	平均	29.1	平均
89 船类	40,296,396	1,678,196	18.7	低	18.8	低
73 钢铁配件	39,143,621	9,150,701	67.5	高	57.7	高
87 汽车类	38,397,962	49,504,235	31.9	平均	56.6	高
64 鞋类	35,633,851	1,118,265	7.9	极低	14.3	低
39 塑料类	34,894,627	63,771,799	49.8	高	88.5	高
29 有机化学	31,451,721	48,263,067	23.5	平均	24.9	平均
95 玩具运动类	29,306,702	1,023,395	9.7	极低	8.5	极低
72 钢铁	28,931,498	25,326,244	25.2	平均	15.4	低
27 石油及产品	26,674,613	188,965,812	13.3	低	34.8	平均
42 皮具类	20,845,585	1,122,977	32.6	平均	71.5	高
63 丝质类	19,744,230	262,066	19.4	低	18.7	低
40 橡胶类	14,895,968	16,925,289	11.9	低	7.9	极低
76 铝材类	14,530,901	8,795,536	12.5	低	33.3	平均
52 棉花	13,066,589	10,619,616	15.7	低	42.3	高
71 珍珠类	12,546,360	10,846,861	19.8	低	27.9	平均
28 无机化学	11,763,392	9,958,146	12.8	低	27.5	平均
70 玻璃产品	10,325,404	4,871,474	15.4	低	12.1	低
44 林产品类	9,651,542	11,234,863	20.7	低	24.5	平均
48 纸和纸板类	9,561,196	4,611,778	22.5	低	36.7	平均

数据来源：ITC Calculations Based on UN COMTRADE Statistics。

注释：此数据是出口国报告数据，鉴于部分国家海关统计没有汇报联合国统计库，所以此数据比中国的统计值要小。

（3）中国林产品贸易地位概况

按照出口值水平排序，2005 年中国林产品（不包括纸类产品及家具）出口排在出口序列中第23位,年出口金额近52亿美元,同期进口值近55亿美元,此阶段中国林产品进出口已经发生本质变化,即林产品贸易开始出现贸易逆差,木材资源进口问题严重凸显。同时应该注意到,就全部商品出口水平来看,林产品进出口均呈现差异率低的水平,其中出口差异性为14.4%,进口差异性下降更快,达到10%,木材资源进口集中于单一产品中结构愈发凸显(下节详述)。中在单一的产成品出口和单一的资源产品进口上的态势加大了贸易安全问题。

按照出口值水平统计排序,2010年中国林产品(不包括纸类产品及家具)出口排在出口序列中25位,年出口金额近100亿美元,同期进口值约110亿美元(主要由于原木等资源型产品的进口拉动),中国林产品进出口呈现顺差。但是应该注意到,就全部商品出口水平来看,林产品进出口均呈现差异率低的水平(20.7%),尚不能达到平均水平(23%),整体情况说明中国林产品进出口集中在单一的产成品出口和单一的资源产品进口上,产品的整体贸易结构单一化水平明显,其抵御风险能力较低。

2010年纸及纸板类产品的进出口问题有所变化,中国纸及纸板产品出口已达95亿美元,中国纸产品加工的国际竞争力在加强,但是否进入纸产品加工贸易的格局还有待分析,如果中国纸及纸板延续普通林产品加工贸易的发展模式,其结果是令人担忧的,因为纸产品对资源的消耗及对生态环境的影响是非常严重的,中国是否承接了国际纸产业的转移,开始进入了纸加工大国的行列,如果仅仅是出口贸易的纸加工大国,这种发展一方面值得认真思考,另一方面对于木材资源的利用将更加紧张,中国木材资源安全的态势将进一步加重。

三、WPITI体系的林产品贸易安全水平测算

依据WPITI评价指标体系,本书根据2005年和2010年中国林产品进出口情况,测算了中国林产品贸易的主要贸易安全水平,整体来看,贸易环境及产品的国际安全问题逐渐变得严峻起来。

表11.5 2005年WPITI评价林产品贸易安全水平

分类指标		指标解释	值排序	世界排序
总体水平	N	该类产品出口国家总数	150	
	G1	出口值(千美元)	6,370,164	
	G2	年均出口增长率(%)	29%	16
	G3	占国家出口份额(%)	0.84%	
	G4	占国家进口份额(%)	2%	
	G5	贸易平衡比较(%)	6%	
	G6	单位值比较(世界平均=1)	0.8	

（续表）

分类指标		指标解释	值排序	世界排序
当前指数水平	P1	净出口（千美元）	1,467,920	136
	P2	居民均出口（美元/人）	7.9	93
	P3	国际市场份额（%）	4.97%	5
	P4a	产品多样性（出口产品种类）	27	11
	P4b	产品集中度（国家数）		11
	P5a	市场多元化（主要市场）	8	50
	P5b	市场集中度（国家数）		11
变动指数	C1	世界份额变化比较（%）	0.18%	
	C1a	竞争度—每年变化（%）	0.14%	13
	C1b	地域专业化—每年（%）	− 0.03%	129
	C1c	产品专业化—每年（%）	0.03%	35
	C1d	产品适应度—每年（%）	0.03%	29
	C2	世界需求动态匹配		80
平均指数	A	世界份额变化绝对比较	0.37%	1
	P	平均指数：当前指标		44
	C	平均指数：变化指标		71

数据来源：依据 UN International Trade Center Database 测算。

表 11.6　2010 年 WPITI 评价林产品贸易安全水平

分类指标		指标解释	值	世界排序
总体水平	N	该类产品出口国家总数	146	
	G1	出口值（千美元）	9,651,542	
	G2	年均出口增长率（%）	25%	24
	G3	占国家出口份额（%）	0.61%	
	G4	占国家进口份额（%）	3%	
	G5	贸易平衡比较（%）	− 12%	
	G6	单位值比较（世界平均 = 1）	0.9	

（续表）

分类指标		指标解释	值	世界排序
当前指数水平	P1	净出口(千美元)	-1,583,321	121
	P2	居民均出口(美元/人)	11.1	94
	P3	国际市场份额(%)	9.12%	1
	P4a	产品多样性(出口产品种类)	27	8
	P4b	产品集中度(国家数)	11	9
	P5a	市场多元化(主要市场)	15	22
	P5b	市场集中度(国家数)	14	8
变动指数	C1	世界份额变化比较(%)	0.11%	
	C1a	竞争度—每年变化(%)	0.12%	25
	C1b	地域专业化—每年(%)	-0.09%	127
	C1c	产品专业化—每年(%)	0.12%	45
	C1d	产品适应度—每年(%)	0.00%	79
	C2	世界需求动态匹配		68
平均指数	A	世界份额变化绝对比较	0.45%	1
	P	平均指数:当前指标		42
	C	平均指数:变化指标		75

数据来源:依据 UN International Trade Center Database 测算。

（1）总体水平

2005 年到 2010 年林产品年均出口增长率水平由 29% 下降到 25%,年均出口增长率世界排名由第 16 位下降到第 24 位;由出口顺差转变为贸易逆差,贸易平衡度为 -12%,说明进口资源变为贸易主题;进出口值在国家进出口比重也发生变化,虽然出口仍占整体出口比重维持在 0.6%—0.8% 的水平,但进口占国家进口总值比重由 2% 上升至 3%,这说明需要进口更多的资源才能满足占国家不足 1% 的出口水平。

（2）当前指数水平

WPITI 当前指数水平来看,进出口能力在下降,由 2005 年的第 136 位上升到 2010 年的第 121 位,虽然排名有所提高,但出口的增长难度源于世界市场在发生不利的变化;从居民均出口能力来看,林产品出口有上升的表现,其原因可能是劳动生产率的提高,从而部分地增加了产品附加值,这是可能是由于技术进步;国际市场份额在逐步得到加强,由 2005 年的 5% 的水平上升为 9% 的水平,其世界排名也由第 5 位上升到第 1 位;从产品集中度、市场多元化及市场集中度来看,市场明显集中,多元化能力在下降,市场更集中在主要的 5 个国家,总之,林产品贸易在出口数量方面虽然得到进一步发展,但综合的安全问题趋于严峻。

（3）变动指数水平

WPITI 变动指数水平来看,竞争度指数明显下降,由 2005 年的 0.14% 排名世界第 13 位下降为 2010 年 0.12%,排名世界第 25 位,说明产品竞争水平在下降;区域专业化水平与产品专业化水平同样呈现下降态势,说明产品从地域适应到产业适用等方面能力可能在削弱;从产品适应度水平可以看出,2005 年为世界第 29 位,2010 年严重下降到第 79 位,可能的原因是欧美金融危机导致需求减少,产品无法满足市场消费的需要;世界需求的动态匹配也反映产品出口难以适应国际市场变化的要求,2008 年大量木材加工企业倒闭也源于此,不能抵御外部市场冲击的产业模式注定了贸易不安全的存在。

（4）平均指数水平

WPITI 平均指数水平简单地反映了上述当前指标和变化指标的趋势,虽然世界份额变化绝对比较没有明显改变,但当前指标和变化指标的世界排序在下降,说明中国林产品在世界贸易的格局中仍属于不稳定的市场结构,可以理解为资源短缺及出口国原木限制等原因,以及国际贸易摩擦及贸易保护等政策因素均可能导致进出口波动,从当前指标和变化指标的排序下降趋势可以发现中国林产品贸易的不稳定影响因素仍然存在甚至有增加风险的可能。

第三节　中国林产品出口及贸易安全

上述研究从整体上介绍了中国贸易大国地位及贸易环境变化的宏观背景,中国出口贸易大国地位的确立加大了国际对华贸易保护的压力,林产品出口在全国整体贸易中均呈现差异率低的水平,中国林产品进出口集中在单一的产成品出口,产品的整体贸易结构单一化水平明显,抵御风险能力较低。本节研究的重点是中国林产品主要出口哪些品种,出口产品的贸易安全存在哪些问题?

中国加入 WTO 后,充分运用了多边贸易体制的贸易自由化,中国加工贸易获得了重要的出口机遇,林产品贸易得到了快速发展。为研究方便,本书以中国加入 WTO 十年以来的贸易发展为基础,分析中国林产品出口及其贸易安全问题。

一、林产品出口的国际地位

2001—2010 年中国林产品出口获得长足发展(表 11.7),出口额从 2001 年的 23 亿美元快速增长到 2010 年的近 100 亿美元,增幅约达 5 倍。主要出口市场中,美国、日本、英国、韩国、加拿大及德国等成为主要的目的地,中国林产品出口的国际地位不断加强,成为世界最大的出口国。

具体到中国林产品出口的国际地位及趋势,为反映近年来中国林产品出口贸易变动情况,本书选取了 2005 年和 2010 年两个年度的出口产品数据。结合国际出口贸易评价标准体系(UN International Trade Center Database),主要参考了出口值、大类商品占本国

表11.7 加入WTO十年来中国林产品出口金额

（单位：千美元）

进口国	2001	2002	2003	2004	2005	2006	2007	2008	2009	2010
世界	2,304,912	2,830,210	3,466,124	5,014,672	6,408,678	8,572,581	9,776,561	9,334,662	7,713,472	9,651,542
美国	509,244	701,579	908,771	1,483,260	1,911,849	2,577,125	2,605,402	2,255,386	1,949,350	2,453,910
日本	821,942	916,292	1,090,114	1,167,116	1,239,975	1,376,246	1,305,687	1,227,046	1,094,880	1,227,988
英国	70,508	98,810	125,597	223,104	292,907	475,578	502,747	481,402	397,227	525,724
韩国	161,482	211,516	208,793	229,721	256,809	387,584	402,318	363,870	291,131	329,650
加拿大	27,017	45,778	78,331	185,164	244,549	307,392	350,548	356,214	299,174	400,720
德国	59,113	60,862	76,018	133,797	189,082	226,284	309,863	286,614	273,918	336,803
沙特阿拉伯	9,566	22,998	24,435	55,781	82,496	121,271	170,800	163,064	118,737	180,362
俄罗斯	1,843	4,927	10,607	21,946	46,666	74,305	156,678	222,465	114,257	186,265
阿联酋	9,701	13,930	23,424	52,687	86,163	146,719	212,970	300,181	185,250	183,701
比利时	26,932	28,390	44,090	67,673	116,063	137,985	185,427	217,294	177,161	219,808

注：表头"年份"。

数据来源：UN International Trade Center Database。

总出口比重、大类商品占世界该类商品出口比重、出口产品种类个数、前三种出口商品份额、出口市场个数、前三位出口市场份额及 RCA 指数[1]等市场指标,能够比较全面反映中国林产品参与国际贸易的发展水平及动态趋势。

表 11.8 2005 年主要林产品出口国家市场指标

(单位:百万美元)

排序	国家	出口值	占本国总出口比重(%)	占世界林产品出口比重(%)	出口产品个数	前三位出口品份额(%)	出口市场个数	前三位出口市场份额(%)	RCA指数
0	世界	100,878	100	0.95	68	32.9	68	38.5	
1	加拿大	16,759	4.65	16.61	67	66	67	95.4	4.9
2	德国	7,242	0.74	8.18	66	44.4	66	30.9	0.8
3	中国	6,370	0.84	6.36	63	37.8	63	34	1.1
4	美国	6,093	0.67	6.04	68	38.6	68	56.8	0.7
5	俄罗斯	5,690	2.36	5.64	55	81	55	50.1	2.5
6	马来西亚	4,062	2.87	4.03	61	43.7	61	44.7	3
7	瑞典	4,030	3.09	3.99	64	80.1	64	44.1	3.3
8	澳大利亚	3,992	3.39	3.96	66	59.5	66	64.1	3.6
9	印尼	3,111	3.63	3.08	60	50.6	60	48.3	3.8
10	巴西	3,033	2.56	3.01	55	38.5	55	61.6	2.7

数据来源:依据 UN International Trade Center Database 测算。

表 11.9 2010 年主要林产品出口国家市场指标

(出口值单位:百万美元)

排序	国家	出口值	占本国总出口比重(%)	占世界林产品出口比重(%)	出口产品个数	前三位出口品份额(%)	出口市场个数	前三位出口市场份额(%)	RCA指数
0	世界	105,875	100	0.68	66	32	225	28.9	
1	中国	9,651	0.61	9.12	53	38.2	198	43.6	0.9
2	加拿大	8,492	2.2	8.02	56	68.1	137	87.6	3.2

---

① RCA 指数(Revealed Compartive Advantage Index)即显示性比较优势系数,是贝拉·巴拉萨(Balassa Bela)1965 年测算部分国际贸易比较优势的方法。表达式: $RCA_{ij} = \dfrac{X_{ij}}{X_{it}} \Big/ \dfrac{X_{wj}}{X_{wt}}$, RCA_{ij} 表示 i 国第 j 种商品的显示比较优势指数; X_{ij} 表示 i 国 j 种某产品出口值; X_{it} 代表 i 国某产品的出口总值; X_{wj} 代表世界 j 种某产品的出口值; X_{wt} 代表世界某产品的出口总值。如果 $RCA_{ij} > 1$,则说明 i 国家第 j 种产品具有显示比较优势;如果 $RCA_{ij} < 1$,则说明该国在 j 种商品的生产上没有显示比较优势。

（续表）

排序	国家	出口值	占本国总出口比重（%）	占世界林产品出口比重（%）	出口产品个数	前三位出口品份额（%）	出口市场个数	前三位出口市场份额（%）	RCA指数
3	德国	7,980	0.63	7.54	57	42.7	15C	32	0.9
4	美国	7,048	0.55	6.66	58	40	178	57.1	0.8
5	俄罗斯	6,220	1.55	5.88	50	81.3	11C	49.9	2.3
6	澳大利亚	4,792	3.31	4.53	56	59.8	132	62.9	4.9
7	瑞典	4,368	2.76	4.13	55	82.7	118	43.2	4.1
8	马来西亚	4,318	2.17	4.08	57	43.1	129	40.4	3.2
9	波兰	3,280	2.05	3.1	56	34	118	47.5	3
10	印尼	2,935	1.86	2.77	48	62.1	156	42.3	2.7

数据来源：依据 UN International Trade Center Database 测算。

结合表11.8及表11.9核算数据，以中国加入 WTO 的每五年（2005 年、2010 年）两个时间点来看，中国林产品出口由世界第三大国跃居世界第一出口大国，从出口绝对数量来看，真正确立了出口贸易大国的地位。此阶段中国林产品出口贸易所呈现的特点如下。

I. 林产品在国内出口的地位变化。在出口产业构成中林产品比重在下降，2005 年占全国出口 0.84%，2010 年下降到 0.61%，虽然出口绝对总量呈现上升发展，但比较于整体外贸产业的发展，林产品出口的比重对整体出口贸易贡献呈现下降态势。

II. 林产品出口的国际地位。中国林产品出口总量在国际上呈现上升趋势，2005 年出口占世界出口的 6.3%，2009 年达到 9.12%，此阶段世界林产品工业大国，例如加拿大、德国等，其在世界林产品贸易的比重均呈现下降趋势，而中国替代加拿大及德国成为世界林产品的头号出口大国。

III. 主要产品的集中度问题。从出口产品个数可以看出，中国出口从 2005 年的 63 种产品下降为 53 种产品，而前三位出口品份额却在增加，说明中国林产品的单一性在加强。而同期加拿大及德国的前三位出口品份额在减少，中国集中于主要产品的出口分担风险的压力在加大。

IV. 主要市场的分散性问题。从 2005 年中国产品出口至 63 个国家虽然快速增加到 2010 年的 198 个国家，但是前三位出口市场份额由 2005 年的 34% 上升至 44%，这是一个危险的信号，中国林产品大量依赖于出口市场，相较于德国前三位出口市场仅占 30% 的份额来看，中国市场的分散能力还存在很大的不足。

V. 产品的比较优势地位在弱化。考虑到 RCA 指数的特点不直接分析比较优势或贸易结构形式的决定因素，但从进出口贸易结果间接地测定比较优势，它对于经验分析摆脱苛刻的理论假设有较好的作用，适合于现实贸易结构分析。2005 年到 2010 年，中国林产品出口的 RCA 从 1.1 降至 0.9,说明中国林产品出口已经丧失其传统的优势地位,而同期加拿大及德国则呈现稳定上升的态势,甚至与瑞典、美国等发达国家及印度尼西亚、马来西亚及俄罗斯等国比较,中国的比较优势则更不明显。

综上所述,中国目前已经成为世界第一大林产品出口大国,但林产品出口面临着产品单一性严重、重要市场过度集中、比较优势地位弱化等难题,中国林产品出口大国的地位并没有转化为出口强国,值得反思中国长期形成的加工贸易发展模式对林产品出口的不利影响。

二、林产品出口结构及问题

中国林产品单一性结构及市场的过度集中究竟体现在哪些产品及国家上,在此节将具体分析林产品出口的产品及国家结构问题。

(1)出口品种结构

为体现目前出口产品的构成及变化,研究选取了 2009 年中国主要出口的林产品(见表 11.10),从产品结构可以分析目前林产品出口的基本特征。根据 UN International-al Trade Center Databas 统计及对产品特征的定义(其根据该产品的出口增长变动趋势界定),2010 年中国主要出口林产品主要反映了以下主要特点。

I. 大类产品比重过大。2010 年出口产品结构中,胶合板(4412)及木质附件(4421)两大类产品比重最大,合计达到出口总量的 50% 以上。其中纤维板(4411)及细木工板(4418)也成为主要的出口产品。

II. 主要产品国际市场份额大。在出口产品占世界出口比重中,厨具及餐具(4419)比重达到 58% 以上;其他装饰及相框架(4414)也达到 44%;而绝对量出口较大的林产品,例如胶合板(4412)、木附件(4421)、纤维板(4411)及层积材(4409)等产品也占有比较的重要地位。

III. 出口产品内部品种集中。虽然中国整体出口林产品品种达到 53 种,但具体到某类产品内部,主要集中在一种到三种产品上,产品内的过度集中与海关统计的现有统计体系有关,也与中国较为单一的出口加工产品的实际相符合。

IV. 资源性产品被赋予增长性特征。联合国国际贸易中心对于产品的特征分类是依据其阶段内的出口增长趋势,这样出口林产品很多被赋予增长性产品(有译"朝阳性产品"),对于像资源密集型的胶合板、木附件、纤维板及层积材等产品,均被视为增长性产品,此类产品近些年的出口增长是否需要倡导值得反思。

V. 比较优势产品较少。联合国国际贸易中心经过剔除国家总量波动和世界总量波动的影响而获取产品优势能力,对于反映一个国家某一产业的出口与世界平均出口水平比较是具有说服力的。中国林产品出口中能够具有比较优势的产品仅胶合板、木附件、纤维板及层积材等少数产品,多数产品是不具比较优势能力的,但是此类产品仍在大量出口,以资源密集和廉价劳动力为基础的出口模式,其仅能够获得较低的贸易所得,长远来看这种出口增长更是值得认真思考的问题。

（单位：千美元）

表 11.10　2010 年中国主要林产品出口品种结构

产品及编码	出口值	出口占国内总出口比重(%)	出口占世界出口比重(%)	出口品种个数(个)	前三类出口品比重(%)	出口国家个数(个)	前三位出口过比重(%)	产品特征	RCA指数
4400 木质林产品	9,651,523	0.61	9.12	53	38.2	198	43.6	增长性产品	0.9
4412 胶合板	3,402,177	0.22	28.46	4	95.6	189	38	增长性产品	2.8
4421 木质附件	1,472,659	0.09	32.56	2	100	164	47.4	增长性产品	3
4411 纤维板	1,114,252	0.07	12.43	3	100	160	42.5	增长性产品	1.2
4418 建筑细木工板	990,430	0.06	8.36	6	88.5	171	57.2	增长性产品	0.8
4409 层积材	654,860	0.04	14.15	2	100	116	59.1	增长性产品	1.3
4420 细木镶嵌材	513,941	0.03	40.18	2	100	120	56.4	增长性产品	3
4414 框架及相框	403,777	0.03	44.09	1	100	118	62	增长性产品	3
4419 厨具及餐具	384,803	0.02	58.46	1	100	103	58.1	增长性产品	
4407 锯木及切片	340,431	0.02	1.18	8	95.8	77	76.4	增长性产品	0.1
4408 饰面薄板	210,888	0.01	8.02	4	100	90	32.4	增长性产品	0.5
4410 颗粒板材	41,388	0	0.66	3	100	101	43.9	增长性产品	0
4415 包装材	38,024	0	1.48	2	100	78	50.9	潜缓性产品	0
4402 木炭	35,752	0	6.07	1	100	69	63.9	传统产品	
4417 工具材	19,822	0	7.28	1	100	85	38.1	潜缓性产品	0
4403 原木	10,526	0	0.08	3	100	5	99.8	增长性产品	0
4401 薪材	6,549	0	0.11	3	100	24	87.8	传统产品	0
4413 密度板	4,818	0	1.73	1	100	52	28.3	潜缓性产品	
4404 箍木	2,123	0	1.22	2	100	27	70.3	潜缓性产品	
4406 枕木	1,567	0	0.45	2	100	22	65.9	传统产品	
4416 桶材	1,523	0	0.27	1	100	38	61.7	潜缓性产品	
4405 木粉	1,213	0	1.54	1	100	15	70	传统产品	

数据来源：依据 UN International Trade Center Database 核算。

（2）出口市场结构

2010 年中国出口林产品 96.5 亿美元,主要出口国家结构(见表 11.11)前五位占到出口总额 50% 以上,其中最重要的出口国为美国和日本,其他出口目的地国家也主要分布在英国、加拿大及德国等发达国家。

表 11.11　2010 年中国主要林产品出口国家结构

（单位:千美元）

排序	国家	出口值	占国内总出口比重(%)	占世界林产品出口比重(%)	出口品种(个)	前三种产品出口比重(%)
0	世界	9,651,523	0.61	9.12	53	38.2
1	美国	2,453,909	25.43	2.32	39	41.9
2	日本	1,227,988	12.72	1.16	49	37.8
3	英国	525,726	5.45	0.5	33	49.7
4	加拿大	400,718	4.15	0.38	39	52.3
5	德国	336,803	3.49	0.32	36	52

数据来源:依据 UN International Trade Center Database 核算。

2005 年中国林产品的主要出口国家(地区)分布为:美国(29.8%)、日本(19.3%)、香港(4.9%)、英国(4.6%)、韩国(4.0%)。2010 年的出口市场基本维持主要国家分布:美国(25.4%)、日本(12.7%)、英国(5.45%)、加拿大(4.2%)、德国(3.5%),上述五国(地区)占到中国林产品出口总值的 50% 以上。2010 年中国对上述国家的出口比重较于 2005 年均有所下降,这与 2008 年金融危机导致的消费减少有关,也与后危机时代欧美大国对华国际贸易保护政策有关。

欧美等国还是需要来自中国的低价劳动密集型产品,特别值得注意的是,对类似于加拿大这样一个林产工业强国,反而也成为中国重要的出口对象,有迹象表明,发达国家进口中国胶合板、木附件、纤维板及层积材等中间产品,在其国内再加工出口的趋势已经出现。

后危机时代世界贸易环境呈现出显著的特点:其一,在较长时间遭受重创的世界经济体之间建立的合作利益共享体系不容某一特殊出口国高度获取贸易所得的市场份额,缓慢而仍存变数的复苏经济在大国博弈中必然会以贸易保护措施对类似中国的贸易顺差进行遏制;其二,主要发达国消费率降低及储蓄率的提高,将加剧国际市场竞争的激烈程度,传统加工贸易产品将严重受到低碳产业比重不断提高的挑战,以中国为代表的加工贸易传统经济面临加快产业调整的外在压力(樊纲,2009)[①];其三,全球生产和贸易格局的迅速调整严重挑战传统出口国工业格局,后危机时代发达国家"去工业化"进程有所放缓,以美国为代表的发达国家积极推进"再工业化"战略调整对发展中国家的工业化进

---

① 樊纲:《后危机时代的五个趋势》,《理论学习》2009 年第 8 期,第 45 页。

程造成严重冲击(王秋石,2008)①,以劳动和资源密集为代表的林产品加工贸易出口模式将与欧美等国"再工业化"的发展中存在新的利益分配。

对于已经融入世界分工格局的外向型加工贸易经济体,后危机时代中国面临着较长时间国际市场缓慢复苏及遭遇贸易保护的外部压力,加工贸易出口环境复杂,生产成本不断提高,人民币实际有效汇率的升高等因素将进一步弱化中国劳动及资源密集型产品的出口竞争能力(刘文华,2009)②,中国木材加工产业安全及林产品贸易安全问题在后危机时代随着国家产业转型升级的政策要求显得尤为严重。

对于中国林产品出口贸易来说,一方面要关注集中于少数国家的出口国家结构可能存在国际贸易环境的不利影响,另一方面也要考虑到对华贸易摩擦的发展日趋常态化,中国家具、地板、纸产品频繁遭受反倾销及反补贴的贸易诉讼是值得警惕的。最后还应该从产业与贸易的关联性考虑,中国需要改变加工贸易的发展思路,低利润而高资源消耗的产业结构调整是对于国家发展有益的长远重要课题。

三、林产品出口贸易安全问题小结

上述从中国林产品出口地位和结构的动态变化角度考察了出口中存在的贸易安全隐患,主要归纳如下。

中国林产品出口国际地位的上升与国内出口贸易贡献率的下降呈现相反趋势,追求国际出口量的大国地位远远没有在国内调整结构及增加产业附加值重要,中国林产品贸易要从贸易利益的角度审视加工贸易的特征。当前出口产品单一性问题值得重视,集中于主要产品的出口风险在加大,大量依赖于少数出口市场的消费能力不利于贸易安全。中国林产品比较优势地位在弱化,对于长期形成的出口导向型发展思路提出严峻挑战。

从出口产品结构及国家结构来看,主导型出口资源性产品(胶合板、木附件、纤维板及层积材等)一方面加大了国内资源及进口压力,另一方面也受到资源消耗过度的国际舆论压力,多数不具比较优势的产品的出口对贸易利益所得是不利。国家结构方面需要警惕少数国家市场集中带来的贸易安全问题,贸易环境的动荡及贸易摩擦常态化要求及时进行调整传统产业发展及贸易战略。

第四节　中国木材资源进口及贸易安全

中国林产品贸易已经形成了"大进大出,两头在外"的加工贸易发展格局,维系出口产业发

---

① 王秋石:《新国际劳动分工、全球金融危机与产业转移——兼议"订单转移"为发展中地区带来的历史性机遇》,《当代财经》2008 年第 12 期,第 81—83 页。

② 刘文华:《后金融危机时期中国外贸企业战略转型研究》,《经济与管理研究》2009 年第 6 期,第 115—122 页。

中国木材资源安全论

展的重要因素是资源问题,由于国内供给的严重短缺,进口资源成为解决资源矛盾的唯一途径。本节关注的问题在于,中国能否持久获得国际进口资源,进口资源的贸易安全问题究竟如何?

一、木材资源的进口地位

首先简单来看2010年中国进口在世界的地位(见表11.12)。观察发现,中国是目前仅次于美国的世界第二大进口国家,2010年中国从全球205个国家及地区进口总额超过1.3万亿美元,中国进口产品的特点表现在产品差异化强(在前十位国家中最高),差异化水平达到平均化程度,相比较于其他主要进口国,说明中国需要大量地进口多种产品及资源来满足经济发展的需要。

表11.12　2010年主要进口国家特征

(单位:千美元)

排序	国家	进口值	进口来源国	进口品差异化(0—100%)	差异水平
1	美国	1,966,496,700	218	13.5	低
2	中国	1,396,000,301	205	26.3	平均
3	德国	1,066,816,089	218	20.2	平均
4	日本	692,620,600	209	20.3	平均
5	法国	599,171,366	222	20.6	平均
6	英国	558,646,550	221	16.9	低
7	意大利	486,628,442	209	12.7	低
8	香港	441,369,084	186	16.5	低
9	荷兰	439,986,324	216	23.1	平均
10	韩国	425,092,923	208	17.3	低

数据来源:依据 UN International Trade Center Database 核算。

中国主要的进口产品结构及进口产品特点(表11.13)统计表明,2010年进口产品中,纸浆产品、林产品、纸和纸板的进口金额分别达到140亿美元、112亿美元及46亿美元。纸产品进口特征表现为差异化水平极低,说明进口差异化小,单一产品严重,林产品进口同样表现为差异水平极低,产品进口种类集中的特点,纸和纸板进口特征表现为进口市场来源相对较少并且集中。

表11.13　2010年中国主要进口产品

(单位:千美元)

产品及代码	进口额	来源国家数	进口品差异化(0—100%)	差异水平
00 所有产品	1,396,000,301	205	26.3	平均

（续表）

产品及代码	进口额	来源国家数	进口品差异化 （0—100%）	差异水平
85 电子设备	313,511,995	171	43.5	高
27 石油	188,965,801	96	37.8	平均
84 机械设备	172,857,919	145	19.3	低
26 矿石	109,386,520	108	13.5	低
90 光学产品	89,919,372	117	15.1	低
39 塑料产品	63,771,740	145	21.5	平均
87 汽车类	49,504,196	93	5.7	极低
29 有机化学品	48,262,991	86	9.6	极低
74 铜产品	46,183,456	133	18.7	低
12 油籽	27,061,883	100	5.5	极低
72 钢铁	25,326,221	87	14.1	低
99 其他产品	18,433,284	32	91.8	高
40 橡胶产品	16,925,272	96	10.2	低
47 纸浆产品	14,178,160	73	8.6	极低
88 航空产品	12,391,043	49	37.5	平均
38 混合化学品	12,264,471	87	22.9	平均
44 林产品	11,234,847	138	9.9	极低
71 珍珠产品	10,846,841	113	62.2	低
52 棉花	10,619,608	99	21.1	平均
48 纸和纸板	4,611,724	97	16.3	低

数据来源：依据 UN International Trade Center Database 核算。

注释：此数据是中方统计数据，考虑到贸易国统计可能没有上报联合国数据库，国际的数额可能比中方数额小。

中国木材资源进口主要集中在三大类，即纸产品、原木及锯材产品。其中纸产品的进口特征表明（见表11.14），产品进口呈现严重单一化，其中化学木浆（4703）和废纸（4707）2010年进口合计超过110亿美元，占纸产品总进口的84%，其中废纸产品进口差异化极低，说明进口依赖性强。

表 11.14　2010 年中国纸产品进口种类及特征

（单位：千美元）

产品及代码	比重	进口额	来源国	进口品差异化 （0—100%）	差异水平
47 合计		14,178,160	73	8.6	极低
4703 化学木浆（苏打或硫酸盐类）	46%	6,538,786	31	7	极低

（续表）

产品及代码	比重	进口额	来源国	进口品差异化（0—100%）	差异水平
4707 废纸	38%	5,353,297	60	11.5	低
4702 化学木浆（其他类）	10%	1,355,307	16	20.4	平均
4705 半化学木浆	6%	813,843	16	19.3	低
4706 其他纤维浆	4%	53,234	22	23.9	平均
4701 机械木浆	3%	35,891	9	93	极高
4704 化学木浆（亚硫酸盐类）	2%	27,802	12	51.7	高

数据来源：依据 UN International Trade Center Database 核算。

中国木材资源进口中的林产品（见表 11.15）主要集中在原木（4403）及锯材（4407）产品,2010 年二者进口金额接近 100 亿美元,占到 44 项下合计数值达到 90%,并且表现为差异化程度低,说明中国木材资源进口主要依赖于原材料的进口。

表 11.15　2010 年中国纸产品进口种类及特征

（单位：千美元）

产品及代码	进口额	来源国	进口品差异化（0—100%）	差异水平
44　合计	11,234,847	138	9.9	极低
4403 原木	6,072,990	91	17.1	低
4407 锯材	3,868,894	100	11.5	低
4401 薪材	675,605	23	21.1	平均
4411 纤维板	124,654	38	8.4	极低
4412 胶合板	116,061	37	42.5	高
4410 刨花板	114,288	34	9.1	极低
4408 单板	88,096	52	19.3	低
4421 其他	52,269	63	45	高
4418 细木工板	23,227	52	44.5	高
4402 木炭	23,007	22	29.6	平均
4409 层积材	19,838	33	82.8	高
4420 装饰材	12,013	90	55.1	高
4416 木桶	9,892	20	16.8	低
4415 包装材	9,855	38	48.7	高
4406 枕木	9,585	8	99.4	高

（续表）

产品及代码	进口额	来源国	进口品差异化 （0—100%）	差异水平
4419 餐桌及厨房制品	7,091	41	36	平均
4413 密度板	2,953	20	42.1	高
4417 木工具	1,741	23	61.6	高
4414 相片框架	1,388	33	42.8	高
4404 木制环材	724	12	92.2	高
4405 木粉	676	17	81.4	高

数据来源：依据 UN International Trade Center Database。

上面分析了中国木材资源的进口地位，中国木材资源主要进口表现在纸产品及资源性的原木及锯材进口，资源密集是进口的特点之一，其次产品进口差异化水平低，主要集中在单一产品的进口上，这表明中国在能否长久获得木材资源问题上存在安全隐患。

二、木材资源的进口结构

（1）资源进口国家结构

受到 2008 年金融危机影响，中国木材资源进口的需求也发生了变动，本书统计了2000—2008 年中国原木进口的主要来源地（见表 11.16），综合分析在全球经济一体化背景下中国资源进口面临的主要问题。

2000 年是中国实施天保工程后的第一年，国内供给的减少导致进口资源快速上升，次年原木进口用汇是 1995 年的 4.5 倍。2000 年进口国家主要为，俄罗斯（43.6%），马来西亚（14.8%），加蓬（8.4%），巴布新几内亚（5.5%）、德国（3.5%）；平均进口单价 121.6美元/立方米，由于从不同国家进口产品有所差别，价格差距也很大，其中来自德国的木材资源单价最高，达到 385 美元/立方米，俄罗斯虽然进口数量最大，但价格最低，约为61.9 美元/立方米；值得注意的是，中国原木进口主要来自俄罗斯、马来西亚、加蓬及巴布新几内亚等发展中国家，中国大量的从上述发展中国家进口木材资源成为国际关注的焦点。

2005 年，由于中国加入 WTO 以及融入世界经济的进程不断加快，伴随着国内经济的快速发展，资源进口问题更加突出，2005 年进口原木资源用汇达到 32 亿美元，几乎是2000 年进口用汇的 2 倍。资源进口依赖于发展中国家更加突出，主要进口来源地分布为：俄罗斯（68.2%）、巴布新几内亚（6.3%）、马来西亚（6.3%）、缅甸（3.9%）及加蓬（3%）等国，上述国家的木材进口占到进口总额达到90%以上；此年度进口资源单价虽比较平稳，约为 110 美元/立方米，但从主要国家的资源进口价格明显上升，例如俄罗斯的进口材由 2000 年的 60 美元/立方米上升至 80 美元/立方米，巴布新几内亚的进口材由

表 11.16 历年中国原木进口国家及价格

（单位：美元；立方米；美元/立方米）

年份	来源	进口额	进口量（立方米）	比重	单价
2000	世界	$1,655,640,694	113,611,756		$121.63
	俄罗斯	$367,014,534	5,930,938	43.6	$61.88
	马来西亚	$235,497,969	2,008,967	14.8	$117.22
	加蓬	$224,691,005	1,144,385	8.4	$196.34
	德国	$182,988,786	475,185	3.5	$385.09
	印尼	$105,475,218	602,653	4.4	$175.02
	巴布亚新几内亚	$101,721,291	755,402	5.5	$134.66
	法国	$75,311,086	231,401	/	$325.46
	赤道几内亚	$62,679,610	358,535	/	$174.82
	缅甸	$59,818,807	582,719	/	$102.65
	喀麦隆	$42,160,246	213,726	/	$197.26
2007	世界	$5,356,009,308	37,132,607		$144.24
	俄罗斯	$2,705,870,141	25,395,730	68.4	$106.55
	巴布亚新几内亚	$414,793,514	2,341,025	6.3	$177.18
	加蓬	$395,576,863	1,149,934	3.1	$344.00
	马来西亚	$249,450,658	1,331,417	3.6	$187.36
	所罗门群岛	$181,900,093	1,049,186	2.8	$173.37
	新西兰	$154,211,287	1,270,187	3.4	$121.41
	美国	$149,681,533	320,219	/	$467.43
	缅甸	$141,018,016	759,651	/	$185.64
	赤道几内亚	$130,380,367	487,941	/	$267.21
	越南	$130,325,159	216,580	/	$601.74

年份	来源	进口额	进口量（立方米）	比重	单价
2005	世界	$3,243,540,051	29,367,987		$110.44
	俄罗斯	$1,621,519,766	20,043,249	68.2	$80.90
	巴布亚新几内亚	$270,514,019	1,835,233	6.3	$147.40
	马来西亚	$268,781,730	1,859,974	6.3	$144.51
	加蓬	$232,542,055	814,274	3	$285.58
	缅甸	$129,068,415	1,133,217	3.9	$113.90
	刚果	$118,334,371	454,093	/	$260.60
	美国	$100,594,067	193,717	/	$519.28
	所罗门群岛	$96,541,006	652,734	/	$147.90
	德国	$78,963,276	445,279	/	$177.33
	赤道几内亚	$71,746,625	304,096	/	$235.93
2008	世界	$5,183,259,436	29,569,655		$175.29
	俄罗斯	$2,562,030,442	18,665,124	63.2	$137.26
	加蓬	$414,888,708	1,076,787	3.6	$385.30
	巴布亚新几内亚	$412,715,931	2,229,673	7.5	$185.10
	新西兰	$245,716,962	1,908,700	6.6	$128.74
	所罗门群岛	$212,315,588	1,158,941	3.9	$183.20
	缅甸	$177,537,484	490,353	1.7	$362.06
	马来西亚	$172,654,673	816,667	2.8	$211.41
	刚果	$152,431,279	394,763	/	$386.13
	美国	$147,346,221	397,524	/	$370.66
	喀麦隆	$86,079,674	201,333	/	$427.55

数据来源：UNcomtrade Database。

2000年的134美元/立方米上升至2005年的147美元/立方米。

2007年中国木材资源进口强劲,累计进口用汇超过53亿美元。此年度原木进口主要国家变化不大,依次为:俄罗斯(68.4%)、巴布新几内亚(6.3%)、加蓬(3.1%)、马来西亚(3.6%)及所罗门群岛(2.8%)等国,进口均价继续上升,平均为144美元/立方米,值得注意的是2007年从俄罗斯进口原木资源价格上升幅度很快,突破了100美元大关,其他国家诸如美国、越南也成为重要进口来源地,并且价格达到467美元/立方米、600美元/立方米。

2008年金融危机期间,欧美发达经济体经济衰退导致消费减少,但中国依然对资源进口保持高位,木材资源进口继续保持在52亿美元的用汇水平,是2000年进口金额的3.2倍,进口来源地依然是俄罗斯、巴布新几内亚等发展中国家。其中主要进口来源国比例分布为,俄罗斯(63%)、巴布新几内亚(7.5%)、新西兰(6.6%)、所罗门群岛(3.9%)及加蓬(3.6%)等国;进口价格超过2007年144美元/立方米的均价,达到175美元/立方米,从重要国家的进口价格出现大幅攀升,从俄罗斯进口的木材单价是2000年的3倍,达到137美元/立方米,从加蓬的进口均价也达到2000年的2倍;国际过于中国对世界森林资源的破坏问题的探讨也成为了热点,国家林业局高度关注中国木材资源安全问题,并就保障木材供给召开了多次专题研讨会。

（2）资源进口品种结构

为统计方便,由于联合国UNcomtrade数据库统计进出口不尽可能全部落实到8位编码(见表11.17),在大项统计时经过了合并,同时HS1996将44033000项调整到其他项下(44033000项在HS1992标准中是存在的,其下属分类5项较为细致复杂)。结合中国原木进口品种结构特点,本书将税则号调整至6位编码范围,统计出以下7大类(见表11.18),经过汇总检验显示与中国历年原木进出口量值总额相等,经处理后的统计方法能够符合国内国际统计口径,更有利于比较研究。

表11.17　HS1996统计标准原木分类(8位编码)

项目		税则号	术语解释或商品描述
原木		4403	原木,不论是否去皮、去边材或粗锯成方
	针叶原木	44032000	其他方法处理的针叶木
	热带阔叶原木	44031000	用油漆,着色剂、杂酚油或其他防腐剂处理
		44033000	（HS1996略去）
		44034100	红柳桉木
		44034910	柚木
		44034990	其他
		44039910	楠木
		44039920	樟木
		44039930	红木

项目		税则号	术语解释或商品描述
	温带阔叶原木	44031000 44033000 44039100 44039200 44039940 44039950 44039960 44039980 44039990	用油漆,着色剂、杂酚油或其他防腐剂处理 （HS1996 略去） 栎木 山毛榉木 泡桐木 其他

标准来源：UNcomtrade Database。

表 11.18　可获得数据的 HS1996 统计标准调整原木分类（6 位编码）

项目		税则号	术语解释或商品描述
原木		4403	原木,不论是否去皮、去边材或粗锯成方
	针叶原木	440320	其他方法处理的针叶木
	热带阔叶原木	440310 440341 440349 440399	用油漆,着色剂、杂酚油或其他防腐剂处理 深红色红柳桉木、浅红色红柳桉木、巴栲红柳桉木 柚木 楠木、樟木、红木
	温带阔叶原木	440310 440391 440392 440399	用油漆,着色剂、杂酚油或其他防腐剂处理 栎木 山毛榉木 泡桐木

标准来源：UNcomtrade Database。

　　按照上述原木统计分类标准,统计了 2000—2010 年中国原木进口的品种结构（见表 11.19,表 11.20）。通过分析统计数据可以看出原木作为中国木材进口的大宗商品,进口木材直接影响着国内市场价格。中国原木进口主要来自俄罗斯、马来西亚、巴布亚新几内亚等国。总的品种结构中以针叶原木为主导,近年来年均进口达到 2000 万立方米,阔叶原木（39%）进口较为稳定,近年来年均进口数量约为 1100 万立方米。

　　按照上述原木统计分类标准,通过历年原木进口品种结构数量研究发现,从进口总量来看,针叶原木在近些年的快速增长成为补给进口的主要途径,其在全国原木进口比重已达 61%。阔叶原木进口增长稳定,主要来源于 440399（楠木、樟木、红木）和 440349（柚木）,两类阔叶原木进口量占到原木进口总量的近 39%,此两类品种结构的原木主要适用于家居装修和家具用材,反映了中国整体经济发展和百姓生活水平的提高对优质原木的消费偏好。而各种红柳桉木、山毛榉木、栎木等品种比重则较少,此类商品适宜做地

（单位：美元；立方米；美元/立方米）

表 11.19　2000—2010 年中国原木进口量值

| 年度 | 原木 | | | | | | | | 原木合计 | | |
| | 针叶原木 | | | 阔叶原木 | | | | | | | |
	数量	金额	单价	数量	金额	单价		数量	金额	单价	
2000	6,397,968	378,455,414	59.15	7,213,788	1,277,185,280	177.0		13,611,756	1,655,640,694	121.6	
2001	9,141,933	541,778,650	59.26	7,721,821	1,152,198,788	149.2		16,863,754	1,693,977,438	100.4	
2002	15,780,586	997,005,503	63.18	8,552,499	1,141,254,133	133.4		24,333,085	2,138,259,636	87.9	
2003	14,973,910	941,844,771	62.90	10,481,586	1,505,303,977	143.6		25,455,496	2,447,148,748	96.1	
2004	16,003,216	1,168,375,349	73.01	10,305,339	1,635,942,534	158.7		26,308,555	2,804,317,883	106.6	
2005	18,270,084	1,387,976,643	75.97	11,097,902	1,855,563,408	167.2		29,367,986	3,243,540,051	110.4	
2006	19,707,402	1,711,688,012	86.86	12,444,976	2,217,645,751	178.2		32,152,378	3,929,333,763	122.2	
2007	23,238,210	2,398,332,266	103.21	13,894,397	2,957,677,042	212.9		37,132,607	5,356,009,308	144.2	
2008	18,541,861	2,406,763,157	129.80	11,027,794	2,776,496,279	251.8		29,569,655	5,183,259,436	175.3	
2009	20,297,352	2,232,725,747	110.0	7,761,926	1,853,792,565	238.8		28,059,278	4,086,518,312	145.6	
2010	24,267,006	3,241,287,156	133.6	10,078,682	2,831,703,958	280.9		34,345,688	6,072,991,114	176.8	

数据来源：UNcomtrade Database。

表 11.20 2000—2010 年中国进口原木品种数量

（单位：立方米）

年度	针叶原木					阔叶原木（分类统计）				阔叶木合计
	440320	440310	440341	440349	440391	440392	440399			
2000	6,397,968	2,703	377,628	1,865,441	150,194	883,266	3,934,556			7,213,788
2001	9,141,933	277	401,043	2,186,916	134,876	634,361	4,364,348			7,721,821
2002	15,780,586	2,364	311,041	1,883,380	158,876	509,347	5,687,491			8,552,499
2003	14,973,910	45,837	314,321	3,048,705	319,409	344,588	6,408,726			10,481,586
2004	16,003,216	438	281,172	3,075,785	613,410	218,992	6,115,542			10,305,339
2005	18,270,084	16	135,291	2,278,149	967,450	231,862	7,485,134			11,097,902
2006	19,707,402	9,617	94,245	2,194,544	905,271	325,653	8,915,646			12,444,976
2007	23,238,210	32,699	92,101	2,544,375	1,058,112	552,523	9,614,587			13,894,397
2008	18,541,861	35,155	56,207	2,263,976	928,994	435,157	7,308,305			11,027,794
2009	20,297,352	5,255	100,181	1,828,703	346,489	286,055	5,195,243			7,761,926
2010	24,267,006	5,777	127,509	2,013,263	456,107	411,229	7,064,796			10,078,682
合计	186,619,528	140,138	2,290,739	25,183,237	6,039,188	4,833,033	72,094,374			110,580,710
比重	62.80%	0.50%	1%	8.50%	2%	2%	24.30%			37.20%

数据来源：UNcomtrade Database。

板、家具、细木工制品、胶合板等用途,由于其价格昂贵,进口相对较少。

研究进一步发现,国际针叶原木是补充国内缺口的主要增长来源,各种针叶原木(冷杉、云杉、落叶松、樟子松、马尾松、红松等)主要适用于生产生活领域,在枕木、建筑、船舶、车辆维修、机台木、造纸及胶合板制造行业不可或缺,由于其涉及行业分布广泛,对于生产生活和基础建设意义重大。针叶原木进口主要来源俄罗斯,其进口金额小于阔叶原木,俄罗斯原木质优价廉,是中国木材资源供应的主要来源。

中国经济的发展及人民生活水平的提高,使得对阔叶类贵重木材产品的消费不断上升,此类资源以东南亚、非洲、南美等国家和地区供给为主,出于对本国森林资源保护及促进木材加工业发展的考虑,国际相继调整了森林资源经营策略来严格控制森林采伐,并出台了限制出口原木的政策(见表11.21)。而此类原木主要属于440341、440391及440392(各种红柳桉木、山毛榉木、栎木等品种)等品种和440399(楠木、樟木、红木)和440349(柚木)等中国消费市场看涨且单位金额较高的品种。可以预见阔叶原木主要输出国随着贸易政策的调整其优质品种的原木出口会进一步减少,而价格将会逐步提升,这将进一步考验中国保障木材资源安全的应对策略。

表11.21 世界主要森林大国采伐禁令及出口限制①

国家名称	实施期限	世界森林比重(2005)	限制内容及法律依据
美国	1926年—目前	6.62%	阿拉斯加联邦林地采伐的原木禁止出口
美国	1990年—目前		森林资源保护及短缺救济法(1990):100%禁上联邦林地原木出口,除非木材供给过剩;1995年,联邦所有的或州属(印第安土地除外)原木木材禁止出口
加拿大②	1906年—目前	6.32%	限制加拿大英属哥伦比亚省原木出口,对于联邦以及省级原木出口有各自具体规定与美国间软木出口实行浮动性调节关税;针叶材林产品木质建筑材料以及纸张等林产品税率为0;加拿大BC省原木出口禁令
巴西	1969年—目前	14.96%	原木出口禁令
喀麦隆	1999年—目前	0.62%	通过规定本地加工在年采伐总量的比重逐年递增的形式,进行原木出口限制
哥斯达黎加	1986年—目前	0.05%	原木出口禁令

---

① Budy P. Resosudarmo et al. 2006, "Is the Log Export Ban Effective? Revisiting the Issue through the Case of Indonesia", Australian National University, Economics and Environment Network in its series Economics and Environment Network Working Papers with number 0602.

② Foreign Affairs and International Trade Canada. 2006, "Softwood Lumber Export to the United States-permit Requirements", [DB/OL]. http://www.dfait-maeci. gc. ca/controls-controles/softwood-bois_oeuvre/notices-avis/143. aspx? lang = eng.

国家名称	实施期限	世界森林比重（2005）	限制内容及法律依据
加纳	1972 年, 1979 年 1994 年—目前	0.16%	原木出口禁令 1994 年开始,颁布所有未加工原木出口禁令
印度尼西亚	1980—1992 年	2.71%	原木出口禁令
	1992—1998 年		禁止性关税（替代出口禁令）
	2001—2002 年		再次实行原木出口禁令
马来西亚	1992 年—目前	0.50%	斯洛伐克原木出口配额
	1993—1996 年		沙巴 原木出口禁令
俄罗斯①	1999 年	22%	榉木,橡木等实施出口许可和出口税
	2009 年—目前		2009 年 1 月 1 日起,原木出口关税率提高到80%,每立方米不少于 50 欧元,目前这一措施已推迟到 2011 年 1 月 1 日起实施

参考来源:2010 年 12 月"中国林业经济论坛会议论文集"(付亦重:主要林业大国贸易政策及对我国的启示)。

三、木材资源进口弹性

本书探讨资源进口安全问题主要通过研究中国原木进口对国际市场的依赖性及其导致的进口受限问题。

（1）数据选择

为使得本书的研究具有代表性,数据选择具有一定针对性:①时间选择问题,选取 2000—2010 年,主要考虑两个因素,其一是能够代表中国天然林保护工程实施后的木材进口,2000 年的选择是考虑 1999 年开始实施天保工程,其他选择了 2005 年、2007 年、2008 年、2009 年及 2010 年;②进口来源国的选择问题,主要选择了中国原木进口的前 10 位国家,前 10 位国家的出口占中国木材资源进口达到90%以上,这样的选择具有重要的代表性。

（2）需求模型及实证

为准确地反映中国木材进口存在的贸易安全,考虑到本国原木与从不同国家进口的

---

① 俄罗斯政府 2009 年 12 月 23 日以第 1071 号决议,推迟了对某些未加工出口原木的增加关税税率的计划。根据该决议针叶类原木、杨木、桦木的出口关税税率在 2010 年将保持在 2009 年的水平,即针叶类原木出口关税税率为海关价值的 25%,但不少于 15 欧元;杨树原木出口关税税率为海关价值的 10%,但不少于 5 欧元;桦木原木(直径大于 15cm)出口关税税率为海关价值的 25%,但不少于 15 欧元。参见[DB/OL]. http://www.customs.ru/en/legislation/tariff/。

同类产品的差异性问题,本书采用差异化进口需求模型(Chavas,Jean-Paul,1984)[①]作为分析工具,该模型主要通过产品进口商的利润最大化函数论证得出。

Ⅰ. 模型解释

模型首先假定进口商在给定的生产可能性曲线下按照利润最大化原则进行生产,然后在既定的生产数量下按照成本最小化原则购买原材料。

先考虑一个生产多种产品的厂商,令 $q = [q_1, \cdots\cdots, q_m]$,表示 m 种可能的产出,令 $X = [X_1, \cdots\cdots, X_n]$,表示 n 种投入向量,因此,可以把生产函数用向量形式简单地表示为,

$$h(q, X) = 0 \tag{11.4}$$

假设(11.4)式满足二次可导、连续,且满足齐次性,即,

$$\sum_{r=1}^{m} \frac{\partial h}{\partial \log q_r} \equiv -1 \tag{11.5}$$

将(11.4)式全微分得到,

$$\sum_{i=1}^{n} \frac{\partial h}{\partial \log X_i} d(\log X_i) + \sum_{r=1}^{m} \frac{\partial h}{\partial \log q_r} d(\log q_r) = 0 \tag{11.6}$$

将(11.5)式带入(11.6)式,得到规模弹性,

$$\sum_{i=1}^{n} \frac{\partial h}{\partial \log X_i} = \sum_{r=1}^{m} \frac{W_i X_i}{\lambda} = \sum_{i=1}^{n} \frac{c_i}{\lambda} \tag{11.7}$$

(11.7)式中, W_i 代表从某个国家进口产品的价格, c_i 代表从某个国家进口产品的成本, λ 为拉格朗日乘子,令 $\gamma = \frac{\lambda}{C}$, C 代表进口产品的总成本。将 λ 带入 γ ,得出下式,

$$\gamma = \sum_{r=1}^{m} \frac{\partial \log C}{\partial \log q_r} \tag{11.8}$$

(11.8)式说明产出增加1%导致成本增加的比重。现定义要素份额为,

$$f_i = \frac{W_i X_i}{C} \tag{11.9}$$

(11.9)式中, $f_i > 0$,且 $\sum f_i = 1$,利用成本最小化时一阶导数等于0的条件可以得到,

$$f_i = \gamma \frac{\partial h}{\partial \log X_i} \tag{11.10}$$

令,

$$g_r = \frac{q_r (\partial \frac{C}{q})}{\sum_{s=1}^{m} q_s (\frac{\partial C}{\partial q_s})} \tag{11.11}$$

---

① Chavas Jean-Paul. 1984,"The Theory of Mixed Demand Functions", *Eropean Economic Review*, Vol. 24, No. 3, pp. 321 - 344.

（11.11）式表示第 r 种产品的边际成本份额，即第 r 种产品的边际成本占所有产品的总边际成本的比重。

令，

$$\theta_i^r = \frac{\partial(W_iX_i)/\partial q_r}{\partial C/\partial q_r} \tag{11.12}$$

（11.12）式表示从第 i 国进口的生产第 r 种产品的要素 i 的边际成本占产品 r 的总边际成本的比重。则 Divisia 指数均值为，

$$\theta_i = \sum_{r=1}^{m} g_r\theta_i^r = \frac{1}{\lambda} \sum_{r=1}^{m} \frac{\partial(W_iX_i)}{\partial \log q_r} \tag{11.13}$$

θ_i 表示要素的边际成本份额。该值大于零，说明当进口总量增加时，从第 i 国进口产品数量的增加幅度变大；该值小于零，则说明当进口总量增加时，从第 i 国进口产品数量的增加幅度变小。要素需求函数由产品生产数量和要素价格共同决定，用矩阵形式表示为 $X = X(q,W)$ ，相应的全微分方程为：

$$d(\log X) = \frac{\partial \log X}{\partial \log q}d(\log q) + \frac{\partial \log X}{\partial \log W}d(\log w) \tag{11.14}$$

定义对角线矩阵 F ，其对角线上为各要素的份额 f_i 。将（11.8）式、（11.10）式、（11.11）式、（11.12）式和（11.11）式代入（11.12）式，整理后可以得：

$$f_id(\log X_i) = \gamma \sum_{r=1}^{m} \theta_i^r g_r d(\log q_r) - \Psi \sum_{j=1}^{n} (\theta_{ij} - \theta_i\theta_j)d(\log W_j) \tag{11.15}$$

从（11.15）式可以看出，某种要素的需求变化由某种要素份额变化、产出变化和投入价格变化共同来决定。根据（11.15）式，可以得到要素条件自价格弹性和要素条件交叉价格弹性：

$$\varepsilon_{X,W} = \frac{d(\log X_i)}{d(\log W_i)} = -\frac{\Psi(\theta_{ij} - \theta_i\theta_j)}{f_i}$$

当 $i = j$ 时，该弹性为要素条件自价格弹性；当 $i \neq j$ 时，该弹性为要素条件交叉价格弹性。

Divisia 进口数量指数：

$$\varepsilon_{x,X} = \frac{d(\log x_i)}{d(\log X)} = \frac{\theta_i}{f_i}$$

该指数分母中的 X 表示某种产品的进口总量，分子中的 x_i 表示从第 i 国进口的产品数量。可以看出，Divisia 进口数量指数可以反映进口的优先次序，该值越大，说明当中国原木的进口需求总量增加以后，从该国进口原木数量的增加幅度越大。

将由（11.15）式表示的 n 个方程相加，可以得到用矩阵形式表示的基于生产理论的进口需求模型即（11.16）式。

$$f_{it}DX_{it} = \theta_iDX_t + \sum_{j=1}^{n} \pi_{ij}DW_{jt} + \varepsilon_{it} \tag{11.16}$$

（11.16）式中，DX_{it} 是用对数形式表示的 t 时期中国从第 i 国进口原木的数量。DW_{jt} 是用对数形式表示的 t 时期中国从第 j 国进口原木的价格。f_{it} 表示 t 时期中国从第 i 国进口原木的数量占进口总量的比重。$DX_t = \sum_{j=1}^{n} f_{it} DX_{it}$ 是用对数形式表示的 t 时期中国原木进口总量；θ_i 为边际成本系数，表示边际成本份额。令 $\pi_{ij} = \Psi(\theta_{ij} - \theta_i \theta_j)$，称其为价格系数，当 $i = j$ 时，该系数为自价格系数；当 $i \neq j$ 时，该系数为交叉价格系数。价格系数反映进口产品价格与进口量之间的关系。该值大于零，说明产品的进口价格与进口数量之间为正向关系；该值小于零，说明进口价格与进口数量之间呈反向关系。

Ⅱ. 实证分析

本书主要以天然林保护工程真正实施并产生效果的 2000 年为划分年，研究数据依据联合国 UNcomtrade HS2002（Harmonized System of Commodity Description and Coding），按照林产品类、章目录定义"原木—4403[①]，以 UNcomtrade Database 可获得数据为准，历史数据以 HS1996、HS1992 为来源。

利用年度数据估计进口需求函数主要包括以下数据：①2000—2010 年中国从主要来源地俄罗斯、马来西亚、巴布亚新几内亚、美国、新西兰、刚果和加拿大进口原木数量的年度数据；②2000—2010 年中国从主要来源地俄罗斯、马来西亚、巴布亚新几内亚、美国、新西兰、刚果和加拿大进口原木金额的年度数据；③2000—2010 年中国从主要来源地俄罗斯、马来西亚、巴布亚新几内亚、美国、新西兰、刚果和加拿大进口原木数量占进口总量比重的年度数据；④2000—2010 年中国从主要来源地俄罗斯、马来西亚、巴布亚新几内亚、美国、新西兰、刚果和加拿大进口原木金额占进口总额比重的年度数据；⑤2000—2010 年中国原木产量的年度数据；⑥2000—2010 年中国原木消费的年度数据。数据来源于 UNcomtrade Database、《中国林业统计年鉴》和《中国林业发展报告》。

利用中国原木的年度进口和供给数据以及进口需求模型分进口来源地估计中国原木的需求函数，在此基础上判断中国原木的供给与进口之间的关系。由于中国原木进口来源地较为集中，2010 年从俄罗斯、加蓬、巴布亚新几内亚等发展中国家进口的原木占到进口总量的 85%，为了减少样本估计的自由度，在原木进口需求模型中，将中国原木进口的来源地分为以下六个：俄罗斯、加蓬、巴布亚新几内亚、新西兰、所罗门群岛和中国，从其他国家的原木进口没有包括在内，年度数据利用进口需求函数同时判断中国自产原木和进口原木之间的数量关系。

模型估计结果如表 11.22 所示。

---

① 《中华人民共和国加入议定书》之《附件 8：第 152 号减让表：第一部分，最惠国税率，第二节，其他产品》关于"原木"定义，"原木不论是否去皮去边材或粗锯成方"（Wood in the rough, whether or not stripped of bark or sapwood, or roughly squared）。

表 11.22 中国原木进口需求函数参数估计

进口来源地	价格系数(π_{ij})						边际成本(θ_i)
	俄罗斯	加蓬	巴布亚新几内亚	新西兰	所罗门群岛	中国	
俄罗斯	-0.487**	0.325	0.589	0.218	0.308	0.226**	0.351
	(-2.71)	(1.09)	(0.49)	(0.36)	(0.49)	(2.43)	(1.65)
加蓬		-0.104**	0.553	0.241	0.875	0.437**	0.075**
		(-1.12)	(0.57)	(0.87)	(0.65)	(2.18)	(1.54)
巴布亚新几内亚			-0.279**	0.215	0.012	0.279**	0.101**
			(-2.66)	(0.35)	(0.14)	(1.479)	(1.64)
新西兰				-0.235	0.493	0.170	0.352
				(-0.19)	(0.49)	(0.83)	(0.96)
所罗门群岛					-0.198	0.287	0.154
					(-0.83)	(0.66)	(0.97)
中国						-0.219**	0.138**
						(-1.37)	(1.59)

说明:括号中的数值为 t 值;*、**、*** 分别表示 10%、5% 和 1% 的显著性水平。

表 11.22 列示了利用年度数据的中国原木进口需求函数的估计结果。R^2 为 0.36。估计结果表明所有的自价格系数均为负值,所有估计参数均在 10% 的显著性水平下通过了统计检验。边际成本系数的估计值均大于零,说明当中国的原木消费总量增加时,从所有国家进口原木的数量都有所增加,中国自产原木的消费量也会增加。但某些交叉价格系数的估计值没有通过统计检验,这主要与估计时较少考虑不同国家原木种类(针叶原木、热带阔叶原木、温带阔叶原木)以及多来源地之间样本量小、可获得数据不足有关。

可以利用表 11.22 中价格系数和边际成本系数,根据弹性公式,计算得表 11.23。

表 11.23 中国原木进口需求的进口数量指数和条件自价格弹性、条件交叉价格弹性

进口来源地	进口数量指数	条件自价格弹性	条件交叉价格弹性					
			俄罗斯	加蓬	巴布亚新几内亚	新西兰	所罗门群岛	中国
俄罗斯	5.66	-1.98	/	/	/	/	/	4.09
加蓬	1.98	-1.76	/	/	/	/	/	1.66
巴布亚新几内亚	1.87	-2.02	/	/	/	/	/	1.28
新西兰	0.99	-0.55	/	/	/	/	/	0.56
所罗门群岛	0.56	-0.78	/	/	/	/	/	0.47
中国	0.33	-0.295	0.317	0.28	0.22	0.24	0.01	/

说明:由于俄罗斯、马来西亚、巴布亚新几内亚、美国和新西兰之间的交叉价格系数检验不明确,各国之间条件交叉价格弹性不再研究之列。

从表 11.23 分析可以发现,原木进口数量指数值最大的是俄罗斯、加蓬和巴布亚新

几内亚,进口数量指数值分别是 5.66、1.98 和 1.87,说明当中国原木消费量增加的时候,出口量增加最大的国家是俄罗斯、加蓬和巴布亚新几内亚。原木进口数量指数值排序其次是新西兰和所罗门群岛诸国,排在最后的是中国。中国原木消费量的增加,能够对新西兰和所罗门群岛诸国产生影响,而对中国国内原木供给数量增加幅度则很小。原木进口数量指数具有很强的市场信号,对于中国国内原木生产者来说,即中国原木市场对国产原木的偏好弱、反映小,国内原木的增长需求主要通过进口来满足。

中国从俄罗斯、加蓬和巴布亚新几内亚进口原木的条件自价格弹性分别是 -1.98、-1.76 和 -2.02,说明中国原木进口需求是有弹性的,且中国从俄罗斯、加蓬和巴布亚新几内亚进口原木的数量对价格的变化非常敏感。

中国自产原木与从俄罗斯、加蓬和巴布亚新几内亚进口原木的条件交叉价格弹性都大于 0,说明中国自产原木与从各原木进口来源国进口的原木之间存在明显的替代关系。其中俄罗斯原木对中国自产原木的交叉价格弹性为 4.09,而中国自产原木对俄罗斯原木的交叉价格弹性为 0.318,说明俄罗斯原木出口价格的变化对中国自产原木消费数量的影响不大,而当中国国内自产原木价格发生变化时,从俄罗斯原木进口原木的数量会有较大程度的增加。加蓬和巴布亚新几内亚进口原木对中国的交叉价格弹性分别为 1.66和 1.28,而中国对马来西亚和巴布亚新几内亚的交叉价格弹性分别为 0.28 和 0.22,同样表明中国自产原木消费价格的变化对马来西亚和巴布亚新几内亚原木出口数量的影响很大。交叉价格弹性说明,当中国自产原木价格发生变化时,受到影响变化最大的国家序列是俄罗斯、马来西亚和巴布亚新几内亚。

四、木材资源进口贸易安全小结

国际关于森林非法采伐和加强监管的呼声日益受到重视,目前世界主要原木输出地,以东南亚、俄罗斯、非洲、南美等国家和地区为代表,出于对本国森林资源保护及促进本国木材加工业发展的考虑,相继调整了森林资源经营策略,严格控制森林采伐,并出台了限制出口原木的政策。2006 年 1 月 1 日开始,俄罗斯对未加工原木的出口关税提高6.5%,而后其对外贸易和关税协调委员会又公布 2007 年 7 月 1 日起提高到 20%,从2008 年 4 月份起税率则将再次提高至 25%,以至到 2009 年 1 月提高至 80%,原木出口关税的多次调高表明国内市场价格和供给将受到严重影响。

对中国原木进口需求的估计结果表明,在其他条件不变的情况下,当中国的原木需求增加时,俄罗斯原木出口的增加幅度最大,受益国排序是俄罗斯、加蓬、巴布亚新几内亚、新西兰、所罗门群岛,其他重要国家马来西亚、刚果和缅甸等同样会增加出口,中国自产原木在国内消费数量中增加幅度最小,中国原木的需求增长主要通过进口来满足。从进口弹性来看,中国的原木进口需求是富有弹性的,且中国从俄罗斯、加蓬和巴布亚新几内亚进口原木的数量对价格的变化非常敏感,中国国内日益增长的原木进口需求明显偏好并且"依赖"于少数原木资源供应大国,从资源来源地来看这些国家多属于国际森林分布广泛且受国际组织关注的区域,中国资源安全和整个林业产业安全日趋严峻,寄希望于持续从上述国家获取木材资源变得愈发困难。

第五节　本章小结

本章结合贸易安全问题的发展进程分析了贸易安全研究的本质,结合中国木材资源贸易安全 WPITI 体系评价了林产品进出口贸易的整体安全水平,研究认为,当前中国林业产业的发展尚具有贸易竞争能力,但林产品进出口的贸易安全问题日趋严重。中国加工贸易的产业发展模式确定了"两头在外"的进出口大国地位,但中国林产品在世界贸易分工中由于国内资源短缺及国际环境保护要求的原木采伐及出口禁令,导致了产成品出口及原材料进口的双重贸易安全问题。

研究从"产品出口"与"原料进口"两方面具体分析了贸易安全问题。

林产品出口的贸易安全问题表现为:出口产品的单一性特征突出,以资源和劳动力密集为代表的产成品出口不仅增加资源负担,也损伤了国内产业工人的福利待遇;林产品出口比较优势地位正在弱化,传统出口导向型发展战略受到挑战;出口主导型资源产品(胶合板、木附件、纤维板及层积材等)技术水平及科技含量低,市场利润严重丧失;产品出口市场集中度过高加剧贸易摩擦及国际制裁,应对贸易保护等外部环境变化的能力较低,整体来看林产品出口的贸易安全问题凸显且日趋严重。

资源进口的贸易安全问题表现在:资源进口高度集中于纸浆资源、原木及锯材三大类产品,资源进口的单一化倾向加剧了对国际市场的依赖程度;进口来源地主要分布在俄罗斯、加蓬、巴布新几内亚及马来西亚等发展中国家,大量进口易受制于"对发展中国家资源掠夺"的政治舆论;以原木例证的分析发现,原木进口品种中,经济发展和基础设施建设加剧了对俄罗斯等国针叶原木进口需求,居民消费能力的提高拉动了对来自东南亚及非洲地区阔叶类贵重木材资源的进口;国际森林砍伐禁令及原木出口限制使得资源获取愈发困难,资源进口的贸易安全风险加大并对传统产业发展模式提出严重挑战。

第十二章　中国木材资源安全保障体系的构建

第八、九章论证了中国木材加工产业安全问题,第十章研究了木材资源利用生态安全问题,第十一章研究了林产品贸易与资源进口的贸易安全问题。整体来看,中国木材加工的产业安全日益突出,资源利用的生态安全问题亦不容忽视,加工贸易的产业模式面临着产成品出口及原材料进口的双重贸易安全问题。本章将就中国木材资源衍生的上述三大安全因素为前提,研究如何建立系统性的资源安全保障体系。

第一节　构建中国木材资源安全保障体系的指导思想

一个有效的资源安全保障体系须建立在科学的指导思想的基础上,如前章节所述,中国木材资源整体短缺且有不安全的发展态势,随之产生的产业安全问题、生态安全问题以及贸易安全问题日益显著。资源安全问题将严重影响林业经济的可持续发展,亟须在国家战略层面建立资源安全保障系统,本研究将从产业进步、资源安全和贸易安全等诸多方面出发,以"资源—产业—生态—贸易"(RIET)的系统综合模式为基础,为合理利用木材资源及维护经济社会可持续发展提供科学可行的资源安全保障体系。

建立木材资源安全保障体系主要遵循以下指导思想。

一、合理利用两种资源

中国作为世界重要的制造业大国,同时也是资源短缺和资源消耗的重要大国,发挥加工业大国比较优势,合理利用两种资源发展经济是解决资源安全的重要途径。随着中国加快融入全球经济一体化,科学合理地利用国内国外两种资源和国内国际两个市场发展经济符合自身利益,也有助于国际分工的资源配置。

中国政府高度重视林业发展对经济社会的重要贡献,"从我国国情出发,坚持国家宏观调控与市场调控相结合的机制,坚持以企业为主体积极参与并响应国家号召,动员全国全民动手,全社会办林业,使林业更好地为国民经济和社会发展服务"①。林业发展必须依托于资源保障和资源安全,在国内要扩大利用人工林、速生林,充分利用木材生产加工的剩余物、次小薪材等资源,这是建立资源保障的基础。"充分利用国内外两个市场、两种资源,加快林业发展。针对我国林业基础薄弱、建设任务繁重的情况,要加大引进力度,着力引进资金、资源、良种、技术和管理经验。努力扩大林业利用外资规模,鼓励外商投资造林和发展林产品加工业"②,中共中央国务院关于加快林业发展的决定明确了两种资源对林业发展的重要作用,也成为经济发展中解决资源安全的重要指导思想。

总体来看,中国森林资源较为丰富,但森林资源分布不均、质量不高的现实问题将严重制约经济发展。中国政府历来重视营林及植树造林,但考虑到林木生长周期及其生态功能,国内资源的利用须遵循森林保护及砍伐限额的规定,资源安全的保障完全寄托于国内资源的供给并不现实。由于长期形成的出口导向型加工产业发展模式有可能导致"贫困化增长"③,在此基础上仅仅依靠国内地区间资源调度并不能满足林业企业的原料需求,因此产业发展造成了对进口资源的严重依赖。短期内结合本国业已形成的加工业大国比较优势,合理利用国际资源,仍是比较现实的选择。但是考虑到国际森林保护及资源出口限制的现实情况,我们必须加快产业模式调整及产业结构升级,以绿色增长④的发展思路来降低对资源的严重依赖,转变传统加工贸易出口导向型增长模式,以循环经济和可持续发展的现代产业增长模式作为林业发展的动力源泉。

二、加快推进木材节约和代用工作

解决木材资源安全问题,不容忽视资源节约和代用问题。早在1989年,原国家计委资源节约和综合利用司就开展并推动实施"节材及综合利用"专项,2005年国务院再次转发了国家发改委、科技部及国家林业局等12部委联合提出的《关于加快推进木材节约和代用工作意见》⑤,意见中规定节材代用的主要目标:"到2010年,初步建立适应社会主

① 参见温家宝在2009年6月22日会见中央林业工作会议代表时的讲话:《高度重视林业的改革和发展》。

② 参见《中共中央国务院关于加快林业发展的决定》(2003年6月25日)第12条:进一步扩大林业对外开放。

③ 贫困化增长是指在某些特定发展中国家可能出现情形,即当一国由于某种原因(一般总是单一要素供给的极大增长)使传统出口商品的出口规模极大增长,结果可能导致该国贸易条件严重恶化,也会使得该国国民福利水平绝对下降。贫困化增长发生的前提,一是该国的商品出口在世界市场上占有较大份额,二是该国生产能力的增长主要集中在出口部门,三是国际市场对这种商品的需求弹性较低。

④ 绿色增长使指不以高能耗、高物耗、高污染为代价,要通过要素价格、差别税赋以及其他的一些政策措施来激励所有的企业发展低碳经济、发展绿色经济,实现可持续发展、循环经济为特征的一种现代产业增长模式。目前中国号召以林下经济促进绿色增长。

⑤ 参见国务院办公厅《国务院办公厅转发发展改革委等部门关于加快推进木材节约和代用工作意见的通知》(国办发[2005]58号)。

义市场经济的木材节约和代用法律法规及标准、政策体系和信息服务体系,加快木材节约和代用新技术、新工艺、新产品的研究开发、示范推广,使我国木材和木材代用品的生产和消费向节材型和环保型方向发展,木材综合利用率提高到 65% 以上,木材防腐比例提高到占国内商品木材产量的 5% 左右,年均节省木材 4000 万—5000 万立方米,有效缓解我国木材供求矛盾。"但目前来看节材代木及资源节约问题仍不能得到很好的贯彻实施。

我国资源消耗高、浪费大、环境污染问题严重,人口和经济发展使资源不足的矛盾更加突出。国家大力倡导建设节约型社会,树立节约意识、节约观念,树立善待地球、保护生态的理念,必须重视森林资源的节材代用和废旧木材循环利用。我国国内企业生产和居民消费存在着严重的资源浪费等现象,许多木材用来制作包装,多数情况下包装费用经常超过实质性的商品,奢华攀比的消费心理不利于资源充分利用。同时一次性筷子在生活中也随处可见,这些包装和一次性筷子往往被当作生活垃圾被填埋或焚烧,缺少一种合理的分类回收机制。

我们必须加快贯彻执行政府的相关法规政策,向国民大力宣传木材节约和代用的必要性,节材代用是缓解木材供需矛盾、实现木材资源可持续利用的重要途径。鼓励最大限度地利用丫桠材,减少生产环节中的浪费。建立木材资源循环利用体制,回收利用废旧木材,在经济发展与环境保护中寻找平衡点。

三、以产业升级和技术进步保障产业安全

《中共中央国务院关于加快林业发展的决定》中要求:"要加快林业结构调整步伐,提高林业经济效益;加快林业管理体制和经营机制创新,调动社会各方面发展林业的积极性"。文件规定,"要加快推进林业产业结构升级,要适应生态建设和市场需求的变化,推动产业重组,优化资源配置,加快形成以森林资源培育为基础、以精深加工为带动、以科技进步为支撑的林业产业发展新格局。鼓励以集约经营方式,发展原料林、用材林基地。积极发展木材加工业尤其是精深加工业,延长产业链,实现多次增值,提高木材综合利用率"[1]。2011 年 9 月首届亚太经合组织林业部长级会议上,与会代表呼吁,APEC 各经济体在加强区域林业合作的同时,要特别重视林业科技合作,以促进包容性增长。

科技兴林是全球范围的发展趋势,中国政府对林业未来的发展作出了重要规划[2]:一是推进科技创新和科技成果转化。加强优良品种培育、困难立地造林、森林抚育经营、生物资源开发等科技攻关,尽快破解林业发展中的技术难题,力争在林业新品种研发、林业应对气候变化、生态服务功能等方面取得重大进展。启动"林业科技引领计划",推进"林

---

[1]　参见《中共中央国务院关于加快林业发展的决定》(2003 年 6 月 25 日)第 10 条。
[2]　参见贾治邦 2010 年 1 月 21 日在全国林业厅局长会议上的讲话:《深入贯彻落实中央决策部署　努力实现林业发展宏伟目标》。

业科技富民示范工程"和"林业科技特派员创业行动",加快科技成果转化。二是加快推进林业信息化进程。支持林业先进设备技术研发,积极引进国外先进林业设备和技术,培育大型林业装备企业集团,提升我国林业装备制造水平。继续深化科技体制改革。加强全国林业科技资源的优化整合,探索建立以提高科技效率为核心的科技体制,加快地方林业科技发展。加强与其他部门、科研机构的合作,创新产学研结合机制,进一步发挥企业在技术创新中的重要作用。

必须坚持产业结构调整与推动技术进步相结合,以技术资本密集型林产品为导向,扩大产业规模,最大限度降低成本,增加产业利润,增加我国林产品的出口竞争力和市场竞争力。要大力发展林业产业,把兴林和富民紧密结合起来①。必须充分考虑国内外的生产和交易条件,加强自身品牌的建设,控制核心技术,及时把握国际的相关信息,调整宏观政策,引领林业产业向正常的轨道发展。通过林业产业结构调整和技术进步推动科学发展,降低对资源消耗依赖,以产业安全和产业进步作为保障资源安全的重要条件。

四、可持续发展理念推动资源利用生态安全

考虑到中国木材资源利用带来的生态安全等现实问题,本书在构建中国木材资源安全保障体系中引入可持续发展理念,强调"实施以生态建设为主的林业发展战略"②。

确立"以生态建设为主的林业发展战略",建设生态文明的战略部署是中国政府在新的历史阶段,顺应世界林业发展潮流的重要决策。改革开放以来,中国社会经济的快速发展对森林资源的供给提出了更高的要求,进入新世纪后,虽然造林绿化取得了一定的成就,但从总体来看,生态恶化的趋势仍然未能扭转。经济起步阶段,我国主要采取的是"先破坏,后治理"的经济发展格局,经济发展的代价是环境生态平衡的打破,这表明"以木材生产为主"的发展方式已经走到了尽头,取而代之的是"以生态建设"为主的发展模式。

实施以生态建设为主的林业发展战略能够有效解决资源利用的生态安全问题,也是建立资源安全保障体系的重要组成部分。政府和企业必须围绕构建生态绿色经济的主题,坚持建设现代化产业的目标,以先进的技术支撑木材加工产业的发展,延伸产业价值链条,推动产业升级。通过产业品牌的建立,实现林业产业的大发展,提升木材加工产品的质量,最终促进经济发展,实现绿色生态经济。

---

① 参见温家宝在 2009 年 6 月 22 日会见中央林业工作会议代表时的讲话:《高度重视林业的改革和发展》。

② 《中共中央国务院关于加快林业发展的决定》(2003 年 6 月 25 日)提出了确立以生态建设为主的林业可持续发展道路。2004 年 3 月十届全国人大二次会议批准的政府工作报告,明确提出"实施以生态建设为主的林业发展战略"。

五、适时调整贸易战略维护贸易安全

中国林产品出口和木材资源进口的贸易政策长期采取"两头在外、大进大出、出口创汇"的重商思想,这在一定程度上造就了中国林产品出口大国和制造业大国的国际地位,但同时也形成了资源进口的严重依赖,造成资源获取贸易安全形势的日益严峻。从综合建立资源安全的角度来看,要调整产业出口导向发展思路,构建平衡的贸易战略,从而减少国际管制带来的贸易安全问题。

长期以来推行的出口创汇战略带来了日益严重的贸易问题,中国林产品价格低廉和利润较低,以低端产品竞争导致贸易摩擦和纠纷案例日益增多,产品附加值和核心竞争力不断弱化,并不利于国内加工产业的可持续发展。在全球资源监管日益严格的条件下,依赖进口他国木材资源继续发展目前的加工贸易越发困难,要加快转变传统的资源消耗增长的经济发展模式,以生态型资源循环发展经济的模式为基础,提高生态建设能力和资源循环利用。依靠科技转化的能力,增加单位产品的价值,增加技术密集型产品的出口。

政府要认识到贸易摩擦和资源竞争将是未来中国贸易安全问题的主要形式,通过调整出口导向型经济向贸易平衡的战略发展,避免过分追求低利润的出口创汇,降低低端产品国际竞争及其贸易摩擦,不断弱化通过进口资源发展出口贸易,从而构建和谐的贸易环境,以贸易强国代替贸易大国保障贸易安全。

综上所述,构建科学可行的资源安全保障体系,不仅仅是单一的资源数量的保障,要在科学合理利用国内国际两种资源的基础上,通过产业升级和技术进步调整产业发展模式,以降低资源依赖,要以可持续发展理念推动资源利用生态安全,通过适时调整出口导向型贸易战略,以贸易平衡和和谐贸易环境思想维护产品出口和资源进口的贸易安全,从而建立"资源—产业—生态—贸易"系统资源安全保障体系。

第二节　构建中国木材资源安全保障体系的主要理论依据

上述中国木材资源安全保障体系的指导思想的实质,是在"资源—产业—生态—贸易"综合框架下进行的,为进一步阐释资源安全保障体系,本节对该保障体系的理论基础进行归纳论述,以全面理解资源安全保障体系的科学含义。

一、RIET 理论

前述章节建立了"资源—产业—生态—贸易"(R—I—E—T)综合评价模式,一方面作为实证研究资源安全问题的指标体系,另一方面其框架也构成了建立资源安全保障体系的重要理论基础。

R—I—E—T 理论表明,社会经济的发展在一定程度上受制于资源要素,资源经济学

从 60 年代起就开始关注不可更新资源的短缺和合理利用问题,其更多的思想是解释产业发展与资源禀赋的关系。70 年代资源利用的环境影响问题以及可再生性资源利用的问题普遍受到重视,其实质是生态安全问题,直到现在受可持续发展的思想的影响,系统地从资源禀赋、技术进步、经济发展、生态环境等方面,认识并解决资源开发的过程中经济发展与生态环境如何协调的问题仍是资源经济学研究的重要领域。经济全球化和国际资源配置问题是目前资源安全研究的重要视角,在政治经济学层面的资源竞争甚至资源控制成为国际社会的重要问题的情况下,关于资源获取的贸易安全问题日益突出,一国对国际资源的获取能力及控制水平关系到其经济增长的发展基础,是值得重视的重要战略问题。

(1)资源问题——R(Resource)

R—I—E—T 理论结合可耗竭性资源思想,分析了可再生性资源和非再生性资源的关系。人类社会发展中,在相当长以不可再生自然资源为基础,人类社会经济活动的发展对目前不可再生资源的利用提出严重挑战。可再生资源是可以被反复利用的自然资源,其可以通过天然作用或人工活动重新积累。森林资源在特定的条件下,能够持续再生更新,这一点与不可再生性资源显著不同,中国森林资源人均占有量少,林业用地面积虽大,但利用率低,分布极度不平衡,如果人类合理利用森林资源,不过度浪费,森林资源可以归类于再生性资源。但我国森林资源在开发利用过程中存在一系列的问题,导致环境方面的问题日益突出,我国成熟林资源日益减少,可开采资源逐渐减少,不能满足国民经济发展的需要,虽然保护天然林工程实施的一定程度上保证了森林资源,但总体来说,保护和扩大森林资源仍然是任重道远的。如果过度利用资源而忽视可持续经营,森林资源短期内可能由可再生资源转化为不可再生资源,而森林资源遭到破换后又不可再生资源逆转为可再生资源的困难程度则会更艰巨。

我们不能让森林资源的消耗走"先破坏后治理"的掠夺式发展模式,一方面必须以相关法律政策规章限制乱砍滥伐、破坏生态环境的行为,另一方面必须从可持续利用的角度维护森林资源总体稳定,相比发达国家,我国的采伐利用率水平较低,存在较多的浪费,科技是提升生产力的直接手段,我国必须加快技术的发展,将先进技术引进森林培育和采伐的过程中,达到资源利用与资源培育的优化模式。

(2)产业安全——I(Industry)

R—I—E—T 理论的进一步思想是资源与产业安全的内涵联系。产业安全是林业经济安全的基础,是政府相关部门制定林产业政策、实行经济调节的最基本的出发点。传统产业安全问题认为产业安全并非产业保护的必然结果,产业安全的关键是产业发展而非产业保护,产业发展的关键在于创新。现代产业安全思想是建立在国际贸易及产业经济学等学科基础上,即考察产业国际竞争力、跨国公司直接投资及产业安全与国家安全的研究等方面。产业安全问题虽然体系复杂,但产业发展的基础来源于生产要素(资源等)条件,木材资源供给是产业安全的重要基础,本国木材原料及进口资源的内在结构会成为影响产业安全的重要因素,木材资源等生产要素条件是影响整体产业国际竞争力和产业安全的不可忽视的条件。结合资源安全问题研究,R—I—E—T 理论侧重于产业发展条件(包括生产要素、产业环境、产业政策)和产业控制水平(外资控制力、国际竞争规制、资源与生态环境),将产业安全与资源基础有机结合起来,同时又遵循一般产业安全评价标准,形成体系科学的评价模式。

中国木材产业安全的重要基础是资源供给不足,特别国内资源供给比重的不断下降,是直接影响产业安全的重要因素。除了木材资源基础影响产业安全之外,劳动力资源的影响也不容忽视。目前中国林业企业生产的林产品主要集中在劳动力密集型产品,技术含量较低,生产获得的利润较低。长期以来,劳动力资源是我国的一大优势,较其他木材工业强国有劳动力成本竞争优势,这是我国现阶段在国际贸易竞争中处于有利地位的重要因素。但不得不关注的是,我国劳动力虽然在数量上占有优势,但我国劳动生产效率低下,在相同的时间内所生产的产品价值远远低于木材工业强国。同时我国人口老龄化越来越严重,国内学者普遍认为中国正逼近"刘易斯拐点",中国劳动力从过去的无限供给转向了现在的有限剩余。经联合国测算,中国的人口将于 2032 年进入负增长,劳动力将于 2017 年进入负增长。"刘易斯拐点"暗示着中国的劳动力资源优势正在弱化,尽管中国的劳动力成本相对于英美等发达国家仍有比较优势,但相对于越南、马来西亚等新兴国家,劳动力成本明显失去了优势。加快林产品从劳动密集型产品向资本密集型和技术密集型产品的转型是保障产业安全的重要途径。

产业安全的影响要素还需考虑产业环境、产业政策等其他方面,实证研究中均给予重视,在此不再赘述。

(3)生态安全——E(Ecology)

R—I—E—T 理论的重要视角是关于资源利用与生态安全协调问题。木材资源作为特殊的资源,其从培育、生产和利用等诸多环节与生态环境关系密切,木材资源的利用对于国际国内生态环境是否造成生态压力及环境影响,是考量木材资源安全的重要视角。近年来,生态问题日益凸显,生态危机促使国家和地区之间的矛盾与冲突加剧,生态安全日益引起国际社会的高度关注。森林能净化空气、涵养水质、关系到人类的生存。森林面积的减少,进一步弱化了环境的自身的净化功能,从而对人类的生存产生了巨大的威胁,直接制约着人类社会的可持续发展。本书主要强调木材资源利用的生态安全,木材资源不同于农产品,生产周期较长,它的恢复与生长需要一个时限,有一定的时滞性。不能为了满足短期需求,就忽视环境破坏。可持续发展是当今世界的主题,木材资源安全保障是建立在木材资源利用的生态安全基础之上的,可持续发展是木材资源利用的生态安全的理论依据。

虽然我国出台了相关的保护森林资源的政策,但从实际来看,许多地区的企业为了获得生产上的利益,木材原材料获得的途径并不一定会符合国家的法律规定,这间接增加了违法开采木材资源的行为。为了提高生产效率,我国林产品加工企业需要大量的木材,满足国内外消费者的需求,因此初级市场即木材培育及采伐市场必须提供匹配的原材料,这就加大了我国利用木材资源的数量。但我国在木材采伐利用的过程中由于技术不够成熟,相比木材强国,我国的木材资源存在严重的浪费现象,乱砍滥伐导致浪费现象更加严重,同时严重破坏生态环境,使当地的林地无法恢复。

一方面国内的木材在数量和质量上存在一系列的问题亟待解决,另一方面,需要从国外进口获得木材资源来满足国内企业发展的刚性需求,这就引发了中国木材资源国际进口的生态安全的问题。国外一直谴责中国是破坏生态平衡的主要国家之一,认为中国对全球可持续发展造成了威胁。从森林生态足迹的角度来看,我国原木进口引起的生态足迹转移量并没有超出木材资源出口国的生态承载力,中国并没有对世界的森林资源造成严重的威胁。但不可否认,我国木材资源利用在生态安全方面压力正在增加,作为资源进口大国,必须重视木材资源利用的生态威胁问题。

（4）贸易安全——T(Trade)

R—I—E—T理论能够解释产品出口和资源进口面临的贸易安全问题。一国参与国际分工和贸易,在自由市场经济条件下,可能由于贸易结构的变动和商品价格对世界的影响,造成外在的贸易争端压力或者自身贸易出口的受限,从而对本国产品生产和出口带来不安全问题。贸易安全涉及外贸依存度、外贸结构、贸易价格弹性及贸易救济机制等诸多方面。结合资源安全保障体系构建的系统思想,本研究侧重从贸易条件和贸易利益两个方面衡量中国木材资源的贸易安全状况。

当前中国林产品出口贸易种类过于单一,出口市场相对集中,这对林产品出口导向型战略是极大的挑战,中国出口过于追求量的增长,企业往往忽略了产品质的提高以及品牌的建设。我国林产品的出口较集中于资源性产品,这些产品对资源的需求较大,加大了我国国内木材资源的需求力度,以及国外资源进口的压力。各国在金融危机的影响下,不断调整国内政策,偏向贸易保护主义,发达国家以及一些发展中家以环境保护为由,对中国林产品的出口设置种种障碍,致使贸易摩擦增加和贸易环境恶化。

资源安全的重要问题还在于从国际市场获取资源能力方面,中国资源进口高度集中于纸浆资源、原木及锯材等,资源进口的单一化倾向加剧了对国际市场的依赖程度,进口来源地主要分布在俄罗斯、加蓬、巴布新几内亚及马来西亚等发展中国家,大量进口易受制于"对发展中国家资源掠夺"的政治舆论。长远来看,国际森林砍伐禁令及原木出口限制使得资源进口的贸易安全风险正在不断加大,从资源获取方面研究资源数量的安全保障是一个重要方面。

R—I—E—T理论是本书的基础性理论依据,全面系统地联系了资源禀赋、产业安全、生态安全和贸易安全,对构建木材资源安全保障体系具有重要的理论支撑。除此基础理论之外,本书还尽可能兼顾了产业链理论和林业可持续发展战略的思想,其相关解释仅作简述。

二、产业链理论

引入产业链理论主要是考虑木材资源从森林培育、森林经营、森林砍伐、木材加工到产品销售涉及了多个环节,由于木材资源和产业发展的内在关系紧密,产业链长,有必要在资源安全的研究中重视产业链因素的影响。考虑到产业问题并非本书的唯一重点,关于产业链理论的思想仅作为贯穿产业发展和产业结构调整的辅助理论,仅作简单说明。

"工业生产是一系列迂回生产的链条"①,产业链思想早在亚当·斯密的社会分工理论中即有涉及,传统产业进步问题中均重视产业链的研究。国内较多结合不同行业及产业发展来研究链问题,"产业链是同一产业或不同产业的企业,以产品为对象,以投入产出为纽带,以价值增值为导向,以满足用户需求为目标,依据特定逻辑联系和时空布局形成的上下关联具有动态效应的链式中间组织"②,产业链也可理解为"一定空间范围内,不同企业或产业部门为追求自身长远利益最大化而与其他企业或产业部门围绕不同中间产品的生产和交换进行横向或纵向合作、联盟而形成的动态网络组织"③,产业链的思想实质即社会关系中的每一家企业或产业部门不能够孤立存在,必须在社会环境中通过链式关系寻求产业利益。木材资源作为生产要素,其涉及林农、企业、政府多部门的利益关系,木材资源在产业链的地位决定其安全问题不仅是企业自身发展的问题,也涉及了国家利益和民众的生存问题。

企业在市场环境中是一个独立的经济实体,固然也是一个理性经济人,经济人在追求利益最大化的同时希望通过尽量低的成本换取更高的利润,在企业经营活动过程中,企业会加强与其他企业或部门的合作,从而寻求其在链式关系中的利益所得。"降低交易费用、风险规避"和"创造和利用社会资本"是产业链形成的内部动力,同时借助"区位优势"、"产业技术进步"及"政府产业政策"是产业链形成的外部动力。

从林业作为整体产业的角度来探讨如何构建木材资源安全保障机制,必须将产业链中上下游各个环节进行有效整合。产业链管理范围应包括林业生产资料的供应(林木资源)、林产品的生产、加工、储运、销售以及最终到达消费者之间的信息流、资金流与物流之间的整合与串联。要保障林业的可持续发展,产业链各环节间必须加强合作,提升产业平台,降低污染,减少浪费,及时公平地分享所得成果,其中木材资源作为基础要素的安全保障和顺利流通是整体产业协调发展的基础。

林业产业链是林业初级市场、加工市场和贸易市场协同发展的过程中,注重资源、市场和技术,将林业上中下游各个环节的产业群进行连接,从而组成的多维网状结构。初级市场

---

① 亚当·斯密:《国民财富的性质和原因的研究》,商务印书馆 1994 年版。
② 刘贵富:《产业链基本内涵研究》,《工业技术经济》2007 年第 8 期,第 95—97 页。
③ 游振华、李艳军:《产业链概念及其形成动力因素浅析》,《华东经济管理》2011 年第 25 期,第1—3 页。

是上游企业,加工市场是中游企业,贸易市场则是下游企业,最终产品会流到消费者手中。产业链驱动模式包括"资源驱动型"、"市场主导型"和"技术主导型",其中关键驱动要素分别是"资源"、"市场"和"技术",而"协调"作为第四种关键要素对于其他要素作用的发挥具有基础性作用,这意味着资源安全的构建必须在政府宏观调控下得以"协调"实现,资源安全保障应在国家战略层面得到重视,从而维护整体社会及产业的稳定发展。

三、林业可持续发展思想

林业可持续发展是可持续发展思想在林业发展中的具体应用和体现。可持续发展战略适应时代的发展,以人与自然和谐发展为前提,促进社会全面进步与发展。走可持续发展道路是中国的必然选择,林业作为中国经济中的重要组成部分,应该坚定不移地走可持续发展道路。

林业可持续性发展内涵丰富,其主要思想应涵盖三方面。一是经济持续,即通过不断地增加林业从业人员的收入,实现木材产业的利润增加并得以改善林业生产结构,以经济发展促进林业可持续经营。二是社会生产持续,即保证林产品稳定的供给,满足人类社会发展对林产品的需求,同时增加社会就业的能力,实现林业对社会进步的贡献。三是生态可持续性,即增强森林生态系统的稳定性,通过保护和改善资源环境,实现人类生存和生态文明的进步。综上所述,"可持续林业是在对人类有意义的时空尺度上,不产生空间和时间上的外部不经济性的林业,或在特定区域内不危害或者削弱当代人和后代人满足对森林生态系统及其产品和服务需求的林业"①。林业可持续发展战略的实施在国民经济的发展起着不可替代的作用,在提升木材资源可持续发展的过程中,生态系统的可持续发展是基础,社会的可持续性发展是保障,经济系统健康稳健的发展是前提,科技创新则是关键手段。

林业的发展是以树木为资源基础的,人们不遵循森林生长规律,过多地采伐树木,消耗森林资源,不仅会使森林资源的再生循环系统遭到破坏,打破木材资源的再生利用的平衡,而且会使其他动植物赖以生存的生态环境遭到破坏,最终会威胁到人类自身。目前,作为林业经济支撑点之一的林产品贸易,为中国林业发展带来了机遇,但同时也使林业可持续发展面临着巨大的挑战。林产品贸易中木材资源的合法性问题近年来受到世界各国的高度关注,国际非法采伐及贸易成为制约木材贸易可持续发展的主要障碍,人类若长期受利益驱使,不顾木材资源产出的内在规律,使木材贸易处于不合理控制的状态下,人类社会的可持续发展最终会遭受危害。"大进大出"、"两头在外"的贸易方式决定了中国政府不仅自身要积极贯彻林业可持续发展思想,而且必须协同其他国家联合制定森林保护等国际公约并切实遵守。"林业可持续发展应该把数量、质量、效益和环境结

---

① 侯元兆:《林业可持续发展和森林可持续经营的框架理论》,《世界林业研究》2003 年第 16 期,第 1—3 页。

合起来,在不破坏森林资源与生态环境,不损害子孙后代利益的条件下实现当代人对各种森林效益的供求平衡"[①]。木材资源作为林业可持续发展的重要基础,通过资源安全体系的建立,保证生产、生活以及生态的协调平衡。

四、理论集成

前面分述了 R—I—E—T 理论、产业链理论及可持续发展思想在构建中国木材资源安全保障体系中的主要作用,三个理论相互之间具有内在联系,为理解方便,本书将上述相关理论简单集成,以更清楚反映其内在联系(图 12.1)。

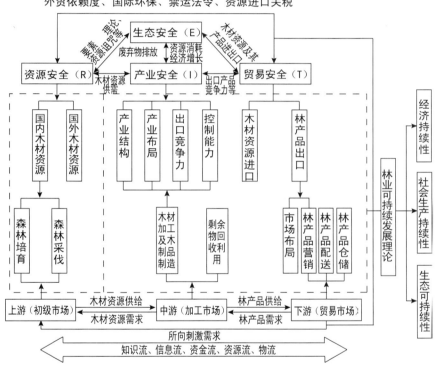

图 12.1　构建中国木材资源安全保障体系的理论集成

构建中国木材资源安全保障体系需要从资源、产业、贸易、生态安全四个方面考虑,同时与林业生产链相衔接,上游对应资源供给,反映资源水平,中游对应产品加工,主要涉及产业安全,下游对应贸易市场,考虑贸易安全。整个框架遵循林业可持续发展思想,为构建中国木材资源安全保障体系提供指导,概括其内涵,即"合理利用木材资源、加快优化产业结构、切实保障生态安全,均衡实现贸易利益"。

---

① 郭志伟、代力民:《林业可持续发展研究现状和展望》,《世界林业研究》2003 年第 16 期,第 4—6 页。

第三节　中国木材资源安全保障体系

前述章节论证了构建中国木材资源安全保障体系遵循的指导思想和理论依据,在此基础上,本节将提出该保障体系的框架,作为未来中国木材资源安全保障的主要体系。

一、中国木材资源安全保障体系

本书通过管理学战略、战术和作业三个层次,通过前馈和后馈控制,随时对保障体系整体执行状况进行监测,通过对系统执行中的错误进行纠正,达到系统最佳控制状态。结合管理学的过程、路径和层次三位集成管理控制模型[①],通过 R—I—E—T 理论、产业链理论及可持续发展思想构建了完整的循环性系统保障体系(图 12.2)。整个保障体系将从政府、行业协会以及企业层面进行系统综合,辅之以战略、战术和作业三个层次协同作用,以期对木材资源安全提供有效保障。

中国木材资源安全保障体系的具体解析如下。

首先,构建保障体系的工作基础。构建中国木材资源安全保障体系,需要对中国木材资源安全水平及其衍生问题进行宏观把握。通过 RIET 评价模型,结合中国资源禀赋水平和变动规律,预测短期、中期及长期资源安全状况,要形成木材资源安全状况中长期判断。结合产业发展模式及产业结构调整趋势,对林业生产发展和资源要素的内在关系进行归纳梳理,同时考虑产业发展需要的资源缺口如何通过国际进口来实现,全面分析资源利用对国内国际造成的生态问题,继而考量产业产品出口和资源进口面临的贸易环境及其变化趋势,提供建立资源安全保障体系的产业安全、生态安全及贸易安全综合评价结果,以作为保障体系工作运行和功能完善的现实依据。

其次,宏观和微观层面的系统综合。战略层面,保障中国木材资源安全,仅从国家层面来制定规划和产业政策并不足以达到全局控制,应该在宏观战略基础下,利用行业协会进行协调控制,最终通过企业微观实践执行达到预期目标。安全战略,必须通过政府从宏观层面入手,全方位地把握资源安全态势,继而制定产业发展与资源利用的远景战略,从而制定合理的产业调控政策和资源安全解决方案。战术层面,林业行业协会要发挥承上启下的协调作用,行业协会要及时宣传国家政策,并以企业利益为出发点,保证信息准确传递。行业协会可以依据行业共同制定的章程,结合资源安全趋势及市场风险,向林业企业传达资源调控政策要求,从而在行业间形成政策共识。作业层面,从企业微观的角度观察,由于单个企业规模较小,其无法全局掌握资源安全趋势和政策导向,建议具体企业要密切联系行业协会和政府主管部门,在全局战略定位中寻求企业具体作业措

---

① 张智光、达庆利:《过程—路径—层次三维集成管理控制模型》,《东南大学学报(自然科学版)》2010 年第 40 期,第 3—5 页。

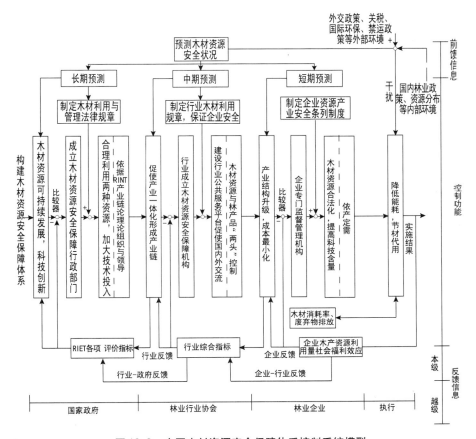

图 12.2 中国木材资源安全保障体系控制系统模型

施,从而维护企业利益。木材资源安全保障系统的顺利运转,最终要依靠林业企业这个作业层面来实施的,但根本上还是依赖于技术创新,当前中国林业企业多数处于转型阶段,科技成果方面,企业普遍存在重视引进、忽视创新,林业企业要加强科技创新和上下游合作,形成纵向产业一体化,将企业联盟的技术、信息、资金以及市场资源优化整合,通过提高科技水平加强资源的利用效率,以资源低耗费和科技高投入,实现高附加值收益。

再次,协调国内外产业环境和贸易政策。对于木材资源这种影响生态环境和全球气候的战略资源,仅仅依靠一国产业政策的调整并不足以能够实现全球资源的可持续经营,中国政府和企业层面要注重研究国内外森林资源营林思想,避免单边行动和双边争端,要在多边框架内协同全球治理,从而保障本国产业环境及政策符合国际规范。解决资源短缺需要在国际范围内进行资源配置,不可避免地会受到国际贸易环境的影响,构建木材资源安全保障体系必须考虑到外交政策、关税、国际环保以及禁运等因素。在发达经济体遭受金融危机和欧债危机的双重打击下,迫于国内失业及收入增长等因素,欧美国家"加工产业回归"的产业调整日趋明朗,这意味着中国未来面临着与其重新分配产品市场局面的出现,因此进一步可能加剧贸易保护和贸易摩擦协调国内外产业环境和贸易政策对木材资源安全保障体系的运转同样重要。

最后,整体系统的执行要强化可持续发展思想。木材资源的特性决定其利用和贸易行为必然影响到企业、区域及国家间经济效益和社会效益,从可持续发展的视角把握资源安全有利于整体系统的顺利执行。木材资源和林产品不同于普通商品,由于其来源于森林资源,林业产业发展和林产品贸易关系到生态环境的变迁,因此林业企业必须发挥经济和生态效应,必须协助政府完善森林资源管理体系,遏制非法采伐以及相关的林产品贸易,从而保障木材资源利用的生态安全。政府要将木材资源的安全保障上升到国家立法层面,将其纳入国民经济总体发展规划框架体系,要在森林资源培育等方面给予最积极的政策导向和支持,在产业结构调整领域给予明确的奖惩措施,从产业进步的层面统筹规划。作为本保障体系建立的理论基础,可持续发展思想还要求能够从全球范围看待资源安全,不能为了本国或本企业利益而忽视资源来源地的社会经济可持续性,要负责地利用全球森林,合作共赢地进行贸易,从而在全球范围内实现生态系统均衡和资源安全保障。

二、创新与讨论

上述中国木材资源安全保障体系的构建,具有以下主要创新和突破。

(1)理论创新。本书将产业安全理论、生态安全理论、贸易安全理论统一在资源经济学框架下,形成了体系科学且完整的资源安全理论体系——"资源—产业—生态—贸易"(RIET 理论)。一方面它能够作为实证研究资源安全问题的评价模式,另一方面其框架也构成了建立资源安全保障体系的重要理论基础。RIET 理论可用来系统诠释资源与经济增长的内生化关系,同时能够解释生态外部性问题,对考量专业化产品的贸易发展模式也具有重要意义。理论体系联系紧密且融合性强,满足对战略性资源研究的逻辑要求。各子系统符合整体系统研究核心并且有机结合,对于关系国民经济发展中其他战略资源的安全评价具有参考价值。

(2)技术手段创新。中国木材资源安全保障体系的构建,充分遵循资源经济学原理及规律,创新地引进了生态安全评价中的生态足迹衍化模型,使资源利用的生态转移及生态和谐度具有可度量性。对于产业安全及贸易安全的实证研究,也合理引入并拓展了相关国际组织的研究方法,通过定量评价和定性分析,得到信度较高的研究结论。

(3)决策策略创新。在中国木材资源安全保障体系的构建中,不能简单地通过重视某一环节而使得整体问题得到解决,整个保障体系从政府、行业协会以及企业层面三个层次进行系统综合,辅之以战略、战术和作业三个层次协同作用,形成了完整的木材资源安全保障系统。结合产业模式调整、生态威胁分担及贸易政策优化的系统策略,对木材资源安全保障体系的执行也提供了重要的科学思路。

中国木材资源安全保障体系在评价其他重要战略资源领域具有推广应用的价值,当然也有值得讨论的地方。例如,理论体系的普适性问题。能够解释木材资源安全的 RIET

理论,以及因此设定木材资源安全的评价标准是否对其他产品及产业具有广泛适用性,这是本书期望突破的问题。作为木材资源其具有可再生并且多样性的特点,RIET 理论体系对于诸如矿石、石油等耗竭性资源的安全问题有实际参考价值,但也存在不同资源利用中的生态问题评价标准较难统一的遗憾,能否地解释战略资源及其相关产业理论体系与评价标准还有待讨论。

第四节　本章小结

本章对构建木材资源安全保障体系的指导思想及理论依据进行了系统论证,建立了科学可行资源安全保障体系控制系统。本章的小结主要有以下几个方面。

构建木材资源安全保障体系的指导思想,本书提出"合理利用两种资源及重视发挥节材代用功能"的基本观点。同时,结合产业安全、生态安全和贸易安全,提出"以产业升级和技术进步保障产业安全、以可持续发展理念推动资源利用生态安全、以贸易战略调整维护贸易安全"具体思路。此指导思想期望通过产业升级和技术进步调整产业发展模式,通过降低资源要素依赖和贸易平衡来维护系统资源安全。

在构建中国木材资源安全保障体系的主要理论依据中,本书提出 RIET 理论,并系统联系资源禀赋、产业安全、生态安全和贸易安全,阐释了该理论的合理性。除 RIET 基础理论外,本研究还兼顾了产业链理论和林业可持续发展战略,以三种理论的集成作为保障中国木材资源安全理论依据,其目的在于实现"合理利用木材资源、加快优化产业结构、切实保障生态安全,均衡实现贸易利益"。

在指导思想和理论研究基础上,通过引入战略、战术和作业三个层次视角,运用管理学过程、路径和层次三位集成管理控制模型,结合 RIET 理论、产业链理论及可持续发展思想构建了完整的循环性系统保障体系。

第十三章　中国木材资源安全保障的对策建议

第一节　中央政府战略调控

一、宏观战略调控

中国是发展中国家,国民经济发展水平和现有产业模式决定了木材资源的安全保障是长期而且艰巨的任务,必须重视中央政府宏观战略的调控和引导,走可持续发展道路,通过以科技为先导,推动林业产业结构升级,强调在经济发展的同时兼顾生态环境的建设,将木材资源利用由目前的低效、高耗转向高效、低耗的模式,以科技水平和产业结构优化降低对资源要素的依赖,真正实现木材资源的合理利用和产业经济的可持续发展。

中国进入到工业化及城市化加速发展阶段,对资源需求的急剧增长将进一步加剧资源安全问题。要建立健全中国木材资源安全保障体系,需要通过资源可持续发展战略提供制度保障。中国资源战略必须服务并服从于国家总体发展战略,按照中国中长期发展目标,新世纪头 20 年,在优化结构、提高效益的基础上,GDP 再翻两番,全面建设小康社会,为实现第三步战略目标,即本世纪中叶达到中等发达国家的水平夯实基础。资源可持续发展战略的根本目标就是保证这一目标的顺利实现。满足经济增长和人民群众日益增长的资源消费需求,不因资源的短缺而降低中国经济的潜在增长率,降低人民群众的合理需求。资源的生产、消费与环境要相协调,不能因资源的过高消费而恶化人类生存环境,从而影响经济社会可持续发展。

制定中国木材资源可持续发展战略,应广泛调研,深入探讨,以使战略的制定符合国情,这是后续研究应该认真思考的重大课题。中国木材资源战略的制定应以提高国内资源供给能力为基础,通过弱化资源供给结构的不安全因素,保障资源能够满足经济发展需要;要加强替代资源的推广利用,降低传统资源利用对生态与环境的压力;应加快提高能源供给的多元化水平,利用两个市场两种资源,合理配置以保证资源供给安全。要加快制定中国木材资源的可持续发展战略并得到明确制度保障。

二、资源安全法制保障

制度设计和法制保障是中国木材资源可持续发展战略重要的前提条件。政府要加快完善以《中华人民共和国森林法》为基础的行业法制,通过重要法规明确资源安全保障问题,以作为产业结构调整和引导科技创新的重要基础。法律制度的修订和完善要充分考虑到产业安全、生态安全和贸易安全问题,要从系统角度对资源安全提供保障。

20 世纪 80 年代开始的资源立法构成了中国资源法规的现行体系,例如《中华人民共和国土地法》、《中华人民共和国水法》、《中华人民共和国矿产资源法》、《中华人民共和国森林法》、《中华人民共和国草原法》法规,建立资源安全立法的可行方式即在现有法规基础上,进行资源安全思想的立法修改,可通过设立专门章专进行资源安全的法律规定,也可以根据需要制定新的单行法,但基本模式就是在诸法中融入资源安全思想,进行相关的资源安全法律规定,从而构建中国整体的资源安全法律制度体系。

中国资源安全立法的修改和完善要重视以下方面,首先,要转变资源利用方式,保护资源及环境,建立资源节约型国民经济体系;其次,要加强资源储备,建立资源储备法律制度,促进资源系统的良性运行,建立资源安全管理体系;再次,兼顾治标与治本、战略与战术、时间与空间,以可持续发展的战略资源安全观统一立法思想;最后,要注重协调与产业安全、生态安全及贸易安全的关系,注意引导产业结构升级转型,倡导合理利用与生态保护,协调国际资源配置及贸易环境,从而有助于资源安全整体法律制度体系的建立。

三、资源安全战略规划

中国木材资源可持续发展战略确定后,应加快制定资源安全战略规划及实施意见,中国木材资源安全的战略规划应立足于国内资源供给,合理利用国内国外两种资源,通过产业升级和科技创新降低资源依赖,从整体系统建立资源安全战略规划。

在保障森林生态环境建设前提目标下,应加大商品资源林的建设,加大速生丰产林的政策扶持,引导大中小径材综合利用,通过科技投入和创新降低资源的损耗,以实现资源供给能力加强和资源科学利用。中国必须提高林地利用率,在有限的林地上,加快速生丰产林的建设,同时可以借鉴渔业轮休政策,根据木材资源自身生长周期的特性,去旧促新,符合自然规律,更好地与生态环境相协调。

资源安全战略规划制定中,要充分考虑国际资源的进口问题。中国目前是世界最大的木材原料进口国,"大进大出"的格局使我国遭受着国际巨大的舆论压力,政府必须在战略上调整资源进口策略,通过适当分散过于集中的进口来源国,降低长期对一些进口国的依赖性。同时我国进口原木主要是用于简单的制造加工,生产劳动密集型产品,我国政府必须从产业的角度进行思想转换。我国必须进行产业结构升级,低附加值的劳动密集型产品已经渐渐地不适应国情,劳动力成本的提高进一步加深这种改革的必要性。政府可以加大资金的投入,重点扶植一些有潜力的林业企业,提升科技技术水平,研发出高科技含量产品参与竞争和降低能耗。规划资源安全战略要重视贸易安全,从产业链的角度出发,出口企业在利用木材资源的过程中,必须从初级市场开始关注木材资源的合法性问题,木材资源的采伐利用必须符合国际标准,政府要加快完善国际认可的森林资源认证标准,从而解决木材产品国际市场准入问题,以减少贸易摩擦等贸易安全隐患。

四、政策实施及监督管理

科学的战略定位和完善的法制保障,得益于行政执行和政府监管,整体资源安全保障体系的系统运行及实施最终需要人员实施,要强化政策实施及监督管理,以保障资源安全落到实处。建议重要政府可成立不同部委资源安全监管部门,例如木材资源的政策实施及监督管理,为了明确职责,更好地督促保障制度的成立,可从关联部门连同林业部门抽调专业人才,划归林业系统资源安全监管机构,通过资源数据过程实时监管和调控,具体实施木材资源安全的监督管理和政策反馈。

从长远发展角度看,中国资源安全问题在现有产业模式不作调整的情况下,资源安全问题将愈加突出,中国木材资源可持续发展战略要通过产业政策调整、生态环境保护的激励、贸易平衡战略的实践来系统实施,在资源安全思想下,资源安全监管部门要拥有相对较高自主权,以避免其监督工作受到其上级机构的影响。当然为了避免权力过于集中,部委所属资源安全监管部门自主权也应规范,建议国家成立宏观资源安全办公小组,以协调不同行业资源安全监管部门权责范围,从而保障资源安全可持续发展战略的实施。

第二节 行业协会战术定位

一、协调行业行动计划

中央政府从宏观上为中国木材资源安全保障体系的构建提出构想,必须依靠行业协会在政府和企业之间建立桥梁,行业协会是中国木材资源可持续发展战略实施的重要途径。目前整体来看,行业协会权责关系上存在问题,立法上也有待明确其权力地位,只有行业协会的切实权利得到保障,其才能更好地服务于企业和社会。行业协会必须在国家整体框架体系下以国家战略思想为基础,积极帮助政府构建资源安全保障体系,通过行业协会协同企业制定行业计划,是资源安全的必要条件。

行业协会要从整体产业安全和资源安全背景下,结合国家战略目标,准确把握产业发展的行动计划,以保障全行业可持续发展。要从本质上解决中国木材资源的供需矛盾,需要从产业层面调整产业模式并优化产业结构,这是解决资源短缺的根本问题。例如,中国林业第二产业发展中形成的以苏、鲁、浙为代表的人造板加工贸易产业模式,在资源短缺状况下,产业发展进入瓶颈,当前产业结构亟须加快调整,必须看到以沿海发展较快优势产业要素继续从事加工贸易的产业模式对于整体经济的提升能力有限,要通过改变传统劳动力密集型及资源密集型的出口导向型发展思路,降低产业对木材资源和国际市场的过度依赖,从而降低整体产业发展对资源安全的威胁。

对于长三角、珠三角及环渤海等发达区域升级优化后的产业及设备,可将具有发展潜力的产能,适当向中西部省份实施转移,为避免落后产业的简单转移和重复建设,应以具有科技及资本优势产业为承接对象。木材加工产业技术要求相对较低,在原料及劳动力集中区域较容易开展中西部省份要充分利用本地资源禀赋优势,对拟承接产业的技术进步贡献能力作为重要评价条件,避免单纯以 GDP 增长为衡量依据,避免陷入新一轮加工贸易发展阶段。区域布局中应严格避免区域产业趋同,以充分论证的规范产业标准承接吸纳引进优势产业。对于产业布局调整及优化等问题,应站在全国一盘棋的角度认真研究,从保障资源安全的战略角度实现产业的可持续发展。

二、指导实施行业战术

行业协会协调制定行业行动计划,需要及时给产业发展具体指导,以利国家战略和行业计划的顺利实施,结合自身行业发展现状,指导实施行业战术及决策运营,是资源安全保障体系的重要环节。行业协会通过建设行业公共服务平台,及时向企业发布最新最全的信息,让企业在第一时间了解国外大环境的变化,提供企业决策自身发展计划。行业协会可筹措创建全系统木材资源供需买卖板块,及时发布市场供需信息及产品结构导向,为企业提供政策引导和信息服务。

行业战术应以行业行动计划为指导,切实遵循国家战略和行业规范,保护环境、优化结构,实现可持续发展。企业是以自身利益最大化为经营原则的,木材资源的利用牵涉到生态环境的保护,很多企业会为了创造更多的利润,不惜以牺牲环境为代价,冒着触犯法律的风险,使用非法木材,或者在生产过程中严重污染环境,破坏生态平衡。这时除了国家通过强制手段进行处罚外,行业协会可以在公共平台上的主页发布林业行业的行规,要求所有的企业自觉地遵守并执行,一旦有企业违反规章制度,按照相应条款进行惩罚和批评,列出其处罚公告,借此警示其他企业,规范木材资源市场。

在具体指导行业发展时,行业协会要实施资源监控和引导调节,以利企业合理发展。行业协会可以利用信息资源优势,对其企业会员的原材料需求和产成品进行实时监控,实行"两头"控制。行业协会应对木材原料的购进进行登记统计,将原材料控制在符合国家规定的范围内,降低企业对非法木材的需求,减少乱砍滥伐的现象,保障我国木材的资源安全。在生产的过程中对企业的排污进行监测,督促企业保护环境,保障木材资源的生态安全。同时行业要引导企业进行产业结构升级,引进国外先进技术以及加大科技创新力度,提高产品质量,在相应的林产品生产出来后根据供需情况为企业提供销售策略,分散市场布局,保障木材资源的产业和贸易安全。

在行业行动计划和行业战略运行一段时间后,行业协会必须对实施意见和监测结果进行分析,可以通过公共平台进行数据统计,如行业总产值、资源利用情况、行业会员数及行业发展遭受反倾销情况,提供会员企业判断行业行动计划实施进度,建议政府部门决策宏观资源安全及其利用水平。

三、引导行业科技进步

行业协会除了协调制定行业行动计划和指导实施行业战术,应在国家战略前提下引导行业积极实现科技进步。解决木材资源安全问题,除了转变经济增长方式中传统的加工贸易模式,还应实施科技创新战略,以技术密集型的发展思路代替资源密集型发展模式。中国木材加工业要素生产率水平的提升是改变传统产业发展的重要手段,发达区域与中西部区域要结合区域要素特色,发挥技术、资本及资源差别优势,以促进本区域社会经济进步。

东部发达省份长期积累的资本及技术优势,要充分转化为科技生产力,将技术创新导入新一轮产业变革中,以改变传统模式对木材资源的高消耗,从产业一线控制资源耗费,提升技术对产业发展的贡献率。中国林业第二产业,特别是木材加工产业要建立科技投入及技术进步评价标准,以此作为企业信贷及财政支持的评价条件,对于中西部承接转移省份,应以承接产业的技术贡献水平作为产业落户的首要考核条件。通过技术进步等要素生产率水平的提高,充分发挥科学技术在木材加工业中的作用,加强新技术开发与研究,通过科技成果产业化,使木材产业向深加工和精加工发展,以纵深产业链增加产品的附加值。东部发达区域与中西部产业要满足供应链体系发展要求,形成高中低相互联系的整体对接模式,鼓励以集约经营方式发展原材料、用材林基地,从原料——产品——购销体系提高整体的转换水平,形成全国一盘棋的产业链增值模式。

在产业链系统中,制造业价值低、能耗大,目前中国林业第二产业主要集中于制造加工,大部分是依赖于大量的低廉的初级加工林木产品,技术资本含量较低。在产业链中科技和信息化可以产生主导作用,林业行业协会可以发挥自身的主导优势,积极吸引科技人才进行科研创新,加大木材资源的利用率,研发木材资源替代材料,通过掌控产业核心技术,向产业链的高端价值扩张。林业行业协会必须依靠信息化,运用电子商务等手段帮助企业实现全球运营的模式,用信息技术手段将木材资源产业链中的各个环节整合成一个闭合空间,使木材产业的结构更加合理,由制造业的低附加值向产业链的高附加值扩张,发展现代林业产业体系。

行业协会必须要对未来的发展形势作出预期,以合理引导企业走可持续发展道路,从而保障木材资源安全。行业协会要引领整个林业产业进行结构升级,仅凭企业单方面的努力改变整个产业格局是不可能的,不仅要从国家的战略层面进行引导,更要有行业协会的积极推动,整个产业才有可能更好地向前迈进。企业无法控制整个木材资源的产业链利益,而行业协会却可以从整体上把握产业链的进程及市场机遇,通过行业协会引导和服务,促进全行业健康可持续发展。

四、筹建行业安全保障机构

行业与政府一样有必要成立相应的资源安全监督部门,通过其与政府监管部门对接,能够及时反馈信息,预警资源动态,控制不安全因素,有效保障资源安全系统的过程控制和安全实施。行业协会要与行业主管部门信息沟通密切,在中国木材资源可持续发展战略总体思想下,监管行业部门发展存在的问题及面临的机遇,为企业发展提供准确信息服务,为政府资源安全监管提供决策参考。

行业资源安全监督部门必须负责企业会员的日常活动,使其合法化运营,同时在对外贸易摩擦中,带领企业积极应诉,保障我国林业产业贸易安全。中国林产品近些年经常遭受进口国的反倾销调查,由于国内林业企业规模较小,对于应诉所需的人力、物力、财力都无法到位,在贸易中处于弱势地位,很多企业选择规避,这无疑增加了企业出口难度并弱化了国际市场竞争地位,使贸易安全受到了严重的威胁。行业协会要负责贸易诉讼案件申辩规则和国际惯例,服务企业积极应诉国际争端,协作行业财力和资源优势,在制度和程序上为中国产业发展提供外部安全保障。

第三节　企业部门决策作业

一、企业经营战略转型

以国家战略和行业行动计划为指导,企业要深刻认识资源安全形势,加快实现科技创新,实现企业发展战略转型。我国林业企业要以低碳经济为基础,贯彻国家木材资源可持续发展战略,实际进行产业升级和技术创新,降低资源依赖和能源消耗,从基础上为实现国家整体木材资源安全提供保障。

经营企业的科学战略定位和有效执行决定着企业未来在行业内的竞争地位和长远发展。中国林业产业是以林产工业为主,其中木材加工业占有重要比重,目前林产加工业在全球产业链分工体系中地位偏低,主导产品缺乏自主品牌和核心竞争力,主要依靠加工贸易的出口数量和低价优势,较为粗放的营销模式很容易引起国外企业的联合抵制,引发我国产业出口和资源进口的贸易纠纷和贸易安全,加快调整企业产品竞争劣势,改变加工贸易产业模式,通过产业转型升级实现可持续发展是必由之路。同时,中国林业加工产业及企业要加快进行经济结构战略性调整,培育新兴潜质产业,从"高消耗、低成本"向"低消耗、高技术"转变,在产业链体系中扶持创新型产品并培育新的增长点,从而避免单一产品、单一市场、单一结构等因素造成的经营困境。

结合国家战略导向,经营企业要加快实现资源节约和技术密集的战略目标,要通过管理创新和机制创新实现战略转型,木材加工企业相较其他产业技术层次低,员工素质偏低和生产监管简单粗放,要在技术创新的支撑下,通过企业内部管理创新提升企业层次,通过经营机制创新激励科技人员技术创新,通过联姻高校和科研院所为企业创新提供智力资源。管理创新和机制创新是实现战略转型的保障,也是从基础上解决中国资源安全问题的重要条件。

二、实施企业作业计划

解决资源安全问题要求经营企业从基础层面通过技术进步降低资源消耗,即通过资源节约和技术密集的企业经营战略实现国家资源安全战略,这就需要企业认真贯彻战略目标,切实制定并执行围绕战略目标的作业计划,从经营管理过程解决资源安全是实现国家宏观战略的重要途径。

具体作业计划的实施要突出技术创新的重要性。在整个木材资源安全保障体系中,企业处于作业层面,整个国家战略最终要依靠企业实践,技术创新来源于生产一线,作业计划要为技术创新提供政策支持和激励措施,只有通过企业自发的技术创新才能驱动科研人才研发技术并实践执行,经营企业要站在未来竞争的视角看待其长远发展,作业计划制定中要突出年度创新成果目标考核,通过奖励机制刺激科技研发和成果转化,真正为企业经营战略的转型提供保障。

作业计划实施中要重视高附加值产品开发和推广。技术创新为企业战略转型提供技术支撑,要在作业计划中结合技术创新实现高附加值产品开发和推广,通过新技术和新产品逐步使传统低层次产品退出主导产业,从而实现产业结构升级换代。产品生命周期理论解释了处于不同生命阶段的产品的比较利益不同,意味着没有一种产品能够永远成为市场主流,新产品研发和产品结构调整不仅必要并且迫切,要求企业要有新产品研发计划,通过经营过程监控新产品在产品结构的比重及趋势,逐步淘汰高耗能的资源密集型产品,为资源安全的实现提供保障。

作业计划实施中要注重产业工人素质培训和技能提高。先进的生产力来源于产业工人,木材加工产业技术要求低,产业人员从业技术门槛要逐步提高,技术创新要运用到产品研发和推广中,需要高层次高技术工作人员的具体操作和实践,产业工人技能培训必不可少。传统木材加工员工大多来源于农村剩余劳动力,技术水平较低,资源浪费严重,未来产业战略发展要定位于技术进一步降低资源消耗,产业工人素质提高和技能培训任务紧迫,在作业计划执行中,要逐步更迭工人层次,以保障创新技术能够切实得到实现。

三、创新企业经营措施

企业自身的资源安全能够对整体系统资源安全提供保障,企业具体经营过程中,经营措施创新也是需要重视的问题。

资源节约与代用问题。企业要关注资源节约和木材代用等现实问题,加快转变增长方式,经营企业也在社会行为中肩负社会责任,自然资源循环利用和保护环境是全社会责任,木材加工产业直接利用木材资源,更应倡导资源节约和循环利用。通过技术创新,要加快新材料在新产品的应用,通过节材代用的创新机制,鼓励废旧木材回收、新材料代用、科技术推广等措施,节材代用的经营和消费观念应在全社会长期宣传并实施。

加工企业资源储备和营林问题。营林不仅是国家责任,加工企业也可以通过融资营林,加强资源储备来保障自身资源安全。速生丰产林是解决木材资源安全问题的有效途径,以消耗木材资源为主的加工企业可参考产业链原理,建立自身上游原料供应基地,特别对于速生丰产林的经营,不仅解决企业资源安全问题,也可通过与林农签署购销合同减少资源市场价格风险,维护企业与林农切身利益,企业资源储备和营林,能够使原料供应有保障,掌握原料的主动权,将资源培育与木材加工相结合,通过构建利益共同体,是国家战略安全实践的有益创新。

在企业经营过程中也应该思考其他方面的措施创新,企业自身重视资源安全,子系统安全保障将对国家整体战略的实施提供重要基础。

四、微观监控资源安全

国家资源安全的实现,密切关系到企业自身利益,只有全社会资源价格稳定,数量有所保障,才能为具体企业提供规范市场环境,再次,企业也要对宏观资源安全保障体系提供微观监测支撑。

企业出于自身商业安全的考虑,对资源来源及数量普遍持有保守态度,在企业调查中,也有企业瞒报或谎报,从而造成资源数据失真,为宏观决策造成困难。在企业微观层面,具体企业要建立规范的资源统计系统和资源动态监测机构,通过信息共享和数据交换,满足普查信息的完整性和准确性,以利全局资源安全保障体系的建立和运转。木材加工企业应该明确和规范企业内部各部门以及各岗位的职责,加强企业自律,强化企业的环境责任,建立企业内部监管,必须明确监督管理机构的职责,保持监督管理部门的独立性和权威性。企业监督管理部门必须熟悉公司个部门之间的业务联系,主动并快速地了解政府以及行业协会的动态,及时宣传木材资源相关的政策,监督各个相关部门严格按照规章办事,以使得企业经营能够切实贯彻国家资源安全战略。

第四节　保障中国木材资源安全应考虑的其他问题

上述章节从国家宏观层面、行业协会层面和经营企业层面提供了中国木材资源安全保障的针对性对策建议,系统地保障资源安全,也需要重视以下方面。

一、生态文化和环保教育

法律制度的强制性能够将国家意志通过惩罚措施在一定范围内推广实现,但不能忽视公德宣传和自律教育,木材资源安全关系到生态环境问题,保障森林资源的法律实施需要社会公德的推动,生态文化和生态教育对于资源安全保障的作用同样值得重视。

通过社会公德来推广生态文化和生态意识,继而促进资源安全保障,主要还需要企业承担社会公德,企业对社会承担责任,林业加工企业消耗了大量的木材资源,企业必须加强对木材资源的安全承担责任,企业要结合自身所承担的责任,整合资源,不断采取行动保护环境。示范性企业可以将每年利润拨出部分资金用于定期绿化造林,也可投入公益广告的宣传,加强民众环保意识教育。企业在保护环境进行生态文化宣传的同时也是在宣扬企业文化,可以通过生态文化深化企业文化内涵,提升无形资产价值,树立良好品牌形象。企业可以利用自身的影响,积极投身生态公益事业和环保教育,通过与媒体的合作,通过生态文化教育和植树造林,积极引导公众进行生态保护。

中国林业企业普遍存在规模较小,管理水平较低等现象,仅凭企业力量来进行生态文化和环保教育远远不够,企业在整个框架体系中处于作业层面,还是得依附政府和行业协会的力量。国家要重视生态文化和环保教育,可以通过官方大型传媒进行主题电影或者纪录片宣传,在全社会发动全民保护并节约木材资源,建设和谐可持续发展的社会。

二、人才储备和智力支撑

从国家层面来看,创新人才的培养是重要的系统工程,政府要加强农林经济管理专业人才培养力度和就业激励,加强专业化人才储备和建立国家、协会及企业三级人才体系,为资源安全保障提供智力支持。传统上认为农林领域属于艰苦行业,农林经济管理本科毕业生普遍未从事本专业工作,而硕士、博士人才又主要进入高校或科研机构,真正从事国家相关资源管理的高层次专业人才紧缺,国家要从全局考虑引导高层次专业人才从事资源管理工作。其他从事技术研发和创新的理工类专业人才,政府也应重视,对于林学、木材科学等基础性专业,国家可以借鉴师范类高校优惠政策予以倾斜,使得真正有理想有才干的专业人才能够热爱森林和从事环保。

从行业层面来看,林业行业协会更具有针对性,在信息时代,更需要能够掌握信息技术的林业专业化人才。通过合理运用高校资源,委托定向培养专业人才,具体培养要求和高校紧密对接,将教学与实践相结合。行业协会通过行业信息服务平台为企业提供信息服务,及时将各种供需公布给各大企业,因此人才队伍不仅要懂得木材资源等专业知识,也有精通英语和信息科学,行业协会还会经常涉及国内外贸易争端,这就要求具备国际谈判和法律知识等复合型人才。

从企业层面来看,大多数木材加工企业生产的产品科技含量低,资源依赖过高,这与科技创新人才的短缺有关。对于有实力的大型加工企业,其对森林资源培育、采购、加工、销售等环节都需要配备专业人才,因此该类企业要与农林高校密切合作,通过人才基金和企业博士后工作站等形式吸引优质人才,通过投资激励措施引导专业人才投入科技创新。企业在职工培训等方面也应有所作为,要投入资金对现有的企业员工进行技能培训,提高员工发展机会留住专业人才。

三、林农利益与林业经营

中国木材资源的长期安全要以国内供给为基础,林农营林积极性和森林资源的可持续经营是资源安全的重要基础,资源安全问题不能忽视林农收益与营林基础。森林资源培育主要依靠林农进行,林农知识水平的高低直接影响中国林业政策的实施以及木材资源的产出及质量。目前中国林农普遍经济收入偏低,贫困制约着林业发展,而木材生长周期长,投入资金成本大,很多林农会转而向农业发展或者外出打工获得更高的收益,这都是森林经营的制约因素。

政府部门要充分认识到林农利益,这也是"三农"问题的关联问题,政府要积极引导农民以林地使用权、林木资源、资金或劳动力通过入股等方式盘活资源,通过维护林农利益和增加林农收益激励资源产出。通过企业和行业协会鼓励林农进入林业经营环节,将企业利益与林农利益协调起来,鼓励林农自觉提高营林利益。

政府应该积极鼓励并引导林农增加在森林培育的投入,积极造林,增加高效经济林。在林业专业知识方面,政府应加强培训,加大专有财政资金保障科技投入,提高林农的专业技术水平。同时要尽快完善配套措施,当地政府必须依据国家的政策法规,进行产业结构升级,加快当地木材加工业的发展,进行深加工,拓展林农木材资源利用的渠道,调动林农造林的积极性。目前林农法律意识亟待加强,当地政府要向林农宣传保护木材资源的重要性,杜绝乱砍滥伐并抵制违法采伐木材。

四、市场创新与期货机制

传统市场供求关系一定程度上能够引导产业作出理性选择,但作为承担公益功能的森林资源,市场失灵的风险容易造成市场恐慌,也可能造成高价下的过度砍伐或低价下的疏于管理,特别就木材资源来说,其来源于森林,森林的周期生产较长,难以像其他商品快速在市场得到调节,保障资源安全需要市场创新,期货市场是重要的调节机制。

林产品期货市场对木材资源安全保障系统的构建具有重要作用。期货市场汇聚大量产品交易信息,可为林业企业生产及经营提供可靠信息,林业管理部门可以根据期货市场签订的合同进行合理预测,从而对森林培育、采伐等进行规划,为企业提供更大的生产经营自主权。林产品期货市场的价格有助于林业经营者调整林产品种植结构,增强生产预见性并缩小实际损益与预期损益间的差异变动,减少预防林产品价格过度的风险。结合期货市场价格风险管理机制,木材加工企业可通过市场规避化解市场风险,增加投资者的积极性,拓宽林业发展渠道,为木材资源的产业安全提供保障。期货市场套期保值功能能够为木材保障体系中的各个参与投资者降低风险,同时政府可以利用林产品期货的价格信息,推动林产品价格市场定价以及制定有利于生态环境的保护政策。

由于森林资源的生产长周期、林产品品种繁多及品种标准化问题,中国林产品期货市场尚未建立规范秩序和成熟市场,建议政府或行业协会积极论证,或在某些品种标准化程度高的产业间加快试点期货交易,通过市场创新增强资源安全保障。

五、海外投资与"走出去"战略

中国木材加工企业普遍规模小,加工贸易型企业主要依靠进口资源和出口产品的"两头在外"发展模式进行运营,容易造成"资源殖民"和"廉价竞争"等国际不利舆论。国际可持续森林监管日益严格,森林认证及合法贸易是目前资源贸易的主流,国际资源的获取日益变得困难,论证并实践海外投资是中国林业产业发展可借鉴的重要途径。

世界重要森林分布国家的木材加工产业整体较为低下,许多国家积极鼓励外来投资提升其工业化水平,由于进口资源的难度加大,国内的大型化且需转型升级的加工企业可探索海外投资生产的路径。中国企业可以利用自身技术优势走出国门,在国外创建木材资源供应基地,缓解国内资源短缺及市场风险,"走出去"战略的实施,一方面可以直接控制木材资源供给,保证原料的合法性,符合国际规章,另一方面,可以直接利用国外现有的资源优势,在当地直接生产,从而减少从中国直接出口的商品数量,减少国际贸易纠纷和改善贸易条件。

海外投资和"走出去"战略也存在一定争议,欧美国家正在反思其上世纪以来对外投资导致的本国加工业空洞及失业问题,这是值得借鉴并需要思考的问题。另外,国外投资初期可能能够享受到目的国优惠的财税政策及资源要素,但长远来看此种优惠必定弱化,企业还是需要通过技术优势和管理创新得以发展。此外,"走出去"战略对投资企业的国际化管理团队也提出较高要求,需要大批掌握目的国法律政策的专业人才和管理人才,对于非洲、东南亚、南美等发展滞后及政局不稳投资国,突发政治更迭及政策变革等不可抗力事件,也对投资企业提出较高要求,这也是实施"走出去"战略需要认真考虑的重要问题。

第五节　本章小结

本章结合第十二章构建的中国木材资源安全保障体系,从中央战略调控、行业协会战术定位、企业部门决策作业三大层面论证了保障体系实施过程的政策建议。本章的小结主要如下。

中央战略调控方面。论证了宏观战略调控、资源安全法制保障、资源安全战略规划及政策实施及监督管理四方面内容。提出应加快确定中国木材资源可持续发展战略定位,高度重视资源安全立法问题,制定明确的资源安全战略规划及实施意见,参考建立资源安全部门监管等措施,系统保障资源安全可持续发展战略的实施。

行业协会战术定位方面。从协调行业行动计划、指导实施行业战术、引导行业科技进步及筹建行业安全保障机构四个角度,提供了行业层面进行中间协调的具体措施。行业协会上述功能的实现,是以国家宏观战略思想为基础,企业落实国家战略的重要过程,是保障资源安全的重要条件。

企业部门决策作业方面。提出企业经营战略转型、实施企业作业计划、创新企业经营措施及微观监控资源安全的具体策略建议。以国家宏观战略和行业行动计划为指导，企业层面依靠科技创新驱动，实现企业发展战略转型，通过降低资源依赖和能源消耗，从基础上为实现国家整体木材资源安全提供保障。

结合上述三大层面的系统政策措施和建议，最后从生态文化和环保教育、人才储备和智力支撑、林农利益与林业经营、市场创新与期货机制、海外投资与"走出去"战略等五方面辅助论证了中国木材资源安全保障体系实施中应重视的其他问题。

参考文献

著作文献

[1]　[阿根廷]劳尔·普雷维什:《外国资本主义——危机与改造》,商务印书馆1990
年版。

[2]　[埃及]萨米尔·阿明:《不平等发展——论外国资本主义的社会形态》,商务印书
馆1990年版。

[3]　[俄]B. K. 先恰戈夫:《经济安全——生产、财政、银行》,中国税务出版社2003
年版。

[4]　[美]安妮·克鲁格:《发展中国家的贸易与就业》,上海人民出版社1995年版。

[5]　[美]艾伯特·赫希曼:《经济发展战略》,经济科学出版社1991年版。

[6]　[美]埃尔赫南·赫尔普曼、保罗·R. 克鲁格曼:《贸易政策和市场结构》,上海人
民出版社2009年版。

[7]　[美]保罗·巴兰:《垄断资本》,商务印书馆1977年版。

[8]　[美]查尔斯·K. 威尔伯:《发达与不发达问题的政治经济学》,中国社会科学出版
社1984年版。

[9]　[美]查尔斯·沃尔夫:《市场或政府:权衡两种不完善的选择——兰德公司的一项
研究》,中国发展出版社1994年版。

[10]　[美]丹尼尔·耶金、约瑟夫·斯坦尼斯罗:《制高点——重建现代世界的政府与
市场之争》,外文出版社2000年版。

[11]　[美]道格拉斯·诺思、罗伯特·托马斯:《西方世界的兴起》,华夏出版社1989
年版。

[12]　[美]H. 钱纳里、S. 鲁滨逊、M. 赛尔奎因:《工业化和经济增长的比较研究》,上海
三联书店1989年版。

[13]　[美]理查德·R. 纳尔逊、悉尼·G. 温特:《经济变迁的演化理论》,商务印书馆
1997年版。

[14]　[美]罗纳德·W. 琼斯、彼得·B. 凯南:《国际经济学手册》,经济科学出版社
2008年版。

[15]　[美]塞缪尔·亨廷顿:《现代化理论与历史经验再探讨》,译文出版社1993年版。

［16］［美］什杰拉尔德、迈耶、达德利·西尔斯:《发展经济学的先驱》,经济科学出版社1992年版。

［17］［美］V. 奥斯特罗姆、D. 菲尼、H. 皮希特:《制度分析与发展的反思》,商务印书馆2001年版。

［18］［日］青木昌彦、奥野正宽、冈崎哲二:《市场的作用、国家的作用》,中国发展出版社2002年版。

［19］［日］河内一男:《过渡时期的经济思想——亚当·斯密与弗·李斯特》,中国人民大学出版社2000年版。

［20］［日］山本吉宣:《国际相互依存》,经济日报出版社1989年版。

［21］［苏］卢森贝:《政治经济学史》,生活·读书·新知三联书店1959年版。

［22］［希腊］A. 伊曼纽尔:《不平等交换》,中国对外经济贸易出版社1988年版。

［23］［英］埃里克·罗尔:《经济思想史》,商务印书馆1981年版。

［24］［英］阿瑟·刘易斯:《经济增长理论》,商务印书馆1983年版。

［25］［英］大卫·李嘉图:《李嘉图著作和通信集(第五卷)》,商务印书馆1962年版。

［26］［英］大卫·李嘉图:《政治经济学及赋税原理》,商务印书馆1962年版。

［27］［英］亚当·斯密:《国民财富的性质与原因的研究》(上、下卷),商务印书馆1962年版。

［28］白树强:《全球竞争论——经济全球化下国际竞争理论与政策研究》,中国社会科学出版社2000年版。

［29］程宝栋、宋维明:《中国木材产业安全研究》,中国林业出版社2007年版。

［30］陈国梁、聂影:《中国木材流通论》,中国林业出版社1994年版。

［31］何维达、宋胜洲:《开放市场下的产业安全与政府规制》,江西人民出版社2003年版。

［32］黄益平、宋立刚:《应用数量经济学》,上海人民出版社2001年版。

［33］国家林业局:《中国林业统计年鉴(1995—2009年)》,中国林业出版社。

［34］国家林业局:《中国林业发展报告(2000—2009年)》,中国林业出版社。

［35］江小涓:《体制转轨中的增长、绩效与产业组织变化——对中国国若干行业的实证研究》,上海三联书店、上海人民出版社1999年版。

［36］经济安全论坛编:《中国国家经济安全态势观察与研究报告》,经济科学出版社2002年版。

［37］雷家骕:《国家经济安全理论与方法》,经济科学出版社2000年版。

［38］李大光:《中国安全抉择》,石油工业出版社2002年版。

［39］李孟刚:《产业安全理论研究》,经济科学出版社2006年版。

［40］刘艺卓:《林产品国际贸易及其影响因素研究》,中国农业出版社2008年版。

［41］卢根鑫:《国际产业转移论》,上海人民出版社1997年版。

[42] 路志凌：《国家经济安全与流通》，中国审计出版社2001年版。

[43] 陆忠伟：《非传统安全论》，时事出版社2003年版。

[44] 聂影：《中国林产品：流通、市场与贸易》，中国林业出版社2007年版。

[45] 宋维明：《中国木材产业与贸易研究》，中国林业出版社2007年版。

[46] 王永县：《关注国外的经济安全研究与战略》，经济科学出版社2000年版。

[47] 王云龙：《中国金融安全论》，中国金融出版社2003年版。

[48] 王新奎：《国际贸易与国际投资中的利益分配》，上海三联书店、上海人民出版社1995年版。

[49] 姚昌恬：《WTO与中国林业》，中国林业出版社2002年版。

[50] 印中华、宋维明：《中国木材产业竞争力研究：林业产业发展理论文库》，中国林业出版社2009年版。

[51] 吴越涛、张海涛：《外资能否吞并中国》，企业管理出版社1997年版。

[52] 张曙霄：《中国对外贸易结构论》，中国经济出版社2003年版。

[53] 赵英：《中国产业政策实证分析》，社会科学文献出版社2000年版。

[54] 郑友暌：《中国的对外贸易和工业发展》，上海社会科学院出版社1984年版。

[55] 陈勇：《基于木材安全的中国林产品对外依存度研究》，中国林业科学研究院博士论文2009年。

[56] 程伟：《国际贸易中的反倾销研究》，吉林大学博士论文2008年。

[57] 曹秋菊：《经济开放条件下中国产业安全问题研究》，湖南大学博士论文2008年。

[58] 顾晓燕：《中国木质林产品出口贸易结构的实证研究》，南京林业大学博士论文2009年。

[59] 蒋新祺：《优势产业发展研究》，湖南大学博士论文2007年。

[60] 罗永仕：《生态安全的现代性解构及其重建》，中共中央党校博士论文2010年。

[61] 景玉琴：《中国产业安全问题研究——基于全球化背景的政治经济学分析》，吉林大学博士论文2005年。

[62] 莫宏伟：《基于GIS的关中地区土地利用变化及土地生态安全动态研究》，陕西师范大学博士论文2010年。

[63] 李孟刚：《产业安全理论的研究》，北京交通大学博士论文2007年。

[64] 刘家顺：《中国林业产业政策研究》，东北林业大学博士论文2006年。

[65] 宿海颖：《中俄林产品贸易的关税博弈与产业安全研究》，中国林业科学研究院博士论文2010年。

[66] 王东杰：《外资并购与中国产业安全研究》，山东大学博士论文2010年。

[67] 肖文韬：《经济全球化进程中中国经济安全问题与对策研究》，武汉理工大学博士论文2002年。

[68] 许铭：《中国产业安全问题分析》，复旦大学博士论文2005年。

［69］　宣琳琳:《东北亚森林资源多中心管理体系研究》,东北林业大学博士论文
　　　　2008 年。

［70］　杨俊:《城市化与城市生态安全耦合研究》,辽宁师范大学博士论文 2009 年。

［71］　喻坤鹏:《贸易摩擦与美国延缓中国发展的策略》,暨南大学博士论文 2010 年。

［72］　赵世洪:《国民产业安全理论模式研究》,中央财政大学博士论文 1998 年。

［73］　张勇:《论构建中国产业安全法律制度》,对外经济贸易大学博士论文 2006 年。

［74］　仲鑫:《贸易保护与中国外贸政策的选择》,中国人民大学博士论文 2001 年。

［75］　Booth Ken,Steve Smith. International Relations Theory Today. Pannsylvania: The Pannsylvania State University Perss, 1995.

［76］　Brack D. , Marijnessen C. ,Ozinga S. . Controlling Imports of Illegal Timber:options for Europe. Royal Institute of International Affairs, London, and FERN, Brussels, 2002.

［77］　Brown D. Regulation, Law and Illegal Logging in Indonesia. WWF/World Bank Alliance for Forest Conservation and Sustainable Use, Jakarta, 2002.

［78］　Brunner J. , Talbott K. , Elkin C. Logging Myanmar's Frontier Forests:Resources and the Regime. World Resources Institute, Washington DC, 1998.

［79］　Caporaso J. A. ,D. P. Levine. Theories of Political Eeonomy. Cambridge University Perss,1992.

［80］　Chandle Albert D. Scale and Scope:The Dynamics of lndustrial Capitalism. Cambriage: Harvard University Perss, 1990.

［81］　David B. Audretsch. Industrial Policy and Competitive Advantage. Edward Elgar Publishing Limited,1998.

［82］　Dewitt David B. , David Haglund, John Kirton. Building a New Globle Order:Emerging Trends in International Security. Oxford:Oxford University press, 2000.

［83］　Douglas F. Greer. Industrial Organization and Public Policy. Macmillan Publishing Company, 1992.

［84］　Environmental Investigation Agency (EIA). Profiting from Plunder:How Malaysia Smuggles Endangered Wood. 2004.

［85］　Food and Agriculture Organisation of the United Nations (FAO). State of the World's Forests. Rome, 2003.

［86］　Food and Agriculture Organisation of the United Nations (FAO). Products and Trade statistics (Country Profile). [DB/OL]. http:// www. fao. org/forestry/site/2205/ en 2004.

［87］　Global Timber Org UK(Global Timber). China-illegal Imports and Exports (2003 forecast). [DB/OL]. http://www. globaltimber. org. uk/ChinaIllegalImpExp. htm 2002.

［88］　Global Witness. Taylor-made-The Pivotal Role of Liberia's Forests in Regional Conflict.

London, 2001.

[89] Global Witness. A Conflict of Interests: The Uncertain Future of Burma's Forests, A Briefing Document by Global Witness. London, 2003.

[90] International Tropical Timber Organisation(ITTO). Tropical Timber Market Report 01 - 15. June, Japan,2004.

[91] J. A. Schumpeter. History of Economic Analysis. Oxford University Press, New York, 1954.

[92] Kan. Joe. Handbook of Canadian Securiy Analysis: a Guide to Evaluating the Industry Sectors of the Market. Canada: Tri-graphic Printing Ltd,1997.

[93] Liu D. ,Edmunds D. Devolution as a Means of Expanding local Forest Management in South China: Lessons from the Past 20 Years,Chapter 3 in China's Forests-Global Lessons from Market Reforms.

[94] Hyde W. F. , Belcher B,Xu J. Resources for the Future. Washington DC, CIFOR, Bogor, Indonesia, 2003.

[95] Louis Philips. Applied Industrial Economics. Cambridge University Press, 1998.

[96] Marijnessen C. ,Ozinga S. , Richards B. ,Risso S. Facing Reality-How to Halt the Import of Illegal Timber in the EU. FERN, Greenpeace, WWF, Brussells, 2004.

[97] Moore W. Exports Continue to Drive U. S. Recovered Paper Markets. June, 2003.

[98] Morauta M. Economic and Development Policies,Paper Presented by the Prime Minister and Treasurer on Occasion of the Papua New Guinea Budget for the Year 2000. Port Moresby,1999.

[99] Oliver E. Williamson. The Economic Institutions of Capitalism. Free Press, 1998.

[100] Oliver E. Williamson. Industrial Organization. Edward Elgar Publishing Limited, 1990.

[101] Pater David A. The Polities of Modernization. Chicago: University of Chicago Press, 1965.

[102] Porter M. E. The Competitive Advantage of Nations. New York: The Free Press, 1990.

[103] Poynton S. Good Wood Good Business-A Practical Guide to Excluding Illegal & Other Unwanted Wood from Your Supply Chain. Tropical Forest Trust, Gland, Switzerland, 2003.

[104] Robinson E. A. G. The Structure of Competitive Industry. James Nisbet & Co. Ltd. , 1958.

[105] Stephen Martin. Industrial Economics:Economic Analysis and Public Policy. Prentice Hall, 1994.

[106] World Bank. World Development Indicator 2001. Oxford University Press, 2001.

[107] World Bank. World Development Report 2002, Building Institutions for Markets. The

World Bank and Oxford University Press, 2001.

[108] Zhu Chunquan, Rodney Taylor, Feng Guoqiang. China's Wood Market, Trade and the Enviroment. Science Press USA Inc. , 2004.

期刊文献

[109] 蔡宁、郭斌:《从环境资源稀缺性到可持续发展:西方环境经济理论的发展变迁》,《经济科学》1996 年第 6 期,第 59—66 页。

[110] 程宝栋、宋维明、田明华:《关于中国林产品安全问题的思考》,《北京林业大学学报(社会科学版)》2009 年第 8 卷第 4 期,第 65—67 页。

[111] 程南洋、杨红强、聂影:《国际碳排放贸易与循环经济的协调》,《生态经济》2006 年第 3 期,第 71—74 页。

[112] 陈家勤:《中国外贸出口依存度比较研究》,《财贸经济》2002 年第 2 期,笫 76—81 页。

[113] 陈立桥、陈立俊:《林产品贸易政策对林业的影响及对策研究》,《国家林业局管理干部学院学报》2010 年第 1 期,第 41—45 页。

[114] 丛萍:《木材安全、国之命脉——中国木材安全与林产品贸易全球化国际研讨会侧记》,《绿色中国》2008 年第 11 期,第 74—75 页。

[115] 戴明辉、沈文星:《中国木质林产品贸易流量与潜力研究:引力模型方法》,《资源科学》2010 年第 32 卷第 11 期,第 2115—2122 页。

[116] 郇庆治、李萍:《国际环境安全:现实困境与理论思考》,《现代国际关系》2004 年第 2 期,第 17—22 页。

[117] 邓波、洪绂曾、龙瑞军:《区域生态承载力量化方法研究述评》,《甘肃农业大学学报》2003 年第 38 卷第 3 期,第 281—289 页。

[118] 何维达、李冬梅:《中国产业安全理论研究综述》,《经济纵横》2006 年第 8 期,第 74—76 页。

[119] 高颖、田维明:《中国大豆进口需求分析》,《中国农村经济》2007 年第 5 期,第 33—40 页。

[120] 管志杰、杨红强:《林产品绿色采购社会福利效应分析》,《西北林学院学报》2010 年第 25 卷第 4 期,第 229—232 页。

[121] 季春艺、杨红强、聂影:《中国原木进口对洲际森林生态足迹的影响》,《林业经济》2010 年第 2 期,第 104—108 页。

[122] 蓝庆新:《中国贸易结构变化与经济增长转型实证分析及现状》,《经济评论》2001 年第 6 期,第 29—33 页。

[123] 刘艺卓、左常升、田志宏:《世界林产品贸易主要影响因素的实证分析》,《中国农村经济》2008 年第 10 期,第 54—66 页。

[124] 黎晓亚、马克明、傅伯杰、牛树奎:《区域生态安全格局:设计原则与方法》,《生态学报》2004 年第 24 卷第 5 期,第 1055—1062 页。

[125] 马克明、傅伯杰、黎晓亚、关文彬:《区域生态安全格局:概念与理论基础》,《生态学报》2004 年第 24 卷第 4 期,第 761—768 页。

[126] 毛小苓、倪晋仁:《生态风险评价研究述评》,《北京大学学报(自然科学版)》2005 年第 41 卷第 4 期,第 646—654 页。

[127] 聂影、杨红强、刘月眉:《国际多边环境协议与中国外贸的可持续发展》,《现代经济探讨》2004 年第 1 期,第 15—18 页。

[128] 聂影、杨红强:《多哈回合与中国外贸可持续发展的环保制约》,《对外经贸实务》2004 年第 2 期,第 34—36 页。

[129] 聂影、杨红强、苏世伟:《中国原木进口国别结构与木材资源安全》,《林业经济》2008 年第 3 期,第 14—17 页。

[130] 聂影、杨红强:《WTO 多哈回合〈香港宣言〉及其对中国影响分析》,《对外经贸实务》2006 年第 2 期,第 45—47 页。

[131] 牛利民、沈文星:《林产品贸易对农民林业收入及分配的影响》,《山西财经大学学报》2010 年第 32 卷第 5 期,第 34—41 页。

[132] 沈利生:《中国外贸依存度的测算》,《数量经济技术经济研究》2003 年第 4 期,第 5—12 页。

[133] 孙久灵、陆文明、田明华:《国际非法采伐与相关贸易问题的探讨》,《北京林业大学学报(社会科学版)》2010 年第 9 卷第 2 期,第 111—114 页。

[134] 王根绪、程国栋、钱鞠:《生态安全评价研究中的若干问题》,《应用生态学报》2003 年第 14 卷第 9 期,第 1551—1556 页。

[135] 王韩民:《生态安全系统评价与预警研究》,《环境保护》2003 年第 11 期,第 30—34 页。

[136] 王永齐:《对外贸易结构与中国经济增长:基于因果关系的检验》,《世界经济》2004 年第 11 期,第 31—39 页。

[137] 问泽霞、张晓辛:《中国是世界森林资源的"黑洞"?》,《林业经济问题》2010 年第 30 卷第 3 期,第 199—203 页。

[138] 许统生:《中国实际外贸依存度的评估与国际比较》,《经济学动态》2003 年第 8 期,第 17—20 页。

[139] 姚予龙、谷树忠:《资源安全机理及其经济学解释》,《资源科学》2002 年第 24 卷第 5 期,第 46—51 页。

[140] 俞孔坚:《生物保护的景观生态安全格局》,《生态学报》1999 年第 19 卷第 1 期,第 8—15 页。

[141] 张寒、聂影:《中国林产品出口增长的动因分析:1997—2008》,《中国农村经济》

2010 年第 1 期,第 35—44 页。

[142] 张寒、聂影:《中国林产品贸易的发展趋势及国际竞争力研究》,《国际商务(对外经济贸易大学学报)》2008 年第 4 期,第 11—15 页。

[143] 张雷、刘慧:《中国国家资源环境安全问题初探》,《中国人口·资源与环境》2002 年第 12 卷第 1 期,第 41—46 页。

[144] 张向晖、高吉喜、董伟、宋存义:《生态安全研究评述》,《环境保护》2005 年第 13 期,第 48—50 页。

[145] 左伟、王桥、王文杰、刘建军、杨一鹏:《区域生态安全评价指标与标准研究》,《地理学与国土研究》2002 年第 18 卷第 1 期,第 67—71 页。

[146] 左伟、周慧珍、王桥:《区域生态安全评价指标体系选取概念框架研究》,《土壤》2003 年第 1 期,第 2—7 页。

[147] Amitrajeet A. Batabyal, Hamid Beladi. 2009, "Trade, the Dmage from Alien Species, and the Effects of Protectionism under Alternate Market Structures", *Journal of Economic Behavior & Organization*, Vol. 70, No. 1-2, pp. 389-401.

[148] Alexander Moiseyev, Birger Solberg, Bruce Michie, A. Maarit I. Kallio. 2010, "Modeling the Impacts of Policy Measures to Prevent Import of Illegal Wood and Wood Products", *Forest Policy and Economics*, Vol. 12, No. 1, pp. 24-30.

[149] Bengt Hillring. 2006, "World Trade in Forest Products and Wood Fuel", *Biomass and Bioenergy*, Vol. 30, No. 10, pp. 815-825.

[150] Carmen García-Fernández, Manuel Ruiz-Pérez, Sven Wunder. 2008, "Is Multiple-Use Forest Management Widely Implementable in the Tropics?" *Forest Ecology and Management*, Vol. 256, No. 7, pp. 1468-1476.

[151] Dongdong Chen, Wangsheng Gao, Yuanquan Chen, Qiao Zhang. 2010, "Ecological Footprint Analysis of Food Consumption of Rural Residents in China in the Latest 30 Years", *Agriculture and Agricultural Science Procedia*, Vol. 1, No. 2, pp. 106-115.

[152] Hongqiang Yang, Ying Nie, "Study on China's Timber Resource Shortage and Import Structure: National Forest Protection Program Outlook, 1998 to 2008", *Forest Products Journal.*, 2010, Vol. 60, No. 5, pp. 408-414.

[153] Jian Zhang, Jianbang Gan. 2007, "Who Will Meet China's Import Demand for Forest Products?" *World Development*, Vol. 35, No. 12, pp. 2150-2160.

[154] Matthias Dieter. 2009, "Analysis of Trade in Illegally Harvested Timber: Accounting for Trade via Third Party Countries", *Forest Policy and Economics*, Vol. 11, No. 8, pp. 600-607.

[155] Peter Leigh Taylor. 2005, "A Fair Trade Approach to Community Forest Certification? A Framework for Discussion", *Journal of Rural Studies*, Vol. 21, No. 4,

pp. 433 - 447.

[156] Ruhong Li, J. Buongiorno, J. A. Turner, S. Zhu, J. Prestemon. 2008, "Long - term Effects of Eliminating Illegal Logging on the World Forest Industries, Trade, and Inventory", *Forest Policy and Economics*, Vol. 10, No. 7 - 8, pp. 480 - 490.

[157] Ronald Raunikar, Joseph Buongiorno, James A. Turner, Shushuai Zhu. 2010, "Global Outlook for Wood and Forests with the Bioenergy Demand Implied by Scenarios of the Intergovernmental Panel on Climate Change", *Forest Policy and Economics*, Vol. 12, No. 1, pp. 48 - 56.

[158] Sen Wang, Can Liu, Bill Wilson. 2007, "Is China in a Later Stage of a U-Shaped Forest Resource Curve? An-Examination of Empirical evidence", *Forest Policy and Economics*, Vol. 10, No. 1 - 2, pp. 1 - 6.

[159] Shengkui Cheng, Zengrang Xu, Yun Su, Lin Zhen. 2010, "Spatial and Temporal Flows of China's Forest Resources: Development of a Framework for Evaluating Resource Efficiency", *Ecological Economics*, Vol. 69, No. 7, pp. 1405 - 1415.

[160] Reginald B. H. Tan, Hsien H. khoo. 2005, "An LCA Study of a Primary Aluminum Supply Chain", *Journal of Cleaner Production*, Vol. 13, No. 6, pp. 607 - 618.

[161] Xiao Han, Yali Wen, Shashi Kant. 2009, "The Global Competitiveness of the Chinese Wooden Furniture Industry", *Forest Policy and Economics*, Vol. 11, No. 8, pp. 561 - 569.

[162] Zhi Wang. 2003, "WTO Accession, the 'Greater China' Free-Trade Area, and Economic Integration Across the Taiwan Strait", *China Economic Review*, Vol. 14, No. 3, pp. 316 - 349.

附：支持本著作的相关科研论文

［1］　Yang Hongqiang, Ji Chunyi, Nie Ying, Hong Yinxing. 2012, "China's Wood Furniture Manufacturing Industry: Industrial Cluster and Export Competitiveness", *Forest Products Journal*, Vol. 62, No. 3, pp. 214 – 221.

［2］　Su Shiwei, Chen An, Yang Hongqiang. 2012, "Research on Key Technologies in the Field of Wood Saving and Substitution in Packaging of Electromechanical Products", *Advanced Materials Research*, Vol. 605 – 607, No. 4, pp. 193 – 199.

［3］　洪霄、管志杰、杨红强：《森林可持续经营的社会福利效应分析》，《广东农业科学》2011 年第 22 期, 第 220—222 页。

［4］　Chunyi Ji, Hongqiang Yang (Corresponding author), Ying Nie. 2011, "Research on the Transfer of Forest Ecological Stress Embodied in China's Log Imports", International Conference on Advanced Computer Theory and Engineering, 4th (*ICACTE* 2011), ［DB/OL］http://dx. doi. org/10.1115/1.859933. paper89, pp. 89 – 93.

［5］　顾晓燕、聂影：《中国木质林产品出口贸易结构与林业经济增长——基于 1981—2009 年数据的分析》，《经济问题》2011 年第 8 期, 第 34—37 页。

［6］　Chunyi Ji, Hongqiang Yang (Corresponding author), Ying Nie. 2011, "Impacts of China's log Import on the Ecological Sustainability of Forests in Source Countries", *MPRA* 36943, Germany, Working paper.

［7］　顾晓燕：《中国木质林产品出口贸易结构风险测算——基于 1995—2009 年数据》，《资源科学》2011 年第 33 卷第 8 期, 第 1522—1528 页。

［8］　季春艺、杨红强：《国际贸易隐含碳排放的研究进展：文献述评》，《国际商务（对外经济贸易大学学报）》2011 年第 6 期, 第 64—71 页。

［9］　姜书竹、聂影、杨红强：《转变地板出口增长方式的必要性及对策研究》，《当代经济管理》2011 年第 33 卷第 11 期, 第 64—68 页。

［10］　吴琨、杨晓春、吴晓妹、杨红强：《中国三板产业的区域分布及存在问题分析》，《林业经济》2011 年第 7 期, 第 72—75 页。

［11］　Gu Xiaoyan, Nie Ying, Yang Hongqiang. 2011, "Empirical Studies of Export Structure of China's Wood Forest Products: 1995 – 2009", E-Business and E-Government (*ICEE*), 2011 May International Conference.

［12］ 曾杰杰、聂影、杨红强:《基于省际角度的家具产业集聚内部动因的实证分析》,《北京林业大学学报(社会科学版)》2011 年第 10 卷第 2 期,第 63—68 页。

［13］ 杨红强、聂影:《林产品贸易与市场的国际科研趋势—基于 1975—2010 年研究数据》,《林业经济》2011 年第 4 期,第 70—74 页。

［14］ 杨红强、聂影:《中国木材加工产业转型升级及区域优化的研究》,《农业经济问题》2011 年第 5 期,第 90—94 页。

［15］ 周春应、杨红强:《自主创新与我国林业产业发展关系的计量分析》,《科技与经济》2011 年第 24 卷第 1 期,第 61—66 页。

［16］ 杨红强、聂影:《中国木材加工产业安全的生产要素评价》,《世界林业研究》2011 年第 24 卷第 1 期,第 64—68 页。

［17］ Yang Hongqiang, Nie Ying. 2010, "Study on China's Timber Resource Shortage and Import Structure: National Forest Protection Program Outlook, 1998 to 2008", *Forest Prochucts Journal*, Vol. 60, No. 5, pp. 408–414.

［18］ Nie Ying, Ji Chunyi, Yang Hongqiang (Corresponding author), "The Forest Ecological Footprint Distribution of Chinese Log Imports", *Forest Policy and Economics.*, Vol. 12, INO. 3, pp. 231–235.

后 记

  本著作是在杨红强博士学位论文《中国木材资源安全问题研究》(聂影教授为导师)的基础上修改、完善而成的,该论文被评为 2012 年度南京林业大学优秀博士学位论文。在作者攻读博士学位过程中,国家社科基金项目"中国木材资源安全保障体系研究"(10CJY026)给予了项目资助,后续研究工作中,作者在南京大学从事理论经济学博士后(合作导师为洪银兴教授)科研工作期间,中国博士后科学基金"全球气候变化与中国木质林产品的减排贡献"(2012M521058)给予了项目资助,在本著作付梓印刷之际,作者首先对上述机构的科研资助表示诚挚感谢。

  南京林业大学和国家林业局林产品经济贸易研究中心(SINO-RCETFOR)的专家学者对本著作的出版给予了极大的关心和帮助。感谢中国工程院张齐生院士在百忙中对本著作的指导和题序,能够得到张院士对本项科学研究的支持和鼓励是作者的莫大荣幸,我们也希望本著作对建立广义的中国战略资源的安全保障有所贡献。作者感谢南京林业大学经济管理学院首任院长、国家林业局林产品经济贸易研究中心首任主任陈国梁教授对本著作出版付出的辛勤汗水,陈先生从教五十余年,教书育人,德高望重,培育了大批农林经济管理专业人才,他对我们此项科研工作给予了极大热忱和悉心指导,我们对先生关心晚辈、提携后学的学者风范表达敬意。感谢南京林业大学的张智光教授、温作民教授、沈文星教授、蔡志坚教授、张晓辛教授等专家学者,是他们的集体智慧帮助我们完成此项工作。感谢国家林业局林产品经济贸易研究中心(SINO-RCETFOR)科研团队的苏世伟副教授、程南洋副教授、俞小平副教授及付春丽、季春艺、赵良听、杨惠、李苏颜等同学的数据整理及文字校对等工作。

  作者感谢南京大学长江三角洲经济社会发展研究中心(国家人及社会科学重点研究基地)洪银兴教授科研团队的学术研讨和有益启示,感谢南京大学范从来教授、张二震教授、郑江淮教授、葛扬教授、吴福象教授及马野青教授等人的帮助和支持,感谢宗晓华博士、吴婷博士、王培轩博士及吴俊博士等人的学术讨论及研究建议。感谢南京农业大学经济管理学院李岳云教授、江苏省商务厅丁育生教授的科研建议。

  作者对来自国外机构和有关学者的热情支持同样表达谢意,Haizheng Li, Ph. D.

（Georgia Institute of Technology；*China Economic Review*，USA），Xiping Wang，Ph. D.（University of Minnesota Duluth，USA），Jeffery. Cao，Ph. D.（University of Washington，USA），Jan Wiedenbeck，Ph. D.（USDA，Forest Service），A. Ottitsch（University of Cumbria，UK）等专家和朋友为本著作完成和的出版提供了许多合理建议，在此作者对他们的无私帮助表示感谢。

人民出版社为本著作的出版付出了辛勤劳动，作者对姜玮编辑的细心认真工作同样表达衷心谢意。

2012 年 12 月于南林·逸夫科技楼